国家出版基金项目

湖北省公益学术著作
Hubei Special Funds for Academic and Public-interest Publications

中国话语体系建设丛书

丛书主编　沈壮海

▼刘伟 等 著

国家社会科学基金重大研究专项

「新时代中国特色政治学基本理论问题研究」阶段性成果

政治学话语体系建设基本问题初探

WUHAN UNIVERSITY PRESS
武汉大学出版社

图书在版编目(CIP)数据

政治学话语体系建设基本问题初探/刘伟等著.—武汉:武汉大学
出版社,2023.10
中国话语体系建设丛书/沈壮海主编
国家出版基金项目　湖北省公益学术著作出版专项资金资助项目
ISBN 978-7-307-24013-1

Ⅰ.政…　Ⅱ.刘…　Ⅲ.政治—话语语言学—研究　Ⅳ.D0-05

中国国家版本馆 CIP 数据核字(2023)第 189200 号

责任编辑:聂勇军　　　责任校对:李孟潇　　　版式设计:马　佳

出版发行:**武汉大学出版社**　(430072　武昌　珞珈山)
　　　　　(电子邮箱:cbs22@whu.edu.cn　网址:www.wdp.com.cn)
印刷:湖北恒泰印务有限公司
开本:720×1000　1/16　印张:20.75　字数:330千字　插页:2
版次:2023年10月第1版　　2023年10月第1次印刷
ISBN 978-7-307-24013-1　　定价:129.00元

"中国话语体系建设丛书"编委会

作者简介

刘伟，武汉大学政治与公共管理学院教授、博士生导师，国家社会科学基金重大项目首席专家，武汉大学学术委员会委员，地方政治研究中心主任，中国政治学会青年工作专业委员会副会长。研究领域涉及基层政治、政治心理与当代中国政治等。

著有《难以产出的村落政治》《普通人话语中的政治》《政治学学术规范与方法论研究》等，译著有《多元社会中的民主》，在《政治学研究》《中国行政管理》等杂志发表论文80余篇，专著曾获教育部高等学校科学研究优秀成果奖。

前　言

本书旨在进入学科内部，探讨政治学话语体系建设的基本问题。按照章节设计及相关内容，大体可以分为五个部分：

第一部分，即第一章，定位于提纲挈领说明问题。该部分首先阐明政治学话语体系的独特性和重要性，然后分别从政治学话语体系建设中的概念、理论、方法和知识鉴别四个方面展开讨论，既点出了政治学话语体系建设的基本问题，又指明了本书的总体论述思路。政治学话语体系是对政治体系、政治关系、政治行为、政治文化等政治事实及其内在运行规律的概括总结，它由概念、理论和方法等构成，集中反映了政治学学科的研究维度与发展方向，是政治学学科体系与学术体系的外化和表达。政治学话语体系的重要作用，具体体现在解释性、建构性、实践性、交流性以及影响力等诸多方面，其所包含的概念传播力、理论创新力和话语影响力不仅关乎学科自身的发展，而且构成国家软实力的重要组成部分，是国家实力的话语体现。而我国政治学话语体系的独特性，则体现在借鉴不同话语的复合性，使用概念、理论、方法的碎片化，建构体系的自主性以及影响作用的外部性等方面。立足于政治学话语体系的重要性和独特性，需要注重话语体系建设中的概念重构、理论创新、方法运用以及知识鉴别，明确它们之间的关联性和层次性，在强化对这些专题性问题认知的基础上促进话语体系的稳步建设。

第二部分，即第二章，聚焦政治学话语体系建设中的"古今中西"问题，从时间和空间两个维度，分析了政治学话语体系中概念、理论、知识和方法的文化背景与思想渊源。一方面，构建政治学话语体系应当重温中国历史传统，这既是坚持民族文化本位的需要，也是摆脱传统路径依赖的需要，更是提升政治文明水平的需要。中国传统政治学话语体系在形成和演变的历史过程中，大体是适应中国传统政治社会结构、经济形态和思想文化状况要求的，虽然在经历时代更替、社会变迁之后，传统政治学话语体系已经崩溃瓦解，但是其所内含的思维方式、观念体系仍然潜移默化地影响着中国的政治文化和当代中国政治的发展。构建现代政治学话语体系，传统政治学话语体系是不可忽视的思想文化资源，适当、适度地激活历史传统，取其精华，去其糟粕，对之进行创造性转化与创新性发展，才能在构建政治学话语体系的过程中实现概念、理论和方法的古今交融、返本开新。另一方面，面对西方政治学话语的强势进入以及在概念、理论、方法等方面的先发优势，中国政治学话语在经历了学习模仿、追踪回应之后，需要从西方话语中摆脱出来，坚持以马克思主义理论为指导，以中国问题为导向，从概念、理论和方法等方面对之进行更为深刻的反思和改造，最终在中西的"叙述竞争"中实现话语体系的自主性，这是构建中国政治学话语体系的应有之义。

第三部分，分上、下两个板块，即本书的第三章和第四章，通过选取代表性的学术案例，透视政治学话语体系建设的实践内容和进展情况。从政治学的核心概念、基本理论和热点议题切入，第一板块大体涉及国家建设及比较政治理论，如当代西方学界脆弱国家话语、政治合法性话语、中国文化领导权话语。第二板块涉及政治学的基本问题即国家-社会关系，包括国家-社会关系理论的本土运用；社会与基层治理问题，如国内网络政治参与相关话语、网格化管理相关话语、"社会治理共同体"话语及城乡基层"治理重心下沉"话语。聚焦于国家建设、国家-社会关系这两大基本问题，两大板块包含的案例之间既各自独立，又紧扣主题、彼此呼应。

针对代表性学术案例的研究表明，政治学话语体系的建设已经进入实践阶段，涉及方方面面的内容，具有极为鲜明的问题意识、理论关怀和现实导向。这突出表现在：（一）提出的是基于中国自身实践经验、具有中国话语特色的真问题。无论是网格化管理、社会治理共同体，还是城乡基层治理重心下沉，这些话语都来源于国家与社会治理的生动实践，反映的都是学界对于当下中国政治与治理的深层思考。(二)构建的是既取他人之长,又贴合中国实际的新理论。无论是西方关于脆弱国家政治话语的争论,还是中国治理场景中作为政治符号的合法性话语,对之分析都需要兼具中西两个纬度。一方面,既要汲取西方理论之长和成功经验,又要注意其价值偏向,避免落入西方话语营造的意识形态陷阱,在辩证看待、理性取舍的同时,逐渐形成自己的学术话语,并利用适度的学术争鸣促进话语传播,进而提升话语权;另一方面,充分挖掘传统政治学话语资源,推陈出新,提炼出具有内生性特征的概念和理论,使之适应新时代的要求,准确、完整地解释中国的发展成就和现实问题。最终,两个方面形成合力,共同建构出符合中国特点和实际的新理论。(三)回应的是现实问题和时代关切。这一点在各个案例中都得到了不同程度的体现,举凡文化领导权、国家-社会关系理论、网络政治参与研究等专题,莫不如是。总而言之,个案研究可以检验概念的准确性、理论方法的适切性,有助于提炼具有中国特色的概念理论,归纳出适合分析中国问题的方法论。

上述代表性学术案例的研究,虽说还只是初步尝试,但或许可以抛砖引玉,推动学界在讨论议题、理论方法等方面进一步拓展和深化。推动概念、理论和方法的创新,必须立足实践,聚焦热点或前沿问题,形成具有中国自身特色的问题意识。通过对不同领域实践素材的分析,建立事实与经验之间的联系,进而挖掘值得研究的真问题,提炼兼顾概括性与准确性、普适性与可验证性的概念理论。随着相关个案研究的持续开展,对于构建政治学话语体系的概念、理论和方法,我们相信学界会贡献出更多的本土经验和本土智慧。

第四部分,即第五章,讨论和辨析政治学话语体系建设中的方法论问题,以理性选择制度主义、历史制度主义、历史政治学、量化历史等代表性的理论为分析对象,指出其理论限度以及在政治学话语体系建设中的适用性。理性选择制度主义产生于西方特定的政治经济文化背景,为政治学研究提供了新的微观视角和研究方法,但是由于其研究范式和方法论仍处于发展状态,该理论本身即具有一定的局限性。这具体表现在:理性选择制度主义的理论假定与预设并不完美,该理论只是对各种现象的抽象简化与选择重构,与现实之间仍然存在无法完全契合的间隙。理性选择制度主义在国内政治学领域虽然有大量的理论介绍,但是却缺乏真正的实证研究。究其原因在于，西方社会科学的理论逻辑、研究方法及分析路径，往往与中国传统文化中形成的思维方式不相适应。

中国政治学者习惯运用宏大叙事与大历史的整体主义方法论，相比较而言，在方法论上保留整体主义特征的历史制度主义更符合中国政治学者的偏好，因而更容易被接受。作为新制度主义政治学的一种主流研究路径，历史制度主义是在对旧制度主义、行为主义、集团理论及结构功能主义观点的借鉴与批判的基础上发展起来的。该理论将制度置于政治分析的核心地位，倡导"历史地看问题"，关注时间维度下制度的发展演变及其影响，在认识论、方法论层面具有革命性意义。但是该理论却无法清楚地解释在同一时间维度下，不同国家间为何存在巨大的制度差异和治理差异。在历史观、时间性分析方面受历史制度主义启发的历史政治学，相较而言更具有本体论意义，其有关文明基体的观点一定程度上可以弥补历史制度主义在本体论方面的不足。历史政治学致力于扩大政治学研究的时间跨度和议题范围，试图建立历史与现实的直接关联，从根本上丰富政治学研究的历史维度。不过，与处于理论成熟期的历史制度主义不同，历史政治学尚处于起步阶段，在研究案例的选择与优化、研究概念的深化与区分、理论预测能力的发掘和提升等方面还有巨大的成长空间。

除此之外，历史政治学的发展亟需高质量、多样化的研究成果为之贡献更丰厚的知识增量，理论和研究方式的创新同样也必不可少。历史政治学需要从量化历史等不同的研究方法中汲取养分，尤其是在中观和微观层面的研究中，量化历史方法的运用可以对群体政治行为和个体特殊性进行更为有效的分析和评估，从而检验理论的适用性。虽然量化历史方法的运用面临着简化历史、史料屏蔽、丢失人文关怀等诸多风险，但是作为一种史学研究方法，量化历史可以推动历史政治学的研究路径和方法在构建政治学话语体系的过程中朝着多元化方向发展，这不失为一项贡献。总体来说，与理性选择制度主义、历史制度主义相比，作为认识论、方法论和本体论的历史政治学，在政治学话语体系的建设过程中，具有值得期待的学术发展潜力。

第五部分，即第六章，分析并总结我国政治学话语的"问题"及缺陷，阐明话语重构对推进政治学研究转型的意义。在我国哲学社会科学话语体系的创新和重构不断推进的过程中，政治学话语在主位意识、研究水平和话语权三个层面，均存在亟待反思和正视的问题，需要在政治学话语体系的概念、理论和方法上做出相应的改进。只有这样，创新政治学话语体系才不是一句空话。同时，也要注意，在话语重构时需要尊重学术探索本身的周期和规律，过多的人为干预只会适得其反，非但不能有效构建起政治学话语体系，反而会挫伤政治学者和政治学共同体学术研究的积极性。只有在保持足够耐心和理解的前提下，既对前人成果去粗取精、批判吸收，又立足于自身实践经验，在拓宽视野中独立思考，才能构建起新的理论。这样的重构才经得起时间的检验，才能创新政治学话语体系，推动政治学研究的转型，才能真正提高国家话语权和文化软实力。

附录则以生动的教学经验为例，讨论政治学本科教学中的话语选择问题，具有一定的参考价值。显然，教学是话语的直接运用，是学生话语体系生成的重要环节。政治学教学中的话语选择，也是政治学话语体系建设的基本问题。

本书各部分之间的关系：第一部分开宗明义，从概念重构、理论创新、方法运用及知识鉴别四个方面，引出政治学话语体系建设的基本问题；第二部分从"古今中西"两个维度论述话语体系建设的思想资源，厘清了理论创新可选择的路径；第三部分围绕代表性学术案例，具体展现政治学话语体系建设中概念重构、理论创新与方法运用的实践形式，使第一部分提出的基本问题落到实处；第四部分讨论代表性方法论，分析不同方法的利弊得失，从深层反思政治学话语体系建设中的方法论问题；第五部分从概念、理论和方法三个方面，重新回到对话语重构的讨论上，提出政治学话语体系建设中需要注意的问题及创新政治学话语体系的可行性建议，收束全书。全书各个部分之间前后呼应、逻辑关联，既有概念、理论和方法反思，也有学术个案分析，还有未来方向指引，使宏观、中观与微观的视角密切结合，做到了理论与实证、抽象与具体的辩证统一，进而也初步回答了政治学话语体系建设中"是什么""为什么"和"怎么办"的基本问题。

目　录

第一章
政治学话语体系建设论要

第一节　政治学话语体系之独特性与重要性

作为人类观念或认知的载体，话语在实践中产生意义，对社会现实进行"有意义的表述"，体现了观念传递的互动过程。同时，话语与主体所处的社会历史文化条件相关，伴随着人类知识生成的历史，形成的是具有共识性的逻辑体系。学术话语集中反映了学科的研究维度与发展方向。由概念、理论、方法等构成的政治学话语体系不仅是政治学学科体系、学术体系的外化与表达，也为理解和诠释中国政治实践、传达学人的学术追求提供了窗口。

政治学话语体系是对政治体系、政治关系、政治行为、政治文化和政治发展等政治客观事实及其内在运行规律的概括和总结，反映了一个国家的政治思维方式。政治学话语体系的独特性主要体现在政治实践的强规定性及政治学研究与政治权力的密切关联上。政治学学术话语中不仅蕴含学术知识，而且在一定程度上内含权力、价值及意识形态倾向。这种独特性对应了政治学话语体系的重要性，政治学话语体系的建设不仅是政治学基础研究的重要组成部分，规定着学科发展的方向，而且影响学术对于实践的解释力、建构力。

政治学话语体系的重要作用大致可以从解释性、建构性、实践性、交流性、影响力等方面体现。政治学话语首先发挥着认知的功能，针对政治现象的内在规律进行富有信度的解释并回应社会政治实践提出的知识挑战。其次，学术话语根据具体政治实践建构并完善相关概念及理论，是支撑政治制度和国家发展的理论供给。通过对学术话语的传播和反复评述，有助于增进公民对政治现实的认知，多维度建构公民理解政治秩序的话语体系，进而塑造公民的政治态度与政治认同。在实践性方面，学术实践与政治实践存在互动过程。政治学话语不仅是对政治实践中存在的热点、事件、方针政策的回应，而且话语体系中内含的价值导向将对公共政策的制定与执行产生影响。① 在对外交流方面，通过增进对本国政治现象的认知及对政治发展经验的凝练，打造出具有一般意义的概念、判断和理论，② 提升话语体系的解释力，有助于我们走向国际学术舞台与同行交流，逐渐掌握话语的主动权。政治学话语体系所包含的概念传播力、理论创新力和话语影响力不仅关乎学科自身的发展，而且构成了国家软实力的重要组成部分，是国家实力的话语体现。

作为学科基础研究的重要组成部分，政治学话语体系的建构方向与政治学学科的发展导向是一致的。从学科发展的角度看，政治学研究首先要实现认知的目的，努力把握政治发展的规律和基本面，进而判断何为政治实践中的普遍性问题，何为政治发展进程中的特殊性问题。在认知的基础上，政治学研究的目的之一是尽可能让更多的人尤其是掌握权力的人了解政治发展的规律，从而推动构建一种良善的政治秩序。而学科认知功能与指导实践功能的发挥有赖于政治学话语体系的积淀、交流与创新。也正是由于学术话语体系与学科发展的紧密关联，政治学话语体系建构才有其自身的逻辑，具体可从话语本身的特点、学术发展进程、话语生产与政治的关系等角度进行考量。

就政治学话语本身的特点来讲：首先，话语内含价值导向。政治学发挥了重要的价值塑造和引领作用，这与政治哲学的研究理路相契合。诸如公平、正义、平等、自由等概念，尽管不同文明体赋予其不同的含义，但却反映了不同政治文明的共同认知。当代中国政治学话语体系的建构过程，亦是彰显政治价值的过程。中国的政治学话语体系有别于资本逻辑主导下的新自由主义话语，也不同于

---

① 张桂林.逻辑要义、历史努力与认知前提：建构中国特色政治学话语体系[J].政治学研究，2017(5).
② 王绍光.中国政治学三十年：从取经到本土化[J].中国社会科学，2010(6).

权力逻辑主导下的特权阶层话语，始终代表最广大劳动人民的根本利益。其次，政治学话语兼具解释性与批判性。在当前的学术发展阶段中，政治学话语正从批判性话语向解释性、建设性话语转变。这一转向体现了这样一种共识，即学术焦虑本身并不能够推动学科发展，学科发展动力的形成从根本上有赖于政治实践的发展。政治学话语的解释性与批判性应当建基于学者对政治实践场域的理解及审慎的思考之上。如何做到"在场"的研究，这需要合理把握政治学研究与政治实践之间的距离，既要避免因为"深陷其中"而丧失批判性，使政治学变为一门工具性的学科，又要避免由于"置身甚远"，丧失了学术应当承担的建设性责任。另外，政治学话语具有国家特征。在不同历史阶段和制度文化环境下，权力的运作及相应的政治制度会表现出不同的具体形态。国家、政体等概念即反映了政治学界在探索理想政治实现途径和规律的同时，对制度现实及其运行的观照。以政治权力和政治制度为主要研究对象的政治学，其话语体系的塑造深受民族国家规范的影响。民主等概念在不同文化中的含义差别即反映了制度与文化环境对于话语的影响与重塑作用。因此在建构中国政治学话语体系的过程中应当密切把握自主与互通之间的关系。① 不容忽视的一点是，由于权力与权利的关系问题构成政治学话语体系的主要内容，因此政治学话语体系的建设需要在政治生活实践与政治理论思考之间寻求一种平衡。

通过对相关文献的梳理，学界对于政治学话语体系的讨论大致基于由学术发展背景导致的学术发展阶段及水平、研究立场、学术话语权等维度展开，因此我们可以从上述方面进一步考量我国政治学话语体系的独特性。

其一，我国政治学话语体系具有复合性特征。

我国的政治学话语体系不仅源于自身文化的历史传承，而且深受其他文明的话语结构影响。伴随西学东渐的过程，我国的政治学话语体系在学习和借鉴西方的基本概念、分析框架、研究进路和研究方法的基础上逐渐建构起来，加之国家建设的需要及向苏联的学习，当今的政治学话语体系融合了中国传统的政治观念、马克思主义政治观念与西方现代政治观念，这种话语体系内部的复杂性虽使

---

① 杨雪冬. 建构、互通与自主：当代中国政治学的话语体系建设[J]. 浙江社会科学，2017(7).

得不同话语体系之间的边界得以部分消解，却难以形成一个众所认同的话语体系。① 我国政治学话语体系的复合性特征不仅包括对西方话语、马克思主义话语的借鉴，还包括对不同学科知识与话语的借鉴。但是值得注意的是，一旦某一概念、理论成为我国政治学的常用话语，它就具有了新的内涵与侧重点。现阶段学界努力建设的方向就是明晰哪些是政治实践及学科发展面临的共同性问题与经验，哪些是我国政治发展过程中的独特实践，这关系到如何在复合型话语体系中寻求自主性、深化学术自觉的问题。

其二，我国政治学话语体系具有碎片化特征。

有学者指出，从一定意义上来讲，当代中国政治学起步于译介，马克思主义经典著作、比较政府与政治、当代西方政治学等译介图书集中涌现的背后反映的是我国政治学话语体系原创性的匮乏。② 中国政治学学科发展起点的落后为我国政治学概念本土化进程缓慢、理论落后于实际等现象提供了一个解释。随着"政治学本土化"命题的提出，学界进入了政治学话语体系的反思与独立建设阶段，提出了压力型体制、增量民主、贤能政治、差序政府信任等一系列本土化政治学概念，但相较于我国丰富的政治实践，政治学概念及理论的建构与阐释能力尚十分有限，尚未形成系列完备的中国特色政治学话语体系，落后于政治发展的需要。在研究方法上，缺乏一套相对完整的方法依据，对定性、定量，规范、实证等研究方法的适用性认识不足。正是由于我国政治学话语体系的碎片化特征，相当长一段时期内，学术界存在一味以西方的政治学话语体系来裁剪中国现实或简单套用马克思主义文本评判中国的政治实践等现象。

其三，我国政治学话语体系具有自主性倾向。

中国理论的建构力、话语权同中国方案的理论需求及实践成绩不均衡、不匹配的现实矛盾，深化了政治学话语体系建构的自主性倾向。政治话语体系建构的自主性倾向意味着抛开"政治学热点议题设定的'追踪—回应'惯性、政治学基本

① 陈华文. 政治理论及其条件：本土关怀与学术话语的权力和理性维度[J]. 天津社会科学，2018(4).

② 俞可平. 中国政治学的主要趋势(1978—2018)[J]. 北京大学学报(哲学社会科学版)，2018，55(5).

概念、研究范式的'套用—模仿'惯性"①，向学术自主、文化自觉和致用自觉的实践上迈进。在坚持政治学话语体系之主位性这一前提下，学界的研究具有不同的侧重：一方面，学者们从全球化的角度，强调坚持"直面中国现代的人类性含义，建构引导中国现代转变的宏大话语"②、"基于对话和反思来建构理论"③、"借助承载于西方理论载体的近代科学思维来驱散政治观中的不可知论迷雾，从而将政治学的科学性与致用性内涵从西方理论的一元载体中解放出来"④的"从世界看中国"维度；另一方面，学者们基于西方政治话语体系可能存在对中国发展的阐释力不足、语境适用偏差问题及话语可能带有的价值预设或意识形态偏见的认知与判断，提出我国的政治学话语体系应当立足于"中国共产党治国理政、中国改革发展的政治实践、中国民族国家构建和建设、中华民族伟大复兴、中国参与全球治理"⑤的政治实践，提升自身的概念解释力、理论创新力与话语影响力。这两种思路事实上是提升中国特色政治学话语体系主位性的一体两面，既包含互通性，又涵盖自主性。我们既要尊重政治学学科发展的规律，以开放的认知在学术对比中完善自身的话语体系，又要结合独特的政治实践，考证理论的准确性及适用性，针对旧有理论无法解释的新现象，独立构建具备学理性与解释力的话语体系。

其四，我国政治学话语体系具有外部性影响。

政治学话语体系的外部性影响体现在对内对外两个方面。中国政治学的话语体系建设不仅承担着影响公民的政治态度、为国家的政治实践提供理论支撑等功能，还肩负着对外话语传播、国家形象塑造的功能，这决定了政治学话语体系的影响不仅反映在学术发展领域，而且体现在政治实践与政治认知、国家形象与软实力方面。对政治学话语体系的各种宣传，强化着社会公众的政治认知及政治判

① 林毅. 西方化反思与本土化创新：中国政治学发展的当代内涵[J]. 政治学研究，2018(2).
② 任剑涛. 为原创校准：政治学研究的学术站位与通达眼光[J]. 天津社会科学，2018(4).
③ 侯衍社，侯耀文. 价值、基础和方法：人类命运共同体话语体系的构建逻辑[J]. 求索，2019(5).
④ 林毅. 西方化反思与本土化创新：中国政治学发展的当代内涵[J]. 政治学研究，2018(2).
⑤ 林毅. 西方化反思与本土化创新：中国政治学发展的当代内涵[J]. 政治学研究，2018(2).

断标准，学术话语的发展在一定程度上更新着社会公众使用的政治术语概念。①另外，话语体系能够作为一种权力的无形资源得以使用。不同于地理特征、自然资源、人口、经济发展水平、军事实力等有形资源，完备的话语体系有助于国家身份的塑造及民族主义的发展。当与国家权力的有形资源结合在一起时，话语、观念等无形资源要么增加，要么削弱国家的权力。在当前的全球化治理过程中，不同文明体系之间的竞争趋于白热化，融会贯通的文明创制能力②与文化推介能力日益重要。话语体系意味着沟通与交流，政治学话语体系的自洽性、解释力影响着国际社会看待中国问题、理解中国现象的路径选择。但是学界也形成了这样一种共识，即构建当代中国政治学话语体系，除了要寻求平等沟通对话，还要为平等的实现创造更坚实的学科基础。

由于政治学研究对象、研究场域的独特性，政治学话语体系构建的学术逻辑与政治逻辑有着密不可分的关联。其中，政治实践为政治学研究提供议题。政治学话语体系构建不仅与解释问题、解决问题相关，而且与提出问题、选择问题相关。政治实践中的制度建构、权力运用、冲突化解、合作达成与资源分配等过程为政治学提供了基本的研究方向，政治实践的具体发展状况为学术研究提供多样化的议题。但总体来看，政治学话语体系与政治的关系具有多重性。政治学话语体系既为政治实践提供理论支撑，又从学术角度对政治实践进行独立的批判与反思；既为政治实践提供对策建议，又在某种程度上存在政治疏离的现象。学界对于二者关系的分析大致体现在以下几个方面：

首先，政治实践对政治学话语体系的规定性。

政治影响话语体系的方向选择。中国自近代以来寻求主权独立、制夷自强的国家转型之路奠定了政治话语体系求实、求真的基调。③马克思主义传入中国，成为中国现代革命的指导原则之后，逐渐成为掌握中国政治学话语权的主流政治学。随着中国特色社会主义的发展，中国独特的政治实践及政治运行逻辑要求学

---

① 朱光磊. 政治学要为推动中国特色社会主义政治建设服务[J]. 政治学研究，2013(5).

② 陈华文. 政治理论及其条件：本土关怀与学术话语的权力和理性维度[J]. 天津社会科学，2018(4).

③ 黄璇. 超越务实与抗争：中国政治学的现代建构[J]. 天津社会科学，2018(4).

界批判性看待西方话语体系，构建本土化政治话语体系并做出科学恰当的阐释。① 因此，政治实践的发展赋予政治学话语体系建设以阶段性特征，受政治实践大环境的影响，学科研究取向也会发生变化。但与此同时，学科研究的基本面是固定的，话语体系建设始终要围绕政治制度与政治过程、政治心理与政治行为等框架展开。学术话语应当对政治现象、政治体系背后的机理做出解读，对政治过程中涉及的统治与治理、政治决策、政治参与、政治监督有所回应，对政治行为背后的制度背景、政治心理、政治态度、政治情感有所观照。

其次，政治权力与政治话语体系的互动。

中国的政治实践一直处在制约政治思考的高位，权力的影响是全方位的，在一定程度上限制了理论的想象力与引导实践的力量，这反映在政治学话语体系包含的对策思维传统、工具化习性②之中。政治学话语体系的构建一方面需要了解权力设定的边界、回应其提出的要求，以充分的理论供给支撑党和政府对社会的制度供给；梳理和概括公众日益增长的参与需求，以服务于党和政府面对社会转型必然会衍生出一些复杂的社会问题的现实需求及处理之道。③ 另一方面，政治学话语对政治实践具有批判建设的功能。政治学者通过学术研究与权力开展对话，探究政治权力的运行实效，并放眼总体与全局探索政治实践的出路。值得注意的是，在话语建构的过程中，常常存在两种极端，一种是将政治学研究等同于政治研究甚至服务于政治权力的倾向，另一种是拉大学术研究与政治现实的距离一味批评的倾向。这两种倾向都会损害学术话语的自主性。

最后，政治话语体系与政治实践的关联性与张力。

二者之间的关联性在于，政治学话语体系能够对解释、改进政治实践起到一定的推动作用。政治学者提出或参与提出的诸多观念如人权、法治、善治、市民社会、全球化等对现实政治中的权力运行及公共资源分配产生了深刻影响。在构

① 张晓峰. 中国政治学话语体系构建中的坚守与超越[J]. 哈尔滨工业大学学报(社会科学版)，2019，21(5).

② 任剑涛. 为原创校准：政治学研究的学术站位与通达眼光[J]. 天津社会科学，2018(4).

③ 张桂林. 逻辑要义、历史努力与认知前提：建构中国特色政治学话语体系[J]. 政治学研究，2017(5).

建中国特色政治学话语体系的过程中，政治学者根据政治实践的特点为合法性、国家治理等概念注入了新的内涵；① 立足中国、借鉴国外，坚持马克思主义立场，进行概念与理论的合理性转化与调试。同时，我国的政治学话语体系建构致力于达成总结中国经验、贡献中国智慧的目标。

二者之间的张力体现为现有的政治学话语体系对于中国政治发展道路及政治实践内在机理的解释力尚较薄弱，对政治行为正当性的理论支撑不足。② 通俗来讲，在话语体系的建构过程中，容易出现"围观式"与"批评式"政治学；在重大理论上，一些有利于中国国家建设和国家发展的理论，仍不同程度地存在着误区盲区；在前沿理论上，一方面面临着在推介借鉴西方政治学理论时的理论调适问题，另一方面又存在缺乏前沿理论创新等问题。③ 这种话语权的不足降低了政治学理论解释并引领政治实践的效度。除此之外，政治实践中的政策话语、文件话语、宣传话语、文化性表达未能得到学理化的解释，围绕中国语境下常用政治话语的学术讨论仍有不足。

作为理解和表达政治实践的政治学话语体系或多或少地受到意识形态的影响。如西方的许多政治学话语，由于受意识形态的决定或影响，多带有价值预设或偏见。在概念引用的过程中，我们也可能不自觉地受到此种意识形态的影响。例如"民主"概念和理论，学界在看待和认知此类问题时，很大程度上都将西方国家民主政治的实践当作人类民主的范式，将西方的民主价值理念视为人类社会的普世价值，并用既定的价值预设来衡量、评判我国的民主政治。

进一步来讲，政治学话语体系在学术逻辑与政治逻辑上的独特性特征引发的是关于中国政治学话语体系建设的核心议题——方向问题。"中国政治学话语体系建构的逻辑起点来自话语形态分化、转变乃至内在的博弈关系。改革开放以来的中国政治学学科语境，已经形成三种相互交织又对立的态势：一是传统思政教育建立的意识形态表述，即以宣传主流价值取向的特定政治话语；二是以人文学科的通识训练和知识积淀为基础，其特点是思辨性和批判性；三是建立在实证研

① 周平. 概念供给：中国政治学构建的关键[J]. 江汉论坛，2017(11).
② 刘伟. 话语重构与我国政治学研究的转型[J]. 复旦学报(社会科学版)，2018，60(3).
③ 郑慧. 论构建中国特色社会主义政治学话语体系[J]. 政治学研究，2014(6).

究及其定量统计工具和数据之上的符号体系。上述三种路径使得中国政治学学科的话语表述也呈现三重性：批判性、科学性和功能性。建构中国特色的政治学学科话语体系便一直在从属、反抗和再创造之间徘徊。过分强调实证化表述，意味着中国政治学只质疑、证伪和诠释，更多地沦为一种工具性的研究；过分强调反抗和批判性，则意味着中国化政治学空有人文主义和意识形态上的危机感，而缺乏实际过程中的建设性、功能性和可操作性；过分强调中国化政治学的再创造而忽视前两者的必要性，将会使其建构的话语体系既缺乏人文思辨又没有科学的研究范式。"①因此，一方面，政治学话语体系的建设要在宏观视野与中微观视野之间找寻平衡，在研究问题、方法选择上既要关注科学性，又不能放弃总体性的关切与判断；另一方面，除却"从世界看中国"的研究心态，学术研究中应当增加"从中国看中国""从历史看中国""从中国看世界"的研究视角。总之，政治学话语体系的建构需要通过一系列"固基""反思""对话""创新"②的研究路径。

第二节　政治学话语体系建设中的概念重构

近年来，我国政治学界的学术自觉意识显著增强。构建有中国特色的政治学话语体系已经成为政治学界的基本共识。其中，对政治学既有概念的反思、解构和新概念的建构尝试，非常值得关注。概念是建构话语体系的基础性要素，概念背后蕴含的是一套完整的学科运行逻辑。追求对政治现象、政治过程更为深刻的理解，就需要将各种概念贯通起来。对于同一政治过程，不同的概念会倾向于从不同的角度做出解释。以如何理解政治为例，其既可以是一套关于权利、自由、平等、正义等价值观的话语，也可以是政府运用公共权力而进行资源的权威性分配的话语，还可以是将冲突限制在秩序的范围内的话语。因此，话语体系中存在

---

① 赵中源，黄罡. 新时代中国特色政治学话语体系建构的要义与理路[J]. 政治学研究，2020（3）.

② 王炳权. 政治学话语体系建构的路径分析——基于"反思"的视角[J]. 社会科学研究，2019（4）.

一系列核心概念，借助这些核心概念有助于我们形成对学科发展的基本认知，但是仅依靠这些基础概念又难以对政治发展的具体过程、新现象和新问题做出有效的解释。政治学研究的目的之一是获得知识的增量，作为知识载体的理论需以概念为支撑，作为知识获得手段的方法需以概念为导向。通俗地讲，对于学科重要概念的筛选和界定，能够表明学科的重点研究领域。成熟的研究领域通常具有更多的分析性概念与价值性概念，而新概念的产生又会进一步推动对基本问题和重大问题的研究。结合历史与时代背景，加强对概念基础性问题的总结与反思，能够对当前的政治学概念供给现状有更为清晰的认识，并为今后概念重构的方向和路径提供进一步的参考。

一、政治学概念的类型与特征

在国内外相关的政治学辞书、手册以及"核心概念"和"关键词"之类的政治学著作中，都列举有相关的政治学概念，这些政治学概念的编排结构和方式，构成了相应的政治学概念体系。这些概念和概念体系，构成了政治学学术体系和学科体系的基础。正如安德鲁·海伍德所讲："要形成关于政治世界的知识，不能只靠观察，还要开发和提炼可以帮助我们理解它的概念。"[1]政治学概念通过术语将政治现象或政治事实凝练表达出来，并成为实践中进行政治"思考、批评、辩论、解释和分析"[2]的工具。因此，概念既是对政治世界认知的结果，又是获得新的政治知识的依托。[3] 政治学概念可被区分为"规范性概念"与"描述性概念"，规范性概念指的是道德原则和道德理想，而描述性概念指的是那些被认定为客观且能显示其存在的事实。[4] 也有学者采用价值性概念与事实性概念、[5] 建构性概念与提炼性概念[6]表述二者的区别，例如权利、自由、民主、正义等概念指的就

[1] 安德鲁·海伍德.政治学核心概念[M].吴勇，译.中国人民大学出版社，2014：2.
[2] 周平.概念供给：中国政治学构建的关键[J].江汉论坛，2017(11).
[3] 周平.概念供给：中国政治学构建的关键[J].江汉论坛，2017(11).
[4] 吴勇.海伍德对政治学核心概念的独到分析与诠释——《政治学核心概念》评介[J].燕山大学学报(哲学社会科学版)，2007(4).
[5] 周平.概念供给：中国政治学构建的关键[J].江汉论坛，2017(11).
[6] 郭忠华.日常知识与专业知识的互构——社会科学概念的双重建构模式[J].天津社会科学，2020(1).

是应该、本当或必须产生的东西，而权力、法律、政府等概念则指向存在且能够被感知的客观事实。

　　除了上述概念分类，对于概念的特征分析也能够为政治学概念建构策略提供一定的借鉴意义。其一，从逻辑学的角度，概念是具有确定内涵和外延的思维对象，而其中的内涵和外延具有反变关系。换言之，政治学概念具有一定的特征及指称，但是在概念的运用过程中，常发生含义及指称上的错置现象，这种错置一方面与主体的知识储备及理解方式有关，另一方面与概念外延的弹性相关，外延范围关系到概念的抽象程度，处于较高抽象层次的大多是追求普世价值的规范性概念。在概念构建及应用的过程中，存在因外延扩展而导致内涵精确性丧失的"概念拉伸"①现象，因此，找寻概括性与准确性、普适性与经验可验证性之间的平衡是自主建构概念的核心关键。

　　其二，概念的作用不仅在于为政治事实及政治现象提供合理性解释，还与政府决策、政治心理及政治态度塑造等具体实践相关，这就意味着概念的意义不仅体现在学术建构上，其实际作用的发挥与行动主体的认知状况亦有关联。特定概念的形成过程中，存在"研究者的概念建构、再建构与行动主体的概念吸收与重构"②之间的互动；在概念社会化的过程中，语义权和语用权的契合度也将造成概念同义转化或异义转化的现象。③ 这体现了概念建构过程中重视共同知识研究、进行社会互动的重要意义。

　　其三，在政治学概念的建构过程中，概念内涵不仅受到国家和政府的组织形式、权力的分配方式等一系列制度性事实的影响，而且无形中会受到历史、文化和意识形态的影响。从某种程度上讲，政治学概念的学术建构与阐释实质上是一种政治活动，"在政治概念对待上的公允性不能等同于一般意义上的价值中立，不同于政治上的无所作为"④。因此，在构建政治学概念时，不仅应遵循学术规

----

① 乔万尼·萨托利，欧阳景根. 比较政治学中的概念误构[J]. 比较政治学前沿，2014(1).

② 郭忠华. 日常知识与专业知识的互构——社会科学概念的双重建构模式[J]. 天津社会科学，2020(1).

③ 郭忠华. 知识分形与概念社会化[J]. 中国社会科学评价，2020(1).

④ 吴勇. 海伍德对政治学核心概念的独到分析与诠释——《政治学核心概念》评介[J]. 燕山大学学报(哲学社会科学版)，2007(4).

律、体现人类共同的价值关怀和基本信念，而且应该考虑我国独特的发展模式与历史、文化传统。因此，构建中国政治学话语体系，进一步丰富能够解释中国政治与治理问题的有效概念，既要根据政治实践中出现的新现象、新经验、新问题提出新概念，又应反思既有概念的适用性和解释力。

二、当前我国政治学概念的供给现状及危机

改革开放以来的中国政治学，初步建构了一套结合马克思主义政治学、欧美政治学和官方主流表达的概念体系，并形成了强大的用语惯性和路径依赖。但不容忽视的是，欧美政治学概念的使用频率要高于中国本土政治概念和经典的马克思主义政治学概念，特别是核心概念和常用概念，翻译自欧美的居多。中国在政治概念生产和使用中的自主性明显不足。中国自身的治理实践虽然得到了一定的研究和讨论，但所用概念中除了援引官方概念外，多沿用欧美学界的成型概念，相关的价值预设、内涵逻辑和分析框架导致对中国政治制度、政治经验和政治逻辑的某种"他者化"。同时，部分既有概念在内涵上也存在适应性危机。中国自身的治理效能并未在政治学概念上得到充分呈现，概念的解释性和正当化功能不足，更无法在国际学界和传媒上说开去。

我国当前的政治学概念供给现状与历史上知识生产过程中的概念供给能力、学科发展水平、社会转型、概念建构者的主观选择等因素相关。从思想史角度看，西方的政治实践及政治经验大多以概念为要素反映在理论体系中。自古希腊以来，西方鼓励社会知识生产过程的独立发展，知识生产的自主性孕育出强劲的概念生产能力；与之相对，我国历史上的政治知识主要是一套政治述说体系，概念和理论基本上依赖于官方供给，学界自身的供给能力不足。[①] 在学科发展上，社会转型之际，救亡图存成为政治学科发展的主要任务，因此我国的政治学科在概念体系、理论建构、研究方法上都依赖于西方政治学，学者通过译介等方式引入西方的国家学说、契约论、民主、自由、天赋人权等理念，依托西方政治概念

---

① 周平. 概念供给：中国政治学构建的关键[J]. 江汉论坛，2017(11).

与理论对本土政治理论进行概念检视和话语梳理。① 时代的发展及我国综合国力的提升，使得政治学的使命已经从救亡转向民族复兴，学者逐渐认识到现有学术概念对于解释中国问题的局限性。虽然学界已经开展了一系列概念重构的自主努力，但不管是相对于党和国家对有效政治概念的需求而言，抑或相对于中国政治学发展和创新的急切需求而言，均存在概念供给不足及有效概念短缺的状况，导致当前我国政治学概念出现多重危机。具体来讲，这种危机主要体现在以下四个方面。

(一)概念内涵上的适应性危机

我国虽然具有丰富的政治实践经验，却缺乏通过概念构建进而形成理论体系的传统。我国现有的支撑政治学学科发展的概念体系，总体上仍带有一定的西方中心主义色彩，虽然体系庞大、内容丰富，却无法对中国实践中的经验及问题做出有效解释及回应。目前的政治学概念部分存在阐释力不足或语境适用偏差等问题，因此若沿用或套用此类话语来阐释中国的政治实践，难免会产生生搬硬套或削足适履的现象。② 在学术研究中，部分学者采用以西方社会科学体系为参照对象进而从中国经验视角修正其局限性的策略，③ 但问题在于，这种修正在多大范围内、何种程度上是有效的，概念的调适策略在实践中往往被简化为词汇上的添补，其被动性逐渐凸显。对任何一门学科的话语体系建构来说，"通常缺少的并非通识性概念，而是那些富有原创性、标识性的概念"④。概念史的研究讲求分析概念与社会背景结构之间的关系，探究在一定的时代背景下，概念如何生成、如何成为普遍概念以符合社会系统的逻辑。按照这个思路，构建有中国特色的话语体系可以从既有概念的生成情境及其原有内涵出发，结合新的政治实践情境，重新厘定概念内涵。对于价值性概念内涵的重新界定，意味着拥有了对良善政治

---

① 张师伟. 中国政治思想史研究的百年回眸与学术省思——本土政治理论的概念检视与话语梳理[J]. 人文杂志，2019(2).

② 白利友. 关于中国政治学话语体系的构建[J]. 理论探索，2019(3).

③ 郁建兴，江华. 中国社会科学自主性：一种全球性视野[J]. 复旦学报(社会科学版)，2006(3).

④ 白利友. 关于中国政治学话语体系的构建[J]. 理论探索，2019(3).

秩序重新定义的底气，是对中国特色社会主义制度正当性的解释和论证；分析性概念的不断增加与丰富，则意味着学界对我国政治基本事实与机理的关注和研究提升到了新的高度。

（二）概念所含价值观上的兼容性危机

从表面上看，政治学概念容易在内涵上引发争辩，其深层原因在于不同政治实践背景下所包含的意识形态色彩与价值取向差异。西方的政治学概念是基于西方的历史、文化及经验建立起来的，因此，某些与我国的政治实践看似相匹配的概念，可能存在深层次上的差异或冲突。以最为常见的民主概念为例，在西方，民主概念经历了直接民主、自由民主、精英民主、选举民主、多元民主等阐释，即便当前西方社会亦存在协商民主、参与民主、网络民主等形式，但是在意识形态宣传及凸显政治正当性的背景下，自由民主已成为民主的固化内涵。在对民主概念的理解上，"公民自由、普选权、充分竞争"超越"人民当家做主、人民主权、公共参与"等内涵成为民主概念的最重要特征。① 类似的诸多例子表明，普适性不同于普世性或世界性。② 因此，在概念移植或转化过程中，既要怀有开放和包容心态，又要持有批判和反思精神，以免落入意识形态或话语权陷阱中。

（三）概念建构的完备性与自洽性危机

在学术自主性与自觉性的努力中，学者意图从最基本的社会事实中总结具有中国特色的本土学术概念，形成了"压力型体制""共谋""差序政府信任"等概念建构的成果。但是，一方面是当前阐释中国现实与中国问题的概念数量尚少；另一方面有效性概念更为稀缺，概念打磨的精致度也有待提升。在概念的建构方式上，不少学者由某一个或某一类的实践现象即得出一个概念，这样建构出来的概念只能代表特殊性，而无法普遍适用，这种建构概念的方式缺乏创造性，被评价

---

① 徐明强. 从本土生成到比较视野——中国政治学概念生产的策略转变[J]. 比较政治学研究，2018(2).

② 吴勇. 海伍德对政治学核心概念的独到分析与诠释——《政治学核心概念》评介[J]. 燕山大学学报(哲学社会科学版)，2007(4).

为"朴素的经验主义"①。还有部分学者将概念建构简单等同于词汇的创造，这种急于求成的研究方式不仅难以对中国现象做出创新性解释，而且对于知识的增益作用甚微。概念重构不是简单的词语构造或添补，而要考虑到一系列背景、逻辑、标准、指称、界定等因素。例如，周雪光所论述的"共谋"现象，反映的是政治实践中特定领域内不同政治现象、策略的共同逻辑，对于概念的阐述和界定不仅局限于对概念本身内涵、指称、立场的说明，还包含对与之相关的"组织基础和制度环境""政治激励""目标替代""科层制度与行政关系人缘化"②的讨论，体现了概念建构的系统性要求。另外，逻辑考量对于概念构建过程的重要性亦不可忽视，这一方面体现在新概念与原有概念的区分上，另一方面体现在概念自身的逻辑自洽中。反观当今政治学概念建构过程，由于在完备性与自洽性上的欠缺，概念往往只能发挥表面上的功用，即表述某种政治现象、政治行为或政治心理，而难以让受众获得关于现象内涵或背后机理的认知，或是造成政治认知和学术交流中的某种混乱。这说明，概念打磨不仅要在语词的表述方面下功夫，更要在研究对象的背景、成因、机制分析方面下功夫，要在概念内在的逻辑链条上深入推敲。

（四）概念建构的可对话性危机

政治学概念的特征与功能，要求概念建构首先要符合本国的历史、文化和现实背景，契合本国的发展路径，并能与政府部门、公众、社会组织等主体展开有效沟通；其次需要探讨社会科学的普遍性问题，回应人类发展面临的共同挑战。换言之，概念建构的可对话危机体现在对内和对外两个方面。对内来讲，概念的建构不应是学界的自说自话，而应适应政治实践的发展，与政府进行共识性沟通，促使政治概念为公众所理解并予以运用。这既体现了概念构建者的学术责任，也体现了其公民责任。而对政府和公众而言，当下政治学概念的可理解性存

---

① 应星. 评村民自治研究的新取向——以《选举事件与村庄政治》为例[J]. 社会学研究，2005(1).

② 周雪光. 基层政府间的"共谋现象"——一个政府行为的制度逻辑[J]. 社会学研究，2008(6).

在某种不足，其在传播力及影响力上也存在不足，推动学术概念获得政治实践采纳和公众认可的程度还远远不够。对外来讲，学者构建的政治学概念不仅要解释中国问题，还必须具备与国际社会对话的功能。概念的构建需要放在比较的视野中进行，如何凸显中国政治实践的比较优势成为概念构建的课题之一。有学者以特殊性和普遍性为标准，将概念构建的方式划分为自我生成、对话生成、概念调适及概念移植四种类型。① 在当前的学术实践中，对话生成及概念调适手段得到学界更为广泛的采纳。因此，在这种背景下，概念的界定权不仅关乎概念的适用性，而且关系到我国学者在国际学术界的话语权。显然，这部分工作目前还处于较为薄弱的状态。如在概念的翻译与对话过程中，常常会面临"一对多"的词语选择问题及由于文化背景差异造成的错误解读，这要求学者既要在准确把握近代西方学术概念演变的基础上对接西方学术概念，也要承接中国传统政治社会向现代政治社会转型的知识遗产。②

三、概念重构的主要路径与基本原则

当前政治学界对于概念重构的路径已经进行了部分探讨。总体来讲，大致能够归类为历史、现实、比较视野下的概念生产及概念内涵的新界定。而在这些概念重构的实践中，都要坚持普遍性与特殊性相统一的原则。

（一）路径一：从历史资源中梳理新概念

现实总是立基于历史，中国传统文化虽然没有形成一套以概念为基础的政治学知识体系，但其中蕴含着独特的政治经验与政治智慧。对中国传统政治史、思想史和制度史的梳理，能够为我国政治实践的现状及成因提供历史性解释。对中国传统文化进行批判性梳理，能够获得一系列有价值的概念，如"民本""民心""治道"等。值得注意的是，这种梳理需要辅之以科学的理论视角及分析工具。如果研究者基于政治现代化视角，以西方意识形态的关键词或核心命题作为中国

---

① 徐明强. 从本土生成到比较视野——中国政治学概念生产的策略转变[J]. 比较政治学研究，2018（2）.

② "概念与理论"专题（下）：当代中国政治学中的概念议题[J]. 中国社会科学评价，2020（2）.

政治思想史研究的参照系，一味寻找西方意识形态关键词或核心命题的同类项，① 那么就将失去理解传统理论的准确性。因此，从历史文化中找寻概念建构的经验，需要完整呈现思想家所面临的政治问题，理解和解释他们所提出的政治概念、命题与判断，进而寻找其与现代政治实践共通的逻辑。鉴于中国政治实践和治国理政经验的历史延续性与相通性，回望并挖掘历史资源对中国政治学概念的重构而言显得尤为重要。应该说，相对于中国传统政治文明的创造性转化与创新性发展而言，学者在这方面的努力还远远不够。

（二）路径二：从政治实践中提炼新概念

中国在发展转型中涌现的政治现象，为学术研究提供了丰富的素材。目前我国的政治学话语体系所缺乏的，主要是能够回应中国问题的本土化概念。因此，在中国特色的制度环境和权力结构下，根据实践经验探索符合中国情境的概念，应成为概念重构的主要路径。所谓实践经验，首先体现为发展进程中产生的现象与问题，对这些现象进行类型总结与机制分析，就可创造出与之相应的描述性概念或解释性概念，如"政治吸纳""增量民主"等概念的提出，也包括如"压力型体制""政府间共谋""晋升锦标赛""差序政府信任""依法抗争""贤能政治""家户制"等概念。其次，能够借鉴的政治实践经验体现在政府文件中。我国的政府决策既能反映实践发展的新导向与新动态，通常又具有广泛的民意基础与知识支持，因此，很多政治学概念可以从中央的政策文件中析出，如协商民主、党内民主、群众路线、学习型政党等概念。另外，这种实践经验还体现在公众的日常话语和生活话语中，建构者可以通过与行动者的互动建构概念，"压力型体制"概念即是研究者将行动者的日常话语表述提升为学术概念的成果。从政治实践中提炼新概念，还涉及从本土主流话语中重构政治学核心概念，这主要涉及中国本土（官话与大众话语）语境中的常用概念，如天道、天下、人民民主、人民内部矛盾、民主集中制、人民/群众、老百姓、忠诚、贪官/清官、政治风气，等等。

---

① 张师伟.中国政治思想史研究的百年回眸与学术省思——本土政治理论的概念检视与话语梳理[J].人文杂志，2019(2).

（三）路径三：基于比较和跨学科进行概念的创造性转化

政治学研究议题的普遍性及学术研究的开放性，加之我国政治学话语体系构建的传统渊源的多元构成，为政治学从域外引进概念提供了可能性。而从外部引入的概念，一旦进入中国，就会发生某种程度上的语义转化。政治现代化的过程中会产生具有普遍意义的价值，具体到不同的国家和地区，价值的排序会有所不同。这就需要进行严谨深入的比较，并在比较研究中理解相关概念的适用语境，以及概念在普遍化过程中发生的内涵嬗变。西方经验与中国经验在逻辑上是并行的，又是互相影响的，因此在概念建构的过程中，一方面可以从二者的共同逻辑中找寻灵感，另一方面也可以甄别其中的差异。只有这样，才能推进相关外来概念的创造性转化。如"合法性""治理""市民社会"等概念，在中国语境中的生成就发生了创造性转化，而且，政治学研究中使用的大量概念并不全是学科自身发展过程中内生的，还来自对法学、社会学、经济学、传播学、心理学、人类学等学科概念的借用。政治实践领域的"政府规制""公共产品"，政治传播领域的"政治社会化"，政治发展领域的"风险社会"等概念，都是在国外或其他学科移植概念的基础上嫁接新的内容而生成的。① 但在这一过程中，需要在我国本土经验的基础上，进一步界定概念内涵，同时基于中国主体意识选择性吸收概念的合理之处，以适应政治发展与治理创新的需要。其中需要重点反思的是，欧美诸国通用概念的经验基础与内涵逻辑是否适合中国的本土经验？

此外，还有学者总结出"引进—变形""套用—延展"以及"局部创新"②的概念建构路径及"历史、理论、实证"③三种概念研究的范式。关于历史、理论、实证三种范式的研究在某种意义上为概念重构提供了方法论建议。这三种范式之间并不是非此即彼的关系，相反，它们反映了概念研究的三种要求：历史深度、理论高度和实证精度。历史路径能够使我们了解概念的演化及历史变迁规律；理论

---

① 周平. 概念供给：中国政治学构建的关键[J]. 江汉论坛，2017(11).

② 张小劲. 加强实证研究，建构概念体系：试论中国政治学术话语的发展策略[J]. 济南大学学报(社会科学版)，2017，27(1).

③ 郭忠华. 历史·理论·实证：概念研究的三种范式[J]. 学海，2020(1).

路径能够使我们总结并建构概念以反映政治实践及其价值追求；实证路径能够使我们利用丰富的数据及案例资源，以获得关于概念更为准确的理解。这恰恰印证了我们关于政治概念的建构应有从政治史、当代实践及比较视野中汲取资源的自觉。

（四）概念重构的基本原则：普遍性与特殊性相统一

不管是基于历史，还是从当下的实践出发，抑或基于比较，我国特色政治学概念的产生都需要平衡特殊性与普遍性之间的关系。只有这样，政治学概念才能既反映政治事实，又具有分析和解释上的普遍性功能。从特殊性出发，存在概念的自我生成、对话生成路径；从普遍性出发，有概念调适、概念移植等路径。在自我创新的思路下，必须明确将新概念放在何种研究传统中才能够得到理解，其真正创造性表现在哪些地方。在调适思维下，"形容词加概念"的方式成为分析中国政治问题的流行做法。例如套用协商民主概念，在前面添加体现中国某些特征的形容词，形成"权威性协商"，以此解释为何中国的协商过程没有出现多元主义趋势。值得注意的是，中国特色政治学概念创新不仅能使理论更加贴合具体实践，也能够消解部分西方概念中的固化内涵，例如，通过治理民主和选举民主的比较，可以消解竞争性选举在民主概念界定中的核心位置；通过比较运动型治理和常规型治理概念，可以消解常规化治理在官僚治理体制中的核心地位。①

总体来看，回到问题的本身，概念重构的起点是新问题的提出，或是对老问题的新研究。因此，重构政治学话语体系中的核心概念、基本概念和常用概念，需要思考何为学科范畴中的元问题、基本问题和重要问题，在此基础上结合我国特定的政治实践情境，重新厘定相关概念的内涵。对于传统政治概念，需要注重其在新的时代背景下的再阐释；对于实践中提炼出的概念，需要判断其是否具备普遍的解释力；对于译介性的概念，需要反思其在中国政治情境中的适用范围。总之，政治学概念的创新发展，既需要政治哲学与政治科学学科范围内的学术积淀，又需要开阔的视野，从历史、空间及其他前沿学科中拓宽思维的广度。科学

---

① 徐明强. 从本土生成到比较视野——中国政治学概念生产的策略转变[J]. 比较政治学研究，2018(2).

准确的概念不仅可以有效反映及解释政治实践，而且有助于提升话语权。改善目前概念短缺的现状，我们不仅要增强文化自信，而且要从历史、现实、实证多维度提升概念供给的能力。一方面，精准把握学界已有研究成果中的合理与不足之处，坚持破立结合，"扩展性地建构出一个更能反映和解释中国政治历史与现实的政治概念或理论体系"；① 另一方面，开拓概念建构的视野，借鉴"中层理论"②的概念发展策略，更多地促进实证研究与理论思考的结合，同时提升国际范围内的学术交流与沟通效度。

四、余论：从概念重构到概念体系重构

概念是话语体系的基石，概念重构是话语重构的基础。深究下来，概念重构实际上包含着三个不同的层次，而在既有讨论中，并非每个层次都得到了充分的讨论和相应的重视。政治学概念重构的第一个层次，意指对既有的政治学概念予以内涵、逻辑和价值取向上的新界定，进而重构部分概念的所指和能指。这方面的讨论比较多。概念重构的第二个层次，意指在既有的政治学概念体系中，删除或消隐部分概念，创建部分概念，进而改变既有概念体系的面貌。不得不说，学界在既有的讨论中，对创建新概念的共识比较突出，但对删除或消隐部分概念的关注度略显不足。概念重构的第三个层次，意指在既有的政治学概念体系中，重新处理概念间的逻辑关系，进而改变既有概念体系的面貌和格局。显然，既有讨论中涉及此方面的阐释还非常少。不得不承认，政治学界草创概念和重新界定概念的诸多努力，尚未撼动既有政治学概念体系的基本逻辑和概念间重要性的总体格局。从重构中国政治学学术体系、学科体系和话语体系的高度看，概念重构意味着全方位的体系性重构，也就是说，我们需要将目前讨论的概念重构深化和推进到概念体系的重构。

更具体地说，我们不只是需要重新界定某些概念的内涵，还需创生相关概念和消隐部分概念以调整概念王国中的概念构成，更要重新构造概念之间的关

---

① 肖滨. 中国语境中政治概念重构的三种进路[J]. 探索与争鸣，2016(8).
② 徐湘林. 从政治发展理论到政策过程理论——中国政治改革研究的中层理论建构探讨[J]. 中国社会科学，2004(3).

系——这有些类似于按照我们自己的构图重新"堆积木"的学术努力。概念体系是话语体系的基础，概念体系的重构，其影响才是根本性的，也只有实现了概念体系的重构，才能为理论重构奠定最扎实的根基。而要做到这一点，首先就需要深入研究欧美通行的政治学概念体系的内在逻辑，并反思这一逻辑于中国政治体制的合适与不合适之处。其次是深入梳理和反思改革开放以来我国政治学界通行概念体系的主导逻辑，审视其中需要调整和优化的方面。再次还需要对中国历史、文字史、文明史、近现代史进行深入研究和总体把握，以理解现有概念体系的来龙去脉、合适与不合适之处，以及概念体系重构的方向和路径。同时，还需深入研究当代中国政治中的主流文件与官方表达，对其中的核心概念群作合适的学术化和学理化，包括对这些概念之间的逻辑关系予以适切的理解和提炼。最后要深入当代中国政治、治理过程和民众生活，理解官员和民众的话语表达、相关内涵与逻辑，提炼关联中国政治世界且呈现中国政治逻辑的政治学概念体系。当然，在此过程中，学界还需要进一步对外开放，既丰富、激活既有概念库，也可以适当传播概念群，更可以在比较中启发重构概念体系的思路。归根结底，厘清并重估既有政治学常用概念间的逻辑关系与重要性格局，在创建新概念、消隐部分概念和重新界定概念内涵的基础上，调整概念体系内部的逻辑、格局和总体取向。当然，只有学术界勇于摒弃陈见与偏见而从政治与治理的真实逻辑出发，只有学术界对政治学概念体系的讨论是充分和开放的，只有持续存在一个充分争鸣和有活力的学术界，才能使重构的政治学概念体系经受必需的检验。

第三节　政治学话语体系建设中的理论创新

理论作为理解及分析政治社会现象的主要支柱，既能体现学科思维方式及思维能力的成果积淀，又被作为评价学科发展水平的重要尺度。理论自觉意识进一步关联讲好中国故事、总结中国经验、传播中国声音的成效。因此，就其重要性而言，有必要在已有学术研究的基础上围绕理论创新的内涵、必要性、路径及学术资源进行分析阐述。

一、理论创新的内涵

区别于概念、话语，理论是"基于事实或推演而形成的对事物间关系的一种判断"①，具有逻辑性和体系性。政治学的重要目标之一即凝练能够有效解释、指导、预测社会现实及其走向的理论。理论在层次上有宏观、中观及微观之别，在属性上有政治哲学与政治科学领域之分，按照对实践的认识层次可分为叙事理论、因果理论及价值理论。具体来说，理论既包括"制度层面宏大命题的研讨、政府过程的学理概括、具体而微的基层实践的经验总结与理论升华，还包括政治价值与政治意识的科学阐释"②。

从大体范畴上讲，理论创新需要处理好中外关系、古今关系、理论与实践关系三方面关系。探究理论创新的内涵，我们可以从内在逻辑与外在逻辑两方面入手。内在逻辑主要从结果的维度关注理论自身机理的创新发展，而外在逻辑主要从理论生产的过程维度考量理论形成的来源、理论构建的框架、范式或方法等。

就内在逻辑来讲，理论创新的内涵大致可被总结为"理论话语创新、理论主题创新、理论形态创新、理论方向创新"③等。概念及话语是构成理论的基础及重要组成部分，通过经验总结或逻辑演绎能够形成一定的论断。但是提升理论的话语权，更多地需要基于社会实践发掘学术上的真问题，在理论主题、理论方向创新的基础上促进理论话语的创新，探索事物间的联系。从某种意义上讲，理论创新的本质不在于话语的创新，而在于话语背后反映的针对研究对象的认知创新。

就外在逻辑来讲，理论创新首先体现在学界构建理论的自主性上，反思作为"拿来主义"④产物的流行理论，初步建构具有本土特色的话语体系及理论体系。其次反映在理论构建的框架、论证方式、方法创新上。伴随这种工具性创新形成的是思维方式的创新，学者在研究中更加倾向于从多样化的维度还原及搭建事物

---

① 刘伟. 话语重构与我国政治学研究的转型[J]. 复旦学报(社会科学版)，2018，60(3).

② 师喆，许超. 试论中国特色社会主义政治学知识体系的建构[J]. 学习与探索，2020(6).

③ 田鹏颖. 论 21 世纪马克思主义理论创新[J]. 中国特色社会主义研究，2020(2).

④ 任剑涛. 为原创校准：政治学研究的学术站位与通达眼光[J]. 天津社会科学，2018(4).

间的联系。例如运用横向竞争与纵向整合的分析框架打破原来以单一的政体视角定义中国政治的局限。① 在这种情境下，作为工具的分析框架的创新带动了理论自身内涵的创新，如此一来，外在逻辑与内在逻辑之间即产生了密切关联。正如学者所阐述的，"理论创新的前提在于超越性思维，而其动力源泉则在于服务实践"②，真正意义上的理论创新都是有依据、可推敲、可论证、可对话的。

二、理论创新的必要性

（一）理论创新的重要价值与依据

1. 理论创新在唤醒学术自觉、推动学术发展中的支撑作用

政治学研究需要对零散的政治现象加以概括、提炼、总结，并用学理化的方式表达出来。理论构建及其运用即是学理化过程的核心环节，能够反映现象背后的内在逻辑关系。理论具备的逻辑性与系统性，使其成为可供传播、学习、运用的知识体系。政治学以及政治学者的任务之所以体现为"生产知识、生产思想、生产理论"③，其机理在于，理论既是学科发展的成果体现，又是联系学术实践与政治实践、学术研究群体与理论受众、个体思维与具体实践，多元主体进行学术、思想交流互动的桥梁。基于理论在话语体系、知识体系中的核心地位，理论创新能够代表学术研究的新动向，集中反映学术发展的阶段及水平，体现学术自觉及学术发展的努力。因此，对于学科发展来讲，理论创新是必要的。

2. 理论创新在促进实践自觉、回应政治社会实践中的导向功能

理论源于实践，同时对实践具有一定的能动作用，这种被动性与主动性反映到理论的功能上来，即为解释、评价、改造实践。促进理论功能的更优实现，需要不断进行理论创新。

其一，实践的迅猛发展提出了理论创新的诉求。中国政治学应能有效地解释

① 徐勇. 用中国事实定义中国政治——基于"横向竞争与纵向整合"的分析框架[J]. 河南社会科学，2018，26(3).
② 林毅. 从反思西方理论到服务中国实践：中国政治学本土化的创新发展意涵[J]. 学习与探索，2020(6).
③ 桑玉成. 关于政治学的主题与政治学基本问题的思考[J]. 政治学研究，2017(5).

中国现实和中国问题，为政治实践提供合法性，而只有严整的理论才能达成此目标。衡量中国政治学创新发展所处的阶段，最关键的指标在于考察中国政治学的学术繁荣程度是否与其服务实践的能力充分匹配。因此实践素材的不断丰富带来的是理论创新的繁荣，在变化发展的政治社会实践环境中找寻有意义的学术问题并探求问题之解，成为发挥理论价值的重要路径。这种理论创新的学术努力不仅能够对政治实践中的新现象、新问题加以认知理解，在历史与现实的脉络上建立联系，还能够对实践发展进程及其未来走向进行合理的定位与预测。因此，解释、评价、指导实践的目的导向要求理论与时俱进。其二，认知的有限性加强了理论创新的必要性。从人类的认知角度看，我们不可能穷尽所有的事实现象，因此研究者必须不断去发现新的事实，并运用新的概念、话语、理论对其加以概括和提炼。理论与实践的互动过程中，思维的有限性使得理论创新成为必然。以上主客观两方面因素印证了为促进实践自觉必须在理论构建过程中注入创新力量的原因。

3. 理论创新在深化文化自觉、接续政治发展上的传承价值

发挥理论的实践价值意味着理论创新需要具备一定的本土化意味，即于中国传统文化背景下、中国的现实政治实践情境中解释中国特色发展道路的合理性。虽然目前我国的经济社会发展已经进入一个现代化的新阶段，但是现存的政治制度、政治行为、政治心理与我国的传统文化之间仍存在诸多渊源。因此，理论的本土化创新不仅是从优秀传统文化资源中寻求现代问题之解的需要，而且是深化文化自觉、寻求特定文化背景下政治实践接续发展之内在逻辑的必要举措。这种自觉的理论创新更加能够辨明我国政治实践的独特性根基，拉近传统与现实的距离，找寻现代政治社会实践与传统文化之间的联系，在我国历史发展的脉络下回答政治实践何以至此、通向何方的问题。

（二）理论创新的紧迫感

目前的政治学研究在取得一定成就的同时也面临着制约其发展的困境。这种困境主要是由于我国政治学创立发展的背景所导致的自主研究后劲不足与日益复杂的国内外政治实践所带来的严峻挑战之间的矛盾。这一矛盾加剧了学界谋求学

科创新发展以适应国家治理现代化的紧迫感，而理论作为学科发展的重要内容，被提到了学术创新的重要位置。具体来讲，我国政治学理论创新的紧迫感体现在以下几个方面：

1. 西方范式潜移默化地影响了我国政治学的自主研究进程

"知识生产中的先占原则，使得西方学界在政治学研究领域获得了某些定义权"①。我国政治学科建立初期知识贫瘠的状况造成了西学东渐过程中学界的"拿来主义"倾向，其后果是西方政治学的知识逻辑和话语体系深刻影响了我国的政治学学科建设和发展。西方的知识逻辑和话语体系虽然包含一些共性问题的普遍性观点，但同时也包含其自身的意识形态及价值取向，受其独特的政治实践背景影响。因此，一味套用或模仿西方社会的概念、话语、理论，追踪西方设定的理论议题，遵循西方政治学之研究范式的"接轨心态"②，已经越发不适用于我国当今的政治实践发展状况，其弊端逐渐显现出来，例如，我国学界在解释中国现象、中国制度、中国道路实践中的"失语"状态。这种失语不仅是指我国学界理论生产的匮乏现状，而且意味着理论的说服力不足以影响西方先入为主的甚至有失偏颇的"中国论断"或"中国印象"；"这种失语不仅体现在学术研究形式上的西方化，思维方式与价值导向方面的西方化更深刻地影响到中国理论的整体进路"③，一方面，面对经验事实与逻辑预设之间的张力，学人往往采用"逻辑在先"的思维方式，而这种逻辑大多是西方预设的一整套价值观念，如"将制度选择视为促成西方崛起的根本动因；强调市场化导向、分权导向之于民主建设的先决意义"④等，在这种将"逻辑"自洽作为研究前提的背景下，理论的科学性及致用性价值遭到极大削弱。不可否认的是，逻辑自洽确应被作为理论构建的原则之一，但是我们应该追问的是，这里的逻辑体现的是一种价值指向还是论证机理的程式指向，这种逻辑对于理论构建的规定性是否会影响理论的代表性及科学性。

①　徐勇. 用中国事实定义中国政治——基于"横向竞争与纵向整合"的分析框架[J]. 河南社会科学，2018，26(3).

②　周平. 民族政治学知识体系的构建、特点及取向[J]. 政治学研究，2019(1).

③　林毅. 从反思西方理论到服务中国实践：中国政治学本土化的创新发展意涵[J]. 学习与探索，2020(6).

④　陈周旺. 中国政治学的知识交锋及其出路[J]. 政治学研究，2017(5).

另一方面，很长一段时期内，学界忽视了西方主流政治学理论的价值前提和政治导向。① 行为主义盛行以来，"价值中立性"和基于"科学方法"的研究增多，甚至在学界兴起了关于"普世价值"②的讨论，但是学者们在研究自由、民主、正义等价值时是否实现了与西方制度环境及价值体系的剥离是值得商榷的，也正因这种价值预设，所谓的"普世价值"与"中国经验"之间的张力、现实经验与逻辑预设之间的矛盾，构成了我国政治学理论创新亟待解决的难题。

2. 我国日益复杂的政治社会实践及中国特色社会主义道路建设呼唤理论创新

就理论供给与我国目前政治实践的匹配程度来讲，学界理论构建的表现是不佳的。首先，长期以来，西方的主流话语在我国的理论体系构建中占据重要地位，我国关于本土理论的构建较为匮乏，尚未形成具有一定学术影响力的宏观理论，且理论在解释力、致用性上并不具备普适性，既无法圆满地总结中国成功的经验、解释中国存在的问题，也无法为中国问题的解决提供有效的方案。这种话语权的缺失表面上是由于学界既有知识体系的限制，更重要的是由于学科发展积淀的薄弱性。其次，已有的政治学理论知识含量不足。一方面，传统理论在解释新现象和新问题时难以自圆其说或提出创造性见解，另一方面，我国当前的学术研究大多是就热点事件、热门话题展开的，更加偏向于讲好一个故事，有针对性地分析事件机理，而不是凝练其背后的逻辑，更不会在更大的范围内总结具有普遍性的规律。此外，改革开放与社会主义现代化建设进程中党和政府在中国特色社会主义民主建设、法治建设、执政党建设、国家治理等多领域提出了一系列政治话语，但是学界对于这些政治话语的阐释及转换是不足的，中国特色社会主义理论建设仍面临很大的挑战，同时学术话语转化为政策话语、生活话语的实践也远远不够。从这个角度来讲，学术理论的发展在一定程度上与服务现实的取向是相疏离的，因此，适应中国特色社会主义政治实践的发展，就必须大力推进理论创新。

3. 国际格局及国际治理环境的变化为我国政治学理论创新增设了议题

全球治理已成为时代发展的趋势，作为国际社会的重要主体之一，中国若要

---

① 吴晓明. 论当代中国学术话语体系的自主建构[J]. 中国社会科学，2011(2).
② 杨光斌. 论世界政治体系——兼论建构自主性中国社会科学的起点[J]. 政治学研究，2017(1).

在全球治理中发挥关键作用，不仅要向世界展示自己亮丽的名片，而且要能够为人类社会共同发展提出科学的设想与方案，而理论创新对于上述两方面目标的达成发挥着至关重要的作用。当前的国际背景下，霸权主义和强权政治横行，中国面临西方自由主义霸权对我国政治实践的多种误解与批评，本土理论的缺乏使得我们难以做出有力的回应并与之展开对话，这对于凝聚政治认同、展现民族文化自信是不利的，因此需要学界就中国特色社会主义实践中的丰富事实、案例，凝练基于中国经验的本土认知，通过理论创新争夺话语权。

此外，巨变时代呼唤中国政治学积极作为。随着时代的发展，资本主义的矛盾日益显现，通过借鉴其经验教训以实现我国经济社会的持续健康发展是必要的，但是理论话语的匮乏使得我们难以为世界各国跳出西方化发展道路的陷阱提供参照依据。但中国政治学研究将为人类政治学发展供给知识和理论，并不在于主观上的自信，而在于中国发展对于世界格局的影响逐渐增强这一客观事实。因此，达成为世界普遍问题提供见解与思路这一目标亦对我国政治学理论创新提出了诉求，即朝着普遍性与特殊性相结合的方向努力。

4. 风险社会具有的不确定性对理论创新提出了迫切要求

社会在变革，时代在变迁，世界充满了风险性，而这更加凸显了政治学科的重要性，政治学科应当将探究政治实践发展规律作为重要任务。随着时代的发展，能够对政治实践发展产生影响的因素愈加复杂，政治实践面临的挑战越来越多。这次世界范围内的新冠肺炎疫情即是一个巨大的挑战，这个挑战将促使学界对国家治理等诸多议题加以重新审视和思考。另外，人类现代性演进的历史表明，"实现工业化、现代化的国家及地区并非高枕无忧，而是矛盾丛生"①，因此选择何种发展道路需要大量学术理论的支撑。当今国际社会的逆全球化暗流也带来了全球治理与世界和平发展的重大风险。综上所述，政治学不仅要从多维度、多层面思考如何将可能发生的冲突控制在秩序范围内，还要通过理论的创新发展增强预测风险、规避风险、应对风险的能力。

追寻政治文明发展之义，求索公共事务治理之道，思考促使国家和社会更加

---

① 田鹏颖. 论 21 世纪马克思主义理论创新[J]. 中国特色社会主义研究，2020(2).

美好的良善方案，实现人类社会的共同发展，是政治学研究的责任和使命。面对近几十年来的政治发展，学界逐渐认识到自身在理论阐述、理论规范、理论导向上存在的不足，例如学科知识及理论缺乏牢固的本体论基础，提供的知识产品长期不接地气等。基于政治实践的责任和使命，越来越多的学者将理论创新置于学术发展的重要地位。

三、理论创新的思想和学术资源

学者在归纳我国政治学理论创新的学术资源问题时通常会采用"中国传统历史文化、现代政治实践、马克思主义思想方法、西方政治学有益成果"这样一个古今中外的逻辑。虽然这种逻辑非常传统，但每方面的具体内涵仍然是值得深挖的。在历史资源上，我国传统中的"政治学"是一门经世致用之学，虽然没有形成完整的理论，但包含着很多政治思考。例如其中的天人关系学说、仁政、民本、德治、法治、大一统、王道、天下、经史思维、经世思维、政学传统等一系列概念及思想，对于当今的政治实践、政治心理、学术研究来讲始终具有生命力，若能站在历史的情景下把握这些思想的真正含义，对于理解或者指导当今的政治实践来说具有重要的价值。另外，长达百年之久的半殖民地半封建社会积贫积弱的历史，中国共产党领导中国人民进行革命、建设和改革的历史都为解释我们现今的政治实践提供了资源。

在现实资源上，中国特色社会主义实践为中国本土政治学知识的构建提供了丰富的资源和发展空间。政治实践中主要的"社会主义、党的建设、社会建设、民主、统一战线、宗教、民族、中华民族与世界的关系"[1]等议题不但为理论创新提供了指向及相应的素材，党和政府的政治话语、政策话语也是学术研究的重要资源，而社会主义主要矛盾理论、人类命运共同体理论、执政党自我革命等理论的创新发展所隐含的理论判断为学术研究提供了前瞻性议题。

在学术资源上，有学者从学科范畴讨论可供政治学借鉴的理论资源，主要包括思想史研究、历史社会学和比较政治研究，具体来讲，"历史中的政治思想研

---

① 欧树军. 从中国实践出发推进政治学理论创新[J]. 经济导刊，2017(6).

究，思想史中关于人性基础、政体划分、是否需要国家、建立什么样的国家等基于社会背景或学术思想进行的理论思考，19 世纪以来，尤其是二战之后比较历史研究中关于现代化演进、阶级关系、战争、革命等问题的政治理论及政治社会理论，世界政治学科中的民主化理论、现实主义、自由制度主义和建构主义等理论都是我国政治学理论创新实践可以借鉴的思想资源"①。其中的部分理论资源如孔子的仁义观兼具价值的普遍性与分析的普遍性优势。

四、理论创新的路径

正如前文所述，理论创新需要处理好中外关系、古今关系、理论与实践关系，故而在思路上，理论创新可以从不同文化的交流中借鉴经验，从优秀传统文化中汲取营养，从具体实践中寻求素材。关于理论创新大的思路，学界已经有了不少论述。将思路细化，可以从以下方面为寻求理论创新的路径提供借鉴。

推动理论创新，应当从"西方模式"中解放出来。形成理性的判断是理论创新的重要环节，为此需要改变一个时期以来学界简单套用西方理论来解释中国的政治实践、将西方理论作为评价或改善中国政治实践的标尺甚至单纯用中国实践印证西方理论的研究局限和路径依赖。"树立反思与超越的意识、坚持以中国立场为前提，有助于在本土研究过程中摆脱西方话语霸权和自由主义政治学知识体系教条的束缚。"②学术研究方式、思维方式上的创新为理论创新提供了动力。中国的政治学研究只有真正扎根于现实政治的土壤，具备开展原创性探索的学术自觉时，理论创新的实践才有可能。批判性看待西方政治学理论，考察其理论形成的经验背景及历史渊源，不仅能够对其理论的边界及限制条件产生更加深刻的认知，也能通过这种批判性思维与背景性考察深化、促进与西方政治学界的理论对话，在对话中获得创新的灵感。同时更为重要的是探究在何种层面、基于何种原因，中国不能复制西方的理论与道路，进而强化关于中国政治发展道路的独特性认知，基于多维度上的独特性分析找到理论创新的切入点。

---

① 杨光斌.论政治学理论的学科资源——中国政治学汲取了什么、贡献了什么？[J].政治学研究，2019(1).
② 张桂林.中国政治学走向世界一流的若干思考[J].政治学研究，2018(4).

推动理论创新，必须立足实践，形成学术研究的问题意识。中国特色社会主义制度及党和国家鼓励学术发展的导向为理论创新提供了良好的环境与空间，改革开放以来的政治实践案例及成果，政治话语和政策话语的发展演变都为学术研究提供了丰富的现实素材与理论挑战。推动理论创新可以从梳理特定领域内的实践素材入手，建立事实、经验间的联系，进而挖掘值得研究的问题。理论创新还可以从具体的政治学分支学科或交叉学科的发展中获得灵感。近年来农村政治学、民族政治学、政治社会学、政治心理学的发展在学术研究上形成了更加专业化的领域，在学术研究的过程中，如果能够将问题放在更为广阔的制度、文化环境中，发掘事实现象的深层次逻辑，将是理论创新的重要突破。致用是政治学研究的最终导向，学术研究需要合理把握学术思维与政治思维的联系，正确认识学术研究与意识形态的关联，搭建理论与实践互动的桥梁。

推动理论创新，需要从优秀传统文化中借鉴经验。"中国传统政治实践虽然没有形成一套完整的知识体系，但是保留了认识中国现象和解决中国问题的智慧。"①因此，将这种智慧概括总结为知识有助于丰富我国的本土化理论成果。另外，之所以将文化溯源作为理论创新的路径之一，是因为在当今的学术研究中，学人不仅在做一种阶段性的研究，还试图做一种打通式的研究。但是从纵向维度看，在梳理文化传承的逻辑时，学人常会觉察出现代中国的政治发展与文化传统之间的断裂，有学者在研究影响政治学发展的要素时提出了"文明传统、时代精神、权力结构"②的框架，指出现代政治实践的建构更多地取决于时代精神与权力结构的需要，而忽视了文明传统。因此，欲提供一套关于中国政治发展的完整的理论学说，我们必须发挥文化传承与发展的价值。

推动理论创新，需要形成一种比较的视野。比较的视野一方面涉及空间，另一方面是时间。在空间领域，重新审视理论建构的参照系，通过对比西方民主与中国特色民主的模式，在理论主题、分析框架等方面做出必要调整，尽量避免意

---

①　俞可平. 中国政治学的主要趋势 (1978—2018) [J]. 北京大学学报 (哲学社会科学版)，2018，55 (5).

②　任锋. 政治学理论的创新何以可能 [EB/OL]. (2016-01-24) [2021-09-16]. https://www.rujiazg.com/article/7445.

识形态霸权对于理论发展的影响。另外，中国政治实践所面对的庞大的治理场域为国家层面以下的比较分析提供了丰富的资源。省、市、县域间的层级差异、不同地域之间的横向差异具有显著的特征，对于很多关键性的议题研究具有重要意义。因此从纵向层级比较及横向地域比较入手，也能够为政治学理论创新提供切入点。时间维度上，近年来学界试图在权力架构与制度设计、文化观念、合法性逻辑、运行惯习等方面寻找中国政治的传统理论资源。问题在于，在政治发展的时间脉络上，现代政治实践与我国的政治传统是相似的还是沿袭的？思考我国传统政治资源与现代政治实践的共通逻辑，探究传统政治资源在何种层面上能够对现代政治实践产生启发意义，将有助于相关理论的发展。

在更微观的层面，关于理论创新的路径我们可作进一步的思考。

首先，确定议题是理论构建的开端，因此，推动理论创新需要在议题选择上注重普遍性与特殊性的区分与联系。理论议题选择应注意普遍性与特殊性的区分。长期以来，中国政治学的知识结构、理论逻辑甚至议题设置都受到西方学术实践的影响，因此，我国在推进本土化理论创新、自主选择理论议题时，首先要明晰哪些是人类社会面临的共性问题，哪些是具有中国特色的新问题，因为对于二者而言，理论创新的基础是不同的。针对普遍性问题，要在已有的学术研究基础上产生增量，更多地通过与既有理论批判式的对话路径来实现；而针对特殊性的议题，理论构建的创新点更多是基于议题本身的解释与分析。另外，在理论议题的选择过程中也应该发掘普遍性与特殊性间的联系。目前学界部分研究过于强调本土知识的特殊性而忽视了其普遍性意义，"注重区域主义而忽视了世界主义，容易使中国的理论体系自外于全球普遍性知识体系"[①]，因此，找到议题所含的特殊性与普遍性的联结点，或许能为理论创新提供新思路。

其次，从作为工具的分析框架和研究方法入手也能丰富理论创新的思路。分析框架及研究方法的创新意味着研究思路的创新，而转换政治学研究的思路有助于丰富认知、解释政治实践现象，为学术理论注入新的内涵。西方政治学理论之所以能够具备话语优势，应当归因于扎实的基础理论研究。因此，我国的政治学

---

① 张嘉凌. 中国政治学会 2019 年会长会议暨中国政治学知识体系建设学术研讨会综述[J]. 政治学研究，2019(3).

理论建构需要着重关注那些涉及顶层设计、方向选择的系统性议题，不能仅仅停留在建构解释性、对策性理论的阶段。将实证的科学研究方法运用到理论建构过程中，虽然有助于加强对因果关系的解释，但是难以凸显政治学的学科特性，理论研究不能放弃对实践发展的总体把握、政治判断与价值关怀。因此，在创新理论发展的过程中，应当从宏观、中观、微观层面共同关注政治过程与政治发展的逻辑。

最后，加强理论创新需要更广泛的人才基础与更多的学术交锋。"知识生产一定是自我的表达，且知识生产贵在独创性，其结果一定是百家争鸣。"①因此，推动政治学理论创新，必须加强优秀人才培养，提升研究队伍的整体实力。唯有激发学人的学术自觉意识与学术创新的能力，政治学科的发展才会有成效。但是我们不能忽视的一个问题是，随着信息化的发展，"知识与意见的界限日渐模糊"②，尽管后者往往缺乏必要的确证环节，但其通常符合人们的直觉，且自媒体能够通过信息媒介引发大众情感共鸣，塑造公众的政治态度。因此推进理论创新，学界也应当直面政治学知识生产主体大众化的现实，吸收日常实践中的创新内容，促进日常话语的理论转化。

总体来讲，推动我国政治学的理论创新进程，首先需要反思西方理论的可取之处及固有局限，进而立足于我国的政治实践与文化传统，提升议题创制能力、问题建构能力、学术对话能力与逻辑分析能力，以加强理论的创新表达和中国化表达。同时，在理论的建构过程中，还要处理好学术发展与主流意识形态之间的关系，将作为政治指导思想的马克思主义同作为学术研究对象及范式的马克思主义理论进行一定程度的区分，努力达到学术自主性与致用性之间的平衡。

五、结　　语

理论创新是学术发展及实践发展中的核心问题。基于我国政治学理论供给的现状，理论创新更为关键的任务是强化基础性理论的发展，进而为应用性研究提

---

① 徐勇．政治学科的话语自觉［EB/OL］．（2018-12-25）［2021-09-16］．http://www.cssn.cn/zzx/zzxzt_zzx/117545/zb/201812/t20181225_4799301.shtml.

② 师喆，许超．试论中国特色社会主义政治学知识体系的建构［J］．学习与探索，2020(6)．

供理论指导。未来阶段的学术研究中，我们应尽量避免在"温习和整理普通政治学知识之中打转"①，真正在历史传统、思想文化资源、政治实践的基础上发掘理论问题、建构学术议题、探索内在逻辑。同时，不能仅就政治学研究政治学，要拥有开放、包容的学术心态，理论创新不是孤立的政治学术活动，增进对政治经济学、政治社会学、政治心理学、政治人类学的研究，必然能为理论创新打下更为坚实的基础。

第四节　政治学话语体系建设中的方法运用

政治学话语体系的建构需要从概念、理论和方法等维度进行考量，构成要素之间应具有层次性特征。概念是理论的基础，方法为概念及理论构建提供支持甚至方向。强化对概念、理论、方法等专题性问题的认知方能在整体研究中更好地把握各要素之间的关联，进而促进整个话语体系的建设。

政治学研究中存在不同类别和层面的方法。有学者从三个层次解读方法论问题：技术与方法层次、研究取向与范式层次、哲学层次包括本体论和认识论上的假定。在范式层次上具体包括历史唯物主义、新制度主义、理性选择理论、行为主义、政治文化等分析框架，技术研究方面包括定量研究、定性的实地研究、形式模型和博弈论以及实验方法等具体研究方法。② 微观或技术层面的研究方法只能阐述一种相关性，难以对因果关系做出解释，更达不到理解的层面；宏观层面的研究方法或路径恰恰能为学科研究提供方向。③

人类政治活动有着许多规律，这些规律的重要性赋予政治学科以一定的基础性。但是，由于政治学始终缺乏属于自己的特殊视角，这导致这个学科根基不牢，比较容易跟着时髦和权力走。

从学科成长的类型看，学科的发展经历了一个从宏观研究向中观研究和微观

①　房宁. 重新认识什么是基础理论研究［EB/OL］.（2018-02-01）［2021-09-16］. https://opinion.huanqiu.com/article/9CaKrnK6ywI.

②　郭苏建. 政治学与中国政治研究：学科发展现状评析［M］. 上海：上海人民出版社，2016：90-100.

③　刘伟. 政治学学术规范与方法论研究［M］. 南京：南京大学出版社，2017：194.

研究深入推进而又回归宏观研究的过程。政治学研究方法的运用大致经历了从思辨到制度再到行为三大阶段。这些研究方法总的来讲可以归结到个体主义方法论与整体主义方法论的区别上来。改革开放以来，我国学者在政治学研究中始终关注方法论层面的进展，历史唯物主义、行为主义、新制度主义、理性选择、政治文化分析等研究视角和分析框架在实践中得到广泛应用，同时对具体研究方法的使用也表现出更加多元的趋向，以下是对几种具有代表性的研究范式的梳理。

一、马克思主义的历史唯物主义研究取向

改革开放初期，政治学的研究对象主要是传统马克思主义政治学的"五论"，即阶级论、国家论、政府论、政党论、革命论，[①] 这决定了其研究大多采用历史唯物主义的视角进行分析，即整体主义的世界观，以阶级分析法和经济分析法为核心的经济社会研究路径。此后，随着党和国家工作重心的转移，阶级斗争理论逐渐退出主流话语体系。历史唯物主义中有关生产力与生产关系的分析框架在研究中的应用也逐渐减少，但历史唯物主义对历史与结构两个维度的强调得到了深化。例如历史制度主义在中国政治学领域的蓬勃发展，在很大程度上就缘于其与历史唯物主义在研究范式上的可比性以及命题上的可转换性。进入 21 世纪以后，由于各种群体性事件等社会冲突及社会不平等问题凸显，阶级分析的研究视角再度受到重视。[②]

历史唯物史观关于人类社会发生发展的理解对当今的学科研究也具有指导意义：第一，作为动态的方法论，由它产生的理论必然是随时代推进而发展的理论。因此，马克思主义政治学说坚持理论联系实际，坚持真理标准与实践标准相统一，坚持理论探索者与实践活动家的结合。它不只是以求知为目标，也以改造世界、解决重大社会现实问题为目的。第二，它以研究个人或团体行为之间竞争与合作的对立统一为核心，认为个体间既分工又协作的生产实践活动，才是社会演变的真正动因。第三，它通过考察个体与社会制度的互动来把握社会历史不断

① 吴汉全. 邓初民《新政治学大纲》(1940 年) 的学术贡献——纪念邓初民诞辰 120 周年[J]. 政治学研究，2009(3).

② 刘剑. 阶级分析在中国的式微与回归[J]. 开放时代，2012(9).

质变的发展过程。个体具有能动性，但同时既定的上层建筑对于经济基础、社会存在对于社会意识也具有决定作用。① 这种历史唯物主义观念为具体的政治学研究提供了基础性的原则与要求，但是应当看到，历史唯物主义取向在当前的学术研究中更多是被当做一种分析逻辑和价值立场上的指导原则。政治学者基本淡化了仅仅凭借对马克思主义论著的逻辑分析与文本解读以寻找答案注解的思维定式，学者所做的更多是以历史唯物主义的内涵把握学术研究的方向，促进马克思主义的中国化、时代化和大众化。

二、行为主义研究取向

在中国政治学学科重建之时，美国政治学已经经历了行为主义革命，走到了后行为主义阶段。因此，中国政治学界对行为主义既有引介，也有批判。不同于旧制度主义只注重描述静态制度、法律文本而忽视研究现实政治行为的倾向，行为主义认为人们的政治行为是政治现象发生的根源；同时，行为主义与现代自然科学研究的新成果相结合，采用量化和实证的方法。另外，行为主义还尤为强调政治过程，传统政治学热衷于研究政治制度、宪法、主权、司法机构、国家、制衡等课题，"有了政治过程观念的政治学注重研究政治参与、政治文化、政治社会化、政治沟通、民意、利益、政党活动、投票行为、利益集团、政策制定、政治行为、政治心理、政治人格、大众传播、冲突、革命"②等，这将政治学的研究范围扩大到非正式机构和政策实施过程。行为主义的个体主义方法论的转向与实证研究方法对我国的学术研究产生了影响，丰富了我国政治学的具体研究方法和研究内容。行为主义取向对自然科学和其他社会科学方法的借鉴丰富了政治学的研究手段和方法。③

与此同时我们也应该看到行为主义对我国政治学研究的不适应性：

首先，行为主义强调价值中立，认为科学研究的目的在于解释和预测，对政

---

① 薛伟江. 当代西方政治学与马克思主义政治学之方法论比较[J]. 四川大学学报(哲学社会科学版)，2005(6).

② 王沪宁. 比较政治分析[M]. 上海：上海人民出版社，1987：93.

③ 汪志强，袁方成. 西方行为主义政治学方法论评述[J]. 江汉论坛，2005(6).

治现象的解释可以不依赖于价值判断。这种价值中立的主张是立不住的，研究主体本身扮演着特定的社会角色，研究对象如政治制度、社会成员也具有独特的社会背景，甚至研究的主题、判断与分析的标准及工具如民主、自由、法治等概念及理论也蕴含着价值取向，因此这种价值中立是难以实现的。

其次，行为主义将定量等实证方法置于很高的位置，容易使研究沦为表面化与程式化。施特劳斯指出，基于理性人假设的"政治"从此变成个体的"科学化"游戏，"政治"的根本性质因此被消解于数学化的政治学，"团体理论事实上是把政治事务还原为政治上中立的事务……进而把这些团体还原为个人理论，把政治问题降低为社会问题，结果对于政治科学或者学者而言重要的东西不是政治上重要的东西"①。

另外，"如果政治学事业被解释为类似科学事业的话，就有出现暴政的潜在可能性"②，"将价值中立推向绝对，将实证方法推向极端，正是行为主义政治学走向终结的根本原因"③。因此，行为主义的实证方法及对行为主体及政治过程的关注对于微观、中观层面的研究是有借鉴意义的，但是在宏观理论方面，行为主义存在着很大的缺陷。

后行为主义对行为主义过度强调价值中立的缺陷进行了改造，事实与价值的融合是后行为主义政治学研究方法的内在逻辑。后行为主义政治学派一方面使用科学技术手段，另一方面，对政府机构和政治行为做出价值判断，并对公共政策的基本方向作公开的建议。

行为主义政治学从新的角度切中了政治学研究的一个要害，即如何正确处理科学方法与政治价值的关系问题。④ 因此，尽管行为主义范式存在一定的逻辑缺陷，但是面临方法论选择时我们很难绕过行为主义政治学提出的方法论思想，之后的研究范式也大多是在反思行为主义的基础上形成的。

---

① 列奥·施特劳斯. 古今自由主义[M]. 马志娟，译. 南京：江苏人民出版社，2010：251.
② 布坎南. 自由、市场和国家[M]. 吴良健，桑伍，曾获，译. 北京：北京经济学院出版社，1988：40.
③ 叶娟丽. 行为主义政治学方法论研究论纲[J]. 武汉大学学报(社会科学版)，2002(5).
④ 叶娟丽. 行为主义政治学方法论研究论纲[J]. 武汉大学学报(社会科学版)，2002(5).

三、新制度主义研究取向

20 世纪七八十年代，西方学界在反思行为主义范式的时候，重新发现了制度的价值，因此出现了新制度主义范式。与旧制度主义致力于对制度进行静态描述不同，新制度主义侧重在制度的动态运动中探求制度对政治活动所产生的重大影响，制度与行为的相互关系是新制度主义研究的核心。一般认为，新制度主义包括理性选择制度主义（理性经济人的假设）、社会学制度主义（文化人的假设）和历史制度主义（制度人的假设），近年来话语制度主义、建构制度主义等流派也逐渐受到学界关注。其中，理性选择制度主义及历史制度主义在研究中得到了更为广泛的应用。马奇和奥尔森把新制度主义研究范式中制度与行为之间不同的互动关系概括为"算计路径"和"文化路径"[①]。

（一）理性选择制度主义

理性选择制度主义是理性选择理论的制度转向成果。理性选择理论立基于方法论个人主义、理性人以及交易政治观三大假设，其前提逻辑遭到了以诠释政治学派为代表的学界的质疑。同时，理性选择理论学者也试图寻求理论上的演绎分析与实际经验中出现的误差的原因，其得出的结论是"制度至关重要"[②]，理性选择理论逐渐向理性选择制度主义转变。

理性选择制度主义作为一种制度分析范式，以个体作为政治分析的研究起点，以理性经济人假设为前提，认为个人效用最大化应该而且能够成为个体的动机，个体的目标能够在制度情境中通过相关互动策略得以最有效地实现。理性选择制度主义由理性经济人的逻辑演绎推论出政治系统的其他特征。

在理性选择制度主义范式中，制度之所以产生是行动者为实现自己目的而设计的功利结果，制度影响行为主要是为行为者提供关于其他人的现在和未来行为

---

① 刘伟，翁俊芳. 作为政治学方法论的理性选择制度主义：内在张力与发展限度[J]. 学习与实践，2021（2）.

② 丹尼斯·缪勒. 公共选择理论[M]. 杨春学，等，译. 北京：中国社会科学出版社，1999：9.

的确定性以约束自利行为，减少机会主义，这种逻辑即所谓的"结果性逻辑"。理性选择制度主义在解释政治现象时把人的最大化偏好假定为固定的、外在的，假定制度并不先于人类行动，不是范式解释中的自变量，只是一种关键性、干预性变量。

当把产生于西方个体主义文化价值中的理性选择制度主义应用到解释异质于西方文化传统、以集体主义为主导的中国文化传统中的政治现象时，其适用性值得考究。我们可以从以下几个方面进行考量：

第一，政治行动者在很多场合下是并不知道所有信息的理性行动者，他们有时也并不知道自己的最大利益是什么，他们的行动所遵循的主要是一种"满意"标准而不是"最优"标准。[1]

第二，中国的经济政治现实更需要对社会"负责任的公民"，而非绝对自我的公民。如今，连偏爱个体人假设的经济学者也倡导人类的趋社会性，认为人类合作"可以被视为基于生存竞争的个体理性选择，随着所选策略连续地趋于合作，竞争着的一群个体就逐渐构成一个协调着的整体——社会的个体"[2]。从现实来看，较之个人主义方法论，整体主义方法论更容易为中国人所接受。

第三，理性选择制度主义无法解释我国的战略决策，中央出台某些政策往往是基于多种因素的综合考量，而不是简单的利益权衡与理性选择。

第四，政治行为取向受多种因素的影响，除了理性计算和利益考量，影响人们行为的还有习俗、习惯、情感、正义观念和情境因素。"中国人的社会行为的取向始终是和家长权威、道德规范、利益分配、血缘关系等四个因素联系在一起的"[3]，传统文化的集体主义、马克思的结构决定论以及中国政治文化中的道德主义倾向等使得全盘接受理性选择制度主义可能存在文化方面和心理方面的障碍。[4]

---

① 何俊志. 结构、历史与行为——历史制度主义的分析范式[J]. 国外社会科学，2002(5).

② 汪丁丁，等. 人类的趋社会性及其研究：一个超越经济学的经济分析[M]. 上海：上海世纪出版集团，2006：5.

③ 翟学伟. 中国人行动的逻辑[M]. 北京：社会科学文献出版社，2001：281.

④ 景跃进，王国勤. 政治学恢复以来的方法问题：研究取向的引介及反思[M]. 上海：复旦大学出版社，2008：307.

但是理性选择制度主义运用经济学方法解释政治现象，试图将微观研究法与宏观研究法结合起来的思路，对我国政治学研究既有启发作用，也有潜在的解释作用。理性选择制度学派的最佳用途是分析国家生活中一个具体组织的创设与运作问题，① 超出这个范畴，解释力就显得有些不足。

（二）历史制度主义

历史制度主义在"制度回归"的学科背景下，以"路径依赖"等分析工具确立其研究范式。② 历史制度主义的核心是重新强调政治变迁中国家、政府和其他组织之于人的行为的影响，强调中观层面的制度是政治分析和政策研究的中心。

历史制度主义对制度研究的回归不是"重复式回归"，而是"改进式回归"，具体表现在以下方面。第一，历史制度主义扩展了制度研究的范围。除了正式制度之外，历史制度主义认为，制度是"嵌入政体或政治经济组织结构中的正式或非正式的程序、规则、规范和惯例"③，是一种将传统的国家和社会联系起来的制度框架和网络结构。第二，历史制度主义将制度看成动态的，以追寻历史进程的方式寻求对事件和行为的解释。第三，主张从宏大的国家结构、民族国家的文化特质以及具体的政府制度安排三个层次上理解制度的影响。④ 部分学者侧重对宏观结构和制度集合体的研究，也有部分学者侧重微观的研究，例如，制度如何解决理性行动者间的集体行动问题。

历史制度主义能够为我国当代的政治学发展提供路径参考，具体来说包括：

1. 其强调的"时间节点"与"路径依赖"对政治制度具有一定解释力

时间上的关键节点在历史制度主义研究中普遍发挥着重要作用。关键节点使得行动者能够拥有相对自主的能动性，在这一时刻开始之后，接着就会发生某个

---

① 曹芳. 理性选择制度主义方法论评述——兼论其在中国政治学中的适用性[J]. 学术论坛，2009，32(11).

② 张晒. 历史制度主义：从"制度回归"到"路径依赖"——兼论在中国政治学研究中的适用性[J]. 理论月刊，2014(3).

③ 彼得·豪尔，罗斯玛丽·泰勒，何俊智. 政治科学与三个新制度主义[J]. 经济社会体制比较，2003(5).

④ 杨光斌. 新制度主义政治学在中国的发展[J]. 教学与研究，2005(1).

过程或者事件序列，制度会在其中发挥因果作用力。而路径依赖是解释为何制度在其原始动力不复存在后通常还能持续的原因。第一，路径依赖被理解为"涉及正向反馈"的自我强化过程。从这个视角来看，当既有结构是收益递增的来源，并对嵌入其中的政治行为者产生正向反馈效应时，随着时间的推移，离开或偏离既有路径将变得越来越不可能。在这种情况下，关注事态发展的时机和顺序变得尤为重要。第二，并不是所有的制度都是人为设计的，历史偶然性也可能形成路径依赖，触发路径依赖过程的早期事件有可能是偶然性的。因此如果能从随机过程的角度理解和阐述路径依赖，会丰富对于政治进程的理解。[①]

2. 现代政治实践中制度要素对政治行为具有规定性甚至决定性影响

制度不仅是特定时刻的政治偏好分布或政治权力配置带来的结果，随着时间的推移，制度也能成为政治偏好和政治争论模式背后的潜在原因。历史制度主义从制度视角入手，首先，其有着丰富的研究资料且研究资料是较为客观的。其次，研究对象在时间线上以及空间线上都可能具有连贯性及可对比性，这对于研究来讲是很重要的。历史制度主义路径能够为解释中国传统政治制度变迁甚至当前的改革困境问题提供思路。[②] 且历史制度主义与比较政治是紧密相关的，能够推进我国政治学在全球治理、国际政治经济等方面的研究。

3. 历史制度主义的具体研究方法及思路导向值得借鉴

早期历史制度主义者偏爱在少量案例中使用求同法和求异法，以确定制度的因果作用，这种取向不但影响研究的科学性，而且极有可能陷入某种历史"叙述"而缺乏深入分析怪圈。经过研究范式的不断完善，目前的历史制度主义者不再单纯利用历史叙事来阐明从理论上推演出的各种主张，而是使用叙事来"界定"那些影响着长期的政治争论的机制。[③]

历史制度主义研究者认识到保留复杂性往往意味着牺牲普遍性，且学者们并不满足于只是在历史现象与政治现象之间建立相关性，找寻直接原因而忽视了事

---

① 奥菲欧·菲奥雷托斯，图利亚·费勒提，亚当·谢因盖特，黄宗昊. 政治学中的历史制度主义[J]. 国外理论动态，2020(2).

② 杨光斌. 新制度主义政治学在中国的发展[J]. 教学与研究，2005(1).

③ 奥菲欧·菲奥雷托斯，图利亚·费勒提，亚当·谢因盖特，黄宗昊. 政治学中的历史制度主义[J]. 国外理论动态，2020(2).

件根源，历史制度主义在方法上的努力是要通过仔细研究经验资料以揭示事件原因与结果的各种机制。因此，历史制度主义者鼓励研究者在相对较长的时间段内关注政治模式的互动和脉络效应，并研究相同的因果机制是否、何时以及如何跨越时空产生不同的结果。

虽然史学探究和过程追踪等相关的定性方法一直是历史制度主义主要的研究方法，但近年来，调查研究中的行为方法、民族志研究方法、比较方法等也得到了广泛的应用。

总之，历史制度主义通过对旧制度主义的继承和对新资源的吸纳，形成了一种不同于从个体主义方法论出发的行为主义和理性选择理论，以及以历史为基础的结构性大事件分析方法。区别于政治科学研究中的宏大理论和纯粹的微观研究，历史制度主义在更大程度上是一种重视中层制度的中层理论。这种中层理论不但架通了政治科学研究内部宏观研究与微观研究的桥梁，而且还为政治科学内部国内政治与国际政治、政治科学与政治哲学的沟通提供了中介渠道。历史制度主义的这种中介性研究成果不但能被政治科学各分支学科的研究所证实或证伪，而且也能够接受下一代历史制度主义的再检验。① 因此，历史制度主义所提供的学术积累方式非常有利于整个政治科学的学术进步和知识积累。在研究周期性的经济危机、社会革命、全球实力调整等议题时，历史制度主义有望做出新的贡献。

四、历史政治学研究取向

在"百年未有之大变局"的时代，学界越来越关注既有知识体系的现实关联性。事实上，既有的政治学知识体系并不能很好地契合中国独特的政治发展环境。近年来，历史回归成为学术研究的一个重要转向，学者们日益强调从历史中寻找学术与学科资源，随之而来的关于历史社会学和历史政治学研究范式的讨论日益热烈。

---

① 何俊志. 结构、历史与行为——历史制度主义的分析范式[J]. 国外社会科学，2002(5).

（一）历史社会学与历史政治学的内涵比较

赵鼎新认为社会科学的学科可分为两类：一类学科的合法性在于自己的独特视角，另一类学科的合法性则在于自己独特的研究对象。社会学的核心是结构/机制视角，历史学的核心是时间/行动者视角，因此历史社会学追求时间序列叙事和结构/机制叙事的有机结合。而政治学指向的是一类独特的研究对象，而不是一种特有的视角。[1] 历史政治学旨在以历史发展政治理论，其基本进路是由当下反观历史，以历史理解当下，在历史与当下的对勘中，发现、提炼、理解人的政治行为之基本概念，把握国家构建、演变之大势，探究国家间互动并形成更大范围政治秩序之模式。历史政治学之目的是从丰富的历史数据中探寻解决当下政治问题的方案。[2]

历史政治学与历史社会学的特征与侧重点是有差异的，具体表现在：

历史社会学的意义主要体现在研究路径或方法论上，而历史政治学不但具有认识论、方法论上的意义，更具有本体论上的意义；历史政治学拥有历史社会学所没有的政治功能，即研究历史与当下政治的关联性，论述当下政治的历史合法性；历史政治学的历史观是一种长周期稳定性史观，历史社会学的历史观是短周期进步史观；历史社会学主要聚焦于宏观制度变迁，而历史政治学可以研究宏观、中观乃至微观议程。[3]

（二）历史政治学研究范式发展的原因

首先，借助历史政治学是出于理解中国政治的内在需要。中国保留了大量传统形态，但是又出现了大国崛起，理解这一现象就需要把大国崛起放到历史长河中去寻找源泉。只有在历史进程当中才能深刻理解当下和未来的中国。

其次，发展历史政治学是中国政治学发展的内在需要。我国的政治学知识体系是在西方政治学知识体系基础上发展的，缺乏历史的纵向维度，难以理解政治

---

①　赵鼎新. 历史社会学对历史政治学的镜鉴[J]. 中国政治学，2020(1).
②　姚中秋. 历史政治学的中国议题[J]. 中国政治学，2019(2).
③　杨光斌. 政治学新走向：历史政治学[J]. 社会科学文摘，2020(1).

文明和国家起源的路径多样性、丰富性和复杂性，因此历史政治学是中国政治发展和政治学发展的内在需要。①

另外，它符合中国政治学从"求变"到"求治"的转变需要。中国政治学一直被"求变"的政治学所支配，从马克思主义政治学到自由主义民主政治学，都是旨在改变政治现状的政治学。中国现在迫切需要的是以"求治"为导向的政治学。然而，"求治"的政治学仅仅拥有国家治理理论是不够的，国家治理理论的背后必须有相应的分析工具，历史将是一条分析路径。"历史"就是"求治"理论的出发点。历史政治学的发展既是合理的，也是必要的。杨光斌从本体论、认识论、方法论等方面阐释了历史政治学的发展潜力：② 历史政治学中的"历史"不仅仅是认识论与方法论的存在，还是本体论意义上的存在。"中华文明基体论"阐明了我国历史具备的连贯性，因此，本体论意义上的历史政治学在于发现理论。透过历史研究过去与现在的直接关联性并从中提出解释性概念或理论是可行的。认识论意义上的历史政治学主要是检验理论和概念，即在历史分析的路径中检验概念和理论的真实性以及优劣。方法论意义上的历史政治学基于历史连续性，采用历史制度主义的路径依赖等分析范式，使得从历史出发的历史政治学研究更加科学化，即更有针对性地回答因果机制，而不再是传统意义上模糊的因果关系。

（三）历史政治学的学术与政治功能

历史政治学的知识论功能体现在历史政治学能够为中国政治学发展提供一定的知识来源，同时解决历史研究的碎片化问题。基于特定历史形成的知识是情境化且富有解释力的，这种知识带有强烈的文明特性。另外，历史制度主义或历史社会学更多地是将"历史"作为一种基于"时间性"的分析工具，没有思考历史本身到底意味着什么，其结果是历史常常遭到分散化的、碎片式的解读，历史政治学将历史作为研究对象之一，能够提升研究的整体性与完整性。基于政治学取向的政治史研究有助于避免因"文化转向"而导致的历史研究的碎片化问题。③

---

① 徐勇. 从历史变迁的视野研究政治学[J]. 中国政治学，2020(1).
② 杨光斌. 什么是历史政治学？[J]. 中国政治学，2019(2).
③ 杨光斌，释启鹏. 历史政治学的功能分析[J]. 政治学研究，2020(1).

历史政治学的政治功能主要是能更好地推进国家治理，并为治理寻找合法性资源。面对"治国理政"的现实问题，政治史具有天然的优势。正如学者指出的："求变的思想资源具有横向性、共时性和外源性，而求治政治学的思想资源必然是纵向性、历史性及本源性的。"①如果缺少历史政治学这样一种本源性的知识积累和理论产出方式，我国的理论政治学就会被各种外源性的理论所充斥。另外，当今学界基本上已达成了这样一种共识，即把握中国政治应该关注统治的逻辑而非简单的治理逻辑，换言之，深层次的合法性论证是最为核心的研究主题。统治涉及最根本意义上的文化价值和政权建立的正当性问题，因此历史政治学下一步最重要的任务，就是建立起我们自身对统治的理解，而不是对治理的理解。②

（四）历史政治学的中国议题与切入点

姚中秋指出历史政治学的中国议题包括：第一，完整地描述国家形态在中国的演变历史，以揭示当代国家形态之渊源、把握政治演变之趋势、探讨改善政治之方案；第二，通过历史的比较政治分析，充分发掘中国最早建立现代国家、长期实行郡县制、国家规模持续扩大且保持超大规模这三个重要事实的理论意义，以重新思考、构建关于政治、国家的一般理论；第三，揭示中国与中国以外国家的政治互动过程，立足中国，发展世界历史政治学，研究世界政治体系演变的历史，以探讨中国为改善世界体系可发挥之积极作用。③这意味着历史政治学的研究不仅需要在宏观上把握政治发展的历史规律及合理性合法性依据，还可以在中观层面找寻央地关系、政治认同等议题的历史资源。

从学科角度来讲，历史政治学可以从以下几个维度促进知识的增长：思想史研究层面，推动"思想史中的思想研究"向"历史中的政治思想研究"转变，注重历史情境的影响。中国政治研究层面，从历史路径入手能够增强对当代政治问题的历史认知，增强解释力。比较政治研究层面，比较政治研究的根本方法是比较

---

① 杨光斌. 政治学研究范式的转型：从"求变"到"求治"——政治学学科史的视角[J]. 中国政治学，2018(1).

② 杨念群. 重估"正统论"是建立中国历史政治学的起点[J]. 中国政治学，2020(2).

③ 姚中秋. 历史政治学的中国议题[J]. 中国政治学，2019(2).

历史分析，而比较历史分析的主要研究对象是案例研究。历史政治学能够对个案或者多案例进行深入讨论，从本体论、认识论和方法论的不同层面对特定案例进行深描，从而发现理论或者检验理论。①

可以看出，历史政治学试图基于中国历史的连续性而寻求中国政治发展的统一性解释，这种解释是以中国为标准、典范，进行大历史、大范围的宏观历史比较。历史脉络是任何事物发生、发展都无法避开的路径，因此强调带回历史对于政治学的研究是具有重要意义的，一方面，我们能够增加理解问题的深度，重新认识一系列政治现象及问题；另一方面，基于历史建立一套符合中国语境的政治价值体系，能够为国家治理合法性提供一定支撑。②

除了上述研究范式之外，还存在结构-功能分析、政治文化分析、比较分析等研究方法。结构-功能分析的优势与传统制度主义相近，能有效地对政治体系予以把握。政治文化分析从强调文化的国民性到发掘文化的符号、仪式及价值以理解政治生活的意义，其研究框架既包括政治思想史的研究、对中国传统政治文化的分析，还包括采用实证方法进行的政治文化研究。③ 政治文化分析是诠释性的，而非解释性的。比较分析可以从个案研究、具有最大相似度或最大差异的对象的集中比较等思路展开，此处不再赘述。

五、总结与思考

基于上述梳理，我们能够认识到政治学研究方法的多样性，中国政治学研究究竟采用哪种研究范式，答案是开放的。我们应该有一个基本的认知，即任何研究方法、研究范式都有其适用的边界性。我们不能抽象地讨论研究路径的学术价值，而要结合研究问题和研究目标来探讨。目的是终极性的，而方法只是工具性的。④ 脱离目的导向，我们无法评判哪种研究方法更为优越，但是我们能够基于具体的研究目的判断何种研究方法更具解释力。例如，如果要从整体上把握政治

---

① 杨光斌. 中国文明基体论——理解中国前途的认识论[J]. 人民论坛，2016(15).
② 杨光斌. 以中国为方法的政治学[J]. 中国社会科学，2019(10).
③ 韩冬临，释启鹏. 改革开放 40 年中国政治学研究方法的多元发展及问题[J]. 天津社会科学，2019(2).
④ 叶娟丽. 行为主义政治学方法论之再检讨[J]. 中州学刊，2001(5).

和政治演变的逻辑，结构-功能分析与政治文化分析路径以及历史社会学的比较案例研究路径，显然具有优势。如果要为当前的政治现象、政治架构寻求更为深厚的合法性基础，历史政治学或许能够提供部分思路。如果具体到案例的研究与统计，就可以运用行为主义的定量研究方法；如果涉及政治的过程、机制分析，就可以考虑逻辑推演、深度叙事或者历史制度主义的路径。

在我国，政治学研究方法的选择不仅是个人主义方法论或整体主义方法论的抉择，而且包含了对"是否存在普遍价值""西方的政治制度是普遍的吗"①等基本问题的反思。西方的就是世界的、西方的只是西方的、西方的既是特殊的又是普遍的三种观点对应着崩溃论、转型论与建构论这三种关于中国政治发展道路的预测。同时，对这两个基本问题的看法也影响着我国政治学研究的方法选择。正是由于中国学者认识到政治实践的独特性，因此尝试从历史及文化的角度寻求学术研究的自主性，也正是由于学者认识到社会科学在一些方面存在共性，因此促进了制度主义、总体性的量化研究等范式的应用。

值得注意的是，无论采用何种研究方法，都需要具备鲜明的政治学问题意识，防止"去政治化"倾向的出现。西方世界出现的所谓第三波历史社会学即提供了这样一个反例，历史社会学家淡化了对权力和结构的重视，放弃了大结构、大过程、大比较的方法，愈加迷恋情感、话语、符号，热衷于分析文化向度、情感变量如何影响历史迭变与社会变迁，从边缘视角、殖民地视角、女性视角等来重塑近当代史甚至古代史，这种思路实际上偏离了政治学研究的核心。② 因此，学术研究不应当被具体的研究方法裹挟，方法应始终服务于研究的目的。另外，在历史路径及制度路径的运用上，目前的学术界越来越倾向于从历史中寻求学术资源，那么我们就应该对历史有更加清晰、清醒的把握，不能总是在线性史观和循环史观之间摇摆。③ 采用制度分析路径时，不能将表面化的制度作为研究的起点，还应该关注制度背后的制度，如制度生成、制度积累、制度文化、制度边

---

① 景跃进. 中国政治学的方法论反思——问题意识与本土关怀[J]. 浙江社会科学，2017(7).
② 杨光斌，释启鹏. 历史政治学的功能分析[J]. 政治学研究，2020(1).
③ 赵鼎新. 历史社会学对历史政治的镜鉴[J]. 中国政治学，2020(1).

界、制度和人的关系、制度和环境的关系等。①

　　总之，无论选择定性研究方法还是定量研究方法，都不能狂妄自大，二者并不是互相矛盾的，且任何研究方法、研究理论都有其边界性和适用性。或许我们发现了这样一个问题：我国的政治学研究似乎没有一个核心的研究范式。很多情况下，学术研究是根据现实政治的指向与需求在多种研究路径中选取合适的路径，学术研究似乎变得工具化，这可能与学术的实践导向与各种规定性有关。但我们也应该看到，多种研究方法确实能够起到相互补充的作用，基于特定的学术问题选择恰当的研究方法是合理有效的。虽然研究方法均处于不断的发展变化之中，但是研究方法并不存在相互替代的关系，每种研究方法都提供了独特的视角。

　　在当今的发展趋势下，中国探寻未来的政治发展道路，为政治架构、政治实践合理性寻求更为坚定可靠的理论基础，历史路径确实是一个可行的思路。但是这并不是谋求一种历史的复归，为一切的政治存在寻找一种历史基础，而是强调建立一种历史维度上符合民情的价值体系，理解特定实践活动在特定文化条件下的内在含义与意义，在历史资源的基础上寻求有助于推进政治现代化发展的逻辑，增强政治统治的合法性与政治决策的底气。

第五节　政治学话语体系建设中的知识鉴别

　　哲学社会科学的理论创新是国家话语体系建构的关键要素。我国政治学恢复与发展的建设历程、学科研究面对的独特历史背景、广大民众的治理背景与改革发展进程中的众多经验与挑战，使得学界持续处于推进学术规范化与本土化的努力之中。自习近平总书记《在哲学社会科学工作座谈会上的讲话》发表以来，学界进一步认识到政治学话语体系建设的必要性和紧迫性，且在学科体系、学术体系与话语体系的互动框架下就中国政治学的话语重构议题展开了多维度的讨论，既包含概念、理论、方法等层面的探索，也关涉凸显中国特色与学科理性的路径

---

① 曹沛霖. 在制度运转中推进政治知识化[J]. 学习与探索，2008(1).

创新。与学界话语体系创新热潮相伴而生的现象是围绕政治学知识体系中知识资源、知识生产、知识建构的研究也逐渐增多，完备的学科知识体系被视为话语体系创新的重要依归。

知识是一门学科的基础要件，知识体系往往体现了学术研究的基本范畴，并影响学科发展的路径选择。系统化的知识作为学术体系的重要组成部分，亦构成话语体系的内核。而在中国政治学话语重构的实践中，无论是从逻辑链条还是路径探索的维度，知识都较少被作为一个独立的环节加以讨论，知识与理论长期被合并为一个与实践相对应的整体性概念加以表述。但值得注意的是，话语体系的创新是在知识建构的基础上继续向前推进的，知识建构是基础。换言之，话语重构应当具备可靠的知识前提，如果知识前提存在局限性，话语建构的学术价值将是存疑的。在现阶段，虽然部分学者对政治学知识的类型作了若干初步的分类，但总体来讲，对于政治学"知识"仍需开展全面、系统的厘清工作，政治学理论研究中关于知识的定位、鉴别、反思与建构尚面临挑战。知识鉴别是话语建构的起点，厘清学科知识的边界与类型，能够为知识的积累提供更加可靠的基准与参照。

一、问题的提出：知识鉴别何以必要

知识是广泛而抽象的概念，知识论探讨的是何为知识及知识的性质问题。关于知识的讨论大多是从哲学维度展开的。早在古希腊，知识本身是什么、知识与意见及信念如何区分就成了有待研究的问题。柏拉图在《泰阿泰德篇》中以"感觉、真实的信念、真实的信仰加上解释"①的逻辑层层探讨何为知识的命题。"知识是被确证的真信念"的三元定义推动了传统知识构成论的形成。但自质疑知识三元定义合理性的"葛梯尔问题"出现后，知识论研究的方向发生了变化，知识确证进入学术视野。逻辑上的闭合原则与确证原则使得知识论研究一度陷入了怀疑主义与层层回溯的漩涡。因此，为使研究向前推进，给知识一个最低限度的定义是必要的。本书主要将知识限定在政治学学术研究的框架内，学界具有共识性

---

① 柏拉图. 柏拉图全集：第二卷[M]. 王晓朝，译. 北京：人民出版社，2003：752.

的定义为：知识应是基于经验或逻辑的真实性、具有被确信和确证可能性的认识。① 在某种层面上，知识是事实信息的凝练，是一种实事求是的表达，亦是主体基于直觉、推理或经验等科学依据对客观现象、客观规律进行探究的理性认识结果。知识不同于意见、谬误并超越简单层面的认识的原因在于，知识具有合理的理由与支撑依据，是可供质疑与考证的。正是基于一定的事实基础与逻辑自洽，知识具有稳定性与可靠性的特征。

话语要重构，知识是前提。知识体系之所以重要，是因为其构成了话语体系建构的基础。概念、理论中蕴含的知识内核是考量学术话语权的关键要素。话语体系作为知识载体的核心功用意在搭建学术共同体及社会成员理解知识、交流知识、共享知识的平台。因此，话语体系的水平受制于学科发展的总体知识水平与认知水平。当前，中国政治学话语体系尚无法很好地融入中国情境、解释中国问题、传递中国价值，原因不能简单归因于学界的话语建构自觉程度低，相应的学科知识基础如何是亟待考虑的重要因素之一。

具体来讲，一方面，政治学话语重构中运用的知识是否可靠、完整、合时与合适是有待商榷的。首先，我们需要追问目前掌握的知识是否严谨切实，是否可能混杂谬误或基于一种主观想象。在重构话语时，应考虑对于特定议题知识的挖掘、更新、追踪，对于特定议题如中国传统政治、西方政治等是否存在知识上的短板或局限。在运用知识时，需要考察知识自身的准确性、稳定性、兼容性、知识体系内部的自洽以及知识对于特定议题的适用性。② 在完整把握上述问题的前提下，知识建构、知识创新才有可能。另一方面，知识本身具有多样化的类型与层级，在不同的议题情境下，其适用性及实际效用区别很大。因此，知识鉴别是必要的，只有对知识进行清晰区分，才能更加精准、有效地运用知识。虽然学界围绕政治学知识体系展开了不少讨论，但就知识本身的探讨仍较为含混。既有的知识有什么类型、面对每一类型的知识应当采取何种态度都是有待探讨的问题。从政治学研究的角度，如何使知识分类能够与政治学学术研究的维度、方向相对

① 师喆，许超. 试论中国特色社会主义政治学知识体系的建构[J]. 学习与探索，2020(6).
② 周平. 民族政治学知识体系的构建、特点及取向[J]. 政治学研究，2019(1).

照，使知识鉴别为话语建构打下坚实基础，是一项有待厘清的工作。

二、知识分类：政治学话语重构中知识鉴别的主要方面

政治学是探讨何为公共善、如何致善的学科，相应地，政治学知识体系大体包含应然的价值判断与实然的现象分析两大模块。从不同的研究视角切入，学界对知识类型作了初步划分。如根据知识自身的特性，将其划分为陈述性知识与规范性知识、程序性知识和对策性知识、[①] 显性知识及隐性知识、[②] 个人知识和专业知识及社会知识；[③] 基于学术功能将知识归纳为实证性知识、解释性知识、评价性知识、预测性知识与对策性知识；[④] 从知识的生产方式角度分为科学叙事知识与历史叙事知识[⑤]等。从时间维度上，知识的生产、迭代、更新反映了社会实践在既有知识基础上的接续发展与创新变革；从空间维度上，不同制度、不同文明间知识的相互借鉴与创新发展，体现了特定历史社会情境下政治发展机理兼具的普遍性与特殊性。基于时间脉络、空间发展、知识自身性质与范围层级等维度，我们可对政治学知识鉴别的主要方面作进一步分析。

（一）区分事实知识、事理知识与价值-信念型知识

毋庸置疑，事实知识是对政治现象、政治过程的客观叙述。事理知识是对政治现象、政治过程中蕴含的机制、逻辑的分析。事理知识的建构需要从特定视角或路径出发，对政治现象及现象间的关联给出逻辑自洽的解释与推论。这种区分恰如罗素将知识分为关于事实的知识与关于事实之间的一般关联的知识。[⑥] 知识鉴别应对事实与事理加以区分，因为话语建构的基础是还原政治实践的原貌，学术研究只有先回答"是什么"的问题，才能就"为什么""怎么办"做出合理解答。

---

① 周平. 政治学构建须以知识供给为取向[J]. 政治学研究，2017(5).

② 周城雄. 隐性知识与显性知识的概念辨析[J]. 情报理论与实践，2004(2).

③ 张乾友. 个人知识、专业知识与社会知识——知识生产的历史叙事[J]. 自然辩证法通讯，2017，39(1).

④ 余逊达. 知识体系构建与中国政治学的发展[J]. 浙江社会科学，2017(7).

⑤ 陈明明. 作为知识体系建构的中国政治学：经验、历史及其意义[J]. 江苏社会科学，2020(5).

⑥ 罗素. 人类的知识——其范围与限度[M]. 张金言，译. 北京：商务印书馆，2009：505.

事实知识通过展现政治现象、政治过程的基础面貌为话语建构提供了客观素材，而事理知识通过对静态的政治体制、动态的政治过程、政治行为及政治心理的解读，意在形成对国家政治体制、权力运行、公共政策过程中的事实知识的深化理解，促使知识由"相识性"向"相知性"转化。①与应然与实然的分野相呼应，政治学知识鉴别过程中更为重要的是对事实知识与价值-信念型知识的区分。价值-信念型知识涉及政治生活应当怎样进行规范分析，其不可避免地受到意识形态背景的影响，内含特定历史社会情境下对政治现象、政治过程的评价性与预测性偏好。事实不代表价值，但是在不同文明的知识体系相互输出、碰撞、交流的过程中，事实与价值常被杂糅在一起，如威权主义、民主转型、历史终结等具有明显价值预设的西方民主与现代化理论。因此，话语建构应对事实知识与价值性知识进行拆分，在事实与事理的基础上用支撑中国政治实践的价值信念加以重构。

与之相应的是区分描述性知识、解释性知识与建构性知识、导向性知识。描述性知识基于政治现实，因此其建构主要与信息密切相关。在信息客观、全面、对称的情境下，学术共同体对描述性知识易于形成普遍共识。解释性知识旨在从不同的视角、路径，运用不同的分析框架对客观事实做出逻辑、机理上的分析。而建构性知识、导向性知识由于受学术研究的现实背景、问题引领及研究者自身偏好的影响，拥有更大的定义空间。描述性知识与解释性知识是建构学术话语的基础，话语创新的实践如果仅仅依靠建构性知识和导向性知识就会停留在理想的倡导层面，只有回到描述性知识与解释性知识本身才能在实体性创新层面有所突破。

（二）区分整全性、体系化知识与局部性、碎片化知识

整全性、体系化知识围绕的是学科发展中整体性、框架性的议题与方向，而局部性、碎片化知识限于具体现象领域或单一视野的研究。整全性知识首先表现在知识架构上的体系化，其所包含的知识模块之间是相互联系的。整全性知识的建构是问题导向的，基于特定的学术研究背景，选择研究的中心问题，从这一中

---

① 胡翼青，张婧妍. 作为常识的新闻：重回新闻研究的知识之维[J]. 国际新闻界，2021，43（8）.

心议题向外发散，寻找与之相关的其他问题与支撑材料。整全性知识通常具有跨时间、跨地域、跨学科的特点，且包含特定的理论关怀。而局部性、碎片化知识侧重还原具体实践情境的样貌，通过限定议题研究的范围、维度，得出专门性的知识。局部性知识的建构在研究方法的选择上倾向于从实证维度积累关于具体研究议题的认知。整全性、体系化知识与局部性、碎片化知识看似一种统分的关系，但简单通过碎片化知识的拼凑无法形成对于政治现象与政治过程的体系化认知。从碎片化知识上升到整全性知识，还需要经过结构化、逻辑化和概括化的加工过程。两者在不同议题背景下的效力是不同的，局部性知识能够展现政治现象或政治过程的不同面貌与阶段化、片段性的发展状况，但如若想要对中国的政治模式形成整体性的话语判断，整全性与体系化的知识无疑是必要的。

与上述区分相对应的是宏观、中观、微观层面的知识分类。宏观层面的知识着重体现为政治理论的建构，涉及对政治学基本议题及现实政治长期存在的基本面的探讨，如合法性、国家-社会关系、政治发展等，暗含关于何为政治实践应当追求的基本善的价值判断。中观层面的知识主要体现为政治发展的机制分析，聚焦于制度，总结政治参与、政治整合等方面的逻辑。微观层面的知识主要体现为表述或概念上的挖掘提炼，需要研究具体的政治过程、政策环节、政治行为、政治态度甚至政治技术等。

（三）区分古典、近现代、晚近与当下的知识

传统中国政治知识的核心是经史之学。传统中国虽然具有丰富的治国理政经验与认识中国现象、解释中国问题的智慧，但这种智慧大多停留在"术"的层面。知识构建秉承的是一种道德化的传统，知识论的目标是求"善"[①]。其知识构建是整体性的，比如在加强皇权统治这一主题下，将权力归属与运作、国家结构、天下观念、民本思想、人才录用等内容整合在同一知识框架下。近代以来，受西方现代性的影响，政治学脱离传统成为一门独立的学科。在内忧外患的危机下，学者们围绕建立秩序、国家建构等议题努力实现传统知识向现代知识的转型。当前

---

①　陈嘉明. 中国哲学的"力行"知识论[J]. 学术月刊，2014，46(11).

学界讨论更多的是当下的知识，一方面是由于信息受限难以获得关于古典知识的确切认知，另一方面是由于现代化以来形成的学科专门化知识体系为理解与分析当下政治问题提供了基本框架。但与此同时，学者们也意识到以西方政治学知识为底色的中国政治学知识体系在阐释政治发展时的局限性，因此从传统中寻找中国政治发展的深层脉络成为一种日渐流行的知识建构路径。在这一过程中，区分古典知识本身和经过一系列流变后的知识十分必要，这种区分能够尽可能避免基于现实考量而对古典知识做出裁剪、歪曲或价值上排序的问题。

（四）区分初始状态的知识与迭代或叠加后的知识

学术研究一方面要尽可能在同一层面、使用相似的话语工具开展知识交流，另一方面要在纵向上进行知识积累。学术传承、对话、发展的要求使得知识不断经历迭代或叠加的过程。但这种叠加不完全是由点到面、由表及里的过程，可能会在初始状态的知识基础上增添新的意涵或限制性条件，叠加后的知识与初始状态的知识在语境、语义上或许并不一致，这在概念、理论的移植与转化方面体现得尤为明显。初始状态的知识往往包含着知识的最核心元素，而迭代或叠加后的知识则意味着对知识内容的丰富和调整。因此，进行知识重构有必要对叠加增效的知识的更新、演化过程加以梳理，必要时对迭代或叠加之后的知识进行解构，回到原初的知识形态与知识内涵。区分初始状态及迭代或叠加后的知识，知识发展过程中的关键节点才能被抓住，才能更好地把握某一具体知识在整个知识脉络中所处的位置。

（五）区分人文主义路径与社会科学路径的知识

吸收多样化的知识资源有益于政治学话语体系的发展创新，但应对不同路径与风格的知识，其侧重点是有差异的。以人文主义路径建构起来的知识在研究者的主体性与研究程序上具有较强的自主性，知识内容及知识表达形式受学者的主观想象及个人体验的影响较大。而以社会科学路径建构起来的知识由于受到一系列学术规范、研究程序及方法上的限制，在学术交流的过程中具有更强的共识性和通约性。人文主义知识主要以人为研究对象，更多地反映一种"处世"之学，而社会科学知识以社会为研究对象，体现的是一种"治世"之学。对二者进行区分的目的不在于发掘其主观与客观上的差异，而在于根据其建构路径进行知识的进一步筛选与整合。面对人文主义路径的知识，不能沉浸在学者的个人风格中，而应更多地联系知识建构的时代、社会、文化背景。对于政治学的知识建构来讲，人文主义取向的知识映射出的政治发展、社会变迁、思潮演变是更加值得关注的部分；而社会科学取向的知识因其生成过程的规范性和累积性，往往成为政治学话语体系构建需要倚重的方面。

（六）区分显性知识、隐性/默会知识与深层知识

已有研究将知识按照是否可表、是否易表、是否已表的标准区分为显性知识、隐性/默会知识、深层知识。① 显性知识往往以概念、理论等知识表达形式展现出来，因此，学术共同体与社会成员通过文本解读就能够形成对于政治概貌、政治制度、政治过程的初步认知，即便存在历史发展、社会背景等方面的区隔，我们也能经由显性知识回答不同文明形态下政治制度、架构、运作大致为何的问题。但在探究政治制度、政治文化何以如此的议题时，我们就需要挖掘显性知识背后的隐性知识与深层知识。例如在国家-社会关系上，英美的社会科学理论体系之所以将"社会中心主义"作为导向，部分是因为建国之时商人在贸易及战争中发挥了重要作用，故而产生以保护个人财产权为核心的个人权利的契约论。② 反观中国的历史发展进程，传统中国的国家治理结构虽然不是铁板一块，存在社会本位视野下的共同体、国家本位的大共同体、集权制下的简约治理③等视角，但中央集权与君权的确立与强化始终是传统政治制度的总抓手。近现代以来，政党而非利益集团在民族国家的建立与建设过程中扮演着组织者、协调者、服务者的关键角色，因此，在国家-社会关系上，中国必然与西方社会有所区别，若抛开宏大的知识背景简单解读知识内容本身、从价值维度进行非黑即白的评

---

① 周城雄. 隐性知识与显性知识的概念辨析[J]. 情报理论与实践，2004(2).
② 杨光斌. 历史政治学的知识主体性及其社会科学意涵[J]. 政治学研究，2021(1).
③ 黄宗智. 集权的简约治理——中国以准官员和纠纷解决为主的半正式基层行政[J]. 开放时代，2008(2).

价，无疑是不适宜的。只有加深对隐性、默会知识与深层知识的了解，才能为政治制度、政治价值的重新评说与重新建构打下坚固基础。

（七）区分中国主位知识、他国知识与"他者化"后的知识

随着我国政治实践的发展与学术自主性的提升，中国主位知识与他国知识的区分占据着话语反思、话语清理、话语建构的核心位置，学界日益强调中国的主位知识建设。建构中国的主位知识，首先要回归现象本身，突出对政治实践、治理实践的研究，通过实证研究方法如田野调查、主题调研等积累关于政治现象的经验材料。另外，可以从历史中的政治思想及政治事实中对比当代中国政治实践与传统中国的政治实践是否具有共通性逻辑，寻求当下政治的历史合法性资源，思考未来政治发展的可能走向。强调中国主位知识的发展，在一定程度上可能会弱化对于他国知识的研究，但是二者不必然是你进我退的关系。政治学话语重构中知识的创新性发展需要比对相应的参照系，通过对他国知识的比较分析，能够判断何为政治实践中的普遍性问题，何为政治发展进程中的特殊性问题，进而建构真正具有独特性与重要性的主位知识。知识鉴别的另外一项任务是对于"他者化"知识的重新清理，区分"他者化"知识中具有启发性的内容以及由于"认同、无知、解释、傲慢"可能带来的偏见。以"东方专制主义"为例，虽然这一说法带有一定的认知价值，但它大多是在严重的政治偏见下对事实的建构。[1] 因此，加强对于"他者化"知识的辨析，有助于找回学术发展中的自我身份，客观研究中国的历史发展、制度变迁与价值追求之于西方的独特之处，进而在学术的自我表达、有效对话上更进一步。

（八）区分建设性/合法化知识、批判性/反思性知识与解构性知识

建设性知识与批判性知识从学术角度都是有价值的，但是就话语重构来讲，不同类型知识的贡献度是有区别的，应以建设性/合法化知识为框架，对批判性/反思性知识有所节制。现有的政治学话语体系对于中国政治发展道路及政治实践

---

[1] 徐勇. 东方自由主义传统的发掘——兼评西方话语体系中的"东方专制主义"[J]. 学术月刊，2012，44（4）.

内在机理的解释力尚显薄弱，对政治行为正当性的理论支撑不足。① 因此，中国特色政治学话语创新的关键是建构贴近政治情境、符合主流价值导向的建设性/合法化知识，避免学术发展过程中的只破不立。学术焦虑本身并不能够推动学科发展，政治学话语建构过程中无论建设性知识还是批判性、反思性知识都应当基于学者对政治实践场域的理解及审慎的思考之上。既要做到"在场"的研究，努力承担学术发展在认知、解释、引领政治实践、政治发展方面的建设性责任，又要避免因为"深陷其中"而丧失反思性，使政治学变为一门纯工具性甚至是宣传性的学科，做好对知识的构建工作进而形成解构性知识。

三、知识省思：话语重构中知识鉴别的基础环节

围绕知识类型的辨析是话语清理、话语重构的必经环节，但是中国特色政治学话语体系的创新更依赖知识的生产。现有的知识架构与学科知识的建构历程密切相关，因此，我们需要从学科知识的供给现状反思目前我国的政治学知识是否能够称得上符合中国国情的"真知识"，并在知识的还原与建构上发力。

（一）我国政治学学科的知识供给现状

在知识谱系上，中国传统的经世主义、西方政治思潮、马克思主义构成了政治学学理资源的三大来源。以自由主义为代表的西方政治思潮对中国成功的制度建设来说可能乏善可陈，但对中国现代政治知识的建构却影响深远。及至唯物史观的传入，社会政治革命奠定了以马克思主义"国家和法"理论为指导的人民民主共和制度，同时也划定了中国政治知识形态的改造、重组和选择性发展的政治空间。② 虽然我国的政治学学科发展一直强调现实导向，但从总体上看，既有的政治学知识体系既无法圆满地解释中国成功的经验，也无法为中国问题的解决提供有效方案。学科陷入整体性知识短缺的原因主要是我们缺乏原创性

① 刘伟. 话语重构与我国政治学研究的转型[J]. 复旦学报(社会科学版)，2018，60(3).
② 陈明明. 作为知识体系建构的中国政治学：经验、历史及其意义[J]. 江苏社会科学，2020(5).

本土知识,① 具体可以从以下方面分析当前我国政治学知识体系建构面临的
问题:

首先,现有的政治学知识体系架构存在局限,知识建构的自主性有待提升。
邓正来将社会科学的自主性分为国内、国际两个向度。国内向度上,中国社会科
学场域依照其运行逻辑必须与经济场域、社会场域和政治场域做出明确界分。国
际向度涉及中国学术研究如何在当下世界结构中自主于西方社会科学场域“文化
霸权”的问题。② 上述对于学科发展自主性的分析引出的是关于学科知识体系的
建构问题。一方面,学科研究的模糊边界导致问题场域及研究维度缺乏学科特
色;另一方面,在我国独特的发展背景下,于西方现代性基础之上发展而来的政
治学知识体系在解释力等功能发挥上是受限的。如果对中国的政治实践了解不够
深入或是形成了以西方话语解释中国问题的路径依赖,那么建构的知识就会是片
面甚至完全偏离实际的。但由于思维惯性及既定知识体系的限制,重建符合我国
独特政治文化背景及现实发展状况的知识体系成为一项严峻的任务。

其次,我国的政治学知识体系建构没有形成固定的范式。社会科学研究中解
读传统与解释传统两种认知方式的冲突背后隐藏的是一个本体论式的哲学问题:
什么样的知识才能构成大家都认可的真知识?③ 因此,知识生产实践应选择从传
统文化中汲取资源抑或遵循马克思主义的理路或是与新科学、新技术结合起来发
展?这需要结合具体的研究问题与研究目标选择合适的研究方法。但学界至今的
努力并不成功,也未成熟。

再次,中国政治学知识生产的价值定位需要进一步明晰。在与意识形态关联
时,知识尤其是政治学知识的客观性变得含混,从知识社会学的角度,知识是被
特定社会形塑并为社会(文化共同体、认知共同体等)成员所共享的理念。④ 知识
的标准依赖共同体成员所处的社会经济关系、个体的认知能力和所处的话语场域

①　周平. 政治学构建须以知识供给为取向[J]. 政治学研究,2017(5).

②　邓正来. 学术自主性问题:反思和推进——《学术与自主:中国社会科学研究》自序[J]. 社
会科学论坛(学术评论卷),2007(11).

③　赵鼎新. 解释传统还是解读传统?——当代人文社会科学出路何在[J]. 社会观察,2004
(6).

④　洪志雄. 现代社会的知识生产与国家意识形态建设[J]. 理论导刊,2020(7).

等。由于标准的不同，知识似乎成了一个相对的概念，这也为知识交流、知识互鉴创造了空间。但同时我们也应当认识到，政治学学科知识的建构容易受到政治权力、经济权力、文化权力等的影响。正如福柯所述，知识与权力是一种共生的关系，一方面权力使知识以及现有的知识生产模式合法化，另一方面知识又总是被用来证明现有权力使用机制的合法性。① 因此，究竟是"知识引领社会还是社会引领知识"②尚存争议，在这种情况下，探讨政治学知识生产秉持何种价值立场是重要的。

最后，知识生产共同体还未发展成熟。一方面政治学知识的生产工作大量重复，另一方面政治学知识生产在交流中受到叠加增效的限制。③ 与此同时，时代发展使得知识生产的主体日益多元化，"知识生产依然是一个受供需因素影响的进程和结果，但是供应的来源却极大地分化了，知识生产已经开始在整个社会扩散"④。知识建构标准化程度低、缺乏对话沟通平台、知识生产分散化等因素使得我国政治学知识构建的内聚力不强，因此，加快学术共同体的构建及完善是必要的。

（二）知识还原与建构的路径分析

知识管理学的研究表明知识结构有四个层次，从低到高分别是数据、信息、知识、智慧。⑤ 因此真正的知识应当是在充分还原对象特征的基础上进行的分析、总结与上升性思考。推动知识的建构与完善可以从以下几个方面入手：

第一，建立完善的知识框架。在这项工作中，首先需要明确中国政治学的知识范畴体系，清晰勾勒出问题场域的边界及内部问题的关系结构。知识体系中，

---

① 刘魁. 真理、文化权威与知识生产的时代性——兼评福柯对真理话语的微观权力分析[J].南京政治学院学报，2005(3).

② 蒋友梅，蒋友莲. 中国大学知识生产方式演变的动力机制——知识社会学的阐释[J]. 江苏高教，2019(4).

③ 师喆，许超. 试论中国特色社会主义政治学知识体系的建构[J]. 学习与探索，2020(6).

④ 迈克尔·吉本斯，等. 知识生产的新模式：当代社会科学与研究的动力学[M]. 陈洪捷，等，译. 北京：北京大学出版社，2011：4.

⑤ 任福兵. 信息管理模式的演化与发展——从数据管理到智慧管理[J]. 图书情报工作，2017，61(2).

不能够仅有中国古代政治知识、当代中国政治知识、比较政治知识等类型，还应该更加强调层次上的分类，从微观、中观、宏观的维度构建知识体系，从现象分析过渡到机理分析进而上升到价值、理念的分析。在完备的知识框架下，能够对知识生产的类型、层级进行更加准确的定位。

第二，尊重特定的历史及现实情境。社会科学的发展及其知识生产有其内在的逻辑，受社会情境和历史文化的制约。历史传统及现实情境为政治发展进程注入了合力，当今政治制度、政治理念的很多方面在根源上与传统中国的政治发展是一脉相承的，中国政治学的问题意识、价值取向、发展动力本质上是中国经验以及中国观念的产物，具有鲜明的历史和民族特点。[①] 与西方国家与社会高度制度化的状况相比，我国正处于社会大转型、大变革的时代，部分制度尚未完全定型，中国特色知识体系的构建迫切需要对政治实践做出追踪与回应。尊重历史及现实情境的要求需要将历史、社会和当代实践的真理性认识统合在系统性知识体系中。

第三，正确处理学术与政治、经济、社会等权力的关系。真理、权力与知识生产的关系是福柯关注的一个核心问题。知识生产的关键是在社会规定性下产出真知识。追求真知的过程在海德格尔看来即为"澄明"的过程。[②] 政治学知识生产首先要处理好与政治权力的关系。政治权力会塑造学科的思维方式与知识风格，因此，政治学知识体系的构建一方面要为政治权力的良性运行提供支撑；另一方面，要把握学术与政治的距离，站在学术自主发展的立场上理性分析。其次学科知识的生产应尽量避免经济权力、文化权力、社会权力的裹挟，构建客观的政治学知识，需要研究者具备清醒而坚定的学术立场。

第四，树立知识构建与学科发展的通达眼光。这种通达体现在以下几个方面：首先，拥有正确对待西方知识文明的态度。改变一个时期以来学界简单套用西方理论来解释中国的政治实践，将西方理论作为评价或改善中国政治实践的标尺甚至单纯用中国实践印证西方理论的研究局限和路径依赖。在吸收西方优秀知

---

① 陈明明. 作为知识体系建构的中国政治学：经验、历史及其意义[J]. 江苏社会科学，2020（5）.

② 张世英. 哲学导论[M]. 北京：北京大学出版社，2002：4.

识成果之外，那些更有利于解释中国政治实践、总结中国方案成功经验、论证中国制度优越性的内容，应该经由学理性的升华转化为我国政治学知识体系的有机组成部分，并逐渐取代一些带有强烈西方中心主义偏见和自由主义立场预设的知识。① 其次，努力挖掘中国传统政治文化、政治制度、政治思想中的知识资源。历史资源的影响是接续性的，在西方知识体系无法解释当今中国政治实践之时，从历史发展脉络中能够寻求关于知识来源、政治发展、政治合法性的新的解释路径。例如，中国政治学是尊重权威之国家的政治学，中国传统上把国家视为一种对生民负有保护性义务的共同体，并不以国家为恶，中国人对权威的尊重源于相信国泰民安的实现依赖权威。② 因此，从历史传统中汲取资源能够对当代中国的政治发展进行更为基础性的解读。再次，促进知识生产主体及方式的多元化。互联网时代，信息与知识的联系愈加密切，知识生产与知识传播的路径日趋多样化，存在个人知识、专业知识、社会知识等知识分类。政治学的知识生产需要广泛发现和利用个人知识与社会知识，一方面，这能够为学术研究提供贴近实践的议题与经验材料，另一方面，日常知识与专业知识之间能够建立双向的联结，有利于专业研究者对普通行动者的日常知识进行专业化阐释与建构。反过来，普通行动者也会对社会科学的专业性知识进行阐释与再建构。③ 最后，加强与其他学科的交流互动。客观地讲，政治学与其他学科的交织促进了其研究方法的创新，改变了政治学的思维方式，提升了政治学的解释性和应用性。相当一部分政治学概念、理论是借用社会学、经济学、心理学、历史学的知识转化而来的。但是我们也应该认识到，政治学与其他学科之间的交织很可能会造成对政治学知识本身的消解，④ 因此，在构建交叉性学科知识的过程中，我们应当强化政治学的主体地位，增强政治学的基础理论研究。

① 蒋友梅，蒋友莲. 中国大学知识生产方式演变的动力机制——知识社会学的阐释[J]. 江苏高教，2019(4).
② 陈明明. 作为知识体系建构的中国政治学：经验、历史及其意义[J]. 江苏社会科学，2020(5).
③ 郭忠华. 日常知识与专业知识的互构——社会科学概念的双重建构模式[J]. 天津社会科学，2020(1).
④ 刘方亮，师泽生. 中国特色社会主义政治学学科体系、学术体系和话语体系何以构建[J]. 探索，2017(4).

四、延伸讨论：政治学话语重构中的知识能力考量

在中国特色政治学话语建构日益成为学术热点之时，学界对于作为话语建构基础的知识的反思是有所欠缺的。需要正视的是，每个学者所拥有的知识存量、结构、属性参差不齐，因此在进行话语重构时，首先要反思我们是否具备相匹配的知识能力，时刻保持知识上的谦虚谨慎。在知识拥有量上，多掌握与研究议题相关的事实知识以及作为知识背景的隐性知识与深层知识。在知识的视野上，除却"从世界看中国"的研究心态，学术研究中应当增加更多"从中国看中国""从历史看中国""从中国看世界"的研究视角。在知识的辨析反思能力方面，能发现西方政治学话语体系及在此基础上建立起来的我国现有政治学知识体系中可能存在的对中国政治发展的阐释力不足、语境适用偏差问题及可能带有的价值预设或意识形态偏见，通过对历史、现实情境的实际研究，提升在知识上正本清源、去伪存真的能力。

知识生产是话语建构的基础性环节，缺乏对知识基础的鉴别与反思，刻意建构起来的话语大厦则不一定能经受住各种考验。知识体系是一张巨大的知识网络，不同类型、不同风格的知识在交流、转化的过程中形成了无数的枢纽节点。在这张知识网络中，我们既要面向历史和未来，回答"我们是谁""我们从哪里来""政治实践何以至此"以及思考"何种道路""通向何方"的问题，又要面向中外，研究政治发展的现象、结构、转型，积极回应与主动推介"何谓当代中国"以及"中国将如何发展"的问题。① 建构中国特色的政治学知识体系，首先要从问题出发，发现值得研究的真问题。其次在学术视野上，打通中外、古今、不同学科间的壁垒，从知识体系的原点出发，探究传统政治学向现代政治学转型中知识的交汇与流变过程；从当前的政治制度与政治情境出发，加强对政治实践与治理实践真实面貌的认知；从中国的主体性出发，比较不同政治制度在运作机理、价值取向上的普遍性与特殊性。对知识的系列鉴别与反思，有助于在话语重构的学

---

① 高瑞泉. 构建中国知识体系是一项重要历史任务［EB/OL］.（2020-7-31）［2021-11-16］. https://mp.weixin.qq.com/s/MjJ5SbyVgOMmGzUo02WCpw.

术实践中进一步明确哪些方面是有可能做成的，哪些方面是短时间内难以完成的。形成关于中国政治发展的相对体系化的知识是一项浩大的工程，我们应时刻警惕个人知识的局限性，在尊重学术发展规律的基础上形成学术探索的合力，进而提升我国政治学学科发展的话语权。

第二章

政治学话语体系建设中的"古今中西"问题

第一节　重温中国传统与现代政治学话语体系的构建

中国传统政治学话语体系的本质是王权主义，随着帝制的终结而最终瓦解。然而，作为中国传统政治文化的核心内容，传统政治学话语体系所内含的思维方式、核心概念、主要观念仍然或明或暗地影响着现代中国的政治文化。构建现代政治学话语体系之所以要重温传统，主要基于三个方面的考虑：坚持民族文化本位的需要、摆脱传统的路径依赖的需要、提升政治文明水平的需要。构建中国现代政治学话语体系在重温传统时需要做到整体判断与个别分析的结合、面向未来与回顾历史的平衡、历史意见与时代意见的会通。

一、问题的提出

在强大的拥有异质文明的列强冲击之下，近代以来的中国长期存在着保守还是趋新的争论。① 在保守抑或趋新的争论中，最核心的正是关于政治制度和政治观念以及作为其支撑的政治学话语体系的争论。所谓政治学话语体系，指的是在一定地域范围内，具有意识形态特征和功能的，运用政治学的术语、概念、理

---

① 殷海光对中国近现代史上的保守与趋新的长期争论有过详细而深入的分析，具体参见殷海光著作《中国文化的展望》(上海三联书店 2009 年版)。

论、命题、观念，既能够有效解释现实又能够批判现实和引导现实发展的，含有特定思维方式且拥有核心特质的相对稳定的一套话语阐释系统。政治学话语体系虽然在一定时期内是稳定的，但是会随着社会政治经济环境和思想文化环境的变化而发生或大或小的变化，当然也有可能表面上看似发生了巨大变化，但深层次的思维方式却没有变化。就政治学话语体系而言，近代以来的中国长期面临一个两难的困境：一方面，传统政治学话语体系所支撑的制度和观念被认为是糟粕，要改变中国的落后面貌和挨打局面，就需要改造政治制度和政治观念，就需要推动政治学话语体系的根本改造和全盘更新，就需要向西方学习现代政治学话语体系；另一方面，在文化迥异的列强面前，备受欺侮的中国对列强充满着愤懑和疏离，又要保持自己的主体性，保持自己的某种"本来面目"，因而在改造政治制度和政治观念以及向西方学习现代政治学话语体系时，就不能"全盘西化"。如何既向西方学习，又保持自主性，对于近代以来的中国而言是一个需要慎重对待的重大问题。晚清时期，张之洞提出"中体西用"算是一次重要的尝试。孙中山创立三民主义和中国共产党提出"马克思主义中国化"命题在一定程度上也可视为对这一重大问题的回应。

如果说以思想资源和概念工具作为构成基础的中国传统政治学话语体系的瓦解，是由于现实政治社会遭遇重大危机而引入新思想资源造成的，[①] 那么在历经四十多年的改革开放、中国已成为世界第二大经济体背景下，结合新旧思想资源和概念工具以提出一种综合性的现代政治学话语体系就显得尤为紧要和突出。中国最终要实现的政治状态既不是传统的，也不是西方的；支撑这种政治状态的政治学话语体系既不是传统的，也不是西方的，只能是继承创新中国传统政治学话语体系优秀成分且体现中国特色的现代政治学话语体系。正如张星久所说："人文社会科学工作者要立足于真实而丰富的本土经验，立足于中国几千年历史文化传统，立足于当下中国正在经历的巨大社会变革，提出属于中国人独特体验的真问题，进行具有独创性的真研究，产出有独特价值的学术真品和精品，才能真正形成人文社会科学研究的'中国话语'。"[②]早在1934年，陈寅恪就明确指出："窃

① 王汎森.中国近代思想与学术的系谱[M].长春：吉林出版集团有限责任公司，2010：183-188.
② 张星久.论学术规范与人文社会科学研究的"中国话语"构建[J].武汉大学学报(哲学社会科学版)，2018(4).

疑中国自今日以后，即使能忠实输入北美或东欧之思想，其结局当亦等于玄奘唯识之学，在吾国思想史上，既不能居最高之地位，且亦终归于歇绝者。其真能于思想上自成系统，有所创获者，必须一方面吸收输入外来之学说，一方面不忘本来民族之地位。"①他虽然是就一般的思想学术问题而言的，但所谓的"必须一方面吸收输入外来之学说，一方面不忘本来民族之地位"却具有重要的普遍意义，对于中国现代政治学话语体系的构建也是适用的。本文旨在阐释中国现代政治学话语体系构建时重温传统的相关问题，主要涉及三个方面：中国现代政治学话语体系构建的传统基础和背景是什么，为什么要重温传统，怎么重温传统。

二、中国传统政治学话语体系及其瓦解

春秋战国时期，中国的"轴心时代"降临，在此时期产生了许多伟大的政治思想家，形成了许多对后世影响深远的政治学概念，奠定了中国传统政治学话语体系的基本格局。② 经过秦汉时期的融合以及魏晋至隋唐时期的演变，到宋代理学创建并被官方化之后，在帝制中国晚期，中国传统政治学话语体系完全定型。大致而言，中国传统政治学话语体系是以治道为核心的包含圣王、王道、仁义、礼乐教化、天人合一、圣君贤相、明德慎罚、为政以德、保民而王、为民父母、无为而治、立公灭私、尊君卑臣、忠君报国、崇本抑末、强干弱枝、重内轻外等话语在内的，以巩固尊卑秩序、实现官民和谐、维持民众安居乐业为宗旨的王权主义话语体系。③ 在此需要说明的是，王权主义和民本主义是一体两面的，将中国传统政治学话语体系称为王权主义话语体系，并未排斥其中丰富的民本主义内容，实际上民本主义之所以发达、民本之所以成立，即在于王权主义的盛行、王权的崇高。

具体而言，王权主义是中国传统政治学话语体系的灵魂，在商周时期就有明显体现；经过诸子百家争鸣，在秦统一前夕，已经成为各派的共同归宿。在君主

---

① 陈寅恪. 金明馆丛稿二编[M]. 北京：生活·读书·新知三联书店，2001：284-285.

② 卡尔·雅斯贝斯. 历史的起源与目标[M]. 北京：华夏出版社，1989：7-15.

③ 有关详情参见刘泽华主编的《中国政治思想通史·综论卷》(中国人民大学出版社 2014 年版)第三编"普遍性的政治观念与问题"的"古代史部分"。

制的普遍危机和社会的长期动荡中，政治思想家们所描绘的理想蓝图以及实现蓝图的道路是不同的，但是呼吁建立稳定的新秩序、呼唤建立君主集权体制却是共同的。① 正如刘泽华所言："几个主要派别热烈的争论不涉及要不要君主制，以及用什么制度取代君主制，相反，他们争论的是如何巩固、强化、完善君主制。结果，越争就越促进君主专制主义理论的发展。"②秦统一六国之后，建立了专制主义的中央集权的帝制国家。一方面法家思想成为秦朝的主导性意识形态，另一方面秦始皇也明白单纯依靠武力征伐并不能建立一个万世一系的王朝，因而采取现实主义立场，汲取了儒家、阴阳家等思想中有益于自己统治的因素。"事实上，始皇为巩固新统一的天下，颇兼采各家主张。换一个角度看，是他无法自外于当时各家合流、共缔一统的大思想环境。"③

汉初黄老思想成为官方意识形态，但儒学的流布、演变及其试图对官方产生影响的努力并未停止，法家思想也并未随着秦的崩溃而销声匿迹。黄老思想之所以被选为官方意识形态，除了强调的无为而治符合汉初凋敝的经济社会形势外，还与其重视"君人南面之术"、强调尊君卑臣有重大关系。④ 在西汉中叶武帝时期，经过改造后的儒学成为官方意识形态，但法家的影响依然巨大，帝制国家被形塑为"儒法国家"。"儒法国家"是"奉儒家学说为合法性基础，同时采用工具主义的法家作为御民之术的、中央集权的科层制国家。"⑤然而，随着制度的儒家化及其对社会的渗透和改造，汉元帝以后，儒家人士广泛地进入官僚体制，"罢黜百家，独尊儒术"才成为现实。"随着儒家官僚在政界的活跃与儒家思想的完善，汉王朝进行了对国家祭祀仪式的改革。儒家思想通过与谶纬说这种神秘主义学说相结合，将皇帝观融入其中，最终成功地促成了儒家思想的国教化。"⑥此后，伴随政治秩序的崩溃和重建、统治者对政治思想的筛选和重塑，到东汉前期《白虎

---

① 罗雪飞. "治国之要"：《商君书》国家建设思想研究 [M]. 北京：中国社会科学出版社，2019：53-68.

② 刘泽华. 政治思想史论(二) [M]. 天津：天津人民出版社，2019：19.

③ 邢义田. 天下一家：皇帝、官僚与社会 [M]. 北京：中华书局，2011：83.

④ 余英时. 中国思想传统的现代诠释 [M]. 南京：江苏人民出版社，1989：74-79.

⑤ 赵鼎新. 东周战争与儒法国家的诞生 [M]. 上海：华东师范大学出版社，2006：163.

⑥ 西嶋定生. 秦汉帝国：中国古代帝国之兴亡 [M]. 北京：社会科学文献出版社，2017：373-374.

通义》产生之时，影响帝制中国政治实践并塑造帝制中国政治文化的政治学话语体系已大体定型。

　　从魏晋南北朝到隋唐的几百年间，常被视为儒学发展的没落期。虽然玄学与道教、佛学与佛教极大冲击了儒学的主导地位，但是在政治社会领域中，儒学的影响依然是巨大的。在此时期，经过秩序的崩溃和重建，君权在门阀政治的包围中经过锻造和突围，逐渐得到了恢复。到唐代时，王权主义的政治学话语体系不仅未被削弱，反而得到了强化，这可从初唐贞观君臣有关政治的论述、中唐韩愈和柳宗元的充斥在奏表中的话语以及唐代各位帝王所得的尊号谥号等方面可以窥见一斑。① 与晚唐五代政治社会秩序的紊乱相伴随的，是政治学话语体系也遭受到了严重冲击，诸如君主职责、君臣关系、夷夏关系、士人操守等都出现问题。欧阳修在编纂《新五代史》时曾发出如下哀叹：

　　　　呜呼，五代之乱极矣，传所谓"天地闭，贤人隐"之时欤！当此之时，臣弑其君，子弑其父，而缙绅之士，安其禄而立其朝，充然无复廉耻之色者皆是也。②

稍后，陈师锡在给《新五代史》所作的序文中也有类似的表达：

　　　　自生民以来，一治一乱，旋相消长，未有去仁而兴、积仁而亡者。甚哉，五代不仁之极也！其祸败之复，殄灭剥丧之威，亦其效耳。夫国之所以存者以有民，民之所以生者以有君。方是时，上之人以惨烈自任，刑戮相高，兵革不休，夷灭构祸，置君犹易吏，变国若传舍，生民膏血涂草野，骸骼暴原隰，君民相视如髦蛮草木，几何其不胥为夷也？③

　　宋代士大夫在宋朝成立初期就有着高度的政治自觉和文化担当，以"回向三

①　刘泽华. 中国的王权主义[M]. 天津：天津人民出版社，2019：194-257.
②　欧阳修. 新五代史（第二册）[M]. 北京：中华书局，1974：369.
③　曾枣庄，刘琳. 全宋文（第93册）[M]. 上海：上海辞书出版社，2006：260.

代"为己任，试图重建纲常伦理秩序，尝试让民众过上安居乐业的生活。"宋儒的'三代之治'其实是秩序重建的象征符号。他们的真正意图不是复古，而是依照儒家的传统理念来彻底改造晚唐以来政治、社会、文化各方面的失序状态。"①理学产生后，由于理学自身的魅力、学问传授的延续、传授者的号召力感染力以及官方的逐渐认可，理学的话语体系逐渐渗透并重塑了政治学话语体系。然而，王权主义的本质不仅没有受到减弱，反而趋于强化。"在宋代理学圣人观中，自我像幽灵一样被驱逐、被流放，无我意识、臣民意识和圣王意识构成了王权主义和专制制度的道德基础。"②理学化的政治学话语体系，是王权主义演化过程的高级阶段，改变了统治者和士大夫的政治思维方式，塑造了他们的政治表达，影响了他们的政治实践。

尽管近代以前中国的政治学话语体系有着漫长的演变，但是王权主义始终是其本质。尽管王权主义也有不同的表现形式和表达方式，但是认为最高权力及其掌握者是维系政治社会秩序和思想文化秩序的关键，认为圣王是拨乱反正和恢复秩序的救世主，认为政治改造社会、权力分配经济利益是唯一正确方式，却是始终不变的。直到明末清初，王夫之在反思历史上的治乱循环时仍然提出："自非圣人崛起，以至仁大义立千年之人极，何足以制其狂流哉？"③即便到了传统政治学话语体系崩溃的晚清，洪秀全的教义和康有为的改制理论虽然呈现出激烈反传统的面目，但在精神实质上"仍然没有超出中国圣人革命论的文化内涵"④。然而，由于外部环境的变化以及文明类型的不同，王权主义的传统政治学话语体系在晚清以来多次遭遇严重冲击并最终随着帝制终结而正式瓦解，其中最重要的原因在于传统政治学话语体系所支撑的观念和制度使统治者和士大夫在面对挑战时不能有效解决中国所面临的全面危机。这种有效性的不足以及随着对外开放的深入、西方政治观念和政治学话语的输入而带来的政治精英和知识精英观念的更

---

① 余英时. 朱熹的历史世界：宋代士大夫政治文化的研究(下)[M]. 北京：生活·读书·新知三联书店，2004：924.

② 刘泽华. 中国的王权主义[M]. 天津：天津人民出版社，2019：194-257.

③ 王夫之. 读通鉴论(中册)[M]. 北京：中华书局，2013：582.

④ 杨红伟，张星久. 试论洪秀全、康有为政治思想的内在同一性[J]. 兰州学刊，2007(1).

新，导致传统政治学话语体系的合法性丧失殆尽。① 在此过程中，不管是以孙中山为代表的革命党人，还是以康有为和梁启超为代表的立宪派，都对传统政治学话语体系作了根本否定。孙中山对传统政治学话语体系的拒斥自不待言，康有为托古改制的外衣下隐藏的也是对传统政治学话语体系的否定。

此外，在晚清还有以张之洞为代表的体制内的开明人士主张"中体西用"，虽然固守传统政治学话语体系，但实际上已经有所变革。严复更是早在 1895 年就认为包括传统政治学话语体系和知识在内的传统学问不切实用，大声疾呼应该将其束之高阁。帝制终结后，"共和"并未给人们带来和平、繁荣和富强，这促使人们从思想文化和伦理道德的角度思考原因。于是，包括传统政治学话语体系在内的传统思想文化和伦理道德系统遭遇到了全盘性的彻底抨击。② 实际上，不用等到新文化运动，1900 年前后严复的思想动向已经向世人揭示：西方强大的最重要的原因应该到其思想和价值领域去寻求。③

三、中国现代政治学话语体系构建为何要重温传统

如上所述，随着近代以来中国在面临外部世界挑战时的节节败退，以王权主义为灵魂的传统政治学话语体系不仅逐渐丧失了合法性，而且遭到严厉的批判。然而，随着日本侵略的加剧，在民族危亡日益严峻的形势下，对启蒙的重新主张、对传统的彻底批判以及包含在其中的对传统政治学话语体系的批判反思，不得不逐渐让位于对传统文化的同情、对传统文化复兴的支持以及对中国化的宣扬。④ 中国共产党在抗战最艰难的时候，提出建设新民主主义文化，指出这种新文化是反帝反封建的、民族的、科学的、大众的文化，明确指出："清理古代文化的发展过程，剔除其封建性的糟粕，吸收其民主性的精华，是发展民族新文化

① 张星久. 康有为与清末帝制合法性危机[J]. 武汉大学学报(人文科学版)，2014(2).
② 林毓生. 中国意识的危机——"五四"时期激烈的反传统主义(增订再版本)[M]. 贵阳：贵州人民出版社，1986：26-137.
③ 史华慈. 寻求富强：严复与西方[M]. 北京：中信出版社，2016：40.
④ 维拉·施瓦友. 中国的启蒙运动——知识分子与五四运动[M]. 太原：山西人民出版社，1989：241-296.

提高民族自信心的必要条件；但是决不能无批判地兼收并蓄。"①与此同时，中国共产党也提出了"马克思主义中国化"的命题。中华人民共和国成立后的较长一段时期内，出于革命任务的要求和意识形态的规定性，传统政治学话语体系因为缺乏人民性、革命性、民主性而被视为封建糟粕，遭到全面否定。改革开放后，在走向世界、面向未来和立足民族、发扬传统之间，中国传统政治学话语体系更多地走进人们的视野，成为人们重新认识和反思的对象，特别是随着中国综合实力的明显提升和国际地位的大幅提高，中国传统文化得到了某种程度的复兴，中国传统政治学话语体系也受到了空前的重视。

大体而言，重温传统是人类发展过程中的普遍现象，对于古今差异明显的中国而言，重温传统不仅是一个在古代历史变迁中人们会不时处理的问题，也是一个在经典成为传统、传统更多地隐形化甚至书本化的快速变迁社会中反复出现的问题。对当下的中国而言，构建现代政治学话语体系之所以要重温传统，主要在于坚持民族文化本位的需要、摆脱传统的路径依赖的需要、提升政治文明水平的需要等三个方面。

（一）坚持民族文化本位的需要

近代以来，在强大的西方世界面前，中国社会逐渐产生了"以中为旧，以西为新""废旧立新"的意识，新旧之争虽然不断出现，但旧在新的进攻之下显得疲软无力，新文化运动以后思想界的论争基本上都是新新之争。② 主义兴起的时代不仅加剧了新新之争，而且最终导致"新主义"的登场。尽管如此，在 20 世纪 30年代随着中国在近代以来面临的危机空前严重，民族主义兴起，坚持民族文化本位成为一股强劲的潮流。坚持民族文化本位在此后一段时期内实际上受到了抑制，但是随着中国国力的提升以及国际地位的提高，这一需求又被唤起。

一般而言，坚持民族文化本位往往容易被贴上"文化保守主义"的标签。当然这里所谓的"文化保守主义"是相对的，所谓的"文化保守主义"者或群体也并

① 毛泽东选集(第二卷)[M]. 北京：人民出版社，1991：707-708.
② 罗志田. 道出于二：过渡时代的新旧之争[M]. 北京：北京师范大学出版社，2014：5.

非铁板一块，里面既有以倭仁为代表的极端固守者，也有以张之洞为代表的调和折中者，还有以梁漱溟为代表的乡村建设派，更有以陈寅恪为代表的学术传承者，也有港台新儒家和大陆新儒家。在民族危亡的时候，坚持民族文化本位被视为爱国的表现，具有不证自明的正当性；在民族强盛的时候，坚持民族文化本位更被视为自信的表现，具有天然的正当性。然而，这样又很容易走向极端，变为对外来先进文化的一概排斥和对民族传统文化的一味辩护。因而理性的态度、完美的状态应该是，坚持民族文化本位，保持开放的心态，对传统文化进行选择性继承和批判性分析，同时又吸取外来先进文化，根据中国的国情和所处历史阶段进行适当改造。对于中国现代政治发展及其作为一种文明体的复兴而言，中国现代政治学话语体系的建构需要坚持民族文化本位，但是坚持民族文化本位不仅不是用传统的概念范畴和思维方式来研究中国问题，而且也反对重拾传统概念以恢复或重建传统的知识体系。①

尽管传统政治学话语体系具有王权主义的本质，但是依然有精彩的论述，呈现了很多政治中永恒的东西，闪烁着智慧的光芒，诸如"大一统""天之生民，非为君也；天之立君，以为民也""得民心者得天下""保民而王""无为而治""为政以德""道之以政，齐之以刑，民免而无耻；道之以德，齐之以礼，有耻且格""以法治国""不以私害法"等都依然有着强烈的现实意义。前述话语表达了以下一些对现代政治学话语体系建设依然有效的观念：国家和政府应该为民众谋福利而不应该剥削奴役民众，政权的合法性基础在于为民众谋福利而导致的民众的衷心拥戴，政府有权力有资源调控社会但是不能过多干预社会的发展运行，领导人在权力体系中拥有最高的权力和地位但是不能事无巨细凡事都过问，更不能越俎代庖，而应该发挥行政官僚体系的积极性自主性，政治的运行虽然要以暴力为后盾，但更应该讲究道德、理性、公正。

（二）摆脱传统的路径依赖的需要

现代中国正在建设中国特色社会主义，既不走新中国成立初期一段时间曾走

---

① 孙晓春. 中国政治思想史研究何以走向世界[J]. 天津社会科学，2019(5).

过的曲折道路，也不走跟着西方亦步亦趋的道路，而是要探索一条既立足中国优秀传统、有历史文化积淀又面向世界的对外开放的适合我国国情的现代化道路，这就需要我们有与之相匹配的政治学话语体系，能够使我们既能立足优秀传统又能摆脱不良束缚，既能继承传统又能不被传统路径锁定，既能面向世界展现普遍性又能坚持传统彰显特殊性。

中国传统政治学话语体系在近代以前漫长的历史过程中，对于大一统观念和体制的塑造、秩序破坏后的恢复与重建、国家整合与政治一体化等有着重大作用。然而，中国传统政治学话语体系作为王权主义的话语体系，随着帝制的终结和观念的变革，基本上已经失去了赖以存在的土壤。中国近现代的复兴之路颇为曲折，原因确实复杂，就其中的思想文化层面而言，最关键的恐怕就是中国传统政治学话语体系及其内含的思维方式、观念体系根深蒂固。这种王权主义的传统话语体系，束缚了政治精英和知识精英的政治视野，限定了他们思考解决重大问题的进路，影响了他们的政治选择。近代以来，随着时代变迁、社会结构变化、思想文化更替，传统政治学话语体系在中国的思想版图中不仅失去了核心地位，而且变得隐匿不彰；但是其内含的思维方式、观念体系依然有强大的影响力，或者潜藏在观念深处，或者出现在话语表达中，造成诸如对权力的高度依赖、对权力的制度化规范不足、对个体价值和尊严的敬重缺乏、对私利的宽容等。中国要建设成为富强、民主、文明、和谐、美丽的现代化国家，就需要在吸收传统政治学话语体系的智慧的同时，对其内含的不适应现代政治发展的思维方式和观念体系进行批判性分析，进而摆脱束缚，走出王权主义的路径依赖。

现代政治的精神是统治要基于人民的同意、人民有参与政治的权利，中国传统政治学话语体系的精神却与此迥然有别。传统政治学话语体系虽然在讲统治者的正统和天命问题时会强调"得民心"的极端重要性，但与"统治要基于人民的同意"的观念有很大区别，而且也不提倡甚至是反对人民的政治参与，认为政治是君主和士大夫关心的事，不需要民众的参与，只需要民众的服从和配合；人民是被统治和被治理的客体，人民的意志在变革"天命"的改朝换代过程中只是起到配角的作用，人民意志从未发展成为人民主权概念。① 中国传统政治学话语体系

---

① 傅佛果. 中江兆吉在中国[M]. 邓伟权，译. 北京：商务印书馆，2011：72-73.

所塑造的政治文化主要是臣民型政治文化，与现代政治所要求的以参与型政治文化为主的公民文化有着本质区别。"这种臣民型政治文化是由一系列具有某种恒久性的臣民文化因素综合而成的，这些文化因素固然因时代不同而有相应的表现形式，但其精神实质却有一贯性。"①中国政治的发展方向是建立中国特色的民主政治，中国现代政治学话语体系构建的主要任务之一就是阐明并推动中国特色的民主政治继续发展。因此，中国现代政治学话语体系在构建时就需要深刻反思传统政治学话语体系存在的主要问题，精准找出那些与现代政治的精神相悖的内容，并将其从我们的选项中剔除，进而彻底摆脱传统政治学话语体系的王权主义牢笼。

(三)提升政治文明水平的需要

近代以来中国经历了一百多年的艰辛探索，虽有一些曲折，但取得了辉煌成就。特别是改革开放以来，中国的综合国力有了显著提升，社会经济结构发生了重大变迁，思想文化领域也发生了深刻变化。如何看待这一发展历程，如何能够在未来取得持续发展，中国政治学界从未离场，而是始终参与，对此多有阐述。构建现代政治学话语体系，不仅要能够很好地解释当代中国的伟大实践，而且要能够对中国未来的实践有所引领。不管是解释当代中国的伟大实践，还是引领中国未来的实践，都绕不开如何对待中国传统政治学话语体系这一问题。传统政治学话语体系支撑起来的观念体系、政治制度和政治实践，反映的是在当时的社会结构和经济基础之上的政治文明水平。传统政治学话语体系虽然具有王权主义性质，但仍有较高的政治文明水平，诸如注重统治者的职责、维护政府权威的同时注意维护民众的生活、认为道德伦理礼义在维系秩序中是第一位的而刑罚是第二位的，等等。

中国现代政治学话语体系的构建应当是符合现代社会结构和经济基础要求的高水平的政治文明。这种符合现代社会要求的高水平的政治文明，并不是对传统政治文明的抛弃，而是对传统政治文明的扬弃。对传统政治文明的扬弃，归根到

---

① 刘泽华. 中国政治思想通史·综论卷[M]. 北京：中国人民大学出版社，2014：61.

底是对传统政治学话语体系的扬弃。通过对传统政治学话语体系的扬弃来实现现代政治学话语体系的构建，就是要重温传统：一方面立足传统，传承传统政治学话语体系中符合现代要求的优秀成分；另一方面反思传统，批判传统政治学话语体系中阻碍现代化实现的糟粕内容。例如，中国传统政治学话语体系讲究"治道"，我们现在讲究国家治理体系和治理能力的现代化实际上也是在讲"治道"，但是我们要明白现在讲的"治道"与古代讲的"治道"是有本质区别的。传统的"治道"以圣君贤相为依托，虽然重视对人民福祉的追求，虽然会试图让民众享受和平与发展的好处，但却将人民视为被治理者，治理者与被治理者的关系是牧与被牧的关系或者类似父母与子女的关系，从来不是平等的，人民没有参与政治的权利，作为精英的士大夫"对政治、文化和道义负有责任，拥有发言权，除此以外的人在'庶'的名义下，服从'士'的指挥"①。"国家治理体系是包括国家政治体系、政党体系、行政管理体系、法律体系、权力体系等在内的一整套制度体系及其具体职能，是一种客观的运作体系。"②现代政治学话语体系讲的"治道"不仅致力于让人民共享发展的成果，而且承认主权属于人民、国家为人民所有，认为公务人员是人民的公仆，更允许和鼓励人民的有序参与。重温传统政治学话语体系，发现哪些"治道"的传统可以穿越古今，哪些必须放弃，哪些需要进行创造性转化，有助于我们在立足民族文化本位和反思传统摆脱路径依赖的基础上，提升我们在现代社会中的政治文明水平。

四、中国现代政治学话语体系构建如何重温传统

中国现代政治学话语体系构建是一个漫长的过程，它经历了一些曲折。经过全面吸收西方社会科学理论及其话语体系的阶段后，人们发现西方的社会科学理论及其话语体系不能深度解释中国经历的波澜壮阔、丰富多彩的经验实践，于是开始探索能够解释中国经验、具有中国优秀文化传统积淀、面向世界与未来的现代政治学话语体系。在构建现代政治学话语体系的过程中，传统政治学话语体系是需要认真对待的思想文化资源。中国现代政治学话语体系构建如何重温传统既

① 吉川幸次郎.汉武帝[M].项巧锋，译.成都：四川人民出版社，2020：166.
② 胡键.治理体系、治理能力与国家治理现代化[J].云梦学刊，2020(5).

是一个重要的理论问题，也是一个重要的实践问题。

（一）整体判断与个别分析的结合

整体判断与个别分析的结合，指的是既要对中国传统政治学话语体系进行宏观的整体判断，又要对中国传统政治学话语体系中的话语、命题、概念、观念进行个别分析。尽管我们对中国传统政治学话语体系做出了王权主义的整体判断，尽管这种王权主义的话语体系已经不能符合现代社会的需要，也不应直接用来为现代政治服务，但是其内含的话语、命题、概念、观念并不都是只能用来为皇权帝制服务，并不都是在事过境迁之后毫无意义，其中不乏一些仍然具有穿透力、解释力、感召力的话语、命题、概念、观念。

对于具体的话语、命题、概念、观念，我们需要个别分析，分析哪些是完全不能用于现代的，哪些虽然不能运用到现代但仍含有积极启示意义的，哪些是经过适当的改造可以适用于现代的，哪些是可以直接运用于现代的。例如，君主专制的观念虽然在传统社会中有其正当性和积极意义，但在近代以来的政治发展中已遭到彻底否定，更不符合现代政治的精神。"天人合一"在传统政治学话语体系中主要指的是"天王合一"，更多地与带有巫术色彩的"天人感应"理论相关，虽然与祛魅后的现代社会格格不入，但是其中内含的政治领导人应该心怀畏惧、谨慎施政、呵护民众的观念仍然具有积极意义。"忠"在传统政治学话语体系中主要指的是臣民对君主的忠诚甚至要臣民对君主"死忠""愚忠"，在君主制早已被抛弃的今天，在保证公民和党员权利的前提下，"忠"可以由臣民对君主的忠诚转换为公民对国家的忠诚、党员对党组织的忠诚。"民本"作为中国传统政治学话语体系中的重要内容，不同于现代政治所讲的民主，但是若脱离开王权主义的传统话语体系，对其进行"抽象继承"，就可以发挥其内含的积极意义。

（二）面向未来与回顾历史的平衡

面向未来与回顾历史的平衡，指的是既要面向未来、实现政治现代化、构建能够支撑现代政治体系的政治学话语体系，又要回顾历史、反思传统，使得所构建的现代政治学话语体系有优秀传统积淀和历史文化基础。如此则既能够看清未来要走什么样的路，也能够熟悉之前走过什么样的路。一方面，近代以来中国的政治发展趋势就是面向未来，向先进国家学习；中国政治学话语体系的发展趋势也是破旧立新，向先进的政治学话语体系学习。另一方面，中国悠长的政治传统中既有阻碍中国现代政治发展的东西，也有能够与现代政治发展相适应的因素；传统政治学话语体系中既有阻滞中国政治现代化、悖逆现代政治精神的内容，也有适应中国政治现代化、符合现代政治精神的要素。然而，近代以来中国政治的发展、政治学话语体系的构建在这两个方面却并不平衡：时或批判传统政治、传统政治学话语体系，偏重向先进国家学习、向先进的政治学话语体系学习；时或回归传统政治、传统政治学话语体系，拒绝向先进国家学习、向先进的政治学话语体系学习。

要推动中国的政治发展、构建现代政治学话语体系，关键的问题是我们要处理好这两个方面的关系，做到面向未来与回顾历史的平衡，既能够与世界对话，向世界解释我们要走的是一条符合现代政治文明的道路，也能够与先哲对话，向国人揭示我们所走的是一条有优秀传统文化积淀的道路。在此过程中，需要谨慎处理"知识的跨情境效度"和"民族学术地位与权力"问题。① 在此需要特别指出的是，回顾历史并不是对传统的全面回归，而是要全面地分析和反思传统，既要从整体上对传统政治学话语体系做出判断，也要具体问题具体研究进行个别分析，进而摒弃那些不符合现代政治精神、不利于现代政治学话语体系构建的糟粕内容，继承那些符合现代政治精神、有利于现代政治学话语体系构建的优秀传统。

（三）历史意见与时代意见的会通

借用钱穆在分析中国制度史时关于历史意见和时代意见的用法，我们将古人对传统政治学话语体系的认识和态度称为历史意见，将今人对传统政治学话语体系的认识和态度称为时代意见。② 历史意见与时代意见的会通，指的是要在认识到古人和今人对传统政治学话语体系的认识和态度是不同的基础上做到相互借

---

① 郭忠华. 社会科学知识坐标中的"本土化问题"[J]. 开放时代，2020(5).
② 郭忠华. 社会科学知识坐标中的"本土化问题"[J]. 开放时代，2020(5).

鉴，各用其长——大致而言，古人对传统政治学话语体系是高度认同和践行的，今人对传统政治学话语体系是不大认同的，往往视其为思想资源，或加以批判，或加以借鉴。在构建现代政治学话语体系时要将历史意见与时代意见会通起来，要兼顾到历史意见和时代意见的各自长处。

传统政治学话语体系在传统社会中被认定是没有根本性缺陷的、适应社会发展的、能够促使中国回归秩序和在治理轨道上有序运转的一套话语，在近代以来因解决不了中国面临的内外危机而被认为是阻碍中国现代化和实现富强的重要障碍，近些年又因为中国国力提升而被认为有助于中国现代化和实现富强。对此，我们要有清晰的认识，既不能因中国在近代以前的强大就认为传统政治学话语体系没有重大问题，认为传统政治学话语体系也能与现代中国高度契合；也不能因中国在今天的逐渐复兴就认为传统政治学话语体系在其中发挥了作用，认为我们已经学到了传统政治学话语体系的精华；更不能因中国在近代的长期落后挨打就认为传统政治学话语体系应该随着帝制的崩溃而走进博物馆，认为传统政治学话语体系一无是处。一方面，正如钱穆所言："时代意见并非是全不合真理，但我们不该单凭时代意见来抹杀已往的历史意见。"[1]我们要承认历史意见的合理性，辨析历史意见为何与今人的时代意见不同，分析古人为何对传统政治学话语体系采取认可和信奉态度。另一方面，我们还要"超然"，还要跳脱出具体的历史语境，将历史意见悬置起来，运用现代政治学的概念、理论和方法进行"外部审视"，分析传统政治学话语体系长期延续的原因、存在的主要问题，阐明传统政治学话语体系能为现代政治学话语体系的构建提供哪些经验教训以及从正反两方面能为现代中国的政治发展提供哪些智慧。[2]

五、结　　语

如前所述，中国传统政治学话语体系源自商周时期，于汉代基本成型，此后虽有演变甚或创新，但总体上没有脱离汉代所奠定的框架；中国传统政治学话语体系之所以是王权主义的，其关键的形成期就是春秋战国时期，关键的思想背景

①　钱穆.中国历代政治得失[M].北京：生活·读书·新知三联书店，2001：前言6.
②　张星久.中国政治思想史(古代部分)[M].上海：复旦大学出版社，2017：5-11.

正是诸子百家争鸣，关键的政治背景就是君主制危机的频发与君主制趋于集权的重建。这套王权主义的话语体系适应了君主专制的需要，虽然也在一定程度上对君权做出某种规范性要求，试图规训君主，但是成长起来的君主不是那么容易就范的，不受强有力的制度约束的君主会扩张权力并达致极限。尽管我们现在认为中国传统政治学话语体系的性质是王权主义的，尽管传统政治学话语体系在晚清就遭到严厉批判且在新文化运动时遭到彻底否定，尽管传统政治学话语体系在传统社会也会遭到某种程度的批评和修正，但是中国传统政治学话语体系在其形成和演变的历史过程中，却是大体适应中国传统政治、社会结构、经济形态和思想文化状况要求的。这意味着总体而言，传统社会中政治思想家们对传统政治学话语体系的评价与处于现代社会有着可资比较的资源和能力的我们对它的评价有着本质上的差异。一方面，尽管春秋战国诸子争鸣至西汉独尊儒术这一较长时段内，各家之间有激烈的争论甚至相互之间视为仇敌，但却共享了一套王权主义的思维方式和思想结构，认为各自的王权主义话语体系构建是有效的。另一方面，传统政治学话语体系基本定型以后，传统社会中政治思想家们可以用来描述和解释现实、规划未来的话语资源是相当有限的，尽管传统政治学话语体系对于他们来说也可能是复合型的，但大体来说他们对传统政治学话语体系的借鉴和吸收要远远大于反思和重构，即便是被认为具有重大启蒙意义的黄宗羲，基本上也是囿于传统政治学话语体系之内，没有提出突破性的现代政治思想。① 大致可以说，中国传统的政治思想家对传统政治学话语体系是持正面态度和积极立场的。

斗转星移，传统政治学话语体系已随着传统政治和社会经济结构的崩溃而瓦解，已丧失了原先具有的主导性地位和话语霸权，但相对时代更替、社会变迁的极速变化，传统政治学话语体系所内含的思维方式和观念体系却变化相对缓慢，一直到现在还在影响中国的政治文化，影响当代中国的政治发展。这种状况在一定程度上影响了现代政治学话语体系构建的进度及促进中国现代政治发展的力度。然而，不管怎样，中国现代政治学话语体系构建绕不开传统政治学话语体系。如果说中国传统政治学话语体系是王权主义的，那么我们要构建的中国现代

---

① 张师伟. 民本的极限：黄宗羲政治思想新论[M]. 北京：中国人民大学出版社，2004：325-344.

政治学话语体系就是以人民为中心的，而这种以人民为中心的现代政治学话语体系不仅在传统政治学话语体系中可以找到丰富的资源，也与现代政治的发展趋势、执政党的努力追求、人民大众的普遍诉求是契合的。但是，我们需要清楚地认识到构建中国现代政治学话语体系不是一蹴而就的，需要经历一个相对较长的时期。传统政治学话语体系作为不容忽视的思想文化资源，不管我们有没有正视，它都在那里；处于不同时代的人，都具有能动性，都会做出不一样的解释。"'传统'是在一次又一次的诠释与使用中获得它的活力，也在一次又一次的诠释中改变它的面貌。"①只有当传统政治学话语体系经过我们谨慎对待，得到系统清理，经过分析辨别，哪些应当完全抛弃而哪些经过适当改造可以再利用都明了以后，中国现代政治学话语体系的构建才会推陈出新，才不会落入传统政治学话语体系的牢笼，才能超越古今之争、中西之争，才能为中国现代政治发展以及国家治理体系和治理能力现代化提供理论支撑和智慧支持。

第二节 从"回应"到"竞争"：新时代中西政治学话语的探索与争鸣

话语体系建设既是新时代中国特色社会主义政治学"再出发"的新起点，也是在国际上"讲好中国故事"以重塑中国话语权的内在要求，具有鲜明的时代性和重要性。中国政治学话语经历了对西方话语的"追踪回应""反思改造"和"叙述竞争"三个阶段。西方政治学话语具有概念化、理论化和体系化的积累优势以及前瞻性并指导政治实践的历史传统，是早期中国政治学话语追踪、学习和模仿的重要资源，然而其"逻辑在先"的固有局限以及由政治修辞所遮蔽的话语霸权和意识形态偏见，需要慎思明辨、区别对待。面对新时代的任务和要求，中国政治学话语必须从西方话语中解放出来，坚持以马克思主义为指导，坚持以"中国问题"为导向，建设富有中国特色的概念、理论和方法体系，真正在中西的"叙述竞争"中实现自主自立。

---

① 王汎森. 中国近代思想与学术的系谱[M]. 长春：吉林出版集团有限责任公司，2010：自序2.

一、引言

随着改革开放的深化和综合国力的增强，我国日渐步入世界舞台的中心。中国的和平崛起深刻改变了传统国际秩序中以依附性为主的"中心-边缘"格局，一方面是中国在国际事务中发挥着越来越重要的作用，另一方面则是以美国为首的西方资本主义国家企图全方位遏制中国。这种围绕新的世界秩序展开的角力不仅发生在国家的硬实力层面，更延伸为一种在世界范围内以合法话语权为核心的软实力竞争上。西方国家利用其在现代化进程中的早发优势以及长期积累的话语能量和文化霸权，塑造了一个"拟态环境"下的中国形象，这一中国形象无疑被污名化和妖魔化。因此，对中国的长远战略而言，必须通过"讲好中国故事"来重塑国际话语权，讲道理、争民心，以"在道义上更有感召力、在关切上更具包容性、在理路上更能说服人、在情感上更能打动人的表达和诠释"①，让世界人民读懂中国特色社会主义道路和制度，亦让世界人民接受中国提出的以共商共建共享为理念的全球治理方案。

进而言之，话语权作为一种具有意识形态属性的公共资源，既关系到一国国家利益的正当性辩护，亦关乎国际公平正义的道德制高点。而无论是国家利益还是道义立场，都是政治学必须完成的任务和担当的责任。习近平总书记在2016年哲学社会科学座谈会上强调，要大力推动中国特色哲学社会科学学科体系、学术体系、话语体系建设。对新时代中国特色社会主义政治学而言，话语体系建设正是其"再出发"的新起点，它是中国"政治学学科体系、学术体系的表达系统，以独特的概念、范畴、体系在学科的界限内言说政治学研究成果，理解和诠释中国政治实践，传达中国人的政治情怀，彰显中国人的政治追求"②。因此，要讲好中国故事、传播好中国声音，构建中国特色政治学话语体系时不我待。

当然，构建中国特色政治学话语体系无法回避的一个问题，即是中国政治学

---

① 张凤阳. 国际竞争格局下的中国话语体系建设：一份研究纲要[J]. 南京社会科学，2017(6).

② 王炳权. 政治学话语体系建构的路径分析——基于"反思"的视角[J]. 社会科学研究，2019(4).

话语与西方政治学话语之间的关系。客观言之，西方政治学话语由于有一套严密完整的概念系统、逻辑系统、理论体系和范式方法，在早期一直受到中国政治学话语的追踪、学习和模仿，甚至可以说，中国政治学话语正是在探索、反思和改造西方话语的过程中逐渐找到自己独特的表达方式的。笔者认为其主要表现为以下三个阶段：第一，"追踪回应"阶段，主要是学习、模仿西方政治学话语，机械套用然后用来解释中国政治问题。第二，"反思改造"阶段，主要是辨析、反思和改造西方政治学话语，并最终为我所用。第三，"叙述竞争"阶段，主要是根据中国政治实践创设中国政治学话语，体现出真正的中国本位。当前，中国国家治理的独特实践为中国政治学提供了更为重要的理论机遇和研究平台，我们需要从西方话语的"代入法"中解放出来，用更具中国特色的言说方式去描述和诠释当代中国的重大理论问题与现实问题。这要求我们一方面认真对待西方话语体系中的积累优势，另一方面也要审慎反思西方理论的固有局限。

二、"追踪回应"：西方政治学话语体系的积累优势

如上所述，中国政治学话语在较长一段时间内一直追踪、模仿、回应西方政治学话语，以致"中国政治学的整个知识结构、概念工具、理论逻辑、分析方法和预测方式等，都还属于西方政治学知识体系的范畴"①。形成这种局面的一个重要因素在于，西方政治学在其特殊的历史文化背景下形成了一整套系统的核心概念、基本假设、理论体系、分析框架和研究方法，建立了较为完善的学科体系和学术体系，掌握了政治学议程设定和科学研究等方面的话语权。这是西方政治学在长时间的历史发展中积累的学术优势，也是值得我们认真对待和吸取借鉴的重要资源。

（一）西方政治学话语中核心概念的建构与积累

西方思维方式的一个显著特征在于将认知对象抽象化、类型化并进行逻辑推演。这一抽象过程主要凝聚为一般性的概念化过程，它既是基本思维方式的体

---

① 周平. 政治学构建须以知识供给为取向[J]. 政治学研究，2017(5).

现，亦是对某种政治现实的概括，因而在西方政治学的理论体系中发挥着关键性的枢纽作用。正如海伍德所说："要形成关于政治世界的知识，不能只靠观察，还要开发和提炼可以帮助我们理解它的概念。概念，在此意义上，实际上是构建人类知识大厦的基石。"①

上述概念化的积累优势根植于西方悠久的历史文化传统之中，甚至可以追溯到古希腊政治思想的开端之际。古希腊时期就在不同城邦(其中包括实行民主政体的雅典城邦)的基础之上提出了诸如政体、正义、政治美德等至今仍发挥重要影响的核心概念。古罗马时代将古希腊的政治理论加以应用，并提出了"自然状态"与自然法、个人尊严、平等等重要概念。中世纪的政治研究主要隶属于神学研究，但封建王权与封建领主制之间的世俗关系却促进了对政治权力和政治制度问题的思考，因而诸如宪法、代议制、司法独立等限制政府权力的重要概念正是受惠于中世纪封建体制和封建思想的演进。②

从文艺复兴开始到19世纪中期，是西方政治学研究的转型时期，亦是蓬勃发展时期。其研究内容已经从神学转向现实的政治问题。现代政治学话语中的核心概念，诸如国家、主权、政府、权力、民主、人性、自由、平等、私有产权等，均产生于这一时期。19世纪还出现了功利主义、实证主义、保守主义、国家与市民社会、民族主义和马克思主义等重要概念和理论。到20世纪政治科学开始兴起后，一批带有范式特征和方法论色彩的政治概念开始出现。较上个阶段的实质性概念而言，这个阶段的概念更偏形式性。例如，现实主义、经验主义、科学主义、行为主义、后行为主义、结构主义、制度主义、规范理论、理性选择、女性主义、后现代主义、生态主义等。在这些概念的指导下，现代政治学范畴内的概念体系已经规模化、系统化，并为进一步的理论研究奠定了基础。

从一般意义上说，概念都具有确定的内涵，都需要通过严密的逻辑推演来论证自己的合理性，这本身就是理论发展和丰满的过程。同时，概念不仅是认识的结果，也是认识的工具。而工具意义上的概念则可以帮助我们对现象或事实进行

① 安德鲁·海伍德. 政治学核心概念[M]. 吴勇，译. 北京：中国人民大学出版社，2014：2.
② 格林斯坦、波尔斯比. 政治学手册精选(上册)[M]. 竺乾威，周琪，胡君芳，译. 北京：商务印书馆，1996：13-14.

解释、分析、思考甚至批评。一方面，我们可以通过规范性概念进行判断和推理，以此建构政治学理论；另一方面，也可以运用描述性概念去概括新的政治现象，总结新的政治经验，形成新的政治知识，更为重要的是，概念是进行学术争鸣的基础环节。西方政治学话语内部之所以能够形成广泛的对话和交锋，恰在于围绕概念的真正含义及理论意义所展开的各种争论。因此，概念如源头活水一般，牵动并引发着西方政治学知识体系和话语体系的创造与更新。

(二)西方政治学话语中理论范式与研究方法的更替与创新

在一个成熟的学科知识体系内，概念的主要功能是从自身出发，推导出定理、规则以及命题，形成有机的、严密的理论体系。政治学当然也不例外。在积累了丰富概念体系的基础之上，西方政治学还进一步形成了具有独特观察视角、共同基本假设和对应研究方法的理论体系。这种理论体系如果在某一具体时空内上升为学科共同体所统一遵循的思考方式、思维框架和研究传统，就获得了理论范式的功能和意义，并能够牢牢掌控或塑造主流政治学的话语权。因此，我们还可以从理论范式与研究方法的历史更替与创新中观察西方政治学话语体系的建构与影响。

古希腊时期形成的政治学主导范式乃是伦理世界观，亦可称之为伦理政治学。它所讨论的主题是城邦政治，并将城邦(国家)存在的目的理解为追求至善、实现正义。从研究方法的角度而言，柏拉图和亚里士多德分别奠定了西方哲学思辨方法和实证比较方法的基础。柏拉图的政治研究以哲学辩证法和理想主义为主要特征，亚里士多德则在《政治学》中提出了一整套以命题和假说为前提的经验主义研究方法。这两种研究方法对后世的政治学研究形成了很强的导向作用。

中世纪的政治学范式特征主要表现为神学政治论。其研究主题围绕教权与王权的关系展开，其核心观点即是论证君权神授。但是，在世俗政治领域中，个人与社会、理性与信仰等问题仍获得了一以贯之的经验研究，并演进为近代西方政治学的重要理论过渡。换言之，中世纪不是西方政治思想的中断时期，而是政治观念的缓慢量变时期。正是这一时期积蓄的政治理论能量才萌发了近代西方政治研究的鼎盛和繁荣。

在经历中世纪政治研究的缓慢发展之后，西方政治学终于迎来了蓬勃发展与重要转型时期。这一阶段的理论范式可以总括为法学世界观，即相信国家和法律高于一切，现存的政治、经济和社会关系都是以权利为根据而由国家和法律所确立和批准的，它与宣扬君权神授的神学世界观截然对立。研究内容主要关注人性、国家、主权、政体、权力等现实问题，研究眼光也从彼岸世界转向此岸世界。在研究方法上，以往的规范研究、伦理研究遭遇了实验自然科学及其方法论的挑战，以观察、归纳、描述为基础的经验研究、实证研究迅速成长。这种方法论上的变化促进了近代政治研究的转型，亦为现代政治科学的诞生奠定了坚实基础。

在 20 世纪初至今的发展历程里，西方政治学出现了三次大的学科运动，每一次运动都使政治学得到迅速发展。第一次运动由芝加哥学派引领，他们提出了以定量方法为基础的经验主义研究纲领，并强调用心理学和社会学的交叉学科方法来解释政治现象。第二次运动以行为主义政治科学为代表，政治过程、政治实体等新的研究视野被引入，量化研究、统计分析等新的研究技术得到广泛运用，其影响可谓遍及全世界。第三次运动是理性选择等经济模型被引入政治学，它强调方法论的数理特征和个人主义倾向。① 在这些运动革新中，当代政治学仍存在着三种互相竞争的元理论范式：本体-规范理论、经验-分析理论、辩证-批判理论。

综上所述，从古希腊的开创、中世纪的演进到近代的繁荣再到当代的多元化，西方政治学的知识体系、学术体系和话语体系经历了多次的范式革新和方法创新，形成了既能相互补益又能彼此争鸣的总体格局。正是通过概念化、理论化、体系化的严密治学过程，西方政治学话语才影响、掌握甚至塑造了世界主流政治学的话语权，也才能将不同国家尤其是发展中国家的政治学思维方式整合并纳入西方主导的话语表达中来。从范式的角度来讲，这一方面意味着早发国家启迪、输入晚发国家的政治话语建设，造成后者追踪、模仿自身；另一方面也形成某种主导型的遮蔽现象，导致晚发国家失去自己的政治话语特色，更脱离自己的

---

① Robert E. Goodin, Hans-Dieter Klingemann. A New Handbook of Political Science[M]. London：Oxford University Press，1996：50.

政治发展实际。其中的利与弊，应当认真区别对待。

三、"反思改造"：对西方政治学话语的慎思明辨

改革开放以来，中国的政治发展取得重大成就，尤其在政治民主建设与国家治理现代化方面，解决了后发国家现代化进程带来政治动乱的深层次问题，实现了政治发展与政治稳定之间的双向平衡。中国现实政治改革的发展指向当然也会反映到政治学话语的建设中来。这一阶段中国政治学的"补课"，就不能简单停留在"为中国问题的解决寻求成熟的西方方案"，或者"以对中国现象的解释来印证西方理论，抑或是对于西方理论前沿议题及其中国亚种的被动回应"①，而是要逐步告别对西方政治理论的"追踪回应"和亦步亦趋，认真"反思、批判和扬弃我们头脑中已经被灌输而且已经内化的观念"②，慎思明辨西方政治学话语的本土化问题和意识形态陷阱。

（一）辨析西方政治学话语中的核心概念及其知识体系

如前所述，西方政治学之所以能够长时间占据国际政治话语的主阵地乃是因为其在知识生产中优先发展出一套以核心概念为逻辑中心的知识理论体系，从而抢占了政治学话语中的定义权。这种在西方政治文化背景下形成的概念界定和理论逻辑具有很强的知识路径依赖，容易在人们心中形成思维定式，从而长期支配人们的政治认知。

在西方政治学话语中最典型的核心概念莫过于"民主"一词。按照西方传统的政体思维和启蒙思维，"民主"必然意味着同"非民主"的对立。在二元对立的区隔下，"民主"同"真理""进步"相连，"非民主"同"谬误""反动"相连。而当后发国家被扣以"非西方"之名时，实则已经被打入"非民主"行列，其内涵的价值偏见昭然若揭。同时，"民主"一词还是西方国家进行政治修辞的主要手段。二战以后，为了同新兴的社会主义阵营争夺国际话语权和道德制高点，西方资本主义国家进行了一次改头换面的政治文化建设。整个政治文化建设的最主要成果是

---

① 林毅. 西方化反思与本土化创新：中国政治学发展的当代内涵[J]. 政治学研究，2018(2).
② 杨光斌. 比较政治学：理论与方法[M]. 北京：北京大学出版社，2016：18.

以"民主国家"或"民主社会"置换了"资本主义国家"或"资本主义社会"。这一置换兼具两个功效，一方面使西方国家在意识形态论战中占据了"人民至上"的高位，另一方面则抢占了"民主"的定义权。①

国际社会另外一个主流政治话语概念即"人权"。由于西方发达国家率先完成现代化，在经济、政治和社会发展方面达到了相当高的水平，因而往往自觉不自觉地按照自己的制度模式和价值取向来设立所谓的人权标准。这种做法要么严重脱离发展中国家的社会现实，使"高标准"的人权沦为毫无操作性可言的空洞说教；要么出于切身战略利益的考虑，强力谋求人权"高标准"，对其他主权国家尤其是发展中国家进行无端的指责、干涉甚至军事颠覆。

因此，在面对西方政治学的核心概念及其背后的知识体系时，要善于打破传统思维定式和话语霸权带来的条框枷锁，捕捉中西方话语体系的差异和张力，进而提出更符合中国国情的新概念、新理论，彰显中国特色、中国风格和中国气派。

（二）总结西方政治学话语中的理论固有局限

长期以来，中国政治学界在回应西方理论挑战时，主要以一种防御性的态度强调中国国情的特殊性，这种被动思考的局面一方面会更加助长西方政治学话语的霸权地位，另一方面也会让中国政治学话语本身陷入"中国例外论"的尴尬之中。对此，不仅要思考西方理论的本土化和适用性问题，更要深层次地反思其理论的固有局限，从而避免将西方学界的"错误的概念、自负的预设、虚假的问题和妙而无当的研究方法"②运用于中国研究之上。

国内有学者指出，西方学界普遍存在一种"逻辑在先"③的思维方式，即在研究具体问题前习惯于进行先验的、抽象的逻辑推演，从而颠倒历史事实与理论研究之间的关系。在这种思维方式的统治之下，理论的逻辑自洽会形成某种律令式

---

① 程巍.资产阶级的孩子们——60年代与文化领导权[M].北京：生活·读书·新知三联书店，2006：460-471.

② 林毅.从反思西方理论到服务中国实践：中国政治学本土化的创新发展意涵[J].学习与探索，2020(6).

③ 李成旺.对"逻辑在先"的批判与历史唯物主义视界的出场[J].哲学动态，2017(7).

的"程序目标"，凌驾于经验事实和制度、政策之上。如果不加批判地接受西方理论的基本预设，就等于是直接越过或抛弃了中国国情去重申西方话语中的"常识"。例如，强调个人主义、市场化和分权乃自由民主制的先决要件，忽视政治权威的作用等。从学术发展来说，必须改变由"逻辑在先"思维所颠倒的研究顺序，从中国的具体国情出发，研究中国的政治现象，回答中国的政治问题，推进中国的政治发展。这才是中国政治学立足的根基所在，也是理论自信的真正依托。

另外，随着西方政治学理论中"科学主义"的兴起，我们往往对其理论研究的"价值中立"和"科学方法"抱过于乐观的态度，以致很少去质疑其政治导向和价值前提。这里的一个突出表现是要么将西方的意识形态话语直接嫁接过来，而无法用本土化的政治学话语解释中国问题；要么用中国话语来反套西方原则，造成政治学话语在内涵和形式上的分裂。不论是哪一种情况，究其根源都在于没有系统反思西方理论本身的固有局限和致用性问题，没有彻底改变"追踪回应"式的西方话语。而中国政治学要从根本上走向成熟、走向自立，必须要立足于自身，同西方政治学形成自觉的叙述竞争和对话争鸣，这也是当前中国政治学面临的主要任务。

四、"叙述竞争"：在中西对话中实现中国政治学话语的创新发展

上文的反思过程尚属于对西方政治学话语的"破"，而中西理性对话的"立"则需依靠中国政治学话语的创新性发展。这种创新工作要立足中国政治学本身的问题意识，要关切中国政治改革的发展方向，要思考中国治理实践的改进和完善，要实现中华传统的延续和创造性转化。历史证明，发展社会主义市场经济就是基于中国国情的正确理论判断，它一方面拒绝了盲从西方"转型理论"的诱惑，另一方面亦摆脱了教条主义的泥淖，实现了思想的进一步解放。新时代的中国需要更多汲取西方优秀知识成果并结合中国实际经验的政治理论创造，如此方能讲好中国故事、传播好中国声音。当然，这项工作的重中之重是继续坚持、丰富并发展中国化的马克思主义。

（一）丰富并发展中国化的马克思主义政治学

习近平总书记在哲学社会科学工作座谈会上的讲话中强调，坚持以马克思主义为指导，是当代中国哲学社会科学区别于其他哲学社会科学的根本标志，必须旗帜鲜明加以坚持。这是新时代中国政治学学科体系、学术体系、话语体系建设的总的指导思想和原则。这就要求中国政治学人在新时代政治学的学科建设中坚持经典、发展经典。

对于继承性和创新性相统一的马克思主义政治学，首先我们要严守马克思主义的经典阵地，继续做好原理领域的扎实研究。只有延续经典，才能保证马克思主义政治学在中国政治学中的指导地位，才能保证其学术性与政治性的统一，才能体现其人民立场与实践指向的一致性。同时，马克思主义本身不是僵化、封闭的体系或教条，而是具有高度的开放性和发展性，在当下它集中体现为习近平新时代中国特色社会主义思想。基于此，应实际发挥马克思主义政治学对中国改革方向的指导，对具体制度安排的引领，以及对政策实践的影响；同时强化马克思主义政治学的学理研究和理论影响力，实现原理与问题、学术与政治、理论与实践之间的良性互动，推动其最新研究成果融入新时代中国政治学的学科体系、学术体系和话语体系的建设中去。

马克思主义政治学作为一个开放的学术体系，在方法上一直强调哲学范式与科学范式、定性研究与定量研究、规范性研究与经验性研究的内在一致性。因此，它能够对西方话语中"逻辑在先"的颠倒性思维方式进行有效的甄别和解构。作为科学性与批判性相统一的马克思主义政治学，既能用唯物辩证法反思批判"逻辑在先"的思维方式，重新树立否定之否定的历史真实，亦能对带有阶级属性的政治问题进行"祛魅"，剥除偏见。因此，应让政治学研究中的新概念、新理论和新方法接受马克思主义政治学的检验，让其不仅在传统的国家议题中继续发挥理论优势，更能在各种新的政治学议题平台上与西方话语展开对话与竞争，发挥其指导、引领、批判和检视的重要作用。

中国是发展中国家，仍处于社会主义初级阶段，当改革进入深水区以后，尤其是当政治体制改革迫在眉睫之时，中国政治学必须能对即将浮现的各种深层次问题给予充分合理的理论预见和判断。当然，这些理论解释不可能是唯一的，也不可能都是完全正确的。归根结底，中国政治学对中国现状与未来的解释力到底如何，思路是否正确，甚至能否跳出西方话语的思维惯性而重塑本土话语的创造力，都取决于中国化的马克思主义政治学的与时俱进和理论说服力。

(二)以"问题"为导向的中国政治学话语体系建设

如上文所述，中西政治学发展不对称的情况，一个原因是西方政治学掌握着由概念到理论再到方法的研究主导性和学术话语权，致使中国政治学始终在分析框架上未能跳出西方的思维方式，这可以归结为知识系统方面的原因，另一个主要原因是很多西方理论涵盖不了中国经验，融入不了中国现实，解释不了中国问题，因而会出现一些大而不当的假问题、假概念、假方法等研究现象，这可以归结为"问题"导向方面的原因。

国内已经有学者指出，中国政治学应该"从以研究'知识'为主转变为以研究'问题'为主"①。这一转变的核心即在深入切近中国经验现实的基础上，围绕"真问题"创设新议题、凝练新概念、建构新理论、发现新方法。而只有对中国问题给出中国政治学自己的回答，才能真正做到在政治学话语上同西方分庭抗礼。在概念提炼上，中国政治学历经几十年的发展，已经围绕中国社会变迁的重大问题创造性地提出了一系列重要概念，例如，"压力型体制、'政治锦标赛'、政策主导型改革、治理转型危机、依法抗争、政党调适、公司化地方政府、政治吸纳(行政吸纳政治)、增量民主，以及项目治国乃至于更加宏观的'中国模式'等等"②。这些概念不仅贴切地反映了中国现实，而且创造性地超越了已有理论和官方话语，更让中国政治学能够从新的比较视野去研究不同国家的发展经验，它们对中国本土话语的创新发展做出了重要贡献。

在理论建构方面，中国政治学者亦秉持独特的问题意识理论建树不断，初步形成了既具中国特色又能与西方遥相对话的政治理论体系。近年来比较典型的有

① 房宁.谈谈当代中国政治学的方法论问题[J].政治学研究，2016(3).
② 张小劲.加强实证研究，建构概念体系：试论中国政治学术话语的发展策略[J].济南大学学报(社会科学版)，2017(1).

徐勇教授的"东方自由主义"理论、景跃进教授的"将政党带进来"理论、肖滨教授的"一体双权"理论等。徐勇教授在《东方自由主义传统的发掘》一文中批判了西方话语体系中的"东方专制主义",并基于自己多年的农村研究经验提出了"东方自由主义"理论。他认为在传统中国的小农经济基础上产生了一种作为日常生活状态的农民自由主义,它在历史上创造了无与伦比的农业文明。① 景跃进教授在《将政党带进来》一文中系统反思了西方话语中的国家与社会关系理论,并结合中国场景和中国问题将传统的"国家—社会"二分法调适改造为"国家—政党—社会"三分法,一方面在理论定位上衔接了西方话语,另一方面又体现了中国国情的最大特色,可以说是理论与方法的双重创新。② 在景跃进教授提出了"将政党带进来"理论之后,肖滨教授继而撰写《"一体双权":中国政治学的一个分析框架》与之展开理论问题的商榷。在他看来,中国政治学研究应该重回国家共同体这一起点,并提出国家的"一体格局"体现统一逻辑,作为"民权"和"国权"的"双权"体现共和逻辑。他认为"一体双权"的分析框架相对于景跃进教授的"三位一体"而言,更具理论的延展性和对话性,能够在西方语境中充分展现中国政治学的思考。③

由上可见,在中国的历史和现实中潜藏着丰富的研究资源和"真问题",它是形成中国特色政治学的源头活水。而在中西方政治思考的差异中寻找中国定位,则能带来更多的理论碰撞与交流,实现政治学的话语增量和研究范式的创新。概而言之,只要以"真问题"为研究导向,关切中国的重大理论问题和现实问题,便能激发中国政治学人的学术自觉和话语自觉,从而在古今中西的理论探索中持续开展对话与争鸣。

(三)在探讨和解释重大实践中实现中国政治学话语的创新发展

在西方政治学经历了从行为主义到后行为主义的范式转型后,中国政治学明

---

① 徐勇. 东方自由主义传统的发掘——兼评西方话语体系中的"东方专制主义"[J]. 学术月刊,2012(4).

② 景跃进. 将政党带进来——国家与社会关系范畴的反思与重构[J]. 探索与争鸣,2019(8).

③ 肖滨. "一体双权":中国政治学的一个分析框架——与景跃进教授商榷和对话[J]. 政治学研究,2020(1).

显受到了"同步震荡"的影响。一方面，行为主义的科学性、经验性和描述性给中国政治学带来了大而空、"不接地气"等问题；另一方面，作为学术争鸣的规范性议题的回归仍由西方政治学话语所主导。因此，中国政治学话语体系的创新发展只能根植于当代中国的政治实践，始终在中国国家治理的重大实践中挖掘真正有价值的"中国问题"，以此作为自己源源不竭的发展动力。

当代中国政治实践的核心问题即应对改革的发展导向问题。中国改革已经由"摸着石头过河"阶段发展到深水区阶段，中国改革的未来到底何去何从都是中国政治学需要迫切回答的重大理论问题。对此，中国政治学应当首先明确改革的主旨、方向和实质，在探讨改革的重大议题中发挥理论的回应作用和先导作用，坚持用主流价值观讲好中国改革的故事。在这一过程中，我们既要尊重政治学人提出的解释、解决改革问题的理论创新，亦要认真鉴别过分追求新、奇、洋而遮蔽基础理论不牢靠的"政治求新癖"，坚持马克思主义政治学的研究取向，坚持理论性、实践性和人民性的统一。

当代中国实践的另外一个重要问题即解释中国特色。"随着改革由顶层设计向基层实践的推进，中国政治学在政治体制与行政体制改革、中央与地方关系调整、基层民主政治建设、政府与社会协同治理、基层党组织建设，以及反腐败等现实问题领域内的研究都在不断推进，成为中国政治学整体创新发展的重要理论生长点。"①而中国政治学之所以能有如此巨大的理论推进，归根到底是因为其研究对象乃世界上前所未有的中国政治发展和治理实践。既有的西方理论无法包容承载其独特性，只有中国政治学人才能提供具有中国特色的本土答案。在解释中国特色时，中国政治学话语必须强调学术的繁荣发展同国家的前途、人民的福祉紧密相连，必须强调求实创新的学风与制度改革和政策改进等政治实践相互促进。只有在学以致用中解释中国特色，中国政治学话语才能具有真正的说服力，也才能给西方学人以充分合理有效的解释和回应。

最后，中国政治学话语体系必须总结其特色与风格，即在发现和解释中国问题中形成具有中国特色的概念、理论和方法。具体要求如下：第一，在涉及改革

---

① 林毅. 从反思西方理论到服务中国实践：中国政治学本土化的创新发展意涵[J]. 学习与探索，2020(6).

导向的研究上，如国家与社会、资本与权力等问题，中国政治学必须追溯到结构性和制度性的根源问题上去，在最高的价值层面给出具有合法性的解释。第二，中国政治学始终强调本土资源与重大政治改革之间的关系，强调改革成本、治理成本与社会发展稳定之间的关系，这是一条重要的政治经验，也是中国政治学话语解释中国改革稳定推进的主要内容。第三，如前所述，中国政治学虽然遭遇了西方政治学范式转换的"同步震荡"，但是已经在转型发展问题上积累了相当程度的多元解释和对策，并将各种宏观、中观和微观研究融入中国政治发展的本土化理论中来，在一定程度上形成了较具解释力的中国政治学话语体系。第四，随着中国和平崛起的推进，中国政治学话语也获得了某种理论态度上的从容，对西方政治理论和当下的中国问题多了几分平视的理解和对话的理性，这是值得珍视和延续的学术风格与特色。

第三章

政治学话语体系建设中的代表性学术案例（上）

第一节 当代西方学界的脆弱国家政治话语纷争及其启示

在全球安全和发展问题上，西方国家控制着话语的主导权，西方流行的脆弱国家政治话语即为一显著标志。随着中国日益靠近世界舞台中央，提升中国国际话语权也面临越来越大的压力。中国要有效提升话语权，特别是增强对广大发展中国家的话语吸引力，需要理性分析"西方国家谋求及护持其世界霸权的政治修辞术，作为反观当代中国话语竞争战略和策略的一个基本参照"①。因此，本节集中讨论当代西方的脆弱国家政治话语纷争，以期为新时代中国的国际政治话语建构提供些许启发。

一、当代西方脆弱国家政治话语的全球传播

西方脆弱国家政治话语的全球传播，大致可以分为三个阶段。

（一）脆弱国家概念酝酿时期

21世纪之初，西方发达国家的外交政策或国际关系研究中，脆弱国家话语

---

① 张凤阳. 国际竞争格局下的中国话语体系建设：一份研究纲要[J]. 南京社会科学，2017 (6).

开始崭露头角。当然,早在 1968 年,美国的《外交事务》杂志就出现了一篇以《脆弱国家》(*Fragile State*)为标题的长篇论文。① 1975 年,《加拿大研究》杂志也刊登了一篇以"脆弱国家"为主题的论文。② 不过,上述两篇文章只是偶尔使用"脆弱国家"概念,且均以分析发达国家的脆弱性为主题。进入 21 世纪后,专门描述贫困落后国家内乱、冲突的脆弱国家研究开始出现。经合组织发展援助委员会在 2003 年成立了一个名为"脆弱国家集团"(FSG)的研究机构;世界银行也设立了"脆弱国家小组"和"冲突阻止与重建小组"两个内部研究机构,研究"紧张状态下的低收入国家"问题。这时,以"脆弱国家"为主题的文章或报告多以英文为主。在非英语世界,2003 年德国学者在德语期刊《国际政治》上公开发表了一篇讨论脆弱国家的学术论文。③

2005 年是西方脆弱国家政治话语迈向公开化的一个重要时间节点。年初,英国国际发展部(DFID)在伦敦主持召开了经合组织发展援助委员会关于援助脆弱国家发展成效的高级国际论坛,草拟了一份《与脆弱国家有效接触的国际准则》(*Principles for Good International Engagement in Fragile States*)。3 月,该组织又在巴黎召开"脆弱国家发展高峰论坛",发布了《援助有效性的巴黎宣言》(*Paris Declaration on Aid Effectiveness*),随后,"脆弱国家"概念开始迅速扩散。年底,世界银行在其《援助脆弱国家战略》的报告中认为,伦敦高级论坛和巴黎高峰论坛都是围绕着"脆弱国家"这一概念展开的融洽合作,"为了这种和谐利益,世行建议在本行的工作中采用这一概念"④。可见,2005 年是"脆弱国家"概念正式化的一个主要时间节点。

(二)脆弱国家政治话语快速扩散时期

这一时期大致介于 2006—2014 年。主要国际组织推出脆弱国家概念后,学

---

① Luigi Barzini. Italy: The Fragile State[J]. Foreign Affairs, 1968, 46(3).

② Henry David Rempel. The Practice and Theory of the Fragile State: Trudeau's Conception of Authority[J]. Journal of Canadian Studies, 1975, 10(4).

③ Ulrich Schneckener. Decline of the State as a Global Threat: Fragile States and Transnational Terrorism[J]. Internationale Politik, 2003, 58(11).

④ World Bank. Fragile States: Good Practice in Country Assistance Strategies[R]. 2005.

界的讨论开始快速铺开。进入 2006 年，以脆弱国家为题的论文和图书迅速增多。根据笔者粗略统计，2005 年，政治学学科中关于脆弱国家的文献出现了 41 条，刊登在 SSCI 期刊上的学术论文有 12 篇；到了 2006 年，政治学中的相关文献迅速增长到 168 篇，SSCI 期刊刊发的相关学术论文迅速增加到 34 篇。此后，在 2007—2014 年间，海外每年涉及脆弱国家主题的英文文献几乎都超过 200 篇，其间每年被 SSCI 期刊收录的相关文献几乎都在 40 篇以上。与 2005 年前相比，这段时间的研究规模呈现出非常明显的扩大态势。在西方政治话语变迁中，脆弱国家话语已经成为当今的主导性话语。正如一位法国学者在 2013 年所描述的："在过去十年里，西方政府机构和国际组织的注意力越来越多地转向国家脆弱性及其失败……特别是脆弱国家这一概念，已经被西方政府官员和政策分析师用来对众多发展中国家面临的暴力、冲突、政治不稳定、严重贫困以及对安全和发展的其他威胁进行归类、评定等级。"①2014 年，一位美国学者也总结道："在过去的十年里，国家脆弱性议题已经强劲地支撑起美国和其他发达国家的外交政策议程。……脆弱国家已经成为一个备受关注的研究课题。"②可见，这一时期，脆弱国家已经成为西方讨论世界发展问题和国际安全秩序问题时的一个核心议题，脆弱国家政治话语已经大肆流行。

(三)脆弱国家政治话语步入衰退期

由图 3-1 可以明显地看出，自 2014 年之后，西方学界关于脆弱国家主题的研究开始减弱，2015 年相关研究文献已经下降到 200 篇以下，此后几年持续下降。可见，诞生于 21 世纪初期的当代西方脆弱国家政治话语在经历十余年的高速扩张之后，开始步入下降轨道。其中原因，可能与美国的外交政策失误、竞争力下降有关，也与西方学界的激烈辩论促使西方国家政策调整有关。在转折时间上，2014 年美国战争学院教授米歇尔·马扎的论文颇具象征意味。马扎认为，在过去的十多年间，美国的国家安全叙事都在强调失败国家带来的威胁，美国试

---

① Oliver Nay. Fragile and Failed States: Critical Perspectives on Conceptual Hybrids [J]. International Political Science Review, 2013, 34(3).

② Seth Kaplan. Identifying Truly Fragile States[J]. The Washington Quarterly, 2014, 37(1).

图以新帝国主义方式从根源上消除此类危险，然而收效甚微，美国对失败国家的干涉主义时代已宣告结束。"这种转变的现实原因，是美国再也承受不起这样的使命，公众也已经厌倦了这种干涉；更深层的原因在于：醉心于虚弱国家本身是一种思想狂热，而非一个合理的战略原则。"①由此可见，在信息传播高度全球化的互联网时代，西方脆弱国家政治话语的兴起和演变，与美国国家实力的变化及国际政策的调整相一致。

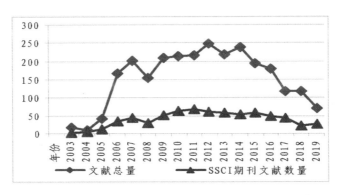

图 3-1　西方国家政治学中关于脆弱国家的文献数量变化情况

二、西方学界的脆弱国家政治话语纷争

伴随着脆弱国家政治话语在全球的快速传播，西方学界围绕该话语系统也出现了持续不断的学术纷争，这些纷争主要围绕脆弱国家的内涵、衡量国家脆弱性程度的标准以及促使国家摆脱脆弱性、迈向韧性国家的有效路径等议题展开。

（一）关于脆弱国家内涵的争论

学术研究中一个比较常见的现象就是，越是基本概念，关于其内涵的争论就越激烈，脆弱国家概念亦如是。西方学界关于脆弱国家内涵的争论，可分为两

---

① Michael J. Mazarr. The Rise and Fall of the FailedState Paradigm：Requiem for a Decade of Distraction[J]. Foreign Affairs，2014，93(1).

大类：

其一，政治角度的争论，即偏重对政治系统的界定，也就是从狭义的国家（state）角度的解释。在此视角下，一个脆弱国家就是指政府没有能力履行其基本服务和公共产品供给者的职责，由此破坏了政权合法性。也就是说，政府机构功能和能力严重缺失的国家就是脆弱国家。英国国际发展部、经合组织、世界银行（WB）以及学者艾克皮（Ekatte Ikpe）、佐列克（Robert Zoelick）等均持此类观点，这是比较主流的界定。

不过，即使同为政治视角，对国家不同职能和能力的偏重也使得对脆弱国家概念的定义各异其趣。美国国际发展署（USAID）将脆弱国家界定为："中央政府不能在本国领土上实行有效控制，或者没有能力（意愿）确保关键服务的供给，政府合法性虚弱或不存在，暴力冲突成为现实或高风险。"[1]很明显，这主要是从政治统治角度、偏重政权的暴力垄断能力来定义的。而英国国际发展部对脆弱国家的定义是："那些政府没有意愿或没有能力为本国大多数民众（包括贫困阶层）提供主要职能的国家。"[2]这种定义并没有把脆弱国家限定为政权机构暴力垄断能力的缺失，而是将界定范围转移到没有能力去支持和保护多数民众维持自我生存的国家治理状态。显然，这种界定偏重国家公共服务职能的缺失。经合组织发展援助委员会对脆弱国家的定义是："当国家机构缺乏政治意愿和（或）能力，不能为本国的减贫、发展、人口安全和人权发挥基本职能时，国家就是脆弱的。"[3]这种定义综合了国家维持秩序和减轻贫困的能力，并从西方政治角度强调人权保护职能。可见，不同机构对脆弱国家概念有着不同的界定。

其二，广义的社会角度的争论。对上述从政治角度，特别是从国家意愿或能力角度定义脆弱国家的主流思路，不少学者提出了异议。这些学者认为，要确保一个共同体的和平、进步与减贫，还需要考虑其他行动者的重要性，国家与社会是密不可分的，一些有影响力的社会团体或行动者很有可能跨越国家与社会的区

① USAID. Fragile State Strategy[R]. Washington D. C：USAID，2005.

② DFID. Why We Need to Work More Effectively in Fragile States[R]. London：DFID，2005.

③ OECD. The Principles for Good International Engagement in Fragile States and Situations[R]. Paris：OECD，2007.

分,以它们的能力控制部分组织和资源,在那些国家权威虚弱的领域发挥类似国家的职能,提供安全和社会服务。① 仅从国家能力的角度定义脆弱国家,对国家职能赋予过高的期待,暗含着国家万能的逻辑假设,这明显是狭隘的。因此,一些学者从更宏观的社会角度来解释,认为脆弱国家泛指国家内部政治不稳定、暴力冲突、不安全等社会失序困境,这是把脆弱性看成是一个社会共同体的整体现象,其既指政治统治系统的脆弱性,也包含社会秩序的动荡不安,还有经济发展的脆弱性等,这种整体状况又可称之为"脆弱的社会局势",或者是"脆弱局势"(fragile situations)。

在这种拓展的视角下,伦敦政治经济学院的危机国家研究中心(CSRC)认为,脆弱国家就是指一个国家内部的一个或多个亚系统对危机明显敏感,即面对系统内部或外部冲击以及国内和国外冲突时特别脆弱的国家。这个定义中,一个国家内部多个亚系统的界定很明显超出了单个政治系统的范畴。当然,也有学者用经济发展成效的"困难环境"来定义脆弱国家,认为"没有能力有效利用国内和国际资源来减轻贫困"就是"困难环境",面临"困难环境"的国家就是脆弱国家。② 这是从广义的国家角度来定义脆弱国家的。

不同学者对国家脆弱性的界定存在差异,有学者把脆弱国家看做一个万金油式的概念(a catch-all phrase),也有学者认为脆弱国家概念的内涵也是脆弱的,③以此来表达对已有的各种脆弱国家概念的不满和失望。英国人文社会科学院2015年还出版论文专集,继续对国家脆弱性的内涵进行"再思考"。

(二)关于国家脆弱程度评估方法的争论

其一,关于哪些国家是脆弱国家的争论。进入 21 世纪,关于国际社会主要有哪些脆弱国家,西方国家有基本的共识,但也存在不少分歧。首先是数量分

---

① Lars Engberg-Pedersen, Louise Andersen. Fragile Situations: Current Debates and Central Dilemmas[R]. Copenhagen: DIIS Report, 2008.

② Moreno Torres, Michael Anderson. Fragile States: Defining Difficult Environments for Poverty Reduction[J]. PRDE Working Paper, 2004(8).

③ Bertocchi Graziella, Andrea Guerzoni. The Fragile Definition of State Fragility[J]. Rivista Italiana Degli Economisti, 2011, 16(2).

歧。世界银行的结论是主要有 26 个脆弱国家，英国国际发展部认为有 46 个脆弱国家，美国中央情报局（CIA）选定了 20 个脆弱国家，弗朗西斯等人则认定了 30 个脆弱国家。① 我们将世界银行与弗朗西斯等人的研究进行对比分析后发现，二者选定的脆弱国家数量相差 4 个，世界银行评定老挝、缅甸、柬埔寨、苏丹为脆弱国家，弗朗西斯等研究者却没有将这些国家列入。随着国际局势的变化，所谓脆弱国家的数量和范围也在发生变化，西方不同机构的评估结果仍然各不相同。比如，2013 年，摩根士丹利公司把作为新兴经济体的南非、巴西、土耳其、印度和印度尼西亚五个国家称为"脆弱五国"，认为这五国过度依赖外国投资，债务负担沉重，货币贬值压力巨大。可见，西方学界在脆弱国家认定上存在一些分歧和随意性。

其二，关于评估脆弱程度指标设定的分歧。西方学界对脆弱国家数量和国别的认定结果，是采用不同的量化评估指标得出的。有学者统计，西方学界构建的测量国家脆弱程度的指标体系至少有十个，这些指标存在许多共同成分，自然也存在一些差异。限于篇幅，我们选取世界银行与美国和平基金会两个研究机构进行比较，主要显示其差异。世界银行的国别政策与制度评估体系（CPIA）由经济管理、结构政策、社会平等和公共部门管理四大部分组成，每一部分再细分为四个项目进行评估，评估值分为 6 个等级，由最差到最好分别为 1~6 分，四大部分中每一部分的分值都采用算术平均值来计量，最后评估分值等于或低于 3.2 的国家就被认定为脆弱国家。不过，该指标体系对相关国家数据的获取主要基于课题组专家的调研，专家主观价值性判断明显，影响了结果的客观性。② 所以，也有学者批评该指标体系是一个有强烈价值导向的指数。

在诸多的脆弱国家指数中，美国和平基金会的脆弱国家指数（FSI）影响很大。该指数由安全、政治、经济和社会四大部分构成，总共有 12 个细化指标。每项指标以 0~10 分（最稳定—最脆弱）进行分级，最后以 12 项指标的加总分值（0~

①　Monika Francois, Inder Sud. Promoting Stability and Development in Fragile and Failed States[J]. Development Policy Review, 2006, 24(2).

②　Lisa Chauvet, Paul Collier. What Are the Preconditions for Turn Arounds in Failing States? [J]. Conflict Management and Peace Science, 2008, 25(4).

120)判断国家脆弱程度，90~120 分为脆弱程度最高。2019 年，该指数评估超过 90 分的国家有 31 个，其中也门、索马里、南苏丹、叙利亚和刚果(民主)排脆弱程度前五名。① 和平基金会的脆弱国家指数每年都发布，学界对其多有批评。有学者指出这些指数在数据处理步骤上存在普遍性错误，认为目前这些指数提供的绩效等级信息的真实性非常有限。②

(三)关于国家摆脱脆弱性路径的争论

应该采取哪些有效手段解决国家脆弱性问题，西方学界的争论更加激烈。这是一个非常庞杂的议题，这里我们将其纷争简略概括如下：

其一，关于武装干涉方式的争论。主张以武装干涉方式解决脆弱国家问题的观点，在西方脆弱国家政治话语的初始阶段比较盛行。这种观点辩称，只要是出于人道主义目的，西方发达国家对脆弱国家(当时被称为"失败国家")的武装干涉就是一种"道德责任"，就是"正义战争"③。2003 年，美国武装入侵伊拉克，杜宾斯认为这是美国领导的对伊拉克的"稳定和重建"。这种主张遭到大多数学者和国家的反对。事实证明，伊拉克之所以被看做高度脆弱的国家，战乱不断，主要是因为美国的入侵。

2010 年之后，西方国家以"保护的责任"为名，开启了新的干预模式。斯劳特认为，在当今世界，如果脆弱国家政府不能履行其服务职能，国际社会就有责任保护这些国家的公民，她称之为"新主权"观。④ 2011 年，西方多国部队对利比亚实施军事打击，推翻了卡扎菲政权，西方国家称这是其"保护的责任"的首次实践，结果却导致利比亚内战持续至今。有学者反驳道：美国政府长久以来习惯于插手其他国家的内部事务，这几乎没有好结果。试图通过超越对方的历史文

---

① Messner J J. Fragile States Index Annual Report 2019[M]. Washington D. C.: Found for Peace, 2019: 7.

② Francisco Sanin. Evaluating State Performance: ACritical View of State Failure and Fragility Indexes[J]. European Journal of Development Research, 2011, 23(1).

③ Mona Fixdal, Dan Smith. Humanitarian Intervention and Just War [J]. Mershon International Studies Review, 1998, 42(2).

④ Anne-Marie Slaughter. Was the Libyan Intervention Really an Intervention? [J]. The Atlantic, 2011(8).

化传统来"修复"这些国家，那是非常困难的。从长远来看，军事干预将摧毁这些地区保持和平稳定的现实条件，给这些地区未来带来巨大风险。所以美国也有学者对此进行了反思，认为美国醉心于以大规模的新帝国主义方式干预脆弱国家，本身就是一种思想狂热。① 可见，武装入侵颠覆一些脆弱国家的既有政权，试图以此使之摆脱脆弱性，是一种比较荒谬的主张和行为。

其二，关于援助方式的争论。援助脆弱国家是减缓其脆弱性的一条有益路径。援助的类型多种多样，最常见的是减贫和经济发展援助。在当代西方国家的政治语境中，以前强调脆弱国家的安全威胁，后来转向强调其对全球可持续发展和减贫事业带来的巨大挑战。西方学界在对脆弱国家的援助规模、援助形式、援助效果评估以及未来发展等诸多具体问题上充满了争议。

西方国家对部分脆弱国家的援助，往往要求受援国拥有健全的政策和制度以及减贫战略，但脆弱国家往往不具备这些条件。于是，有学者主张，这些脆弱国家"得到的救助不应该减少，应该得到更多的项目援助，这些项目援助的承诺时间应该更短，集中于更具体的活动，而且多数援助项目应该通过非政府组织进行分配"②。对此，有学者批评说：选择援助工具的这种标准方式，对于在脆弱国家的实际操作指导意义不大。所以，学者们提出了改进援助方式的新思路：要避免一刀切，因为不存在单一的方法；援助风险会减弱，但不会清除；要从国家层面和程序层面思考，不要只考虑项目；计划的实施涉及多个行为体，不能排除国家。于是，英国国际发展部、经合组织在其援助政策中提出，通过增加对脆弱国家中央政府的援助、提高政府解决问题的意愿和能力来摆脱脆弱性。不过，有学者指出：脆弱国家的数量还在增加，人们对此的关注度也在提升，但我们关于脆弱国家成因的知识还非常薄弱，能更好地扭转这种趋势的政策和项目还停留在初级阶段。另外，在解决脆弱性的程序上，有学者主张冲突后的脆弱国家首先要解

---

① Michael J. Mazarr. The Rise and Fall of the FailedState Paradigm: Requiem for a Decade of Distraction[J]. Foreign Affairs, 2014, 93(1).

② Radelet S. Aid Effectiveness and the Millennium Development Goals [J]. Center for Global Development Working Paper, 2004(39).

决安全问题,所以国际社会的援助要协调脆弱国家内部的中央与地方关系;① 有学者主张,解决脆弱国家问题的关键是发展,国际社会的经济援助应该帮助这些国家采取新发展范式。② 可见,西方学界对国际社会援助脆弱国家的方式和成效众说纷纭,争议不断。

其三,关于国家建构方式的争论。由于缺乏信任和宽容,西方国家与脆弱国家之间的政治对话总是磕磕绊绊。西方的援助项目过分注重技术化,这不适宜落后地区的现实环境。他们总是支持那些短期的应急之举,付出的代价是牺牲掉(脆弱)国家自身能力和制度体系增强带来的长期可持续成效。意识到援助脆弱国家既有方式的弊端,2007 年经合组织发展援助委员会通过的《与脆弱国家有效接触的国际准则》提出了"以国家建构为核心目标";2011 年 11 月西方七国集团在釜山召开的提升援助有效性的高级论坛上达成了"接触脆弱国家的新政",再次强调"以国家建构为核心目标"。这说明,西方认识到脆弱国家自身的国家建构也是解决脆弱性问题的一条重要路径。

在国家建构问题上,西方学界的争论更多。对国家建构的理解,大致可以分为三种观点:第一种,自 1990 年代以来,国际社会理解的国家建构指的是由国内和(或)国际行动者采取的建立、改革和强化那些受到严重侵蚀或正在消失的国家制度的一系列行为。③ 这是西方国家的主流观点,它突出了国际行动者独立行动的地位,把西方发达国家帮助脆弱国家组建或重建的各种行为都看做国家建构行为。福山也持这种观点,他强调"国家建构就是重新组建一系列国家治理机构,以此为基础增强现有的国家制度"④。他特别突出了如何把西方发达国家的自由民主制度推广到脆弱国家的制度建设中去。第二种是中立的角度,既然国家

① Brinkerhoff D W. Governance in Post-Conflict Society: Rebuilding Fragile States[M]. London: Routledge Press, 2007: 6.

② Seth Kaplan. Fixing Fragile States: A New Paradigm for Development[M]. Santa Barbara: Prager Press, 2008: 21.

③ Caplan R. International Governance of War-Torn Territories: Rule and Reconstruction[M]. Oxford: Oxford University Press, 2005: 250.

④ Francis Fukuyama. State-Building: Governance and World Order in the 21st Century[M]. Ithaca: Cornell University Press, 2004: ii.

脆弱是指其国家没有能力为本国民众提供安全保护和基本公共服务，那么，提升国家能力就是摆脱脆弱性的合理选择，就此而言，国家建构就是"国家增强能力、发挥职能的过程"①。具体来说，"国家建构是增强国家与社会关系、增强二者联结的有效方法"②。第三种是侧重脆弱国家自身的视角，"脆弱国家集团"认为，国家建构就是"一个由国家-社会关系驱动的发展国家能力、制度和合法性的内生过程"③。也就是说，国家建构主要是一个国家内部的事情，国家建构的努力必须首先源自这个国家自身。所以，研究国家建构的不少学者发现，国际社会(发达国家)在脆弱国家的重构过程中不是一个主要角色。外来行为者在哪个脆弱国家的国家建构中扮演领导角色，他们就摧毁了哪个国家独立学习治理国家的能力，破坏了地方所有权的类型，常常滋生怨恨，催生破坏者。

当代西方流行的政治话语中，制度是国家建构的核心。无论是福山主张的自由民主制度，还是诺思(Douglass North)界定的开放式权利秩序以及阿克莫格鲁(Daron Acemoglu)提倡的包容性制度等，均以西方发达国家的现行制度为典型样板，即使外来行动者不强行介入脆弱国家的国家建构实践，其对脆弱国家未来合理制度的预设仍是基于西方政治制度的唯一合法性。也就是说，只有符合西方政治标准，国家才会被看做"牢固的"或"成功的"。对此，诸多学者进行了批驳。比如，伯格等人认为，要摆脱忽视国家建构历史背景的局限，要在艰难的环境中实现国家效能，我们需要新的开创性路径。"国家应该超越自由资本主义的发展观，超越作为21世纪国家建构主流观念核心的民族国家体系，拥抱社会团结的理念。"④更有学者进一步批评那些主流研究的观点："他们共享一个深嵌于西方发达经济体的误导性看法，即韦伯式国家的制度类型和实践可以立即移植到任何一个贫穷的冲突不断的国家。"⑤

---

①　Alan W. States in Development：Understanding State-Building[M]. DFID Working Paper, 2008：4.

②　DFID. Building the State and Securing the Peace[R]. London：DFID, 2009.

③　OECD/FSG. State-Building Institution of Fragility：Initial Findings[R]. Paris：OECD, 2008.

④　Berger M T, Weber H. Beyond State-Building：Global Governance and the Crisis of the Nation-State System in the 21st Century[J]. Third World Quarterly, 2007, 27(1).

⑤　Oliver Nay. Fragile and Failed States：Critical Perspectives on Conceptual Hybrids [J]. International Political Science Review, 2013, 34(3).

当然，几乎所有学者都承认，解决脆弱国家问题的手段应该是综合性的，绝非单一的。在西方脆弱国家主题文献中，国家建构、发展援助与外部干预多有重合，这里将其单列分开论述，只是根据各自重点主张的差异，为表述方便进行的简单归类而已。

三、脆弱国家政治话语纷争的原因

西方脆弱国家政治话语在其全球化扩散传播过程中出现诸多纷争，一个主要原因就是西方发达国家之间利益的差异与博弈，特别是美国与欧盟之间国家利益的明争暗斗。进入 21 世纪之后，西方发达国家对脆弱国家的援助政治化倾向越来越明显。美国政府把对外援助作为自己安全利益的附加工具，其人道主义援助一直不成比例地倾向于在联合国投票时支持美国的那些国家，这让其他西方国家非常不满，它们批评美国政府不太关心与其他捐助者在脆弱国家问题上的合作与协调。法国和英国都把援助款项配置到各自的前殖民地国家，以图对它们发挥特殊影响。正是基于各自国家利益的牵引，西方发达国家公开发表的对脆弱国家的援助声明与减轻众多国家脆弱性的实际效果之间出现了巨大的反差，由此引起了不同国家学者或学术团体对援助政策利弊得失的激烈争辩。

除了国家利益这一政治原因之外，脆弱国家政治话语系统自身的长处与短板，也是导致学界对此进行激烈争辩的一个重要原因，这是就一种话语对知识阶层的吸引力大小而言的。根据行动者网络理论(ANT)，学术界已经认识到，争论在政治话语传播中起着重要作用。[1] 有学者指出，脆弱国家政治话语在生产过程中大致经历了知识标准化、碎片化和趋同化三个阶段。[2] 其中，知识标准化阶段主要是指概念的统一化过程。冷战结束后，不少发展中国家出现了一些严重问题，比如一些国家失去了对本国领土的有效控制；内战或武力冲突持续不断；百姓居无定所，出现了大规模难民潮等不稳定现象。在"回归国家"的学术背景下，

---

[1]　Christian Bueger. Actor-Networking the Failed States: An Enquiry into the Life of Concepts[J]. Journal of International Relations and Development，2014，17(11).

[2]　Oliver Nay. International Organization and the Production of Hegemonic Knowledge[J]. Third World Quarterly，2014，35(2).

西方政治学界制造出"崩溃国家""陷入冲突的国家""失败国家""失败中国家""危机国家""不稳定国家"等学术概念,尽管这些概念带有明显的揭短色彩,但否定程度逐步下降,比较明显的是出现了从"失败国家"到"脆弱国家"的概念演变,① "反感较少的'脆弱国家'一词获得了更多人的偏爱"②,这也可以被看做海外学界国家理论的丰富和发展。

所谓碎片化(分化)是指,一个概念一旦在传播时凸显,就会受到不同地区的地方化解读,从而形成跨越空间和时间的多样化利用和知识形态叠加,呈现出互相辩驳、激烈竞争的场景。脆弱国家概念的传播过程正是这样。尽管"脆弱国家"这一政治修辞要比"崩溃国家""失败国家"稍微中性一些,更令人易于接受,但这一政治话语体系的短板依然非常明显。有学者明确指出,脆弱国家研究存在诸多缺陷:第一,这是一个政治标签;第二,概念混杂,模糊不清;第三,西方中心主义;第四,分析简单化;第五,缺乏实际证据。③ 正是认识到脆弱国家话语存在的学术短板,有学者认为,很多弱小的发展中国家呈现出诸多混乱现象可能是一种常态,这只是与西方观念不同的某种混合政治秩序,不应将这些国家贬低为"脆弱国家"④。具体而言,大量争论的产生与参与讨论的学者们的不同专业领域有密切关联,先是个别从事国际关系具体政策实践的西方学者,然后扩大到智库和学院派学者,再就是一些历史学者和社会学者都参与进来,争论自然就扩大了。例如,在讨论以国家建构方式摆脱脆弱性的争论中,有学者从发展经济学角度讨论国家建构、经济发展与减贫之间的关系,有学者从国际关系角度讨论维护安全、和平建构与国家建构之间的关系,有学者从政治科学角度探讨国家概念、国家政体类型选择与国家建构之间的关系,等等。可见,争论是知识有效传播必然的状态和方式,西方学界在脆弱国家议题上出现大量纷争也恰恰是其赢得

① 刘天旭,刘晴晴.美国话语霸权的衰退:从"失败国家"到"脆弱国家"[J].江汉论坛,2017(2);李因才.从"失败国家"到"脆弱国家":概念发展与政策演变[J].教学与研究,2021(3).

② Adam Roberts. Fragile States: A Concept with a History, in Rethinking State Fragility [M]. London: The British Academy, 2015: 27.

③ Oliver Nay. Fragile and Failed States: Critical Perspectives on Conceptual Hybrids [J]. International Political Science Review, 2013, 34(3).

④ Volker Boege. Anne Brown and Kevin Clements, Hybrid Political Orders, Not Fragile States[J]. Peace Review, 2009, 21(1).

国际政治话语主导地位的一个不容忽视的原因。

四、启示

当代西方学界的脆弱国家政治话语纷争，带给我们以下启示：

(一)话语权的提升离不开理论创新

世界是在不断发展变化的，一个社会的现实问题也是多种多样的，新问题总是在不断出现。社会科学要对新问题进行及时总结并进行理论提升，创造具有涵盖性的新概念就显得非常有价值。就国家理论而言，"民族国家""民主国家""税收国家""政党国家""现代国家""发达国家"等众多国家概念，从多个不同角度丰富了国家概念的内涵，深化了不同时期人们对国家的认识。随着西方学界对现代性的反思，学者们开始更多地关注全球化产生的风险、危机以及脆弱性问题，"在21世纪，西方学界流行的就是人性的脆弱性"①。正是基于对当代西方社会恐惧、脆弱心理的准确把握，特别是对当今国际关系现实问题的关注与学术思维方式的转变，西方学界在既有国家理论的基础上形成了脆弱国家这一新的话语体系，进一步拓展了国家理论的研究视角，也顺利将其扩散传播到国际关系学界和外交实践领域，从而取得了明显的话语优势。可见，面对现实问题，提炼形成新的核心概念，是提升国际话语权的学理基础。

(二)适度的学术争鸣能有效促进话语传播

西方学界关于脆弱国家政治话语的激烈纷争，从表面上看有可能降低政府外交政策的严肃性，是不和谐且应该尽量避免的负面现象。不过，从现实结果来看，人们会发现，脆弱国家话语争论越多，就越容易被观点相互冲突、利益差别明显和政策选择分歧的不同行动者和组织机构借用和发挥，这反而非常有利于话语的全球传播。正如徐勇教授所言：概念是学术思想的精粹，也是学者和学术共同体的身份性标识。一个新概念创造出来后，势必与过往的概念形成互动竞争，

---

① Frank Furedi. Politics of Fear[M]. London：Continuum International Publishing Group，2005：77.

也只有在互动竞争中，新概念才能得到进一步完善。① 这说明，学术争论是推动理论创新的核心动力，更是加快思想传播的有效方式。四平八稳、缺乏争论，其影响力往往会大幅度缩减。这带给我们以下启示：在当下西方政治话语占据国际交往论坛主导地位的现实环境中，中国要想有效提升自己的国际话语权，采用更具弹性的竞争性话语方式与西方主流价值展开理性争辩，为我们自己的主张赢得表达的国际空间和机遇，可能是一个更佳的选择。

（三）学术话语担当开路先锋有利于降低传播阻力

脆弱国家话语是美英等国针对广大发展中国家所施行外交政策的理论基础，它实质是一种霸权主义。② 脆弱国家研究多受到美国、英国政府财政支持，但英美政府相关机构仅有少量的政策报告，大部分课题交给智库或大学学者，研究成果以学术论著形式公开发表。当一个基础概念直面现实问题时，围绕该概念形成的话语就更容易被受众接受，也就更容易向外传播，因为其背后隐含的政治价值和话语权被巧妙转换，降低了政治敏感度。所以，学术话语与政策话语保持适当距离，学术话语担当对外价值传播的开路先锋，有利于吸引更多的社会精英参与设定议题的讨论，实现政治话语的有效传播。百年来，在中国共产党的正确领导下，中国已经远离了"挨打"状态，40多年的改革开放又使我们成功摆脱了"挨饿"困境，中国已全面建成小康社会，并有效融入国际经贸体系。不过，在国际话语权上，我们仍处于"挨骂"状态，其主要原因，可能与我们的学术话语太弱有关。当前，美国全面加大对中国的围堵与脱钩，要有效应对美国的强势霸凌话语，"我们需要加快更新理念和思维，构建更广阔的国际视野、更有效的行为方式和话语系统"③。要摆脱被动的条件反射式的话语应答方式，"重点应确保中国的立场和主张能够传播出去为世人所理解"④。在这方面，中国还任重道远。

---

① 徐勇. 田野政治学的核心概念建构：路径、特性与贡献[J]. 中国社会科学评价，2021(1).

② Oliver Nay. International Organization and the Production of Hegemonic Knowledge[J]. Third World Quarterly，2014，35(2).

③ 傅莹. G20峰会前看中美合作与分歧[N]. 参考消息，2016-08-31.

④ Tom Fowdy. The Battle for Discourse Between USand China[N]. China Daily，2020-03-06.

第二节　中国治理场景中的合法性话语：反思与重构

政治合法性是政治学研究领域的一个焦点性议题，长期以来吸引了中外学界的共同关注。然而，理论界的研究结论常常与中国的政治实践相抵触。造成这一局面的直接原因是，中西方的历史发展、民众的国家观念以及"国家-社会/个人"关系都存在着根本性差异，使用西方合法性话语阐述和分析中国政治合法性问题，必然会导致理论与实际的断裂。为了显示中国政治合法性的本真面目，避免陷入西方的话语霸权，应对当下的理论研究进行梳理和反思，并在中国治理场景中重构本土合法性话语。具体建议为：摆脱"西方价值中心主义"倾向，立足本土政治实践，挖掘传统文化资源；健全理论视野，填补国家合法性论证话语的不足；完善经验性研究，为合法性话语的构建积累基础。

一、导言

合法性(legitimacy)是政治学研究领域的核心议题和重要分析概念，涵盖两个层面的内容：一方面指政治精英对民众的说服性支配，论证"统治者为什么可以统治"；另一方面指民众对统治权力的价值认同，表明"民众为什么愿意被统治"。一直以来，国内外的学者和政治精英对中国合法性问题的讨论都十分活跃，但理论和现实之间却存在着断裂。当西方理论界充斥着"中国即将面临合法性危机"的预言和猜测时，中国共产党领导的政府在政治实践中获得了普遍的支持和深厚的信任。避免落入西方"话语陷阱"，改变当下中国合法性理论研究在西方话语霸权面前所处的"失语"状态，需要我们梳理和反思既有的中国合法性理论研究，重构中国治理场景下富有阐释力和吸引力的合法性话语。

合法性理论的研究有两种进路：一种是自上而下的合法性论证路径，如普遍性政治价值的推演和论证、官方话语框架的说服与宣传；一种是自下而上的合法性描述路径，通过对民众的政治信任和政治支持进行测量，从个体的政治态度和心理反馈中解释合法性状态及其来源。本节从这两方面出发，对中西方合法性理论研究的发展进行梳理反思，旨在说明中西方国家观念的差异所在以及在中国治理场景下构建本土合法性话语的必要性，并提出几点总体性建议。

二、自上而下的合法性论证话语

早在古希腊时期学界就产生了对国家的起源、性质、目的和任务的讨论，但哲学家们主要是追求"善""正义""美德"等终极价值规范。对"政府是否有必要存在""国家为什么有统治权力"等合法性问题的探讨以及民主实践过程出现在宗教改革之后。18 世纪，启蒙运动与工业革命的发生在西方世界掀起了工业化、城市化和思想解放的浪潮。资本主义的发展和资产阶级的崛起促进了社会主体多元化。这一时期，社会与国家发生了分离，"国家-社会"关系发展为一种非此即彼的二元对立关系，国家原本天然性存在的统治权力受到重估。在这样的历史背景下，自由主义思潮的兴起影响了西方国家理论，重新论证了现代国家的起源和功能，构成西方主流国家理论的核心主张，并成为西方规范主义合法性理论的基础。

西方的自由主义国家学说呈现出两大特点，一是理性，二是有限性。自进入近代社会以来，科学人文主义思想的产生和发展对宗教神权提出挑战，危及了宗教神权的基本假设和信仰，使得传统的社会秩序丧失合理性。在宗教体制土崩瓦解、神权衰落、传统秩序崩溃的背景下，人们已经难以形成对权威习惯性、先验性的认同，新政治秩序的制定以及理论话语必须建立在有逻辑的、理性的、富有创造力的论证上。16 世纪到 18 世纪，西方的政治思想家使用理性论证的方法，利用不同的思想资源，试图创造新的、适应当时社会思潮的合法性论证话语。社会契约论作为一种国家理论构想，成为当时被大众广泛认可的主流学说。社会契约论代表人物霍布斯、洛克、卢梭等人以"自然状态"的预设，按照"社会契约"的理解构建了国家与社会的关系。"既然任何人对于自己的同类都没有任何天然的权威，既然强力并不能产生任何权利，于是便只剩下约定才可以成为人间一切合法权威的基础。"[①]人们为了更好地保障自己的权利，克服自然状态下没有法律、缺少裁判者等缺陷，相互达成协议，自愿转让自己的部分自然权利，订立契

---

① 卢梭. 社会契约论[M]. 何兆武，译. 北京：商务印书馆，1980：14.

约,从而产生国家。显然,社会契约论作为一种国家学说,仅仅是国家秩序建立后的一种论证方式,而绝非国家秩序建立的依据和原则。但是它作为一种被广泛接受的理论资源,使得西方社会的国家观念发生了深刻的转变。因此,理性成为西方国家构建话语的原则,是国家存在和发展正当化的必备条件,形成西方合法性话语的重要特点。

西方国家学说的另一特点体现在国家权力的"有限性"上。在新兴资产阶级力量壮大的时代,社会需要一种用来限制国家权力的正当化理论,以此来避免君主和议会的绝对权力。洛克补充了社会契约理论中限制国家权力的内容。他强调,国家统治者也是契约的一方,当统治者违反契约,人民的基本权利受到威胁时,人民有权推翻并重新建立政府。① 在自由主义国家理论的合法性论证逻辑中,民众将国家视为必要的恶,因此需要时刻质疑和限制政府的统治权力,并要求经过审慎及规范的辩论协商程序使得政府能够真正地代表"公意"。这种"有限性"在政治实践中的具体表现为:(1)在"国家-个人"关系的处理上,民众更多地是持有个人主义而非集体主义的态度,强调国家对公民提供必要服务,而非公民对国家的奉献与牺牲。(2)在"国家-社会"关系的处理上,追求国家和社会的分化,主张发展"市民社会",限制国家统治权力。(3)在国家治理程序上,重视规范、理性及制度化的治理手段,强调依法治国。对国家权威的消解和限制成为这一时期资本主义发展的理论诉求,社会契约理论的形成以及合法性论证的方式契合了当时西方的时代背景和社会需求。尽管国家的建立是人类行动的结果,而非理论设计的产物,但社会契约论作为一种国家学说已经深度融入西方政治法律的实践,并在西方民众心中成为主流国家观念。

由于历史发展演进路径不同,中国的国家治理逻辑和民众的国家观念呈现出与西方不同的面向。在中国帝制时期,国家的形成及朝代的更替与普通人关系不紧密,是民众无法参与、难以掌控的事件。受"大一统"传统政治文化的影响,在普通人的国家观念里,"服从国家和统治者的管理"是自然形成的,这一自发的思维和行动在实际政治生活中没有论证需求,在理论上也不存在讨论的必要。

---

① 洛克.政府论[M].叶启芳,瞿菊农,译.北京:商务印书馆,1964:77-78.

因此，国家政权具有先验的合法性。在中国帝制时代的历史发展中，由于社会力量始终较为孱弱，国家政权先入为主的合法性也没有受到挑战。皇权的合法性基础在理论上依托"天命""神权"，在实际生活中依托"民生"，体现为"德治天下"。力图为自身"统治权力"进行论证的不是国家政权，而是历朝历代的皇帝及其家族集团，否则统治当局就会遭到"王侯将相宁有种乎"的质疑和反抗。对于普通人而言，"君权神授"及皇权的世代传承是天经地义的，皇权成为一种自然秩序。

辛亥革命后，虽然儒家思想仍然深入人心，但君权神授的传统合法性受到质疑，"帝制"已经不合时宜。中国的国家构建向现代化转型，精英分子试图借鉴西方国家政权组织形式建设理性国家，但这一解决危机的尝试受到严重挫折。在帝制复辟、共和危机、军阀割据等混乱问题出现的危急关头，保证领土完整、主权独立的考虑超过了对内民主建设的考虑。结合现实需求，建立总体性的、有动员力的、意识形态化的国家取代了建立民主化理性国家的尝试。① 中国共产党将激进的、吸引民众的马克思主义理论作为意识形态资源，通过革命运动和军事斗争迅速夺取政权，并在新中国成立后通过人民代表大会、党内外选举等一系列制度安排建立法理权威，以民主宪政的制度化方式论证其合法性。

改革开放后，党和国家的宣传系统尽量避免各种政治意识形态的争论，而将官方话语框架转向强调经济发展。这一时期，加强国家经济建设、提高民众物质生活水平成为工作重心，经济发展绩效成为政府合法性论证的主要话语资源。同时，为了构建稳定的政治环境以全心全意进行经济建设，新的合法性话语资源没有被开发出来，"国家-社会/个人"关系初步分化，但分界仍不够清晰，且未能定型并稳定下来。

近年来，新的领导人不再具备与革命历史直接相关的个体特质，马克思主义理论作为国家官方意识形态，与民众的日常生活联系也不够紧密。在这样的背景下，官方话语逐渐转向现代化话语资源，重视政治说服的作用。② 以中国共产党

---

① 项飙. 普通人的"国家"理论[J]. 开放时代，2010(10).

② 玛利亚·邦德，桑德拉·希普. 意识形态变迁与中共的合法性：以官方话语框架为视角[M]. 周思成，张广，译. 国外理论动态，2013(8).

在第十九次全国代表大会上所作的《决胜全面建成小康社会夺取新时代中国特色社会主义伟大胜利》报告为例，从构建合法性的视角来看，其策略主要在于以下几个方面：第一，描绘宏观图景。这种宏观图景的描述在历史发展的各个阶段有不同的内容，兼顾历史文化因素和正在发生的社会、政治变化。新中国成立初期，领导精英的目标口号是"解放中国""带领无产阶级成为国家的主人"，并且"实现共产主义"；改革开放时期，政治领域的意识形态争论被搁置，这一目标调整为"以经济建设为中心""实现共同富裕"；在新时代，这种图景被提炼为"伟大梦想""初心和使命"，内容是"为中国人民谋幸福，为中华民族谋复兴"。国家宏观图景建立在既有的文化叙事之上，将全体人民的集体历史记忆和美好的未来目标联系起来，成为全国上下共同的信念。通过集体记忆、集体目标、集体愿望，使得民众感受到国家是一个总体性的整体，政治精英和普通民众也是一体而非对立的，以此构建民众对总体性国家的高度认同感。第二，强调人民的首要地位。凸显中国共产党为人民服务、为人民谋福利的初心，让民众相信政治精英具备将人民利益放在首要地位的信念和道德，这一策略在帝制时期表现为"民本主义"；在社会主义革命时期则成为"一切为了群众，一切依靠群众"和"从群众中来，到群众中去"的"群众路线"，并作为重要历史经验延续下来，至今仍然被官方话语重点强调。如习近平总书记在十八届中央纪委第六次全体会议上指出，"民心是最大的政治"①；十九大报告也指出，"人民是历史的创造者，是决定党和国家前途命运的根本力量"②。第三，突出领导精英的领导能力和素质。强调政治精英在复杂的国际局势和困难的现实环境中带领中华民族取得来之不易的巨大成就，并指出这些发展得以实现"是党中央坚强领导的结果"③。此外，国家发展中的问题和不足也被承认，并成为党和政府面临的新挑战、新要求，显现出政

---

① 习近平在中纪委第六次全体会议上的讲话［EB/OL］.（2016-05-03）. http://www.xinhuanet.com//politics/2016-05/03/c_128951516.htm.

② 习近平：决胜全面建成小康社会　夺取新时代中国特色社会主义伟大胜利——在中国共产党第十九次全国代表大会上的报告［EB/OL］.（2017-10-27）. http://www.xinhuanet.com/politics/19cpcnc/2017-10/27/c_1121867529.htm.

③ 习近平：决胜全面建成小康社会　夺取新时代中国特色社会主义伟大胜利——在中国共产党第十九次全国代表大会上的报告［EB/OL］.（2017-10-27）. http://www.xinhuanet.com/politics/19cpcnc/2017-10/27/c_1121867529.htm.

治精英改正失误、弥补缺陷的意愿与信心，彰显其自我批评的意识和优越的领导能力。第四，强调中国道路的正确性和中国制度的优越性。十九大报告指出，"中国特色社会主义道路、理论、制度、文化不断发展……为解决人类问题贡献了中国智慧和中国方案"，并强调，"中国特色社会主义政治发展道路，是近代以来中国人民长期奋斗历史逻辑、理论逻辑、实践逻辑的必然结果……不能生搬硬套外国政治制度模式"①。资本主义道路和社会主义道路作为两种对立的意识形态长期存在争论，政治精英通过既有成就论证中国道路、中国制度的独特性和优越性，并提出全国上下要有"道路自信、理论自信、制度自信、文化自信"，以构建国家体制层面的合法性。第五，将公共问题行政化、技术化。十九大报告对国家各领域的发展事无巨细地做出全面部署，将经济、社会、政治等重大问题都转化为行政技术问题，而非政治问题。这一策略将危及政权的不安定因素吸纳进行政过程中，以缓和在发展过程中产生的矛盾，保持民众对总体性国家的政治支持和信任。当下，中国的官方话语框架不仅将意识形态作为理论背景，串联起支撑合法性的主要概念和基础观念，更是将意识形态运用于日常治理活动中，以实在而微观的行政内容充实抽象宏大的理论构建。

在近现代的国家建设过程中，中国延续了总体性的国家主义治理逻辑，官方话语持续构建和开发情感合法性资源，②用"中华民族的伟大复兴"这种宏伟目标和愿景将国家与个人置于同一立场上、同一战线中，强调由领导精英带领和服务人民，人民服从国家和集体。官方话语力图采用说服方式，借用国家治理的理论范式，让民众产生"政治精英以人民至上观念为核心"的信念，并信任政治精英具备领导国家实现共同目标的能力。从现实层面来看，这种合法性构建策略也取得了显著效果，中国民众的政治支持水平一直保持在很高的水平。说服式的合法性构建策略能够取得成功，一方面在于中国传统的总体性、情感化国家观念以及以国家为中心的治理逻辑得以延续至今，另一方面在于合法性论证的官方话语框

---

① 习近平：决胜全面建成小康社会　夺取新时代中国特色社会主义伟大胜利——在中国共产党第十九次全国代表大会上的报告[EB/OL].（2017-10-27）. http://www.xinhuanet.com/politics/19cpcnc/2017-10/27/c_1121867529.htm.
② 王向民. 传统中国的情治与情感合法性[J]. 学海，2019(4).

架在中国现代化发展过程中持续根据民众反馈进行了调整和重构。

从国家自上而下的合法性论证来看，我国的合法性话语构建呈现出不同于西方的逻辑。西方规范主义合法性理论呈现出理性化、有限性的特征，强调国家需要用一套正式的规范准则来体现民众的自愿同意，这一内涵产生的重要历史背景是西方"市民社会"的发展以及社会与政权力量的博弈。而区别于西方"国家—社会/个人"的二元对立，中国的发展始终是在国家主导的逻辑下进行的。不论是在帝制时代还是在现代中国，资本主义在现实和理论中都不存在发展根基，没有孕育出一个与国家力量相制衡的组织。新中国成立初期影响深远的"阶级斗争"历史，也使得民众对社会资本的力量抱有天然的怀疑和抗拒心理，而对总体性国家则表现出完全的信任。在中国治理场景中，社会并非置于国家之外，与国家形成对立关系，而是成为国家的一个建设项目和治理对象(在"五位一体"布局中，社会建设与经济、政治、文化、生态建设并列)。单一治理中心的发展模式和治理逻辑可能并不符合学界部分理论的预想，但却十分合乎民意，社会组织和民众甚至欢迎和期待着国家的扶持与参与。近年来，国家权力下沉，逐渐吸纳社会力量，全面渗入社会生活，这一行为并没有引起民众的反抗与不满，反而进一步加强了以国家为主导的治理逻辑。简而言之，"国家政权是否有存在的必要"这个在西方的历史发展中被提出并经历了西方思想界充分论证的问题，在中国却并未被提出和讨论过。帝制中国和现代中国的治理权力正当性不是在理论论证中得到的，也不是靠实践中的日常积累形成的，而是天然的、先入为主的。而对当局的合法性构建，中国依据普通民众的总体性国家观念，更强调道德化和实用主义；西方国家依据公民的有限性国家观念，则更重视制度化、规范化和理性化的合法性构建。

不同的合法性话语折射出国家权力运行的不同历史渊源和内在逻辑。西方和中国的合法性话语构建模式都只是国家证明其发生及存在合理性的方式之一，是与其特定的历史、文化和社会发展背景相联系的，是社会需要的产物，并不存在优劣高下之分。但在对中国合法性构建进行评价时，国内学者常常忽视中国规范主义层面官方话语框架的说服策略，将其视为不规范的、非系统的宣传，而使用西方理性化、有限性的国家观念和标准来审视中国合法性构建中的程序性问题。

这种审视和批判在过去带有启蒙色彩，被认为是"科学的""进步的"以及"现代化的"。但问题在于，对一个国家的合法性研究应当基于其历史发展和现实治理逻辑，而不能基于学者的知识背景和理论偏好。作为审视者，研究者需要从中国的政治实践出发，依据其历史发展路径、国家治理逻辑和合法性构建策略，提炼概括出本土的合法性论证话语，展现其本真面目，而非使用西方的合法性理论评价中国的实际情况，得出中国面临着合法性危机的结论，并期待国家做出契合西方合法性理论范式的改变。

综上所述，在中国治理场景下反思和重构合法性话语，需要摆脱西方合法性理论范式的牵引。学界应立足本土，提取符合中国发展实情的合法性理论，完善官方构建合法性话语框架的研究。

三、自下而上的合法性描述话语

在社会科学发展的大背景下，政治学的话语从伦理的、哲学的向"科学的"转化；主张消除传统规范主义层面对道德伦理、程序规范和价值理性的探讨，陈述政治生活中的事实。合法性研究话语的内容也发生了转向，由从理论上论证"国家为什么有统治权力"变为从事实上判断"民众为什么愿意服从国家统治"。马克斯·韦伯作为经验主义合法性理论的奠基人，关心政治实践中的"实然"问题，构建了价值中立的合法性理论。韦伯指出："对于统治来说，这种说明其合法性理由的方式，不是一种理论或哲学推论的事情……其原因就在于任何权力甚至任何一般生存的机会都十分普遍地存在着进行自我辩护的需要。"①因此，判定一种政治统治是否具有合法性，并不需要从伦理或政治哲学的角度遵循某种价值标准，而只要被统治者相信这种政治统治是合法的，并认同和支持它，那么它就具有合法性。这就是说，"可以从被统治者的自由的信任中，引申出统治的合法性来"②。在此基础上，韦伯从实际的政治实践出发，将合法性类型分为三种：传统型，"建立在一般的相信历来使用的传统的神圣性和由传统授命实施权威的统治者的合法性之上"；法理型，"建立在相信统治者的章程所规定的制度和指

① 马克斯·韦伯. 经济与社会(下卷)[M]. 林荣远，译. 北京：商务印书馆，1997：276-277.
② 马克斯·韦伯. 经济与社会(上卷)[M]. 林荣远，译. 北京：商务印书馆，1997：298.

令权利的合法性之上";卡理斯玛型,"建立在非凡地献身于一个人以及由他所默示和创立的制度的神圣性,或者英雄气概……之上"①。韦伯所倡导的经验主义研究路径拓宽了合法性研究视野,得到了行为主义政治学派的肯定,逐渐成为现代政治分析的主流范式。其他主张经验和实证研究的政治学者如帕森斯、李普塞特、伊斯顿、阿尔蒙德、亨廷顿、杰克曼等沿袭了这一研究思路,丰富了经验主义合法性的相关理论,并追加补充了其他合法性来源。例如,伊斯顿指出,"通常的合法性概念意味着相信在合法原则界限内当局的统治权力和成员的服从权利"②,其来源有三种——意识形态、结构和个人品质,其中最为重要的是在成员中加强意识形态信念。阿尔蒙德认为,长期积淀形成的传统文化等因素影响着民众对政府的认知,进而影响民众对政府合法性的评判。③ 20世纪以来,随着调查统计技术的发展与成熟,公民调查逐渐成为经验主义合法性理论的重要支撑。行为主义政治科学重视对普通民众的政治意见、态度和主观愿望的实证测量,以科学的技术手段探求民众愿意服从国家统治的原因。

关于中国合法性来源的探究,部分学者沿用了经验主义合法性的研究范式,并根据中国的实际情况进行了一定的调整和补充。赵鼎新指出,古代对"天命"的重视在现代中国被延续下来,使得"绩效"在政治合法性中始终占据着重要地位。他在韦伯的"合法性三种类型"划分基础上,将合法性划分为绩效合法性、程序合法性及意识形态合法性。④ 林尚立认为,中国共产党在实践过程中通过提升制度有效性而巩固了合法性,并打开了"事实合法性"这一维度。⑤ 同样,朱云汉也指出,中国政府能获得民众的高度政治支持,其重要原因是中国民众对政治体系合法性的评判标准依据实质的面向,而非程序的面向;中国政府长期且持续地达到了"为民"政府("for the people"government)的目标,因此能获得中国公众

---

① 马克斯·韦伯. 经济与社会(上卷)[M]. 林荣远,译. 北京:商务印书馆,1997:241.
② 戴维·伊斯顿. 政治生活的系统分析[M]. 王浦劬,译. 北京:华夏出版社,1998:347.
③ 加布里埃尔·A. 阿尔蒙德,西德尼·维巴. 公民文化——五个国家的政治态度和民主制[M]. 徐湘林,译. 上海:东方出版社,2008:439.
④ 赵鼎新. 合法性的政治:当代中国的国家与社会关系[M]. 台北:台湾大学出版中心,2017:24.
⑤ 林尚立. 当代中国政治:基础与发展[M]. 北京:中国大百科全书出版社,2017:238.

的高度政治支持。① 近年来，学界关于政治心理的实证研究也完善了经验主义合
法性理论，通过对中国民众政治态度的特征和对政治支持、信任来源进行科学的
测量与研究，为合法性研究奠定了基础。描述性研究证实了"中国民众的政治支
持度高"②"政治认同感强"③"对政府的信任程度高"④这些结论，从"民心"这个
角度来看，当代中国政府不会面临统治的合法性危机。实证研究中对合法性来源
的解释则形成了"制度主义"和"文化主义"两大路径。制度主义以理性选择理论
为依据，从经济学的"理性人假设"出发，指出民众的政治认知、态度、选择等
是建立在衡量与计算自身利益得失之上的。肖唐镖、王欣通过 10 年间对 60 个村
的四波跟踪调查发现，政府绩效始终是影响农民政治信任的主要因素。⑤ 李艳霞
研究发现，公众对政治体系治理绩效的感知和儒家文化传统会影响公众的政治信
任，但是，公众对政府治理绩效的评价对于政治信任的影响力度更大，是公众政
治信任的主要来源。⑥ 卢春龙、张华通过"农村公共文化服务现状调查"发现，威
权价值观和意识形态动员对于基层政府政治信任的支撑难以为继，经济绩效对于
提升政治信任的积极作用有所削弱，而政治绩效特别是公共服务绩效成为影响基
层政府政治信任最为重要的因素。⑦ 文化主义路径则认为文化传承、社会化经
历、传统价值观和社会资本等文化因素是影响民众政治态度的关键变量，不仅是
合法性的主要来源，更是对保持政体的韧性发挥了至关重要的作用。马得勇指
出，理性选择理论解释路径忽略了社会文化因素对政治信任形成的影响，在一个

①　Zhu Y H. Sources of Regime Legitimacy and the Debate over the Chinese Model [J]. China Review, 2013, 13(1).

②　陈捷. 中国民众政治支持的测量与分析[M]. 广州：中山大学出版社，2011：21-54.

③　Tang W F. Populist Authoritarianism：Chinese Political Culture and Regime Sustainability [M]. New York：Oxford University Press, 2016：136-151.

④　郑建君. 政治沟通在政治认同与国家稳定关系中的作用——基于 6159 名中国被试的中介效应分析[J]. 政治学研究, 2015(1).

⑤　肖唐镖，王欣. "民心"何以得或失——影响农民政治信任的因素分析：五省(市)60 村调查(1999—2008)[J]. 中国农村观察, 2011(6).

⑥　李艳霞. 何种信任与为何信任？——当代中国公众政治信任现状与来源的实证分析[J]. 公共管理学报, 2014(2).

⑦　卢春龙，张华. 公共文化服务与农村居民对基层政府的政治信任——来自"农村公共文化服务现状调查"的发现[J]. 政法论坛, 2014(4).

具有专制或威权主义统治历史的国家，人们对政府的信任不仅基于政府的表现，也基于人们对权威的崇拜和依赖；一个人的权威主义价值观念越强，其对政府的信任度会越高。① 池上新也认为，权威主义的政治价值观对居民的政府信任水平有促进作用，但是这种影响会随着市场化进程的推进愈发弱化，而民主主义的政治价值观对居民的政府信任水平不具有统计意义上的显著影响。② 郑振清等人的研究发现，传统的权威价值是影响民众政治支持的重要因素，民众对分配公平问题的主观感受也显著影响着政治支持；而经济绩效对民众政治支持的促进作用已经减弱，并让位于政治制度绩效。③ 总的来说，制度主义路径从理性选择的视角关注政府绩效对民众政治态度的影响，文化主义路径则更强调传统价值观、社会资本等文化因素对民众政治态度的影响，这两种研究路径在解释中国政治合法性来源上都有一定的说服力，彼此也并不排斥，存在着互补性关系。

与民众政治心理相关的实证研究用更加科学、规范的方式挖掘中国政治合法性的关键来源及其特征，为合法性话语构建提供了经验依据。但目前的学术研究也存在随意化、模糊化和碎片化的局限：首先，现有研究对政治信任、认同和支持的概念界定与区分较为模糊，对三组概念内涵和外延的理解与运用较为粗浅，导致理论话语的含糊及概念含义的重复；而在实证研究过程中，概念化的草率处理也使得变量的操作化方式不一致，导致各种研究结论难以形成对话，甚至出现矛盾。因此，构建中国治理场景下的合法性话语的基础性工作是对国内政治态度相关实证研究的概念化与操作化进行检视和反思。其次，民众政治态度的理论构建工作未能适配中国政治社会固有的结构和文化特点，没有与中国政治实践的基础理论范式相融合。④ 最后，近年来政治心理领域的实证研究视角愈发微观，测量的关键变量也愈发精细(涵盖权威主义价值观、自由民主价值观、社会资本、

① 马得勇.政治信任及其起源——对亚洲8个国家和地区的比较研究[J].经济社会体制比较，2007(5).
② 池上新.市场化、政治价值观与中国居民的政府信任[J].社会，2015(2).
③ 郑振清，苏毓淞，张佑宗.公众政治支持的社会来源及其变化——基于2015年"中国城乡社会治理调查"的实证研究[J].政治学研究，2018(3).
④ 赵健池，王正绪.政治信任：概念史回溯与实证研究反思[J].复旦学报(社会科学版)，2021(1).

经济绩效、制度绩效、央地关系结构、城乡差别、社会不平等结构、政府回应等方面），这在一定程度上使得对民众政治态度难以做出整体、全面的把握和判断。此外，既有研究也没有详细阐述民众政治态度与政治合法性之间的关系，未将实证研究的结论与合法性话语有机衔接起来，难以提炼出中国合法性话语的中观和宏观理论。

四、重构中国治理场景中的合法性话语

在回顾了中国政治合法性论证与合法性描述两方面研究的发展历程，并比照西方的历史发展背景与研究语境后，我们可以发现国内的合法性话语与现实政治生活存在一定的断裂，既有的话语体系存在着宏观理论缺失、微观理论不完善、实证数据不充足、概念定义不准确等局限。存在这些问题的根本原因是，国内学界在构建本土合法性话语时，未考虑到中西方历史发展、现实背景、文化传统等方面存在的巨大差异，忽视了中西方国家观念、治理逻辑与"国家-社会/个人"关系的区别，在合法性的规范研究和实证研究中直接借鉴与套用西方合法性理论。因此，我们有必要将"合法性"置于中国治理场景之下，在审慎借鉴西方合法性话语理论后，重构符合本土历史发展背景和政治实践情况的合法性话语。主要建议为以下三点：

（一）摆脱"西方价值中心主义"倾向，立足本土政治实践，挖掘传统文化资源

西方规范主义合法性理论被介绍和引进到中国时，就带有浓厚的"西方价值中心主义"色彩。当人们提到合法性的"应然"状态时，都不由自主地将合法性的规范主义价值归为西式的"自由主义""民主程序"以及有限国家的"政权架构"，并进一步认为只有当中国的合法性建构符合西方价值规范时，中国才不会出现合法性危机。但是，中西方国家治理逻辑、民众国家观念、"国家-社会/个人"关系等存在本质性区别，用西方合法性话语分析中国问题，必然会陷入理论与现实断裂的尴尬境地。为了拒绝将西方政治价值理论作为衡量中国合法性的尺度，更好地挖掘中国本土的合法性话语资源，研究者应该在借鉴外来概念的同时，梳理和

总结中国独特的历史发展及精神特质，在此基础上创造和发展符合中国政治发展与文化语境的概念话语。就此而言，中国治理场景中的合法性话语构建，应该回到中国历史和传统政治文化中去寻找理论渊源；理顺中国合法性论证方式随着历史演进发生的变化与不变之处，挖掘中国政治文化传统的特质，将合法性话语与传统政治文化储备联系起来。

（二）拓宽理论视野，填补国家合法性论证话语的不足

现阶段，关于经验主义合法性来源的实证研究成果较为丰富，但官方自上而下的合法性论证理论未能得到充分讨论。在构建中国治理场景中的合法性话语时，如果只是立足于"是否得到民众支持"这一经验性原则而缺乏实质性的价值支撑，那么由此确立的合法性就仅仅具备心理学意义，容易被窄化为民众政治心理实证研究。合法性构建过程应该被描述为国家政权和民众之间的持久的反馈循环，这是合法性话语中包含着的动态过程。国家的合法性论证和民众的合法性输入是一个问题的两个方面，一方面，官方话语框架作为政治权力论证和辩护的手段，是民众合法性输入的重要来源和基础。民众对政权的认同、信任和支持，必然是基于国家提供的合法性论证之上的。另一方面，国家的合法性论证也要考虑到民众的政治态度，对官方话语框架进行补充和调整，以符合民众的期待。因此，国家合法性论证、官方话语框架以及"国家-社会/个人"关系等理论的研究都不应该被忽视，反而应当作为合法性话语构建的基石。

（三）加强经验性研究，为合法性话语的构建奠定基础

现阶段，政治学界兴起的民众政治心理研究（政治信任、支持、认同等），是合法性研究在经验层面的有益探索。这些实证研究成果是合法性理论构建的基础，为重构本土合法性话语提供了科学依据。但值得注意的是，目前政治心理领域的研究对其核心概念的内涵尚缺乏基本共识，也没有统一、细致的操作化方式和分析规范，缺乏一个学界普遍认可的测量框架，导致研究结论未能形成理论对话，难以形成系统性的理论积累。此外，此类实证研究的视野多为微观视野，测量的相关变量也逐渐精细化，未能挖掘出具有根本性解释力的发生

机制，难以与合法性理论衔接起来。因此，未来的实证研究应当着手厘清概念内涵，形成统一标准的操作化方式，建立综合系统的测量框架，以便更加科学全面地理解民众的政治态度，探究合法性来源，并在此基础上，提炼关于合法性的中观和宏观理论，促进政治心理实证研究为合法性话语的构建做出实质性贡献。

第三节　合法性构建的政治符号之维
——基于结构-功能主义的分析框架

著名的文化哲学家恩斯特·卡西尔（Ernst Cassirer）曾指出："符号系统的原理，由于其普遍性、有效性和全面适用性，成为了打开特殊的人类世界——人类文化世界——大门的开门秘诀。"①符号学在经历了 20 世纪的蓬勃发展后，正逐渐成为人文社科研究的一大方法论。它不仅为纷繁复杂的文化现象提供了一个通用的理论和方法论框架，也使得各种文化研究不再闭塞于学科特殊性的茧壳之中。尤其对政治文化研究而言，符号学能够有力地解释围绕着"理想政治模式"而展开的合法性叙事。但是，以往的交叉性研究似乎仍囿于范式限制而过多地将符号学置于工具或从属地位，本节试图在保留符号学门类特性和研究方法的基础之上建立起一个跨学科的政治符号学研究系统，以解释作为系统自变量的政治符号与作为系统因变量的合法性之间的关系。

一、符号世界：进入文化研究的基本路径

20 世纪文化研究的一个重要进展乃符号理论的日趋成熟，人的符号属性逐渐成为文化研究的共识。根据符号理论，人和动物的一个基本区别在于：动物只在物理的、生物的水平上与事物发生关系，只能对物理世界给予它的各种信号做出反应，而绝对不会主动赋予信号某种意义。然而，人却截然不同。人一方面是"行动的自我"，在现实世界中根据经验行事；另一方面是"反思的自我"，会对

---

① 恩斯特·卡西尔. 人论[M]. 甘阳，译. 上海：上海译文出版社，2003：45.

自己的行为做出反省、解释，并最终赋予其意义。如果人类不能赋予自己的行为以一定的意义，单纯地作为"行动的自我"而存在，那他就与凭借本能行动的动物没有区别。从这个意义上讲，劳动之所以是人区别于动物的标志，正是因为它充分将人类的创造性、主动性赋予了劳动对象和自然界，展现了人作为"意义动物"的特殊性和标志性。

而人类赋予行为和世界以意义的中介就是各种符号。由于存在"反思的自我"，人对事物的反应要比动物多一个环节，即经过反省、解释并赋予意义后再抉择和行动。卡西尔称之为符号化思维和符号化行为。与动物相比，符号化思维使人更加深入常识世界内部，并不断改变常识世界的意义。因此，卡西尔认为，符号化的思维和行为是人类社会特殊性的集中体现，亦是人类文化得以发展的主要条件。从这个意义上说，人是符号的动物，且是唯一能够创造和使用符号的动物。① 符号的动物建构起符号的世界，它所表达的意义世界、文化模式本身就构成了人类生活重要的乃至"客观"的组成部分，它们会在历史的长河中被社会记忆下来，被"客观化"和"凝聚化"，成为人类生活持久的、永恒的"作品"，甚至，由符号系统所建构的意义世界具有"外部感觉世界所永不具有的连续性和持久性"②。

而且，一个社会的符号系统一旦被创建出来，也会反过来能动地建构、确认、塑造和改变人类主体及其社会生活，使人们将符号世界等同于"真实"世界，甚至是"比外部世界更加真实"的世界。由此，人必须借助符号这个中介去把握、理解、展示外部世界；或者说，关于外部世界的"真实"、外部世界"是什么"的图像是通过符号系统加以呈现的，唯有通过它们的中介作用，实在的事物才得以转变为心灵知性的对象，其本性才能变得可以为我们所见。正如卡西尔所说："一切历史的事实，不管它看上去显得多么简单，都只有借着对各种符号的这种事先分析才能被规定和理解。……只有通过这些符号材料的媒介和中介，我们才能把握真实的历史材料——过去的事件和人物。"③

---

① 恩斯特·卡西尔. 人论[M]. 甘阳，译. 上海：上海译文出版社，2003：44-46.
② 张星久. "圣王"的想象与实践：古代中国的君权合法性研究[M]. 上海：上海人民出版社，2018：31.
③ 恩斯特·卡西尔. 人论[M]. 甘阳，译. 上海：上海译文出版社，2003：275.

二、政治符号：构建合法性的有效工具

当然，"人是符号的动物"这一判断离不开一个更为重要的前提，即"人是天生的政治动物"。政治人类学家阿布纳·科恩(Abner Cohen)提出，人基本上都是二维的人，即同时是符号的人和政治的人，这两种角色是经常互动和不可分开的。① 因而，在符号化过程中，当一个具体的感性材料如语言、仪式、图片等，不再限于其固有意义的藩篱，而被用来表达特定的政治需求时，符号便具有了政治属性。科恩指出，这种政治意义会通过某种隐喻和转喻机制发挥作用，最终使一般的符号转变为政治符号。因此，政治符号是指具有政治意义的符号，政治属性是政治符号的实质。

值得注意的是，符号化过程通常是利用符号与代表对象之间的部分相似性来唤起人们以彼代此、以显喻隐的类推和联想的。这一过程是美学的、想象的、文化的和非逻辑的，因而会具有某种模糊性、多义性、隐喻性甚至"巫术"性，从而也会成为"幻觉和谬误的根源"②。它往往是政治统治者营建观念壁垒的有效工具。我们知道，政治属性的实质是权力关系，因而政治意义的符号化过程往往会受到政治权力的影响。也就是说，权力主体会基于某种政治统治的需要，有意识地塑造或控制政治意义的生产过程，利用政治符号对世界进行遮蔽性建构，使人们以为根据某种统治剧本量身定做的"拟态世界"就是客观化、凝聚化的世界本身，就是"天理自然"，从而自觉自愿地接受统治者给定的一切。

由此，我们可以发现在统治合法性与政治符号之间存在着某种内在联系。它突出表现为政治权力主体往往借助各种具有政治意义的符号客观存在、自我发展、自我维护、自我表现、自我装饰。③ 因而，符号理论所揭示的符号世界对常识世界的能动"建构"作用，启发我们从动态的符号化过程去思考合法性问题。沿着这一思路，我们可以把表达合法性信念的各种话语、行为、仪式、象征、神

---

① 特德·卢埃林. 政治人类学导论[M]. 朱伦，译. 北京：中央民族大学出版社，2009：126.

② 张星久. "圣王"的想象与实践：古代中国的君权合法性研究[M]. 上海：上海人民出版社，2018：31.

③ 特德·卢埃林. 政治人类学导论[M]. 朱伦，译. 北京：中央民族大学出版社，2009：126.

话、建筑、制度、政策等视为一整套关于合法性的政治符号系统,引入政治符号与合法性相互作用、相互建构的互动视角,从符号这一文化现象来重新解释合法性问题,为合法性研究挖掘更为丰富的文化资源。

三、价值、法理与民意:政治符号的合法性输入

当然,从符号视角来解释合法性问题,并不意味着将符号学简单视作政治学研究的工具,而是要在保留符号学门类特性和研究方法的基础之上建立起一个跨学科的政治符号学研究系统,以解释作为系统自变量的政治符号与作为系统因变量的合法性之间的关系。此乃本节在理论建构上所做的一个主要尝试。既然可以将政治符号视为表达合法性的一整套系统,我们就能借助经典的结构-功能主义分析方法,将合法性视作具有政治输入要求的外部环境,将政治符号视为接收、处理并转换合法性要求的系统结构。根据结构-功能主义的基本观点,政治符号系统与合法性环境之间相互依存、相互作用,通过"输入""输出"和"反馈"环节实现政治意义的建构、控制、流转与接受。

由于系统论和结构-功能主义是一套社会中心取向的研究方法,因而外部环境乃是决定系统存续、建构的主要因素。所以,我们在分解政治符号系统的内部构成要素之前,必须先确定其合法性环境。如王海洲所说,外部环境犹如一种显影剂,政治符号便是底片,唯有将底片置于显影剂中才能查看到其清晰和完整的信息。①

需要指出的是,不论是作为外部环境的合法性,还是政治符号系统本身,均隶属于文化范畴,遵循理解主义的、人文主义的、建构主义的"释义"路径,这是我们讨论的前提。在此基础之上,合法性一般被定义为一种政治统治或政治权力能够让被统治的客体认为是正当的、合乎道义的,从而自愿服从或认可的能力与属性。② 可见,关于统治正当性的价值要求和判断是合法性概念的核心,它与

---

① 王海洲. 政治仪式:权力生产和再生产的政治文化分析[M]. 南京:江苏人民出版社,2015:97.

② 杰克·普拉诺. 政治学分析词典[M]. 胡杰,译. 北京:中国社会科学出版社,1986:10,82.

一定社会有关政治的基本价值规范系统(合法性信念系统)直接相关；或者说，正是一个社会持久稳定存在的基本价值规范构成了合法性的基础和根据。因此，从宏观层面来说，作为政治符号系统的合法性环境，价值信念是其核心的组成部分，价值性输入是合法性环境对政治符号系统的最高要求。

进一步说，反映了社会整体利益和人民共同愿望的基本价值规范会凝聚成具有普遍约束力的契约观念，固化在包含实体正义和程序正义的法的一般理念之中。正是法的理念将心理认同上的合法性，将高级法(higher law)同实体意义上的合法律性联结起来。从这个意义上说，合法性是合法律性的原型和基础，合法律性是合法性的体现和延伸。所以，对于任何一种政治权力而言，合法律性的获得就意味着登上了合法性殿堂中的王座。①　也就是说，符合基本的价值规范或信念系统是统治合法性的实质要件，而遵循特定的程序规范，尤其是接受法的约束与制衡则是统治合法性的形式要件。因此，从中观层面来说，法理是合法性环境的重要组成部分，法理性输入是合法性环境对政治符号系统的规范性要求。

加布里埃尔·阿尔蒙德(Gabriel Almond)在《比较政治学——体系、过程和政策》中将政治产品分为三类，即体系产品、过程产品和政策产品，以此对政治生产力做出客观有效的评价。体系产品关注规则性、社会结构和政治文化，对应于上文阐述的合法性环境的价值层面；过程产品的重要内容则是对法律的服从和司法程序公正，对应于上文论及的合法性环境的法理层面；而政策产品主要包括福利、安全和自由，对应于我们接下来要讨论的合法性环境的微观层面——民意。戴维·伊斯顿(David Easton)将公民的"支持"视作合法性的主要来源和基础。他指出，公民对政治系统的支持主要分为"特定支持"和"散布性支持"，前者是出于某种特定诱因，如利益或需求的满足而带来的支持；后者则是"不直接与具体的物质报酬、满足或是强制性相连接的支持"②，主要来源于成员对政治系统的合法性信念，即成员相信政治系统的"道义原则和是非感"，并认为服从是"正确的和适当的"。它是衡量合法性的最为重要的标准之一。因此，从微观层面来说，民意是合法性环境的基础组成部分，民意的服从性输入是合法性环境对政治符号

① 王海洲.合法性的争夺：政治记忆的多重刻写[M].南京：江苏人民出版社，2008：11.
② 大卫·伊斯顿.政治生活的系统分析[M].王浦劬，等，译.北京：华夏出版社，1999：39.

系统的认知要求。

四、认知、规范与信仰：政治符号的结构-功能分析

在确定了政治符号的合法性环境之后，我们可以对应分析政治符号的内部结构及其功能。查尔斯·皮尔斯(Charles Peirce)在索绪尔的基础上将符号进一步分为三类："每一个符号都是由其客体决定的，方式有三：一是具有客体的某些特征，因此我称之为图像符号；二是客体本身或者和客体有实际联系，因此我称之为标志符号；三是按照一定的习惯，能够指代某物，因此我称之为象征符号。"① 皮尔斯的三分法为考察符号的内部构成及其主要特征奠定了重要基础，为学术界广泛接受。政治符号作为具有政治意义或属性的符号，既具备上述分类的一般特征，亦同政治共同体、政治权力或政治过程存在更为明确、更具指向性的内在联系，尤其同政治活动的核心问题——合法性密切相关。或者说，人的政治属性(权力关系及其合法性)和符号属性乃相互映衬的关系。因此，我们可以在皮尔斯分类的基础上，相应地找出每一类符号所集中呈现的政治特性，以此建构政治符号系统的结构-功能分析。

(一)政治认知符号：规训政治服从

图像符号是皮尔斯三分法中的第一个分类，又称像似符号(icon)，它指向对象靠的是"像似性"(iconicity)，即符号载体所具有的物质属性与其所指对象之间存在着相似、类比的关系。由定义可知，像似符号是整个符号结构的基本形态。用皮尔斯的话说就是，"一个符号代替另一个东西，因为与之像似"②。符号学虽然归属于文化研究之列，但由符号建立起的人文连接之所以得以形成并实现，正是由于符号的像似特性或模拟功能能够激发人的感官体验，并由这种感官体验传导、加载观念想象。这里并不是要对符号研究做出某种生物意义的解释，但通过符号刺激、感化甚至规训以感觉经验为主导的人类身体，无疑是符号现象产生并存在的主要根源。从这个意义上说，像似符号就是某种文化形态的巴甫洛夫实

① Sebeok T. A Perfusion of Signs[M]. Bloomington：Indiana University Press，1977：36.
② Peirce C. Collected Paper[M]. Cambridge Mass：Harvard University Press，1958：362.

验，利用身体对符号的条件反射持续强化着人们的文化认知与心理认同。

由于像似符号具有的特性，当它携带政治意蕴而转变成政治认知符号时，便能在个体心理的微观层面发挥显著有效的规训政治服从的作用，使规训对象从一种被动反应式的联结心理转变成一种主动建构式的认知心理，最终实现符号的政治文化传导。也就是说，政治认知符号是权力规训的文化中介或工具，它能够塑造、建构、引导、控制甚至遮蔽个体公民的政治认知，尤其能够在日常生活中潜移默化地将宏大抽象的政治国家观念融入人们的具体经历和体验，并将此凝聚成政治常识，储备为形成心理认同并获取政治忠诚和自愿服从的文化资源。这就是施特劳斯所谓的"具体的逻辑"(the logic of the concrete)，即所有社会都通过将重要的抽象事物隐喻性地体现于具体事物的方式来加以理解，而它们所形成的意义更容易成为社会"常识"的一部分。这些常识最终成为意识形态：统治阶级权力的保持在一定程度上是因为他们将自己的思想变成所有阶级的常识。[1] 正是在这个意义上，我们可以说政治符号与合法性是内在同构的，或者借用上文关于合法性的民意维度而言，政治认知符号的基本特性乃是在微观层面获取合法性的民意操演。

符号学在很大程度上丰富并深化了日常生活与政治问题(以国家为中心)之间相互关系的研究，尤其在君主(传统国家的人格载体)不复存在的现代国家中，"国家本身除了可供想象描绘的象征体系外，实不具可触知的实在性"[2]。在这种情况下，人们如何认识、如何对待国家，国家如何展现自己、如何作用于公民，成为现代政治生活的核心问题。而在权力正当化、国家合法化过程中，最常见的手段之一即诉诸大众情感和情绪的"感情面支配"，这种支配直接激发人们的感官体验，"使群众在视觉、听觉以及美感上入迷并加以动员"[3]。从国家作为"想象的共同体"、作为"象征体系"的角度来讲，这一动员过程就是无处不在且潜移默化的政治符号化过程，就是"纪念日以及应该留存于记忆中的时代，公共场所

---

① 约翰·菲斯克. 传播研究导论：过程与符号[M]. 许静，译. 北京：北京大学出版社，2008：80.

② Kertzer D. Ritual, Politics, and Power[M]. New Haven：Yale University Press, 1988：6.

③ Merriam C E. Political Power：Its Composition and Incidence[M]. New York：McGowan-hill Book Company, 1934：102.

以及纪念碑式的道具，音乐及歌曲，旗帜、装饰品、雕像、制服等艺术的设计，故事与历史，精心策划的仪式，以及伴随着行进、演说、音乐等的大众示威行为"①。

如前所述，来源于像似符号的政治认知符号首先是类比、模拟感官上的像似性，而感官体验以视觉、听觉最为重要，其政治规训结果也最为有效。比如，在视觉符号上，具有浓厚国家情感色彩的"中国红"即是典型代表。红色象征着生命的热情和力量，象征着吉祥、喜庆、福瑞，也象征着中华民族对美好生活的热切愿望，因而"最能代表中国的乐感文化和中华民族的入世精神"②。在帝制中国时代，"北京紫禁城，红色宫墙、红色宫门、红色的立柱、红色的门窗，给人强烈的视觉冲击力，衬托出皇帝的权势和威严"③。在革命战争年代，红色更是代表着抛头颅、洒热血，前仆后继，不惜以生命换取民族独立、国家富强的坚定意志、决心和勇气。这份红色最后凝聚成作为中华人民共和国成立之符号标志的"血染的红旗"。在当下，"红色代表权威性这种象征意义一直延续到今天，现在凡重要的文件都用红色字体标注题头，称为'红头文件'"④。

当然，政治认知符号并不单单作用于某个官能，更多是激发立体、多维、综合性的感受体验，从而"牵一发而动全身"地迁移至政治心理和国家想象。值得注意的是，政治符号、政治象征、政治仪式等的系统化出现是现代民主制度和传媒技术广泛发展的结果。埃里克·霍布斯鲍姆(Eric Hobsbawm)认为，在19世纪末到第一次世界大战期间，许多欧洲国家之所以会大规模地创造公共仪式以及纪念日、建筑物、广场、纪念碑等，乃是出于在普遍到来的选举民主和大众政治中征集服从和忠诚(即"合法性")的需求。⑤ 伴随着大众政治进程的是现代传媒技术的迅猛发展。在传统社会，受到媒介资源的限制，重要的王室贵族礼仪遥不可

① Merriam C E. Political Power：Its Composition and Incidence[M]. New York：McGowan-hill Book Company，1934：105.

② 吴保，魏燕玲. 中国红：文化符号与色彩象征[J]. 云南艺术学院学报，2013(3).

③ 黄明秋，等. 色彩中的国家权力叙事与民族集体记忆[J]. 美术观察，2008(2).

④ 黄明秋，等. 色彩中的国家权力叙事与民族集体记忆[J]. 美术观察，2008(2).

⑤ Hobsbawn E，Terence Ranger. The Invention of Tradition[M]. Cambridge：Cambridge University Press，1983：12-13.

及，无法成为与人共享、与民同乐的公共事件。但大众传媒的出现则"有效地把民族象征融入每个人的生活之中"，"生活在私人领域的人民遂与属于公领域的民族发生直接关联"①。20 世纪英国王室的发展即可说明这一变化。伊丽莎白女王继位后在英国境内以及英联邦国家的"巡游"、王室大婚与"平民王妃"效应、白金汉宫的各种庆典活动等，无一不将英国王室烘托为凝聚民族认同的公共圣像。我们甚至可以称之为政治合法性的可视化、可感化操作，这一"众乐乐""与民同乐""寓教于乐"的政治符号化过程最终即落成为某种微妙的、隐蔽的但却精心准备好了的"大众批准仪式"。

(二)政治规范符号：维系政治稳定

皮尔斯所划分的标志符号又称指示符号（index），是"以对象为原因"（really affected）而形成的符号。"index"一词多见于词典或书面文献的"索引"，而"索引"一义其实来源于这个词所包含的由一种状况寻求、推导另一种状况的基本含义。因此，所谓指示性，就是符号与对象之间因为时间上的前后相继、空间上的邻接相近或逻辑上的因果关联而能互相提示，从而让接收者在感知符号时即能想到相应对象。

指示符号与像似符号的一个主要区别在于，像似符号与指称对象之间更多依赖于类比或模拟的关系，而指示符号与指称对象之间则存在实质性的时空关系或因果联系。也就是说，从符号化的形式和程度来讲，指示关系比模拟关系更加直接、明确，指示符号比像似符号更具对应性、秩序性。比如，地图、照片、图画等就是典型的像似符号，主要通过形象式、图表式或比喻式像似建立符号关联，而路标、箭头、指针、专有名词、指示代词等则是典型的指示符号，它们总是与某种具体的时间、地点、事物等相关联。

由于指示符号与客观世界之间存在更加直接、明确的对应性，它不仅能通过清晰的指向性引起甚至引导人们的注意，更能赋予所指对象一定的秩序。由于指示符号主要依靠时空邻接或因果联系与所指对象建立关联，相较于像似符号而

①　埃里克·霍布斯鲍姆. 民族与民族主义［M］. 李金梅，译. 上海：上海世纪出版集团，2006：138.

129

言，这种关联更具逻辑性、指向性、组织性和序列性。也就是说，指示符号依照某种关联逻辑对所指对象重新进行了编码排序，赋予客观世界特定的秩序和意义。字典、书籍、档案等以字母或笔画排序，就是指示符号在确立文本秩序；诗词的格律也是一种典型的指示性序列，它限制了语义的自由展开。可见，指明对象的排列秩序正是指示符号的关键功能，即在关系之中确定意义。这一功能在政治生活中也发挥了极大的规范作用。

从人的政治属性来说，任何社会秩序都是特定政治权力结构的展现或外化。回到上文讨论过的合法性问题，以国家权力为中心的政治秩序若要长久维持，必须获得以实质正义和程序正义为约束机制的各种法律、制度、规则体系等的支持和维系，我们可以称之为广义上的政治规范。指示符号在负载了这些政治规则后会转变为政治规范符号，它兼具约束人类行为和建构政治文化秩序的双重功能，在对外方面能够辅助民族国家划定、宣示、警戒政治边界，在对内方面可以协助政治国家确定、捍卫权力中心并内化、稳定等级秩序。前者我们称之为政治规范符号的边界秩序功能，后者为等级秩序功能。

政治规范符号的边界秩序功能与现代国家观念的变化密切相关。我们知道，国家作为政治秩序的主要形态，其核心特征乃是建立在主权基础之上的政治封闭性，或者说，国家首先意味着边界，意味着划分什么是"本国"，什么是"他国"。如前所述，若要使"只能想象、无法触摸"的国家实体化，必须依靠由各种政治符号搭建起来的"象征性边界"（symbolic boundaries）。"象征性边界"虽然不像地理边界那么清晰可见，但却具有重要的政治区别功能，它可以将生活于国家象征边界之内的"我们"和生活在国家象征边界之外的"他者"区别开来，产生政治相似感和群体身份感。① 这种区别一方面可以聚拢以"我们"为中心的国家"集体意识"，另一方面也能形成与"他者"相互参照、相互竞争的民族"差别意识"，在国际政治体系中发挥着重要的文化认同作用。

还是以最具国家象征意义的国旗符号为例。在国家的地理边界上一般会升起、悬挂该国国旗，以明确地指示、宣示甚至警示地域边界，一方面对跨境者形

① Lamont M. The Study of Boundaries in the Social Sciences [J]. Annual Review of Sociology, 2002, 28(4).

成心理负担，另一方面在观念上指示、约束、控制其行为符合该国的法律规范、政治规范。在大型的国际组织、国际会议、领导人会晤、高峰论坛甚至是各种体育赛事中，也会悬挂各国国旗，以象征不同民族国家的多元并立与竞争博弈以及由此形成的世界格局和国际体系。最重要的是，国旗符号象征着国家权威的庄严肃穆、至高无上与神圣不可侵犯，在政治符号序列中居于核心位置，因而具有清晰的法律要求和指示规范："不得升挂破损、污损、褪色或者不合规格的国旗。升起时，必须将国旗升至杆顶；降下时，不得使国旗落地。在公共场合故意以焚烧、毁损、涂划、玷污、践踏等方式侮辱中华人民共和国国旗的，依法追究刑事责任。"①

政治规范符号的等级秩序功能与国家内部的权力结构和位阶序列紧密相连，而我们通常所说的"地位"这一衡量标准就集中反映着政治社会的权力序列。因此，指示性的政治规范符号一般都会对应地展示出地位的构建、水平或高度，形成某种标识地位与权力关系的"高度计"，一方面凸显出国家或各种政治组织中领袖的权威（标示自己为高阶峰值），另一方面赋予国家内部其他势力在等级秩序中的位置和次序（标示其他位阶刻度）。

通过推敲"地位"这个概念，我们可以发现，它是由实体空间的上下、高低等方位引申而来的，这种物理势能的差异会直接指向权力位阶的高低，或者说，上下位置就是在表达权力与服从的关系。由此可见，空间承载着权力结构的政治想象，它本身就是一个具有较强指示性的符号场域。这种"关系空间中的相对位置"②较多体现在政治权威以"高位"（高高在上的仰视）或"中位"（万众瞩目的中心）等空间符号结构塑造"视觉权力"的过程中。比如古代社会中的圣地、祭坛、宫殿等都会通过特殊的建筑结构凸显高大宏伟、难以企及的空间距离感，借此展现权力所有者"通天彻地"的巨大能量，同时经由空间的神圣性赋予权力以合法性。更有甚者，人类历史上多次发生为了模仿至高无上而建筑高台的事例，以致产生了遍布全世界的各种"金字塔民族"。当然，这种供应合法性的指示性空间

---

① 参见《中华人民共和国国旗法》。
② 皮埃尔·布尔迪厄. 实践理性：关于行为理论[M]. 谭立德，译. 北京：生活·读书·新知三联书店，2007：36.

符号资源仍广泛存在于现代社会中。比如在就职典礼中处于视觉中心和视觉高位的总统，或者在阅兵仪式中接受士兵仰首注视的首长，都直接体现出双方的权力关系。在人们的日常生活中也存在着大量的策略性空间符号的表达，比如"位高权重""人微言轻"等。

(三)政治信仰符号：建构政治认同

皮尔斯划分的第三类符号乃象征符号，又称规约符号(convention)，它主要靠社会约定来确定符号与意义的关系。皮尔斯认为，像似符号和指示符号是有理据的符号(即依据像似性和指示性)，但是规约符号没有理据性，发送者和解释者都需要依靠社会规约来认识符号与意义的关系。比如"人"这一词，汉语用"ren"来表示，而英语则用"man"来表示。可见，语言符号的能指与所指之间的关系是任意的。当然，这种任意性并不是随心所欲的理解或解释，而是受到特定社会共同体的规范性制约。因此，所谓"规约性"就是约定俗成。对此，皮尔斯曾指出："'抽象'符号是符号的一种，它通过某种法规指称其对象，这种法规通常是一般观念的联想，致使该抽象符号被解释为指称那个对象。"①

皮尔斯本人也承认，任何符号与对象之间的联系，最终还是要靠社会约定。也就是说，像似性、指示性等理据只是部分符号所具有的更高程度的拟态品质，其前提仍依赖于普遍的社会规约。如果没有社会规约，即便是极端的像似符号也会缺乏精准度，无法给接收者一个确定的解释意义。比如，假设没有约定俗成，男女洗手间门上无论用穿裙子与穿裤子的人形形象(像似符号)，还是用烟斗与高跟鞋的图形标志(指示符号)，抑或用任何语言的"男""女"字样(规约符号)，人们都会逡巡犹疑，不敢进入。可见，符号表意的确切保证是特定社会的一致规约。

上述社会规约的一致性或普遍同意来源于该共同体区别于其他共同体的基本特征，它并非表现为某种物质形态，而是精神上的"自我"特质。用涂尔干的说法，社会的存续依赖于"文化基因"所繁衍的身份认同，它是对"历史同源、文化

---

① Innis R. Semiotics：An Introductory Anthology［M］. Bloomington：Indiana University Press，1985：8.

同根"这一特殊(对共同体外部而言)意义的普遍(对共同体内部而言)承认与接受。我们通常所说的语言、习俗、价值、信仰等都是特定共同体内在"灵魂"的独有体现，它们共同构成该共同体区别于其他共同体的标志。这种标志的外在化、形式化、美学化呈现就是象征符号或规约符号。

当然，按照柏拉图的观点，"灵魂"之所以神圣美好，乃因为它是一种理想的、和谐的、自然的"秩序"，它体现着人类对善的形式、善的理念的终极追求。相应地，共同体的"灵魂"亦集中体现为理想的、善的政治秩序或统治形态，它是一个政治共同体长期积淀的稳定而持久的价值规范系统和政治信念体系，是一个政治文化系统关于理想政治模式的共同愿望和"审美期待"，这就是我们上文讨论过的合法性信念系统。而作为合法性信念系统之"集体表象"的象征符号即是该共同体最高层面的政治信仰符号。

从更广泛的意义上说，以理想政治模式为核心的合法性信念系统，其实是以现实政治世界中的各种话语、行为、仪式、象征、神话、建筑、制度、政策等作为表现形式的。因此，回到上文的基本观点，我们可以将整个政治符号化过程理解为一个庞大无比的"象征之林"，它所讲述的一切都是关于合法性的"元叙事"。而正是通过符号的持续体验、仪式的重复操演，"象征之林"形成了无所不包、持久永恒的"客观"世界，并最终将共同体的合法性凝聚提升为具有信仰色彩的"集体图腾"。

这里以中华民族的"龙图腾"作为本文符号案例的结尾。龙是中国远古文化中一种想象的神兽，按照东汉王符的描述，"其形有九，头似驼，角似鹿，眼似兔，耳似牛，项似蛇，腹似蜃，鳞似鲤，爪似鹰，掌似虎是也"[1]。由于龙齐聚多种动物的想象于一身，并能"龙驭飞天"，因而它在早期信仰中便具备敬天通神、沟通天地的象征意义。自秦汉以后，龙开始成为皇权、皇家的专属符号，象征君权至上，普通百姓不得随意染指。皇帝自称"真龙天子"，不仅在舆、服上绣满龙纹，更以法律形式明确规定了龙凤纹的使用范围；同时通过对宫殿建筑、宗庙陵寝、仪卫车驾、朝会礼仪甚至日常器物等可见可及的方方面面渲染、灌

---

① 刘志雄，杨静荣. 龙与中国文化[M]. 北京：人民出版社，1992：12.

输、强化以龙为符号象征的君权合法性，构建了一个茫茫无边、无所不在的帝制信仰世界。到了近代中国，面对四分五裂、内忧外患的巨大危机，知识分子开始建构以龙图腾为核心的民族国家象征。1942年，闻一多发表了《从人首蛇身像谈到龙与图腾》一文，提出"龙便是因原始的龙(一种蛇)图腾兼并了许多旁的图腾，而形成的一种综合式的虚构的生物。这综合式的龙图腾团族所包括的单位，大概就是古代所谓'诸夏'和至少与他们同姓的若干夷狄"①。这篇文章从一个侧面反映出龙这一象征符号从帝制中国一家一姓的私有垄断中蜕变出来，成为民族国家"静态之实有"的积淀和凝聚，真正跃升为现代中国的象征。

同时，对中国老百姓而言，尊龙崇龙一直是一种重要的民间信仰。自古以来，龙王就是主管雨水的水神，人们为了祈盼风调雨顺，在各地修建龙王庙以示祭拜；又由于雨水乃农耕文明的基本条件，所以在每年春耕之前要举办二月二"龙抬头"节，以保佑一年的丰厚收成；端午时节盛行的龙舟竞渡也起源于避邪、禳灾的传统；当代中国同胞更是在企盼海峡两岸和平统一的愿景下共同传唱《龙的传人》。由"神龙飞入寻常百姓家"这一现象我们可以看到，对中华民族和中国人民而言，龙是表达国家繁荣昌盛、民族生生不息、文明一脉相承的共同愿望与合法信仰。

五、结　　语

上文的讨论旨在说明，同处于文化结构内部的符号现象与合法性建构具有内在一致性，它们的联动中介就是由政治符号形成的合法化过程。借助基本的结构-功能主义分析框架，我们将这一合法化过程解释为政治符号结构(认知、规范与信仰)在合法性环境(价值、法理与民意)的输入要求下形成的政治功能(认同、稳定与服从)输出。它意味着政治共同体在文化范畴上乃是以国家为核心的符号化合法性叙事集锦，而政治统治过程亦是一个文化的象征系统的维持过程。笔者希望通过上述解释提请读者高度重视"象征的合法性"问题，即对于合法性研究而言，政治符号并非仅仅是工具性、被动性、反映性的，它本身就是合法性生成

---

①　闻一多. 闻一多全集(卷一)[M]. 北京：生活·读书·新知三联书店，1982：32-33.

中主动建构的过程与结果。从范式转换的意义上说，政治符号与合法性互为表里，人们应该重视从符号象征，从合法化策略的角度去观察理解各种政治现象（图 3-2）。

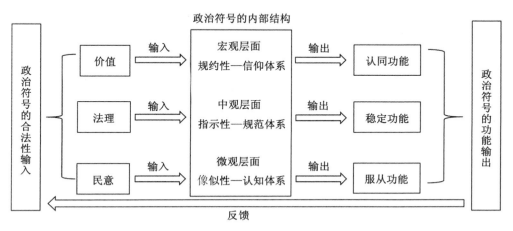

图 3-2　政治符号与合法性的结构-功能分析图

第四节　中国文化领导权话语的生成和演变
——一项概念史的考察

　　话语以多种形式存在于历史长河之中，历史演进过程也伴随着多样化话语的发展。话语不仅通过主体间的持续性互动而不断更新意义边界，还是"最敏感的社会变化的标志"，记录着"社会变化的一切转折的最微妙和短暂的阶段"①。近年来，中国政治学的话语建构业已成为一项重要研究议题，反映着学界对西方政治学话语的深刻反思、本土话语身份的积极塑造、历史文化资源的重新激活以及现实治理需求的积极回应。② 当前以"文化领导权"为代表的中国政治学话语正处

---

　　① 巴赫金全集(第 2 卷)[M]. 晓河，译. 石家庄：河北教育出版社，1998：359-360.
　　② 张桂林. 逻辑要义、历史努力与认知前提：建构中国特色政治学话语体系[J]. 政治学研究，2017(5).

于中西思想碰撞、历史与现实需求结合的过程之中。文化领导权从何而来？文化领导权为何会引入中国？进入中国后的文化领导权又发生了何种变化？这些变化究竟意味着什么？这些问题的解答需要我们结合历时性、共时性视角，对文化领导权话语的生成、变迁、关键节点等方面进行细致考察。通过引入概念史这一研究范式，本节试图开展一项针对文化领导权的话语考古工作，通过对文化领导权话语的发展过程进行梳理，重新定位中国场域中的文化领导权，探索中国化文化领导权可能的发展方向。

一、文化领导权话语的西学源流

文化领导权是马克思主义理论的关键概念，也是建设社会主义文化强国的有效抓手。但在运用文化领导权理论对社会现实进行诠释的过程中，学者们所采用的陈述模式和言说策略不尽相同，在话语建构、话语整合等方面呈现出无序状态。因此，要管窥中国文化领导权的话语内涵及最新特征，就应该从文化领导权话语的西学源流入手。

(一)领导权与文化领导权

从概念发展来看，领导权(hegemony)通常作为一种共生的二元话语结构(文化领导权+政治领导权)而存在：一是研究者对文化领导权的解释以对领导权的理解为前提；二是研究者对文化领导权的解读不能脱离对政治领导权的解读。一般认为，领导权概念肇始于古希腊，作为与"统治"共存的词语，领导权是指试图实现一定军事目标的"城邦国家联盟"在"自由状态下以'依恋'或'同意'为基础的领导权"①。而19世纪俄国资产阶级民主革命实践则为领导权概念在现代意义上的发展提供了契机。列宁对政治关系进行了重新梳理，并指出"只是由于无产阶级摆脱了自由派，实行了无产阶级的领导权，才使革命一再取得胜利，并且能够使革命继续取得胜利"②。在这一阶段，对阶级分析的重视使得领导权概念与特定群体建立紧密联系，列宁对领导权的使用凸显了领导权所具备的政治意义和

---

① 佩里·安德森. 原霸：霸权的演变[M]. 李岩，译. 北京：当代世界出版社，2020：1-2.
② 列宁全集(第20卷)[M]. 北京：人民出版社，1989：7.

实践效用。作为文化领导权理论的集大成者，葛兰西在列宁论述的基础上进一步拓展了领导权的概念外延和内涵。这突出表现为：第一，在对政治社会与市民社会进行相对区分的基础上，葛兰西明确指出一个社会集团的领导权地位主要体现在"'统治'和'智识与道德'"两个方面，① 并围绕有机知识分子、历史集团等一系列概念展开相关理论论述。第二，在列宁从阶级维度将掌握领导权视为无产阶级进行资产阶级革命的重要战略的基础上，葛兰西进一步增加了领导权的民族维度，主张建立能够凝聚多种社会力量、代表人民集体意志的政党。由此，列宁和葛兰西开辟了领导权概念运用的第二层面，将领导权的讨论层面由最初的国际层面拓展到国内层面，并对如何获取国家权力这一问题进行了系统回应。

（二）文化研究中的葛兰西转向

从文化研究的发展历程来看，葛兰西的文化领导权理论的引入契机源于先前占据主导地位的文化主义和结构主义研究范式难以弥合主体能动性与结构性制约之间的张力。② 具体而言，文化领导权理论主要从关键话语、理论空间和研究领域三方面对文化研究进行改造：第一，以大众文化为代表的关键话语再阐释。文化领导权理论对文化研究的首要贡献是对大众文化进行了语义拓展，大众文化不再是文化主义话语下"自下而上自然生发出来的文化"或是结构主义话语下"主观强加于被动对象的表意机器"，而是"一种'上'与'下'、'商业'与'本真'之间彼此'协商'产生的混合物"，呈现出一种"抵抗"与"收编"并存的复杂状态。③ 第二，文化领导权理论与经验分析方法的结合为文化研究开辟了新的理论空间。这种理论空间"由市民社会中的具体文化经验与文化实践"所建构，④ 强调对普遍意义上的社会认同、社会利益的实现过程和机制的探讨。第三，由文化多元内涵挖

---

① 安东尼奥·葛兰西. 狱中札记[M]. 曹雷雨，姜丽，张跣，译. 北京：中国社会科学出版社，2000：38.

② 李凤丹. 继承与发展：英国文化研究与马克思主义文化观的关系阐释[J]. 理论月刊，2016（10）.

③ 约翰·斯道雷. 文化理论与大众文化导论[M]. 常江，译. 北京：北京大学出版社，2019：102-103.

④ 段吉方. 论20世纪英国文化研究中的"葛兰西转向"[J]. 文学评论，2014（2）.

掘带来的研究领域的扩张。在文化领导权理论的影响下，文化研究通过对文化的意识形态维度的开发，进而在文化与权力之间构建起紧密联系。由于差异和矛盾被视为"文化的意识形态存在的基本方式"①，大众文化不再只是与特定阶级挂钩，而是开始将族裔、区域、性别、代际关系等社会问题纳入到文化研究视野之中，从而实现了研究领域的扩张。

(三)后马克思主义中的话语领导权

通常认为，后马克思主义中话语领导权理论的构建与其对传统马克思主义的解构是同时进行的：一方面，抵制传统马克思主义的经济决定论思想成为话语领导权理论发展的前提条件；另一方面，对领导权概念谱系的回溯和扩张构成了话语领导权理论的论述基础。话语领导权理论的创新之处突出表现为：第一，有力拓展了领导权概念的可操作范围。通过在偶然性逻辑与话语理论之间建立关联，话语领导权理论将现实社会视为被话语所建构的世界，"领导权接合"也完全运作于话语之中，最终消除了葛兰西领导权概念中的"表象—本质的二元论"②。第二，在主体认知方面，话语领导权理论实现了由传统马克思主义的阶级建构到葛兰西意义上的集体意志建构、再到后马克思主义的话语建构的决定性置换。③ 也就是说，作为核心范畴的话语不仅在话语领导权理论中扮演着关键角色，还是相关研究者开展政治分析的重要切入点。进而言之，话语领导权的获取成为社会主义运动的一种重要策略。无论某个阶级在"经济活动中的地位"如何，只要其能够有效开展实践，将更多的人联合起来，那么该阶级就能获得领导地位。④

作为重要的理论资源，西方文化领导权话语经由古希腊到近现代的"话语旅行"，已经实现了话语内涵和外延的双重拓展：文化领导权在与政治领导权建立

---

① 于文秀. 葛兰西的文化领导权理论与"文化研究"思潮[J]. 求实，2004(4).

② 陈爱娟. 领导权、偶然性逻辑与话语理论——解读拉克劳与墨菲的《领导权与社会主义的策略》[J]. 科学社会主义，2013(1).

③ 孙民. "新领导权"理论："意识形态领导权"理论的"后现代转向"——"新葛兰西主义"代表拉克劳、墨菲"新领导权"理论概要[J]. 理论月刊，2012(10).

④ 王晓升. 评拉克劳和墨菲对葛兰西的"hegemony"的改造[J]. 学习与探索，2012(10).

紧密联系的同时，话语探讨层面也由单一的国际层面过渡到国内层面。但是，西方文化领导权话语也逐渐远离"实践内核"，"与现实的物质生产运动、革命方式相脱离"，难以推动社会变革目标的实现。① 至此，西方文化领导权话语逐渐以多重面相呈现于学术研究和现实生活之中，这对文化领导权的中国化进程产生了深刻影响。

二、文化领导权话语的中国化

文化领导权话语的中国化主要反映在两个方面：一是语义重置，二是语境转换。值得注意的是，中国化的文化领导权不是对西方主流话语的镜像反映，而是在中国古人智慧与西方马克思主义综合影响下的结晶。

（一）语义重置：从"王霸之辩"到意识形态领导权

从中国历史纵深视角出发，官方话语对领导权的讨论始于周王室衰微后的"王霸之辩"，其在发展过程中也深深打下了儒、法家思想的烙印。与"古希腊城邦联盟"类似，"王""霸"最初用来指代周天子与强势诸侯所具有的不同身份，表征两者之间的紧张关系。② 但是经由孟子、荀子、韩非子、朱熹等人对成功统治的评价标准的不同回答，一度被纳入话语综合体之内的"王""霸"还是走向了二元对立，"霸"曾拥有的"亦褒亦贬的评价"不复存在，而是彻底滑向"自私与暴力"的一端，成为象征仁义美德的"王"的对立面。③ "王霸之辩"在一定程度上反映了古人对领导权概念体系的整体性认知，也折射出中西方对领导权话语理解存在一定共性，即政治领导权与文化领导权之间存在密切联系。古代中国的"王霸之辩"与以列宁为代表的俄国传统一起，对现代政治语境下中国文化领导权语义解读产生了深刻影响。

借由列宁的政治领导权思想，瞿秋白与葛兰西的文化领导权理论之间拥有了

---

① 张炎子. 西方文化领导权理论话语范式局限[N]. 中国社会科学报，2019-06-27.

② 佩里·安德森. 原霸：霸权的演变[M]. 李岩，译. 北京：当代世界出版社，2020：142-143.

③ 佩里·安德森. 原霸：霸权的演变[M]. 李岩，译. 北京：当代世界出版社，2020：151.

话语交汇点，开启了文化领导权理论的中国化探索之路。两者均将文化领导权约等于意识形态领导权，但是与葛兰西将文化理解为"产生某种道德、生活方式、个人与社会的行动准则"不同，① 瞿秋白所理解的文化是无产阶级的文化程度。瞿秋白认为，只有通过实现"革命的文艺大众化"，"改变大众的世界观、人生观"②，才能让大众文艺真正地为普罗大众服务，最终夺取意识形态领导权。瞿秋白的论述在一定程度上构成毛泽东文化领导权思想的理论基础。在毛泽东看来，文化领导权是一种"软权力"，亦是"革命者阶级"存亡的关键要素，劳动者夺取政权后的首要任务是"革命政党的'理论化'和劳动人民的'知识化'"③。通过将文化领导权与中国革命实践相结合，瞿秋白和毛泽东大大推动了文化领导权理论的本土化进程，实现了对葛兰西思想的继承与发展。

此后，随着"社会主义精神文明建设""意识形态各部门的领导权""社会主义核心价值体系"等政策话语的提出，④ 我国文化领导权建设与特定时期的国家发展的重要议题紧密结合，理论内涵日益丰富。进入新时代以来，无论是十九大指出要"牢牢掌握意识形态工作领导权"，还是十九届五中全会公报强调"推进社会主义文化强国建设"，均反映出以意识形态工作领导权为核心的中国特色领导权话语体系正在形成。一方面，中国的意识形态领导权思想与马克思恩格斯意识形态思想中"社会上占据统治地位的思想""调节着自己时代的思想的生产和分配"⑤等论述具有一定契合性。另一方面，这种生发于中国政治实践经验、遵循中国社会发展基本规律的意识形态领导权思想并不是对西方马克思主义理论谱系的简单挪用，而是基于中国情境对文化领导权的创新性解读，亦即中国特色社会主义理论体系的伟大创举。

---

① 杨静云. 大众化与文化领导权建构——葛兰西和瞿秋白的理论同行[J]. 北方论丛，2020(1).

② 王铁仙. 瞿秋白的大众文艺论与葛兰西的文化霸权思想[J]. 华东师范大学学报(哲学社会科学版)，2005(5).

③ 韩毓海. "漫长的革命"——毛泽东与文化领导权问题(上)[J]. 文艺理论与批评，2008(1).

④ 张士海. 中国共产党"文化领导权"建设：历史进程、基本经验与时代要求[J]. 中共中央党校学报，2011(6).

⑤ 马克思恩格斯文集(第1卷)[M]. 北京：人民出版社，2009：550-551.

(二)语境转换：从资本主义革命到社会主义建设

受到本国历史因素的影响，不同国家对文化领导权的探讨语境存在一定差异性，由此形成了各国独具特色的理论发展脉络。要想真正实现文化领导权理论的中国化，首要任务就是"如何在中国的具体时代背景下转译文化领导权"，从而推动文化领导权在中国的再语境化。直接照搬西方马克思主义经典文本对中国文化领导权进行诠释，既无益于中国政治学话语体系创新性发展，更不能满足中国社会的治理需求，这要求我们对文化领导权的"再定义"必须置于我国的历史条件和治理实践之中。只有全面审视文化领导权理论所处的具体语境，针对性地为文化领导权理论赋予新的时代内涵，才能真正实现对西方马克思主义话语的批判性超越。

总的来说，文化领导权中国化所面临的话语语境大致可划分为两个时期：革命时期和建设时期。在革命时期，我国无产阶级面临的重要挑战是如何在夺取政权过程中更好地开展意识形态工作。通过与西方马克思主义建立文本间和实践联系，瞿秋白、毛泽东等人敏锐地察觉到东西方国家无产阶级革命实践存在一定契合性，即政治领导权与文化领导权并非截然分离，而是相辅相成。仅仅依靠武装斗争夺取政治领导权是远远不够的，还要"通过普遍化、社会化和制度化的文化贯彻"，获得被统治阶级非强制性认同和接受，最终完成文化领导权的积极建构。① 不同于政治领导权建构过程中统治阶级与被统治阶级之间的激烈对抗，文化领导权的建构更多呈现出非对抗性和吸纳性，被统治阶级自愿服从于现有社会秩序和占主导地位的意识形态思想。仍需指出的是，在领导权实施策略上，因革命所面对的敌对力量强弱不同，西方资产阶级革命和中国无产阶级革命实践仍存在较大差异，譬如在处理夺取政治领导权与文化领导权的关系时，两者分别采用了异步策略和同步策略。

在建设时期，随着马克思主义在我国意识形态领域中领导地位的巩固，国家建设面临的历史任务也随之转变，文化领导权理论在新的语境下被再次解读。此

---

① 姜志强. 马克思主义视野下意识形态领导权的多视角阐释[J]. 马克思主义研究，2016(12).

时党和国家意识形态工作的重心不再是如何建构文化领导权，而是如何巩固、优化文化领导权，这本质上是由建构统治合法性到巩固统治合法性的重大转变。文化领导权的身份定位也因此由革命斗争武器转变为国家治理工具和手段。在建设时期的不同阶段，文化领导权以不同面孔得以呈现：1950年初期的"双百方针"、改革开放时期的"精神文明建设"以及新时代的"意识形态工作领导权"均是在坚守马克思主义立场、遵循"马克思主义中国化"根本原则的基础上，结合中国具体实践对文化领导权思想的中国化改造。

三、文化领导权话语的治理逻辑

当前，中国文化领导权的巩固与优化逐渐与中国特色社会主义建设相关内容深度嵌入，而这一过程是对文化领导权的语义、语境进行多次重置、不断调试的过程，也是对文化领导权概念体系、价值判断、治理机制及治理特征进行重新审视的过程。

（一）概念再造

要分析中国情境下文化领导权话语所蕴含的治理逻辑，必须先厘清文化领导权转译过程中的两点不同：第一，"hegemony"究竟应理解为文化领导权还是文化霸权？从国内相关研究来看，除了中国古代"王霸之辩"的影响外，20世纪70年代的后殖民理论风潮和英国文化研究也在相当程度上影响了文化霸权译法的诞生，[1] hegemony由此被置于国际层面的对外交流、国内层面的阶级斗争中予以解读，这种简单承袭、直接套用西方文化领导权话语的做法在一定程度上保证了文化领导权话语的一致性，但是也在无形之中窄化了hegemony在中国的话语内涵。事实上，hegemony内在地包含超国家、国际以及国内"三重范畴"，这三重范畴在现代政治环境下"相互渗透""相互缠结"[2]。较之将文化视为一种塑造了霸权者与他者、中心与边缘的宰制性力量的文化霸权式解读，能够有效连结三重范畴

---

① 郭赫男，刘亚斌. 葛兰西的"文化霸权"理论溯源及其对它的误读[J]. 社会科学家，2008(6).

② 汪晖. 去政治化的政治、霸权的多重构成与六十年代的消逝[J]. 开放时代，2007(2).

的文化领导权式解读更符合当前中国的治理现实。第二，hegemony 中的"文化"究竟意味着什么？这要求我们对文化与意识形态之间的联系与区别进行回答。在国内文化领导权研究中，文化与意识形态常以一种混用重叠或者有所区分的形态出现：一部分学者侧重对文化的原初定义及其现实效用的剖析，从文化治理视角入手探讨我国文化与权力的关系问题，对文化的政治属性进行了一定程度的剥离；另一部分学者洞察到文化所具有的政治属性，指出文化是意识形态的"承载与外化"，"扩大的文化"即是"意识形态的指称"①。于是，文化不再囿于道德、知识意涵，而是与政治意蕴紧密相连。本节即是从文化的双重内涵切入，将文化领导权视为话语综合体，由此展开对国家治理逻辑的分析。

（二）价值判断

作为一种"处于复杂关系中的权衡"，价值判断对个体价值选择、公共价值塑造以及社会发展均具有重要影响。② 具体到文化领导权话语建构过程，依据一定标准做出相应的价值判断是话语成型、发展、完善的前提。无论基于何种语境对文化领导权理论进行解读，研究者始终无法回避马克思所提出的"经济基础决定上层建筑"这一根本命题。换言之，在诠释文化领导权话语之前，研究者必须对经济基础与上层建筑的关系做出价值判断，这在相当程度上影响了不同研究者对文化领导权理论的诠释方向。马克思认为，经济基础与上层建筑之间的概念边界相对松动，缺乏"确定的所指"③。受到马克思的影响，葛兰西对第二国际的"经济决定论"持反对态度，认为"实际上经济改革纲领正是精神和道德改革自我体现的具体方式"④。紧随其后的后马克思主义研究、英国文化研究分别基于各自立场提出了不同观点：后马克思主义试图突破传统马克思主义的"反映论文化

①　朱文婷，陈锡喜."历史"对话"结构"：葛兰西意识形态话语权的范式分析及其当代启示[J].上海交通大学学报(哲学社会科学版)，2016(4).
②　高洁.价值判断的实质内涵及其对价值教育的实践指向[J].教育研究，2018(6).
③　王晓升."经济基础"和"上层建筑"二分观献疑——马克思的社会结构理论再思考[J].江苏社会科学，2012(1).
④　安东尼奥·葛兰西.狱中札记[M].曹雷雨，姜丽，张跣，译.北京：中国社会科学出版社，2000：95.

观"，认为文化与经济、政治要素均为"现实社会的构成部分"而非上层建筑的附属品。① 英国文化研究则经历了向历史唯物主义靠拢、试图超越经济基础/上层建筑分析模式的第一代、提倡"回归传统的政治"的第二代的演变过程。② 总的来说，在文化领导权话语的后续发展过程中，不同研究者对经济基础与上层建筑之间的关系诠释始终存在着不同程度的张力，对文化的理解因此具有多重面向。这也深刻地影响着中国文化领导权话语的建构过程，国内研究者结合中国革命实践和治理现实对经济基础和上层建筑的关系进行了重新思考。瞿秋白肯定了意识形态在上层建筑中的重要地位，但是他对"大众文艺等意识形态领域里的斗争"的思考是纳入"政治斗争"之中的，也就是说，文化要素在革命斗争中发挥着辅助和配套作用。③ 毛泽东则在坚持辩证唯物论的基础上进一步提升了文化要素的地位。他强调"社会主义的'可能失败'，并不在于其经济基础首先被动摇，而在于其'文化合法性'率先丧失"④。"生产关系、理论、上层建筑这些方面，在一定条件下，有转过来表现为其主要的决定作用，这也是必须承认的。当着不变更生产关系，生产力就不能发展的时候，生产关系的变更，就起了主要的决定作用。"⑤进入新时代，作为中国特色社会主义建设的重要内容，意识形态与经济建设工作被纳入党和国家的核心议程。习近平总书记明确指出："我们要深刻认识经济基础对上层建筑的决定作用，深刻认识上层建筑对经济基础的反作用，既要有硬实力，也要有软实力，既要切实做好中心工作、为意识形态工作提供坚实物质基础，又要切实做好意识形态工作、为中心工作提供有力保障；既不能因为中心工作而忽视意识形态工作，也不能使意识形态工作游离于中心工作"，"必须把意识形态工作的领导权、管理权、话语权牢牢掌握在手中"⑥。一言以蔽之，当前文化领导权话语的中国化创新过程反映了国家治理逻辑的价值判断：在重视

① 范永康. 从反映论到建构论：后马克思主义的文化逻辑[J]. 兰州学刊，2014(8).

② 张亮. 英国马克思主义的"经济基础和上层建筑"学说[J]. 哲学动态，2014(9).

③ 王铁仙. 瞿秋白的大众文艺论与葛兰西的文化霸权思想[J]. 华东师范大学学报(哲学社会科学版)，2005(5).

④ 韩毓海. "漫长的革命"——毛泽东与文化领导权问题(上)[J]. 文艺理论与批评，2008(1).

⑤ 韩毓海. "漫长的革命"——毛泽东与文化领导权问题(下)[J]. 文艺理论与批评，2008(2).

⑥ 习近平关于社会主义文化建设论述摘编[M]. 北京：中央文献出版社，2017：21.

经济基础与上层建筑间相互作用的同时，将文化由从属性层面提升到建设性层面，这既是对经典马克思主义一定程度上的复归，又是基于中国场域进行意义增生的结果。

（三）治理机制

一般而言，在我国国家治理体系中，文化领导权被视为国家"软实力"的象征，具有经由民众同意而取得的合法性意涵，而文化也因此兼具治理工具、治理对象双重角色。具体而言，根据研究者对文化在国家治理中所扮演的角色、主流文化与大众文化间关系的认知不同，形成了对文化领导权话语的三种解读（图3-3）。第一，国内层面的探讨。这种解读聚焦于社会变迁过程中主流文化与大众文化间相辅相成的关系，指出经过一定改造的大众文化能够紧密团结在主流文化的周围，成为中国特色社会主义建设的有生力量。一方面，要强化马克思主义中国化理论研究。马克思主义经典文本是我国文化领导权建设的思想基础，将研读马克思主义经典文本与厘清中国市场经济发展规律相结合，亦是国家治理的应有之义。另一方面，要实现文化宣传、生产机制的创新性发展。在对人民群众进行充分赋权，以人民群众喜闻乐见的方式开展文化产品生产活动的同时，借助现代数字技术，切实增强"国家主流媒体意识形态传播能力"，让主流文化真正内化于人民群众的思想认知与日常行为之中。第二，国际层面的探讨。在社会流动程度加快、国际沟通交流频繁的背景下，具有"多义性""不确定性"的大众文化与主流文化的关系愈发微妙，大众文化成为"文化帝国主义的殖民扩张同民族文化的奋起抗争与反扩张的场域"①，而与文化领导权息息相关的文化安全问题更是关乎中华民族的伟大复兴。这要求我们为大众文化赋予民族属性，认真讲好中国故事，以更好地增进国际理解，巩固中国的国际话语权。第三，超国家层面的探讨。超国家层面指涉超越私人利益、特定国家疆域以及国家权力制约，基于一定共识形成的文化领导权。一方面，受到全球化、市场化力量的影响，文化生产、传播的诸多要素不再局限于一国之内，而是在国际通行规则的约束下，在全球范

---

① 范玉刚. 大众文化互动中的文化霸权[J]. 中共中央党校学报，2009(1).

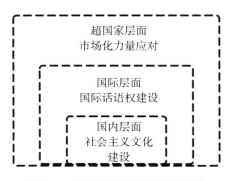

图 3-3　中国文化领导权话语构成

围内进行流动。另一方面，以各种跨国组织、信息技术手段为依托，文化产品及其价值观念构筑了多元化的符号世界，以民众自愿购买、消费的方式日益渗透于民众的日常生活之中，塑造着民众的思想和行为。由此，文化领导权在超国家层面隐蔽地表现为一种"去政治化的意识形态"①。事实上，"在文化生产和建设过程中生产什么、如何生产以及如何分配与消费文化产品的决定权，最终指向工人阶级的政治与经济领导权问题"②。这意味着如何在多元文化生产、建设中凝聚国际共识及制定为国际社会所公认的文化竞争规则、塑造人类文化共同体是未来各国共同的挑战。

　　以上三种解读并非截然区分，而是不同程度地涉及国际、国内、超国家三个层面，并反映了文化领导权话语背后国家治理逻辑的最新变化。由于文化领导权语义、语境均发生了重大转变，如果我们还是简单沿用基于对国际层面的不平等结构、国内层面的紧张阶级关系等现象的认知而产生出"文化霸权式解读"，不仅是对文化领导权话语综合体的窄化理解，还严重背离了文化领导权话语所蕴含的中国国家治理逻辑。当前中国文化领导权话语的建构是一种非对抗性建构，也是对话语秩序的多层面建构，强调文化领导权在规划国家发展方向、建立社会核

---

　　①　汪晖. 去政治化的政治、霸权的多重构成与六十年代的消逝[J]. 开放时代，2007(2).
　　②　赵月枝，吴畅畅. 网络时代社会主义文化领导权的重建？——国家、知识分子与工人阶级政治传播[J]. 开放时代，2016(1).

心价值观等方面的作用。

（四）治理特征

第一，治理空间延伸。互联网技术的发展过程在一定意义上也是现实社会的时间、空间不断拓展、重构的过程，由技术发展引起的社会结构再塑造最终对国家治理空间产生了重要影响：一方面，虚拟社会成为现实社会的延伸空间，不仅对现实社会的功能进行了海量复制，还使得行动者个体在获取"网民"新身份的同时与自身实现了有效连结。虚拟社会中以"微博"为代表的社交媒体在某种程度上已然承担了市民社会的部分职能，① 在网民政治思想表达、意识形态斗争等领域均发挥了重要作用。另一方面，虚拟社会也对现实社会产生了重要的反作用。虚拟社会空间的建立使得现实社会中存在的信息区隔在一定程度上被打破，在虚拟社会中引起大多数网民情感共鸣的公共议题也会对现实社会中政府行为产生重要影响。面对来自虚拟社会的公共舆论压力，政府必须及时做出有效回应以满足网民政治参与诉求。由此，虚拟社会与现实社会之间的边界因两者的经常性互动而越发模糊，现实、虚拟社会中的文化领导权构建也因此变得更具传导性和连贯性，最终彻底改变了国家文化治理空间布局。当前国家文化领导权的生成不仅要依靠制度规范以奠定主流思想的权威性，还需要借助新兴技术最大限度地凝聚群体共识，产生一种"主流向心力"，从而完成对多元价值观的有效整合。

第二，治理意涵丰富。领导权地位的获取和维持需要持续性投入，而这种投入并不会因为革命胜利而终止，而是随着所处背景条件的变化，应不断进行补充、更新。在中国现实场域中，文化领导权的巩固过程也是文化与社会权力分配关系的调整过程。文化治理不仅意味着对文化进行治理以及运用文化进行治理，还意味着文化领域与政治领域之间的动态互动。据此，我们可以初步推断出两点结论：一是"政治不能简单地停留于政党和国家的层面，而必须涵盖社会的所有

---

① Daojian Z. Weibo as an Ideological Space：Cultural Hegemony and Virtual Civil Society［J］. Journal of Media Studies，2019，32（2）.

层面和领域"①，这要求我们正视政治领域与其他领域之间的关联而不是将政治领域简单地孤立起来。二是当前党的领导地位的合法性不仅来自国家经济实力，还越发取决于意识形态工作的建设情况。这要求我们必须将党的领导权建设任务与人民的日常生活紧密联系起来。在文化治理工作中，这一方面表现为国家积极主动地引导诸如"人类命运共同体""中国梦""社会主义先进文化"等主流话语在民众日常生活中的生产与传播，另一方面也表现为国家注重将主流意识形态自然化为民众较为零散的日常经验中衍生的"常识"，这成为文化领导权建设的有机补充。正是通过这两类或直接或间接的作用方式，我国文化治理并未停留于文化原初的道德教化意涵，而是进一步与具有政治意味的意识形态高度融合，从而实现了对文化领导权理论的意义滑移与延展。

第三，治理主体扩充。民族-人民集体意志既是贯穿葛兰西的《狱中札记》的一个重要术语，也是"建立无产阶级文化领导权思想的旨归"，还是当前文化治理实践中亟须重视的核心问题。② 民族-人民集体意志在我国文化治理过程中的重要性集中反映在，文化领导权地位的巩固不仅仅需要党和国家的积极行动，还需要将最广大的人民群众纳入治理主体之中，这在很大程度上转化为如下议题：如何将人民群众的意识观念与政治领域进行有效结合。在葛兰西看来，只有当统治阶级"有能力通过吸收所有民族流行的意识形态因素来阐明其领导权原则"时，统治阶级才能真正成为国家利益的代表。③ 这要求当前我国文化领导权建设工作不能游离于群众共识之外。具体而言，可从以下方面入手：一是信念嵌入与反馈。一方面，党和国家通过制定反映主流意识形态、契合人民群众利益需求的公共政策、公共文化产品等方式，将理想信念嵌入人民群众的意识之中；另一方面，人民群众在有序政治参与过程中充分表达政治观点、自觉维护主流意识形态，由此形成一种"共识嵌入—有效反馈"的良性循环。二是利益融合与同化。

---

① Xing L. The endgame or resilience of the Chinese communist party's rule in China: A Gramscian approach[J]. Journal of Chinese Political Science, 2018, 23(1).

② 杨静云. 葛兰西文化领导权的实践策略及其当代启示[J]. 甘肃社会科学, 2020(2).

③ Woolcock J A. Politics, ideology and hegemony in Gramsci's theory[J]. Social and Economic Studies, 1985, 34(3).

在主流意识形态的塑造过程中，只有满足国家利益与社会普遍利益有效融合这一条件，才能建立具有一致性、真正反映群众共识的历史集团。而中国共产党所创建的协商民主模式正是这种治理智慧的集中反映。①

四、文化领导权话语的反思重构

自改革开放以来，在看到我国经济建设水平不断提高的同时，我们也要承认，精神文化建设仍有一定提升空间。伴随东西方文化张力凸显、民众价值观念日趋多元，当前我国文化治理面临着严峻挑战。如何在新时代更好地开展文化领导权工作，不仅事关人民群众的整体利益，还对马克思主义意识形态的合法性地位具有重要影响。根据前文可知，我国文化领导权话语已不再囿于对西方马克思主义经典论著的诠释与解读，而是深深地打上了我国不同历史阶段和社会思潮的烙印。这使得文化领导权话语如何更好地实现中国化改造、国家文化治理实践如何实现创新性发展成为未来研究无法回避的重要关切，呼唤着我们在文化领导权话语的研究方法、研究话题等方面做出一定思考。

其一，反思研究方法。纵观国内文化领导权理论研究可以发现，相当一部分研究都选择采用思想史研究进路，这一研究进路具体又可以细分为"列传式研究"、"流派研究"、特定社会思潮和时代重大课题研究、重要概念范畴研究、政治思想比较研究、"政治思想与政治实践关系"研究。② 整体而言，采取思想史研究方法对文化领导权理论进行文本诠释、比较分析不仅是非常有必要的，而且应该成为文化领导权理论中国化的重要环节，但是现有研究在研究方法方面仍存在一定不足：第一，文本思想与社会现实的结合程度不够。对文化领导权思想经典文本的"切片式"解读固然重要，但是这无益于厘清根植于不同历史背景的文本间关系，更不必说应对中国语境下文化领导权话语的创造性转化问题。事实上，要解决这一问题，就必须"兼顾政治学的理论观点和历史学的分析方法"③。第

---

① Xing L. The endgame or resilience of the Chinese communist party's rule in China: a Gramscian approach[J]. Journal of Chinese Political Science, 2018, 23(1).

② 林存光. 得鱼在筌: 中国政治思想史研究方法刍议[J]. 天府新论, 2015(4).

③ 张师伟. 范式争鸣与方法反思——改革开放四十年来的中国政治思想史研究[J]. 政治思想史, 2019(2).

二，研究方法单一化问题较为突出。这在一定程度上表现为，当前研究主要着眼于一种自上而下的宏观研究视角，对文化领导权理论蕴含的一系列核心概念的可操作化处理不足。而宏观、微观相结合的视角的缺位使得相关研究未能较好地观测到人民群众这类主体在微观层面上的思想观念变化及其影响因素。

其二，反思研究话题。研究话题既是"话语主体所要言说的客观事物或表达对象"①，也是文化领导权理论话语体系重构的关键组成部分。在中国语境下开展文化领导权理论研究话题重构，必须面对的一个重要任务是如何实现文化领导权理论话语的本土化。现有研究已经在相当程度上将文化领导权理论的关键概念转化为学术话语和政策话语，但是不同研究对"欧美译介话语与中国本土政治学话语之间的关系"认知存在一定差异，这深刻影响了文化领导权理论在中国实现话题转向的力度：部分研究仍着眼于对西方文化领导权经典话题的反复陈述、简单套用，这既反映了部分研究者忽视西方文化领导权话语与中国治理的内在逻辑之间存在的张力，也在一定程度上反映了中国政治学批判性话语建设力度不足，未能充分发挥"政治学话语的正当化功能"②。进而言之，当前中国文化领导权研究话题的发展不仅仅要基于中国语境对原初概念进行内涵提炼、外延拓展，更重要的是，以"坚持党性和人民性相统一"为价值旨归，对中国文化领导权研究话题进行创新性发展。

纵观文化领导权话语的生成和演变过程，可以看到，中国情境下的文化领导权话语内涵不断丰富，作用界面也趋于多维，这对马克思主义理论发展、社会主义文化强国建设等方面均具有一定启发意义。在新时代的背景下，我们应当始终坚持马克思主义的基本立场，深入学习贯彻党的二十大精神，将满足人民群众的文化需求、凝聚全社会的精神力量摆在意识形态建设的重要位置。这既是动摇、终结西方话语霸权的必要举措，也是巩固、优化中国文化领导权的应有之义。

---

① 范逢春.国家治理现代化场域中的社会治理话语体系重构——基于话语分析的基本框架[J].行政论坛，2018(6).

② 刘伟.话语重构与我国政治学研究的转型[J].复旦学报(社会科学版)，2018(3).

第四章

政治学话语体系建设中的代表性学术案例(下)

第一节 中国政治学话语体系的创新路径探析
——以国家-社会关系理论为例

习近平总书记在哲学社会科学工作座谈会上指出:"发挥我国哲学社会科学作用,要注意加强话语体系建设。在解读中国实践、构建中国理论上,我们应该最有发言权,但实际上我国哲学社会科学在国际上的声音还比较小,还处于有理说不出、说了传不开的境地。"①作为中国话语体系的重要组成部分,政治学话语体系的建构是一个深层次的系统性的研究议题,蕴含着概念分析、类型划分和理论范畴等多个子议题,而理论范畴又在其中充当着观照全局的作用。在许多从西方译介过来的政治学理论中,国家-社会关系理论是一个无法回避的关键理论,其演变轨迹折射出中国政治学界对西方政治学理论学习、运用、转化与创新的心路历程,并反映出中国政治学话语体系的未来走势,因此是较为典型的政治学话语本土化案例。本节将以该理论为思想资源,试图提出创新中国政治学话语体系的优化路径。

---

① 习近平. 在哲学社会科学工作座谈会上的讲话[N]. 人民日报,2016-05-17.

一、问题的提出与文献回顾

中国政治学话语体系的建构是本土理论创新和文化软实力的具体体现，当前学界关于该问题的讨论主要集中在宏观层次，围绕话语体系建构的重要理论价值和现实意义、取得的成就与面临的现实问题，以及实现路径等核心内容展开了详细论述。

在西方政治学话语运用的问题反思方面，王绍光指出："我们所用的概念、基本假设、分析框架、研究方法大都来自西方，甚至我们讨论的热门话题也往往是由西方人提出的。而西方主流政治学则不屑讨论我们提出的问题，更不会运用我们发展的概念、基本假设、分析框架和研究方法。"[1]王炳权也认为中国政治学还存在着"臣服于自由主义的'言说'，对原子式个人的假设、市场神话和小政府的信任近乎狂热，不能实事求是地看待消极自由、选举和法治"等问题。[2] 对此，学界试图从多个方面唤醒本土学者的理论创新意识和中国政治学话语的再生产意识。在中国的具体语境中，政治学话语建构的使命直接表现为"探寻能够改善和提升广大人民群众政治生活水平和质量的正确道路"[3]。

在中国政治学话语的本土优势方面，学者们认为建构中国政治学话语体系的呼吁和需求拥有良好制度环境与实践底蕴。改革开放的政治实践为构建中国特色社会主义政治学知识体系提供了丰富的现实素材，建构中国特色社会主义政治学知识体系的共识正在形成等都是当前中国政治学话语体系生产的良好条件。[4] 此外，中国特色社会主义理论体系蕴含的政治学的阶级理论、国体理论、政体理论、国家结构理论、政党理论、民主理论、新民主主义革命理论、社会主义革命理论、民族理论、政府理论等的提出与完善极大地丰富了中国特色政治学话语体系。[5] 从中国实践出发，创造性地研究和建立自己的概念、范畴和命题，摒除将

① 王绍光. 祛魅与超越[M]. 北京：中信出版社，2010：3.
② 王炳权. 政治学话语体系建构的路径分析——基于"反思"的视角[J]. 社会科学研究，2019(4).
③ 桑玉成，周光俊. 从政治学博士论文看我国政治学研究之取向[J]. 政治学研究，2016(4).
④ 师喆，许超. 试论中国特色社会主义政治学知识体系的建构[J]. 学习与探索，2020(6).
⑤ 郑慧. 论构建中国特色社会主义政治学话语体系[J]. 政治学研究，2014(6).

西方政治学理论和方法强行嫁接到中国政治学、用西方的概念和逻辑来"规范"中国政治学的做法也逐渐成为共识。① 刘伟认为，中国政治学话语体系的建构，要矫正中国政治学过度务实的品性，以建设性的心态、长远的眼光关注人与政治生活的本质问题，就要在源于西方思想界的反启蒙与反现代观念对启蒙的指摘中站稳脚跟，夯实启蒙的基础。②

当前对中国政治学话语体系的集中探讨和分析有几个特点：一是进行中国政治学话语体系的价值倡导，二是批判纯西方式的理论运用和方法论分析，三是着眼于提升文化软实力和升华价值观念的长远设计。由此可见，中国政治学话语体系的文献分析，基本遵循着"宏观—思辨"的逻辑理路，在宏阔性的视野里圈定出中国政治学话语体系的建构方向，勾勒出政治学理论本土化创新的学术蓝图，而鲜有从具体理论及其历史变迁的维度，对未来中国政治学话语体系建构路径的脉络进行分析。对中国政治学话语体系建构的分析，恰恰需要从宏观走向中、微观层次，从现实走向历史，从典型的理论工具中寻找到中国政治学话语体系建构的明晰路径。

二、国家-社会关系理论的本土运用：嬗变及其反思

20 世纪 90 年代初，国家-社会关系理论译介到中国，掀起了本土学者研究中国国家-社会关系的浪潮。在过去 30 多年的研究历程中，国家-社会关系理论在中国本土的运用经历了几个发展阶段，不仅突破了单向的"拿来主义"，而且创造了中国政治学话语体系建构的多重可能性，展现了中国学者进行政治学话语再生产的能动性。

（一）国家-社会关系理论在本土运用中的演变逻辑

在前工业化革命时期，国家与社会是重叠的概念，二者合二为一。随着工业革命的兴起，受到民主革命与启蒙运动的影响，国家与社会的"二元论"逐渐有了思想市场，二者之间的对立性和互斥性在工业化时期凸显。关于何者优先与何

① 张献生. 对构建中国政治学话语体系的思考[J]. 理论与改革，2019(2).
② 刘伟. 话语重构与我国政治学研究的转型[J]. 复旦学报(社会科学版)，2018(3).

者为本位的价值选择则演化出"国家本体论"与"社会本体论"两种不同的理论取向，黑格尔与洛克等学术先驱对该问题的不同坚持使得国家与社会之间的界限在思想的论争之中变得更加清晰。进入 20 世纪，发达国家市场经济高度发展，但与此同时也出现了"市场失灵"和"政府失灵"等现实问题，社会的分化与社会的层次构造变得更加复杂，由此造成国家与社会之间的关系愈加扑朔迷离。① 中国政治学界正是在此背景下，开始接触并运用这一理论分析中国经验和治理实践。

1. 阐释与反思：理论运用初期的话语镜像

改革开放大幕开启后，在经济持续向好的时代背景下，中国政治学作为一门以国家公权力为核心研究对象的学科日益受到重视。学界不再局限于运用中国传统政治思想的资源和马克思主义政治学的资源对中国政治现象、民主法治和社会发展进行解释和剖析，社会从国家体制中剥离出来的实践动向激发了学者们从国外引进新理论分析工具的兴趣。在国家-社会关系理论的运用初期，几个主要的研究流派受到政治学界的青睐。以邓正来、俞可平、郁建兴等为代表的学者对"市民社会"表现出浓厚的兴趣，纷纷译介相关学术著作和文献作品，而以张静、顾昕等为代表的学者则对"法团主义"投入了关注，探讨了"法团主义"在中国的适用性问题。此外，还有学者循着米格代尔"社会中的国家"的理论图纸寻找更适合中国国家-社会关系模式的理论工具。由此，"市民社会""法团主义""社会中的国家"在中国的国家-社会关系研究中出现"三足鼎立"的局面。

其中，"市民社会"流派在国家-社会关系理论运用的初期占据主导地位，而对建构"市民社会"的价值倡导一时颇受欢迎。在社会组织管理体制改革走向深化后，社会组织繁荣发展的政治表征蕴含着国家对社会建设的日益重视以及政府对社会管制意识的蜕变和治理思维的兴起，有学者由此认为"市民社会"已经从理论探讨阶段走向了治理实践阶段，中国正在出现"市民社会"。

"市民社会"理论在引入中国的初期，其成熟的话语体系、饱满的价值观念和统领性的宏观意识得到了广泛传播。然而，随着对该理论的认识加深，以及对西方政治社会的深层次认知，学界出现了对"市民社会"理论适用性的质疑。有

---

① 王建生. 西方国家与社会关系理论流变[J]. 河南大学学报(社会科学版)，2010(6).

学者直陈，这一理论在中国的运用其实忽视了中西"市民社会"和现实社会政治结构之间的同质/异质关系，对西方市民社会的发展道路带有极大的盲目模仿心理，① 而邓正来在审视这一理论之时，也认识到市民社会对国家权力的冲击与抗衡，因而提出了良性互动说。②

对市民社会理论作为西方政治学话语入驻中国并影响中国政治学话语的最早尝试，中国学界并未表现出足够清晰的自主意识，而在一种近乎全盘接收和不加甄别的运用中致使其背后所传达和承载的西方国家的意识形态被遮蔽。总体而言，当西方政治学话语强势进入中国思想界之时，中国特色的政治学话语仍是一块处女地，对新式话语的崇拜、对理想模式的推崇、对思想陷阱的忽视，整体构成了国家-社会关系理论在中国运用初期的历史镜像。

2. 更替与创新：理论发展时期的话语镜像

随着全球结社革命的兴起以及"市民社会"所带有的与国家对抗的色彩被越来越多的学者认识，对"市民社会"进行追本溯源式的分析与反思提上了日程，越来越多的学者对"市民社会"理论保持谨慎的态度。与此同时，社会活力的展现，"第三部门"的普遍兴起，使得学界对社会组织化现象的研究保持较高的热情，而与"市民社会"紧密相关的"法团主义"随之被引入到国家与社会关系的分析中。学界在引介法团主义时，认为相对于"市民社会"，这一理论至少具有以下几点制度优势：其一，法团主义能够通过社会、国家的融合更好地培养公民的社会责任感，因而可以维护社会整合与团结；其二，在法团主义体制下，国家不会过多受到利益团体的压力，更有机会考虑到弱势群体的利益，从而实现国家政治的公正性；其三，法团主义做到了"公私兼顾"，节省了信息和交易费用，可以更好地聚合资源和协调行动。③ 沿着斯密特国家法团主义与社会法团主义的类型学划分，张钟汝等学者又将国家法团主义划分为两种类型："庇护性"与"层级性"法团主义。④ 由于中国的政治实践与法团主义存在着一定的契合性，不少学

---

① 方朝晖. 对90年代市民社会研究的一个反思[J]. 天津社会科学，1999(5).
② 李婷婷. 当代中国国家-社会关系研究论域与展望[J]. 社会主义研究，2011(6).
③ 陈家建. 法团主义与当代中国社会[J]. 社会学研究，2010(2).
④ 张钟汝，范明林，王拓涵. 国家法团主义视域下政府与非政府组织的互动关系研究[J]. 社会，2009(4).

者认为中国的国家与社会关系正在或者需要向社会法团主义转型和过渡，以此完成一场国家治理现代化的革命。有学者通过对专业性社团的考察分析，直白地得出了"中国已经完成了从国家主义向国家法团主义过渡"的结论。①

党的十八大以来，社会建设的重要地位凸显，由于法团主义强调制度化合作与利益代表机制，似乎与中国的治理环境不谋而合，因此其分支"社会法团主义"成为不少学者继续追逐的理论分析工具。但也有学者指出，将法团主义作为一种模式并不适合用来对中国的国家与社会关系进行理论概括或预测，尽管二者在观念及制度上具有高度相似性，但后者缺乏前者所必需的社会组织基础。② 中国学者相较于前一阶段显得更为谨慎，而且在中国，社会的发育程度和组织化程度远不及欧洲国家，中国不存在法团主义赖以生存的"强国家、强社会"的建构基础。③

法团主义虽然继市民社会理论之后成为中国国家-社会关系研究的新工具，但不同的是，中国学者独立自主的意识增强，掀起了对政治学话语权争夺的第一波浪潮。他们不再集中讨论和关心国家孰优孰劣、谁主谁次的问题，而是基于中国政治的客观发展实践，在两种理论之外创设新的概念，提炼新的分析范式及新的认知视角。诸如"分类控制"④"利益契合"⑤"行政吸纳服务"⑥"调适性合作"⑦等更为契合中国实际的分析性概念涌现，这些创新实现了中国本土研究对西方理论的脱离与超越，是对本土化话语体系建构的一次有益尝试。

中国政治学话语体系的建构逐渐表现为更明显的独立自主性，拥有了对中国

① 顾昕，王旭. 从国家主义到法团主义——中国市场转型过程中国家与专业团体关系的演变[J]. 社会学研究，2005(2).

② 吴建平. 理解法团主义——兼论其在中国国家与社会关系研究中的适用性[J]. 社会学研究，2012(1).

③ 王名. 中国民间组织30年[M]. 北京：社会科学出版社，2008：199.

④ 康晓光，韩恒. 分类控制：当前中国大陆国家与社会关系研究[J]. 社会学研究，2005(6).

⑤ 江华，张建民，周莹. 利益契合：转型期中国国家与社会关系的一个分析框架——以行业组织政策参与为案例[J]. 社会学研究，2011(3).

⑥ 唐文玉. 行政吸纳服务——中国大陆国家与社会关系的一种新诠释[J]. 公共管理学报，2010(1).

⑦ 郁建兴，沈永东. 调适性合作：十八大以来中国政府与社会组织关系的策略性变革[J]. 政治学研究，2017(3).

政治发展经验的学术自觉和底气，在这一理论自觉之下所昭示的一个事实是，西方政治学话语体系不能在不加以取舍和甄别的情况下被贸然运用，而且有必要在其辐射范围内有意识地建构中国政治学话语体系，掌握更多话语主导权。因而，有建树的反思、有思想的建构、有创新的再造成为这一时期国家-社会关系理论在中国运用的历史镜像。

3. 批判与再造：理论变革时期的话语镜像

党的十八大以来，学界不再满足于对西方政治学话语的纯理论性反思，也不再仅仅就某一理论进行专门性的反思，而是对整个西方政治学话语体系进行批判，全方位审视西方政治学理论资源，并在此基础上建构出具有中国特色、中国风格、中国气派的政治学话语。

在较长一段时期内，中国的国家治理研究存在"缺失政党维度"[①]的局限，没有将执政党充分纳入当前的探讨中。随着执政党角色在国家治理中的话语权重不断演化升级，"将政党带进来"[②]成为其中最具代表性的呼声，学者们越来越意识到，中国独特的权力结构和制度安排不能简单地采用国家与社会二分法进行理解，而是应当充分考虑国家和社会关系中"党的相对独立作用"。在中国语境之下，政党中心主义的色彩更为浓重和明显。[③]

政党中心的理念不断突破着西方式的国家与社会二分法理论框架，一些学者重拾"党、国家与社会关系是执政党活动的现实基础"[④]这一观点，在实证研究中将政党变量自觉嵌入到治理实践的探讨中，通过创设新的分析路径阐释中国基层的政治运行结构。党建工作的逐步开展，既是政治学界一次学术的突破之旅，也是建构中国特色的政治学话语体系的典型示范。政党在国家-社会关系探讨中的新历史方位，在三个层次上迥异于西方政治学话语：一是实践基础不同，中国是通过共产党的长期执政促进国家与社会互动的制度化，拥有较强的稳定性和非交

---

① 王海荣. 现代国家认同的危机与建构——基于公民身份视角的分析[J]. 哈尔滨工业大学学报(社会科学版)，2018(6).

② 景跃进. 将政党带进来——国家与社会关系范畴的反思与重构[J]. 探索与争鸣，2019(8).

③ 杨光斌. 制度变迁中的政党中心主义[J]. 西华大学学报(哲学社会科学版)，2010(2).

④ 林尚立. 党、国家与社会：党实现领导核心作用的政治学思考[J]. 中共天津市委党校学报，2001(1).

替性;二是中国共产党与社会紧密相连,代表着最广大群众的根本利益,整合社会的多元化需求,并建立与公权力之间的制度化关联,及时回应并满足社会公众不断变化的利益诉求;三是中国的国家与社会互动关系无法回避执政党的多方位影响,执政党的组织建设延伸到政府和社会的所有机体,嵌入社会生活的方方面面。

党的十九大报告指出:"党政军民学,东西南北中,党是领导一切的。"执政党的全方位在场说明,"在研究中国问题时,既不能完全套用源于西方经验的国家与社会关系理论,也不能将这一人类思想史的重要文明成果完全抛弃。而应立足于中国实际,以批判继承的态度实现对这一理论范式的本土化再造。再造的核心,在于充分关注中国共产党在塑造国家与社会关系中的核心作用,从而以更加契合中国实际的党、国家与社会关系理论实现对国家与社会关系理论的超越"[1]。无论是基于话语权的重构需要还是出于巩固学术自信的目的,中国学者正在从理论的本源上重新思考西方政治学话语在中国政治学话语建构中的功能与价值,而越来越多的实证研究正与规范研究一同开辟着中国政治学话语的原创道路。

(二)中国政治学话语的再生产困境——国家-社会关系的理论反思

肇始于西方国家政治实践的国家-社会关系理论,在中国经历了一个从"追赶式模仿"到"改造型吸收"再到"批评性运用"的过程。从生搬硬套的初级模仿进阶到灵活运用的理性再造,这一理论并没有直接推动中国政治学话语体系的整体提升,仍在较大程度上折射出中国政治学话语的两重再生产困境:一是在思维上,体现为西方政治学话语中的意识形态渗透过密;二是在实践上,体现为本土政治学话语中的原创内生动力不足。

1. 西方政治学话语中的意识形态渗透过密

西方学者在 20 世纪 90 年代初最先关注到改革开放后中国国家与社会关系的巨大变迁。戈登·怀特在考察了浙江萧山的基层组织后认为,改革开放之前的中国社会组织完全处于国家的控制之下,而改革开放后,尽管国家的支配优势仍然

---

① 韩冬雪,胡晓迪. 社区治理中的小区党组织:运作机理与治理效能——基于党、国家与社会关系的研究[J]. 行政论坛,2020(3).

明显，但经济组织享有并体现出了更多的自主权利，由此他认为中国出现了市民社会的萌芽。① 以民间商会的兴起为考察对象，市民社会理论很快赢得了国内政治学者的注意，并在短时间内追随这一基调，纷纷引入"新权威主义""法团主义""社会中的国家"等一系列探讨国家-社会关系的理论。由此造成的恶果是西方主流意识形态伴随西方政治学话语的进入而渗透到价值理念与研究主张之中，用西式的民主价值裁剪中国的政治实践。无论是强调"以社会为中心，与国家相抗衡"的市民社会理论，还是主张强国家与强社会进行制度化合作的法团主义，都受到了西方自由主义思潮的重要影响，忽略了当时的中国国情实际。事实上，此时的中国虽然兴起了一部分民间自治社会团体，形成了社会组织的内生秩序与自主力量，但没有完全挣脱体制性的束缚，国家与社会继续在"单位制"的管理轨道上进行互动。"后单位"时期，"单位组织并未退场，而是以一个新的角色和身份继续发挥作用。由此引发后单位社会政府与社会自治组织之间复杂的衔接问题"②。

中国的国家与社会关系不是此消彼长的关系，也不是非黑即白的关系，而是在一种错综复杂的、既有融合又有分离、既密不可分又界限清晰的关系模式中影响着国家治理的行动轨迹。但借助社会公众对"强社会"形态的政治渴望，西方意识形态还是隐蔽地渗透到了本土的研究之中。西方政治学话语在脱离中国现实情况的基础上，就像根据西医的病学原理对中医的疾病诊断进行指导，致使理论研究"悬浮"于本土实践，进而对中国政治学话语的自主探索产生了思想性干扰。因此有学者发出警示：以西方历史为价值坐标标注中国历史和现实将会丧失学术研究的主动性，陷入别人的话语场中而不自觉，并出现学术性失语的困境。③

2. 本土政治学话语中的原创内生动力不足

一面是西方政治学话语的强势进入并进行意识形态的弥散渗透，一面则是本土政治学话语的虚弱无力，这种虚弱无力表现为研究中的自我意识淡化、依附性

---

① Gordon White. Prospects for Civil Society in China: A Case Study of Xiaoshan City [J]. The Australian Journal of Chinese Affairs, 1993(29).

② 田毅鹏，薛文龙. "后单位社会"基层社会治理及运行机制研究[J]. 学术研究，2015(2).

③ 陈仲元. 反思中国市民社会理论研究[J]. 学海，2005(5).

增强。中国政治学话语的建构之路可谓困难重重，由于长期存在着"重借鉴轻原创，重论证轻批判，重运用轻再造"的问题，本土政治学话语难以在国际政治学界获得应有的重视和关注。虽然经过多年的自省、反思与自我检视，偶有较强解释力的理论主张涌现，但仍无法与西方政治学话语进行平等交流与对话，本土政治学话语出现了原创理论的持续性输出困难。国家-社会关系理论是为数不多的既有借鉴又有创新的对西方政治学话语的本土化再造，但也深刻地反映出本土化的诸多短板与不足，且在以下三个层面表现得尤为突出：

一是从中国本土实际出发而创设的解释性概念供给不足。国内不乏立足中国本土、深挖国家治理经验、持续生产用于解释具有中国特色的国家-社会关系的学者以及学术团队，但是鲜有创设本土化概念的魄力和功力，而即便是"祖赋人权"①与"关系叠加"②等极具中国特色的概念也只是近些年的产物，这就意味着在本土政治学话语的建构上，中国学者仍有很大的创造机会和提升空间。

二是具有国际影响力的政治学者产生困难。政治学话语成为近些年来学者们日渐关注的重要议题，其原因之一就是力图突破"孤芳自赏"的学术内圈，以更加积极、主动和自信的姿态在国际政治学界开展新一轮的话语权争夺，以此彰显中国政治学的学科力量。然而在国际舞台上具有重要影响力的中国政治学者屈指可数，因此以本土政治学话语体系讲述中国故事、传递中国声音、表达中国态度的路径选择遭遇到自主性不足的结构性壁垒。

三是西方政治学话语的霸权地位，长期的傲慢与偏见，使得本土原创性话语出现在世界舞台上时遭受到不公正待遇。这不仅挫伤了中国学者进行话语建构的积极性，而且也难以促进中西政治学的平等对话。此外，本土研究还存在一些迷信西方政治学话语、难以融入中国主流价值观念的现象，这不利于运用马克思主义国家-社会观开辟中国政治学话语建构的发展趋势。解决这些问题，"要时刻保持清醒的批判意识，既要用批判的眼光审视自己，也要用批判的眼光观察世界"③。

①　徐勇. 祖赋人权：源于血缘理性的本体建构原则[J]. 中国社会科学，2018(1).

②　徐勇. 中国的国家成长"早熟论"辨析——以关系叠加为视角[J]. 政治学研究，2020(1).

③　王绍光. 中国政治学三十年：从取经到本土化[J]. 中国社会科学，2010(6).

三、面向未来：中国政治学话语体系的创新路径

尽管政治学本土化的意识在学术共同体的学术自觉与理论自信中不断增强，但是与实现真正具有政治生命力、文化传播力和国际影响力的现代化目标之间还存在较长的一段距离。因此，中国政治学话语体系的创新型建构任务仍然艰巨，以国家-社会关系理论为学术观照，学界应当从以下几个方面继续开足马力，奋勇前进。

（一）突破西方话语体系的学术桎梏与钳制

一方面，要在话语使用中自觉区隔开中西方的不同语境。西方式的国家-社会关系理论所营造的话语氛围，其基本的逻辑起点是国家社会的二元分野，试图用辩证思维，以自主性为划分方式，将国家与社会在学术层面上进行人为的分割与对立。与之不同的是，中国的政治发展经验和制度实践效果一再表明，在撇开西方价值理念的裁剪后，国家与社会之间具有多重可能性和可塑造性，关系模式的变化与调适不仅受到来自历史传统和政治文化土壤的深刻影响，而且与中国特色的政党体制存在着密切关联。自觉区隔中西语境的差异，就要明确一个基本事实：虽然国家的刚性控制色彩在社会领域有所淡化，但当社会内生秩序的再生产难以在短期内完全实现独立自主之时，执政党与国家作为主导型角色的缺席与强制性权力的退出实际上可能不利于社会的健康发展。中国治理语境的不同之处还在于，总体性社会的结束并不意味着"法团主义"在中国即将实现"低开高走"，因为一个既属于国家组成部分又是社会组成部分的"政治社会"仍在影响着中国政治的运行基础。① 这一中层理论的建构恰恰说明中国国家与社会不能作简单的二元区分，而应当深度反思中国语境下的政治学话语传播的特殊性和复杂性。

另一方面，要坚决防范西方政治学话语带有的霸权主义等意识形态。西方国家，尤其是欧美大国的历史发展迥异于中国的发展轨迹，西方政治学话语的建构必定是扎根于本国实践的基础之上，因此当它被移植到中国时，其天然带有的意

---

① 汪仕凯. 政治社会：一个中层理论[J]. 学术月刊，2017(7).

识形态成分及霸权主义理念也随之进入中国，对中国政治话语的建构形成干扰。反对西方话语霸权是全人类的共同事业，也是关乎世界知识体系重构的正义运动。① 防范这一意识形态的负面影响，应当首先明确中国特有的政治社会结构、政治运行的纵横逻辑、政治制度的顶层设计理念与基层政治的实践表征，基本无法在西方现有的政治学理论中寻找到一对一的精准无误的诠释性话语。因此，中国政治学话语体系建构的突破点和创新点正是在这里，即依靠国内学术共同体的刻苦经营，通过对西式思维钳制和学术桎梏的破除，生产出更加具有中国策略和东方智慧的话语体系。

(二)促进多重本土话语的深度互动与融合

中国政治学话语是一套完整的话语体系，既包括理论界的学术话语，也包括政府部门的官方话语，还包括普通大众的民间话语，不同话语表达不同的政治功能，发挥着不同的社会作用，展现的是多元化的话语表述逻辑和互动机制。建构具有中国特色的政治学话语，关键还在于推动本土话语之间的深度互动与融合。

首先，深化学术话语与官方话语的互动联通。当前社会建设史无前例地成为执政党、政府和学界等多方话语主体的共同议题，学术话语与官方话语在互动联通方面仍存在天然的困难，二者在同一概念的使用与理解上存在一定偏差，致使在对话与交流时出现词义上的误解。破除这一话语融合上的阻滞，应当在仔细甄别现有概念、理论和方法工具的基础上，群策群力地重新创造一套贴近社会实践发展的话语体系，基于本土经验与模式进行概念的创设与转化，以此同西方公民社会的发展形态加以区分。

其次，建构官方话语与民间话语的交流机制。官方与民间对"国家"和"社会"的认知在层次和角度上存在不同，相对于官方话语，民间对"国家"的理解相对宽泛和抽象，对"社会"的理解则更加生活化和具体化，这种认知上的偏差一定程度造成两者行动逻辑上的差异。破解这一认知性障碍，需要通过建立平等的话语交流机制，弱化官方话语中的刚性成分，促进官方话语与民间话语之间的同

---

① 陈曙光.论国际舞台上的话语权力逻辑[J].马克思主义与现实，2021(1).

频共振，这不仅有利于强化话语之间的相互融合，也有利于消解话语情境中的对抗和冲突。

最后，推动民间话语与学术话语的双向转换。学术话语的精英式传导和民间话语的无序编排从长远的角度看不利于政治学话语体系的创新型建构。政治的原初定义是管理众人之事，政治学担负着构建中国特色社会主义民主的使命，这就要求中国政治学扎根于泥土，成长于民众之间，务必从学术的殿堂主动走向知识的田野，通过不断拓展话语建构的范畴与边界，努力在民间话语中破解当今中国政治运行与发展的密码，在话语的双向转换上做到"从群众中来到群众中去"。多重本土话的同向同行，表征的是国家与社会基于共生共荣目标的良性互动方式，有利于为政治学话语的本土化发展增添更多的可能性。

（三）强化中外理论资源的时空对话与交流

从古今中外的理论资源宝库中汲取养分，在传统与现实、国内与国外的时空坐标里搜寻及整理和创造既能够精准反映中国具体政治实践又能够赶超国际政治学发展前沿的话语仍是中国政治学面向未来的姿态。

其一，既要认识到西方政治学话语在阐释中国生动实践经验上的不足与缺憾，也要继续以开放包容和兼收并蓄的心态，加强与西方先进理论、范式和方法之间的交流与对话。中国政治学主张同世界各国进行对话，但绝对不是委曲求全，而是要将目光锁定政治学的理论与方法前沿，以敢于超越自我的精神，向成熟的学科建设体系学习。当然，这一过程中须要格外注意结合西方国家的具体语境和历史发展特点，对其进行全方位的扫描，开展追本溯源式的探究，避免因受到功能性话语的雕琢和粉饰，而忽略背后的意识形态主张。

其二，既要坚定不移地以马克思主义为指导，稳稳把牢中国政治学话语建构的航行方向，也要扎根本土实际，以更加宽阔的视野和胸襟，在历史的文化长河里打捞中国政治学传承与绵延数千年的理论宝藏。近些年，中国本土学者极力倡导历史政治学的研究维度，实际上也是创新中国政治学话语体系的一种尝试。虽然"在循道政治思维定式的覆盖下，中国传统政治文化整体缺乏思想和认识的创造性，这种状况在当代中国仍然有一定的延续，成为阻碍当代中国社会进步的潜在文化障碍"①，但当代中国政治始终是"中华文明基因共同体的自然延续"②。因此，守正创新的起点就是在传承过往的优秀基因中重新生发出符合时代的政治学话语。

其三，强化政治学学者的使命与担当意识，通过灵活运用中外理论资源，建构"以人民为中心"的政治学话语体系。牢牢恪守"以人民为中心"的建构理念，就是在自觉践行改革开放后中国政治学学科建设的初心，就不会在浩如烟海的理论资源面前自乱阵脚。政治学要加快自我更新的能力，在危机与挑战中实现弯道超车，通过培育具有前瞻意识与宏大格局的政治学者，重塑中国政治学的自信与威望，从而壮大政治学话语的国际声势。

总之，中国政治学话语要采取正本清源和返璞归真的举措，这不仅有利于突破现有研究框架的束缚，而且也能在亘古的时空隧道中勾勒出中国政治学话语建构的未来图景和发展路线图。

四、结论与讨论

在中国政治学话语体系的变迁历程中，国家-社会关系理论是一个较为理想的"观测点"。透过国家-社会关系理论的"多棱镜"，本节考察了"现代国家"概念在中国本土的实践样态，从理论嬗变的角度探讨了当前中国政治学话语体系建构的突出困境及其创新路径。在多元开放的时代，话语体系之间的冲突与对抗一直广泛存在，中国本土话语与西方话语的博弈会在多个层面上呈现出来，也正在这种激烈的碰撞中，才能更加明确中国政治学话语体系建构的创新方向。

例如，同样是诠释国家-社会关系，西方的治理理论就以其强大的普及能力迅速成为各类话语主体进行对话的工具，带有去政府中心化的多元共治理念为多数人所接受，顺势完成了其在中国政治学话语体系的嵌入。因有前车之鉴，所以治理理论在中国虽然得到了广泛运用和传播，却依然保持着政党中心的意识形态底色，较好地回避了西方国家的隐性价值输出。因此，中国政治学话语的建构要始终在对自我价值认同的坚守中实现独立自主。中国政治学话语始终根植于厚实

---

① 葛荃. 论传统中国"道"的宰制——兼及"循道"政治思维定式[J]. 政治学研究，2011(1).
② 杨光斌. 以中国为方法的政治学[J]. 中国社会科学，2019(10).

的中国政治文化土壤，拥有开放与包容的多重品质，不论是基于文化自信背后所蕴藏的宏伟战略还是基于当下话语权纷争的现实考量，从文化语境中探索推进中国政治学话语体系建构的多维理路正当其时。

第二节　国内学界网络政治参与研究的话语反思

20世纪60年代，互联网在美国诞生后，西方学界的网络政治研究也随之兴起。网络化、信息化、数字化时代的到来，催生了新的政治现象，生发了全新的学术议题，出现了繁杂的思想争鸣，以及相应的学术理论沉淀。十多年来，随着中国互联网技术的飞速发展，特别是手机等移动通信终端的高度普及，我国网民数量早已上升为世界第一。与此同时，民众政治参与意识逐步增强，网络政治快速呈现，网络群体性事件也频频发生，我国的网络政治研究也迅速兴起。作为网络政治研究中的一部分，网络政治参与自然成为国内学界的一个重要研究话题，相关研究大量涌现，精品迭出。那么，网络政治参与有哪些特征？中国学界网络政治参与研究的发展状况如何？网络政治参与研究的未来发展方向是什么，中国政治学界又该如何立足本土实际、调整研究取向、创新研究方法、丰富学术话语？针对这些问题，本节拟从话语理论出发，对国内学界的网络政治参与研究作一个初步梳理和反思。

一、国内网络政治参与研究的发展概况

（一）网络政治参与形成的技术背景

对于中国学界而言，网络政治参与并不是一个土生土长的政治学概念：这一学术概念的本土化过程始于国内学界对西方政治参与研究的概念引入和理论译介，深深根植于21世纪中国互联网技术引进和政策变迁的进程。

西方社会的网络政治参与活动始于二战后，西方政府为了缓解财政危机、改善与民众间的信任危机、顺应经济一体化趋势、提升政府管理能力和竞争能力，借助互联网这一新兴的技术手段，构建新型政治参与平台，开展电子投票、电子

选举等一系列政治活动。① 西方学界的网络政治参与研究则兴起于 20 世纪 70 年代。与传统政治参与研究相比，网络政治参与研究虽历时不长，但已获得快速发展。最初，西方学界对政治参与的研究停留在对投票、竞选、社区活动等正式的制度化的参与行为的关注，其后丰富发展为对抗争行动等非制度化非理性化的参与行为的关注，随后又进展到对 90 年代以来网络社群的发展带来对政治参与多元化行为的聚焦上。②

相较于西方社会，我国网络政治参与的实践起步较晚。20 世纪 90 年代后期中国开通互联网，国内事实上的网络政治参与活动始于 20 世纪末，比较有代表性的网络政治参与事件有 1997 年我国网民对印尼反华运动的声讨，1999 年南斯拉夫大使馆被炸后我国网民的网络抗议活动。这一时期网络政治参与的规模和影响力都十分有限，参与动机也相对单一，但拥有强烈的民族主义色彩。③ 千禧年后，我国政府开始逐渐关注网络的政治服务和宣传教育功能，并在此后不断推进电子政务发展和网络民主建设：2000 年中共十五届五中全会第一次提出"扩大公民有序的政治参与"④；2007 年党的十七大报告提出要"继续扩大公民有序政治参与，健全民主制度，丰富民主形式，拓宽民主渠道"⑤；2021 年，"加强数字社会、数字政府建设，提升公共服务、社会治理等数字化智能化水平"被作为我国的十四五规划重点提出。中国互联网络信息中心（CNNIC）第 51 次报告显示，截至 2022 年 12 月，我国网民规模达 10.67 亿，较 2021 年 12 月增长 3549 万，互联网普及率达 75.6%，其中手机网民规模达到 10.47 亿。⑥ 2010 年，中国网民约 4.57 亿，网络普及率约 34.3%，10 年之间，互联网普及率翻了一番还多。显而

① 李斌. 网络参政[M]. 北京：中国社会科学出版社，2009：149-151.

② 宁晶，孟天广. 成为政治人：政治参与研究的发展与未来走向[J]. 国外理论动态，2019 (11).

③ 李斌. 网络参政[M]. 北京：中国社会科学出版社，2009：157-160.

④ 中共十五届五中全会公报（全文）[EB/OL]. (2000-10-11)[2021-5-5]. https://www.chinanews.com/2000-10-11/26/50225.html.

⑤ 胡锦涛在中国共产党第十七次全国代表大会上的报告[EB/OL]. (2007-10-15)[2021-5-5]. http://cpc.people.com.cn/GB/64162/64168/106155/106156/6430009.html.

⑥ 第 51 次《中国互联网络发展状况统计报告》[EB/OL]. (2023-3-2)[2023-5-5]. https://www.cnnic.net.cn/n4/2023/0303/c88-10757.html.

易见，如何善用网络技术促进民众政治参与、推进公共服务供给、实现政府有效治理已经成为我国政治实践中的重要议题。

（二）国内网络政治参与研究的现状

网络政治现实的发展激发了国内网络政治参与研究的迅速展开。利用网络资源，通过整合中国知网（CNKI）和书籍出版网络平台的数据，我们发现，在过去的 20 年里，国内学界研究网络政治参与的核心期刊论文超过 400 篇，公开出版学术专著 15 部（表 4-1）。学科涉及马克思主义理论、法律、社会学、新闻传播学、政治学、教育学以及心理学等，呈现出明显的跨学科特征。就研究方法而言，绝大部分研究属于质性研究，量化研究比较短缺。[①]

表 4-1　国内关于网络政治参与方面已出版的图书

作者	书名	出版社	年份
李斌	网络参政	中国社会科学出版社	2009
王金水	网络政治参与与政治稳定机制研究	中国社会科学出版社	2013
高桂云	公众网络政治参与的引导与规范研究	中国社会科学出版社	2014
罗爱武	互联网对政治参与平等化的影响研究	中国社会科学出版社	2015
曾凡斌	互联网使用与中国中间阶层的政治参与研究	中国社会科学出版社	2016
姚凤梅	公民网络政治参与法治化研究	河北人民出版社	2016
宋超	当代中国网络政治参与研究	山东大学出版社	2016
黎慈	法治视域中网络政治参与的效度研究	苏州大学出版社	2017
房正宏	网络政治参与与意识形态安全	中国社会科学出版社	2017
黄少华	城市居民网络政治参与行为研究	科学出版社	2017
曾凡斌	互联网使用与政治参与	中国人民大学出版社	2018
燕道成	大数据时代青少年网络政治参与的有序机制研究	知识产权出版社	2019

---

① 关于网络政治参与的定量研究，比较典型的学者有黄少华以及刘伟等。详见文中相关注释。

续表

作者	书名	出版社	年份
徐迪	公民网络政治参与行为的社会网络分析	中国社会科学出版社	2020
周宇	高校大学生网络政治参与研究	知识产权出版社	2020
姜黎黎	基于马克思实践理性观的我国公民网络政治参与研究	上海三联书店	2023

二、国内网络政治参与研究的概念生成

学术概念是学术话语的基本构成元素和要件。显而易见，相较于传统政治参与，"网络政治参与"是一个复合型概念。因此，想要理解"网络政治参与"，就离不开对"网络"和"政治参与"概念内涵的考察。相较于西方发达国家，中国互联网的投入使用时间不长，政策环境较为严密，"网络政治参与"这一学术概念在中西学界的形成有着不同的成长土壤，与之相关的理论准备、发展过程、未来走向也必然呈现出不同样态。

首先，想要理解"网络政治参与"的内涵，就绕不开对"政治参与"这一核心概念的考察：政治参与是政治现代化的重要内容、民主政治的重要实践形式，也是公民政治社会化的重要途径。目前西方学界对政治参与这一概念有多种界定方式：有些学者将政治参与视为一种政治行为，"参与制定、通过或贯彻公共政策的行动"[1]，"平民试图影响政府决策的行动"[2]。还有一些学者将参与者的态度和心理因素纳入政治参与的定义中，[3] 将政治参与的内涵扩展到了心理层面。我国有研究者将政治参与界定为"普通公民通过各种合法方式参加政治生活，并影响政治体系的构成、运行方式、运行规则和政策过程的行为"[4]。也有研究者认为"政治参与就是普通公民通过一定的方式去直接或间接地影响政府的决定或与

---

[1]　米勒. 布莱克维尔政治学百科全书[M]. 北京：中国政法大学出版社，2002：608-609.

[2]　亨廷顿. 难以抉择：发展中国家的政治参与[M]. 汪晓寿，等，译. 北京：华夏出版社，1988：4.

[3]　格林斯坦. 政治学手册精选[M]. 北京：商务印书馆，1996：292-293.

[4]　王浦劬. 政治学基础(第二版)[M]. 北京：北京大学出版社，2006：166.

政府活动相关的公共政治生活的政治行为"①。总结以上定义，不难发现学界对"政治参与"概念有着广义和狭义两种。从参与主体来看，狭义的政治参与特指普通公民的参与活动，广义的政治参与涵盖全部身份的民众和各种类型团体组织的参与活动；从参与性质来看，狭义的政治参与往往以公民守法为前提，特指制度化参与；而广义的政治参与包含各种非制度化甚至是非法的参与行为。

其次，"网络政治参与"是一个包含"网络"媒介属性加之"政治参与"行为的复合概念。"网络"这一限定词明确指出了政治参与行为的媒介和载体，"政治参与"是被"网络"修饰的中心词。从构词角度来看，学界对于"网络政治参与"有两种理解逻辑：一种观点将网络政治参与视为一种全新的政治互动，而不是两个经典概念的简单叠加，如莫里斯认为"公众与政府之间的沟通，由于计算机及网络的运用，创造了新的互动空间，民主的理念得以实施"②。另一种观点将网络政治参与视为一种采取新技术手段的政治参与行为，如李斌认为网络政治参与主要指在网络时代，发生在网络空间，目标指向现实社会政治体系，并以网络为载体和途径参与社会政治生活的一切行为。③ 换言之，目前学界对网络政治参与这一复合概念存在着两种各有侧重的理解方式：一种强调网络特性，认为网络政治参与是一种全新的政治参与形式，另一种认为网络政治参与只是传统政治参与的变体，本质上并无差别。

将"政治参与"和"网络政治参与"这一对概念联系起来进行分析后，我们发现政治参与和网络政治参与在本质上是趋同的，但在主体身份、技术手段、表现形式等方面有所差异。实际上，网络政治参与和传统政治参与的目标是一致的，都指向国家政权系统及其决策和政策，或是公共政治生活，这是由政治参与的本质特征所决定的。④ 网络时代，相较于传统政治参与，学界对网络政治参与的总结和提炼也可以反映一些新特点。具体而言，网络政治参与主要的表现形式有网

---

① 杨光斌. 政治学导论[M]. 北京：中国人民大学出版社，2000：231.
② 莫里斯. 网络民主[M]. 台北：商周出版社，2000：110.
③ 李斌. 网络参政[M]. 北京：中国社会科学出版社，2009：32-33.
④ 李斌. 论网络时代的政治参与[J]. 理论导刊，2004(6).

络政治表达、网络政治监督、网络政治结社、网络政治动员,① 网络政治参与主体身份更具有复杂性、隐秘性、虚拟性,空间上具有广泛性,参政内容和公共议题讨论更加多样化,参与手段更加直接化和技术化,网络的匿名性特征也使得参与动机更加复杂化。②

三、国内网络政治参与研究的话语变迁

按照发表(出版)的时间顺序,梳理我国网络政治参与的研究成果,我们能够清晰地发现:20 余年来,我国的网络政治参与研究既是对西方概念、理论的引介与本土化过程,更是扎根于中国实践、具有中国特色的学术生产和话语变迁过程。笔者将我国网络政治参与研究的话语发展划分为三大阶段:网络政治参与学术话语的引入、网络政治参与学术话语的本土化以及中国式网络政治参与话语的创新。③

(一)网络政治参与学术话语的引入阶段:2000—2007 年

国内第一篇讨论网络政治参与的期刊论文正式发表于 2001 年,该文颇富远见地预测了 21 世纪网络对我国政治参与的影响,提出网络必然推动公民与政府官员的直接对话,提高民意在政府运作中的分量。④ 在这一阶段,国内学界可考的公开发表成果不多,研究内容呈现出较为宏观、高度抽象的特点。其中有相当一部分介绍性的文章将重点放在对网络政治参与概念的引介,对网络政治参与定义的厘清上。与此同时,对于网络政治参与背后的因果机制、政治效应的探讨停留在比较简单的逻辑推演层面。主要议题包括互联网对政治参与的影响、技术进步对电子政府建设的促进作用、网络政治参与对电子民主与协商民主的推动等。

---

① 熊光清. 中国网络政治参与的形式、特征及影响[J]. 当代世界与社会主义,2017(3).
② 李斌. 网络政治学导论[M]. 北京:中国社会科学出版社,2006:147-152.
③ 本文对我国网络政治参与话语阶段划分的参考文献,主要源自对中国知网相关关键词、同义词的检索梳理,检索关键词包括:"网络参政""网络化政治参与""网络政治参与""互联网政治参与"。
④ 黄永炎,陈成才. 21 世纪网络技术对中国政治参与的影响[J]. 理论与改革,2001(1).

除此之外，这一时期我国学界已经关注到特定群体网络政治参与行为，如知识分子、① 青年等。② 这一时期的研究对象相对比较单一，可能的原因是在世纪之交，我国能够掌握网络这种先进信息技术的人群主要集中在知识层次较高和收入水平较高的"信息富有者"身上，可供研究的选择群体并不多。

可见，在话语引入阶段，我国网络政治参与议题的研究者寥寥，研究成果不成体系，国内学界正处于网络政治参与的话语建构初期。已有研究聚焦于对概念的阐释、对因果机制的简单说明、对西方网络政治及政治参与理论的译介。在这一阶段，我国对网络政治参与这个概念的认识是比较粗浅的，一般将其看做网络时代下中国政治参与的一种新形式，而没有将其视作一个整体现象加以专门考察。在研究取向上，有学者已经颇具远见地认识到：对民主的多种理解会造成对网络政治参与民主价值研究的困难。③ 整体来说这一阶段我国学界虽然已有不安于外来话语引介现状的清醒，但在实践层面上，依然比较依赖西方网络政治参与的民主话语和叙事框架。

（二）网络政治参与学术话语的本土化阶段：2008—2015 年

2007 年 10 月在北京召开的中国共产党第十七次全国代表大会可以被看做我国网络政治参与理论研究进程指导思想上的一个重要转折点。这次会议强调了要从各个层次、各个领域扩大我国公民有序参与，为我国的网络政治参与实践规定了发展方向，也为我国的网络政治参与研究确立了价值导向。官方话语中"有序"一词是一种鲜明的政治态度表达，直接影响了我国学界学术话语的生产和输出。2009 年"网上两会"以一种常规形式在人民网召开，又为我国网络政治参与研究提供了绝佳的实践案例。在这一时期，我国网络参政的主体、手段和形式都更为丰富。网民意见征集、网络调查投票、"E 提案"的参与度显著提升，这一政治生活中的新变化也带来了网络政治参与研究的激增。这十年间，我国网络政治参与研究大量涌现，总数大约 230 篇，且每年间的发文数量呈现出不断的增长态

---

① 樊汉祯，曹妍. 网络发展对知识分子政治参与的影响[J]. 理论探索，2004(2).
② 曹雅丽. 网络时代的中国青年政治参与[J]. 中国青年研究，2001(6).
③ 胡同新. 网络政治参与的民主价值透视[J]. 求实，2005(9).

势，网络政治参与形成一股研究热潮。

这一时期国内学界的网络政治参与研究呈现出对两大议题的关切：其一，"政治稳定""社会稳定""有序参与""政府回应"等关键词开始频繁出现在网络政治参与的相关研究议题中。网络政治参与和政治稳定之间的关系研究被持续关注，探讨网络政治参与对政治稳定影响和规范网络政治参与的对策型研究有增无减，研究者们积极关注网络政治参与过程中的问题，并结合专业知识建言献策。相关研究的应对思路大致有两种，一种是从制度、法律、教育等方面对网络政治参与行为进行治理与管制，另一种是提高政府自身的应对能力和回应能力。其二，党的十七大之后，人民的主体地位进一步凸显，网络政治参与研究中开始更加关注"公民""民意"等概念，出现了对公民参与权及对网络政治参与的政策支持、法律保障和制度认可的相关探讨。

这一时期，在我国网络政治参与的微观研究中，也产生了很多新话语：有些学者聚焦某一特定的网络政治参与行为，如公民参与选举人大代表、网络反腐①等；一些学者对非制度化非理性的参与行为进行研究，如网络谣言的诞生、② 网络群体性事件的发生、③ 网络结社的问题④以及一些新型网络政治参与活动，如"围观式参与"⑤等。此外，国内网络政治参与研究还出现了一些新主体。不同于以往从制度、结构、功能等角度讨论网络政治参与议题，目前有不少研究开始关注不同主体在网络政治参与中呈现的群体特征和政治心理，特别是对大学生、青年和农民工群体的研究尤其丰富。还有一些更加复杂的网络政治参与主体也被国内学界所关注，如网络政治参与中的舆论领袖、⑥ 微博大 V、⑦ 网络政治社团等；

---

① 侯勇. E 时代网络反腐范式的实践困境及其治理[J]. 求实，2013(3).

② 郭小安. 网络谣言的政治诱因：理论整合与中国经验[J]. 武汉大学学报，2013，66(3).

③ 郝其宏. 网络群体性事件的生成与治理——以社会情绪表达为分析视角[J]. 广西社会科学，2014(12).

④ 王存奎. 当前网络政治参与中的结社问题研究[J]. 中国人民公安大学学报，2012，28(1).

⑤ 陆斗细，杨小云. 围观式政治参与：一种新的政治参与形式[J]. 当代世界与社会主义，2013(2).

⑥ 罗旭. 网络政治参与中的舆论领袖研究：演进与规制[J]. 探索，2012(4).

⑦ 唐斌. 微博"大 V 问政"典型传播模式分析——基于 30 个微博问政议题的实证研究[J]. 甘肃行政学院学报，2015(4).

在过去的研究中常被忽略和隐匿的边缘化群体：贫困地区妇女网络政治参与、①少数民族网络政治参与②研究也开始出现。

总的来说，这一时期我国网络政治参与研究的反思性增强，创新能力提升，研究更加系统化。

（三）中国式网络政治参与话语的创新阶段：2016 年至今

在这一时期，公开发表的核心期刊论文约 250 篇，出版专著超过 10 部，相关研究话语在成熟基础上出现了明显的理论创新态势。这一时期我国的网络政治参与研究问题意识更强烈，研究切口更小，表达更规范。随着互联网深入到人们的日常生活中，研究案例更加丰富多彩，研究视角也具有跨学科色彩。例如有学者认为在 2016 年中国网民 Facebook "表情包大战"这一娱乐政治化的典型事件中，参与者们广泛使用了表情包等多模态话语形式，印证了图像政治时代的来临。③ 还有学者基于中国传统的信访制度，研究了中国社会治理实践的一种创新："网络信访"。"网络信访"最初是基于政府专网的信访信息系统，后来拓展为基于互联网的信访信息系统。④

此外，这一时期国内学界开展的网络政治参与研究所覆盖的地域更广，区域性的研究结论更为丰富。关注我国香港、台湾等特定地区网络政治参与的研究增多，并形成了对已有实证研究的有效补充。

有学者提出，政治参与研究逐渐向新行为主义、宏观政治学与微观政治学的融合、技术政治和因果推断的方向转变。⑤ 在话语创新阶段，我国网络政治参与研究中微观转向明显，量化技术进一步得到发展。有研究者梳理了网络政治参与

---

① 李雪彦. 贫困地区乡村妇女网络政治参与研究[J]. 云南民族大学学报（哲学社会科学版），2014，31(3).

② 刘娟，张国军. 少数民族网络政治参与研究[J]. 广西民族研究，2014(6).

③ 汤景泰. 网络社群的政治参与与集体行动——以 FB"表情包大战"为例[J]. 新闻大学，2016(3).

④ 张海波，童星. 网络信访：概念辨析、实践演进与治理创新[J]. 行政论坛，2016(2).

⑤ 宁晶，孟天广. 成为政治人：政治参与研究的发展与未来走向[J]. 国外理论动态，2019(11).

行为概念的结构和维度，提出了从政治信息获取、政治意见交流表达和政治行动三个维度来进行网络政治参与行为量表的编制，① 为完善具有中国特色的政治参与量化研究做出了有益尝试。

四、国内网络政治参与研究的话语反思

国内学界在网络政治参与研究领域的话语表达和话语生产，主要体现在概念、议题和研究范式等方面。通过对已有研究文献的梳理和对新理论、新表达的总结，我们不仅能够把握该领域的学术发展脉络，也能够提炼出该领域的话语特点。

(一)学术概念创新乏力

学术概念的生产能力、解释能力和传播度是衡量话语创新水平的重要指标。目前国内网络政治参与研究往往沿用西方的既有概念，并用中国经验进行概念阐释，新概念的生产能力较弱。当然，在吸收西方已有名词概念的基础上，国内也有一些实证研究结合中国网络政治参与的现实特点，提出了一些经过加工重组的复合型概念，还有一些研究结合传播学、社会学、心理学的专业名词，提出了一些新的跨学科概念，如"在线社会资本""网络政治效能感""围观式参与"②等概念均是一些经典概念的变体。针对中国政治与治理实际，还有研究者提出了"民心政治"③这种创新性概念，拓展了国内网络政治参与的理论基础，为网络政治参与研究增添了新鲜的学术话语。

(二)理论纷争缺乏共识

建立在概念基础上的理论构成了话语体系的核心部件。目前国内学界的理论

---

① 黄少华，姜波，袁梦遥.网络政治参与行为量表编制[J].兰州大学学报(社会科学版)，2016(6).
② 陆斗细，杨小云.围观式政治参与：一种新的政治参与形式[J].当代世界与社会主义.2013(2).
③ 刘伟，肖舒婷."民心政治"的实践与表达——兼论中国政治心理学研究的拓展[J].政治学研究，2023(2).

创新能力依然不足，主要体现在既有研究多停留在重复验证西方已有的经典理论上。

　　在网络政治参与的影响因素上，国内学界的大部分实证研究致力于验证在西方学界被广泛研究的政治认同、政治效能感、社会资本、主体特征等理论解释，但并没有形成具有决定性的统一的结论。例如有学者发现，文化资本比教育程度更能影响网络政治参与，其中具体化文化资本反而比制度化文化资本对城市居民网络政治参与的影响作用更为显著。① 也有学者审慎地考察了网络技术对政治参与发挥作用的中介机制，发现互联网介入方式是网络政治参与的关键变量，其中集体性介入显著促进了网络政治参与，而个体性介入则存在负影响或无影响。② 还有学者验证了个体的"人格鸿沟"会影响网络政治参与。③ 在网络政治参与的政治效应研究中，国内学界对西方学界提出的一些在全球范围内颇具影响力和传播力的理论，如"数字民主""数字鸿沟""强势民主"等进行了研究，在此基础之上，国内研究者们也立足于我国的国情民情和技术条件，进行了富有成效的理论生产工作。如有学者指出网络是影响当代个体政治社会化的重要因素，更是个体社会化最强有力的执行者。④ 有学者基于善治理论，分析了公民网络政治参与对政府治理的积极影响和消极影响。⑤ 还有学者基于协商理论，探讨了网络政治参与对现实政治协商的促进作用。⑥ 正如李斌所言："就政治层面而言，网络技术将成为封闭社会的敌人，它在呼唤推进一种广泛的平等基础上的政治协商制度。"⑦

　　还有一部分研究聚焦于网络政治参与的情感态度和价值判断。与西方学界秉持的网络技术决定论、网络技术手控论和网络技术互动论三种观点相似，国内研

　　① 黄少华，黄凌飞. 文化资本对网络政治参与的影响——以城市居民为例[J]. 甘肃行政学院学报，2015(5).

　　② 孟天广，季程远. 重访数字民主：互联网介入与网络政治参与——基于列举实验的发现[J]. 清华大学学报(哲学社会科学版)，2016，31(4).

　　③ 王国华，王戈，陈强. 社交媒体中政治参与的"人格鸿沟"及形成机制[J]. 现代传播(中国传媒大学学报)，2016，38(11).

　　④ 房正宏. 网络政治参与：内涵与价值探讨[J]. 江西社会科学，2011，31(3).

　　⑤ 王帆宇，朱炳元. 网络政治空间背景下的公民理性政治参与之道——基于政府善治的视角[J]. 行政论坛，2013，20(5).

　　⑥ 赵春丽. 网络政治参与：协商民主的新形式[J]. 中共天津市委党校学报，2007(4).

　　⑦ 李斌. 网络政治学导论[M]. 北京：中国社会科学出版社，2006：7.

究也基本没有跳出积极、消极与中立的三元框架，例如刘文富认为网络对政治发展、国家职能、政治体制、政府管理、政治文化等具有积极作用，能够对民主的复兴产生重大积极推动作用，同时，网络对民主也产生消极效应，比如，网络的发展有可能损害国家的凝聚力，导致信息拥有的不平等、严重无政府状态或者更加隐蔽的信息集权控制，网络发展为政治的非正常操作提供便利等。① 当然，也有学者强烈质疑互联网的民主价值："研究表明，当前中国网民无论在人口特征还是在政治态度上均无法较好地代表大众，且在重要政治态度上缺乏一致性。"②

(三)研究视角较为单一

国内网络政治参与研究尤其强调网络的政治功能。互联网最初是美国军队内部的情报交流系统，具有比较强烈的政治功能；后来功能扩散，成为政府与公民网络沟通和对话的平台；最终功能商业化社会化，普遍化为社交媒体，普通民众成为网络自由发声的主体。而这三个阶段在中国则被压缩为两个阶段：互联网一开始就实现了政府与公民之间新技术条件下的信息发布与接收，成为国家改进和完善政府治理、展示政策导向、意识形态宣传的新平台，电子政务大规模推广，有效提升了政府治理能力的现代化。我国政府也逐渐形成了包含互联网社会治理价值、网络社会治理中的政府角色和网络时代政府治理形式在内的"网络认知自觉"③。就此而言，学界开展的研究集中于讨论技术赋能视角下的政府治理。随着互联网功能的社会化，作为社交媒体，它实现了赋权，即赋予公民权利、责任和任务，使公民能够借助互联网和政府机构进行合作。依靠数字技术，通过获得信息、参与表达和采取行动等社会实践方式，公民在提升自身参与能力的同时，改变了原有的社会结构，继而完成自我增权。④

从互联网发展史来看，中国网络政治是先有管制后有参与，或者说公民的网

---

① 刘文富. 网络政治：网络社会与国家治理[M]. 北京：商务印书馆，2002：1.

② 林奇富，殷昊. 反思互联网政治参与：代表性的视角[J]. 学术月刊，2020(10).

③ 虞崇胜，刘远亮. 从网络问政到网络理政：中国政府的网络认知自觉[J]. 天津行政学院学报，2015，17(4).

④ 孟天广. 政府数字化转型的要素、机制与路径——兼论"技术赋能"与"技术赋权"的双向驱动[J]. 治理研究，2021，37(1).

络政治参与是在政府划定的框架下展开的。① 因此，在我国网络政治参与的相关研究中，技术赋能、技术治理往往更被关注。这种单一的研究取向还体现为以下特点：首先，我国网络政治参与的叙事主体比较单一，西方网络政治参与对象有政府、公民、政党、非政府组织等，但目前国内学者主要从政府、公民两个角度来切割网络政治参与，而较少从社团组织的角度进行研究；其次，我国网络政治参与的叙述框架相对特殊：从政治参与的视角看民主政治的发展，西方的网络政治参与是一种在以竞争性选举为核心的政治民主制度框架下的叙事，而我国的网络政治参与是一种以行政为主导、其他治理主体共同参与的协商民主制度框架下的叙事。

五、结　　语

全面总结国内学界网络政治参与研究现状后，我们发现当前我国网络政治参与研究在研究规模、研究方法上仍存在不足，在学术创新能力和学术话语建设上依然落后于西方。面向未来，首先，国内学界应当拓展研究议题、创新研究方法，形成具有影响力、扎根中国实践的规模性研究。如果没有对中国具体事实材料深入全面的挖掘，就很难发现独特的研究议题，提炼具有中国特色的政治学概念。其次，需要科学借鉴西方理论资源，完善具有中国特色的网络政治参与话语体系。长期以来，在我国政治学理论和话语的建构中，不同程度地存在用西方的思维、观念定义中国的事实，用西方元素做"中国菜"的问题。② 西方学者对网络政治参与的研究是建立在西方社会所倡导的民主理论、代议制体制和网络参与现状之上的。如果完全依照西方政治参与与学术话语的逻辑和理论来对照研究中国事实，大多会得出民众与国家之间关系紧张的负面结论。只有打破意识形态偏见，摒弃拿来主义，注重提升学术话语创新意识和创新能力，才能真正开创属于中国的学术话语体系。最后，应当树立学术自觉与学术自信，推进中国网络政治参与的学术话语权建设。"那些由新概念、新命题和新观点构成的话语体系，那些得到更

---

① 陈潭，罗晓俊. 中国网络政治研究：进程与争鸣[J]. 政治学研究，2011(4).
② 张桂林. 逻辑要义、历史努力与认知前提：建构中国特色政治学话语体系[J]. 政治学研究，2017(5).

广泛有效检验，取得学术界更普遍认同，其概念、命题、范式被更广泛地运用的话语体系，才有可能占据学术话语权地位。"①这启示我们不仅要增强网络政治参与研究的创新能力，也要注重将研究成果放在世界范围内传播、交流和对话。

第三节　国内学界的网格化管理研究：回顾、反思与展望

近年来，网格化管理不仅是地方实践热点，也是我国学术研究热点之一。基于对既有文献的回顾可以发现：网格化管理实践逐渐走上了管理与服务并重的发展轨道，并已成为国家治理基层社会的重要政策工具；随着实践的发展，网格化管理研究主题不断被扩展与细化，研究话语逐渐从管理话语体系转向了治理话语体系，研究议题的设置深受地方实践与国家政策话语的影响；作为一种行政主导下的社会管理创新实践，网格化管理虽然在权力下沉、资源整合、清晰化治理、精准化服务等方面具有优势，但其强烈的技术化与行政化属性，不仅不利于社区自治力量的成长，而且还暗含着基层治理的"内卷化"风险。网格化治理与网络化治理是当前学界重点讨论的议题，在未来的研究中，应综合运用规范与实证、定性与定量等研究方法，从理论与经验层面进行全方位学理分析，以期能够用丰富的经验材料与事实证据讲好中国基层治理故事，最终生产出能够指导社会发展的新知识。

一、引言

2004年，北京东城区采用万米单元网格管理法，将整个城区划分为若干个互相联结的网格单元，实现了城市管理精准化，提升了社会治理效能。此后，网格化城市社会管理不断被其他地方所实践和创新，形成了丰富的实践案例，如上海浦东模式、南京栖霞"城乡一体化"模式、湖北宜昌"一体三化"模式、浙江舟山"网格化管理、组团式服务"模式以及江苏苏州网格化综合治理联动模式等。当前，网格化管理已成为我国基层社会治理的重要理念与手段，在其被广泛应用

---

① 蔡禾. 社会学学科的话语体系与话语权[J]. 社会学评论，2017，5(2).

于基层社会治理的同时，学界对其进行了经验研究与理论反思，形成了丰富的研究成果。无论是从学术研究还是从治理实践的角度来看，适时对该研究议题进行阶段性回顾与反思，都有着重要的意义。

　　笔者梳理文献发现，部分学者已从不同角度对该领域研究进行了回顾与评述。例如：李鹏等从概念、成效、特色、技术构成及发展趋势等方面对相关研究成果进行了评述；① 朱崇羿在回顾文献的基础上，将我国网格化管理模式的研究阶段划分为概念讨论及定性、模式探讨推广、模式优化与拓展以及模式反思四个阶段；② 张仲涛等从网格化管理产生的背景、概念、模式比较以及价值判断等方面进行了梳理与简评；③ 胡重明基于文献回顾了国内网格化管理"从网格技术到网格化社会治理"的发展历程，并提出了以行政权规制为核心的议题框架。④ 上述研究从不同角度呈现了网格化管理领域的研究成果，为该领域后续的研究奠定了基础。但均未能够真正展现出我国网格化管理研究的全貌，特别是对于未来网格化管理应向何处发展这一重要议题并未进行过多的论述。基于此，本节试图沿着网格化管理研究的时间维度，分别从实践解读、理论反思、转型发展三个方面对相关研究议题与争论进行阐述，最后就我国网格化管理研究的特点与未来展望给予讨论。

二、网格化管理：技术架构、实践模式与政策扩散

（一）网格化管理的技术与架构

　　网格化管理在社会治理领域的兴起与应用，主要源于 20 世纪 90 年代兴起的网格技术。该技术起先主要应用于计算机与电力等领域，于 21 世纪初被引入社会管理领域。它能够实现互联网资源的互联互通，消除信息与资源孤岛，实现资源共享与协同工作，为用户提供一种高级服务，具有共享性、协同性、标准化与

①　李鹏，魏涛. 我国城市网格化管理的研究与展望[J]. 城市发展研究，2011，18(1).
②　朱崇羿. 新时期我国网格化管理研究综述[J]. 农村经济与科技，2016，27(3).
③　张仲涛，周倩. 城市社区网格化管理研究综述[J]. 辽宁行政学院学报，2016(12).
④　胡重明. 网格化社会治理：研究回顾与新的议程[J]. 行政论坛，2017，24(3).

适应性等特点。① 网格化管理的技术基础主要包括：网格化技术，主要由"3S"技术集成、构件与构件库技术、中间件技术、地理编码技术、移动 GIS 技术以及单元网格划分技术等组成；城市网格化管理办法，主要由城市事件管理法、城市管理"双轴"管理体制与管理信息采集办法等组成。② 借助于网格技术，辅以现代网络信息技术，网格化管理成为一种数字化、信息化社会管理模式，起初主要应用于城市领域，后被运用到乡村治理领域，成为基层社会治理的重要模式。

作为一种现代管理模式，网格化管理的实践举措主要有：运用单元网格管理法将管理辖区划分为若干网格单元，并作为基层治理的最小单位；利用部件与事件管理法对管理内容进行分类与信息登记；利用现代网络信息技术构建管理平台；建设网格化管理队伍；制定明确的管理流程与程序；建立组织保障与综合评价体系。其中，科学合理地划分网格单元是网格化管理实践的关键步骤。与城市不同的是，乡村领域的网格划分主要是以自然村或者村民小组为单位。此外，网格化管理的实际运作流程由信息收集、案卷建立、任务派遣、任务处理、处理反馈与核实结案等环节组成。③ 随着其不断发展，运作流程中又增加了综合评价环节。

（二）地方实践与具体应用

加强与创新社会管理是政府的一项重要职能。作为我国社会管理创新的一种实践模式，网格化管理在政策引导与社会管理创新的双重推动下，得到了各级政府的青睐。网格化管理起初主要应用于城市管理，如城市警务工作、工商管理、市容环卫、城市交通管理、城市供水等方面，④ 现已成为基层社会治理的重要模式与治理技术。基于丰富的实践材料，学界主要从纵向和横向两个维度对网格化管理实践进行了经验解读，这些研究成果成为后续学界对其进行理论反思的重要基础与田野材料。纵向层面主要以区域实践为主，通过个案分析的方式来窥视网

---

①　陈颖健. 网格技术：互联网竞争的核心[J]. 求是，2003(15).

②　李鹏. 我国城市网格化管理研究的拓展[J]. 城市发展研究，2011，18(2).

③　王喜，范况生，杨华，等. 现代城市管理新模式：城市网格化管理综述[J]. 人文地理，2007(3).

④　陈云，周曦民，王浣尘. 政府网格化管理的现状与展望[J]. 科技管理研究，2007(5).

格化管理的具体实践，从而为基层社会管理创新的实践发展提供实践经验与模式借鉴；横向层面主要是研究与设计其在应急管理、公共服务供给等基层治理具体领域中的应用机制。此类研究构成了我国网格化管理研究的早期成果，从侧面也反映出网格化管理研究的实践性。

1. 地方实践

这类研究以个案研究为主，侧重于地方实践经验与特点的提炼和总结，并就实践过程中存在的问题与改进措施进行探讨，以期能够更好地在其他地区与领域进行推广与应用。早期学界关注的主要是三大模式：一是北京模式。学者们主要是基于北京各地网格化管理的实践，从做法、成效、存在问题及改进策略等方面进行总结与反思，以求能够更好地推进北京网格化管理模式的发展。①②③④ 二是上海模式。如陈家刚以上海市杨浦区殷行街道为例，对社区治理网格化的背景、现状、存在的问题与原因以及完善对策等进行了论述；⑤ 何海兵从城市社区体制改革的角度对上海社区网格管理体制的主要做法进行了简要总结。⑥ 三是舟山模式。与北京、上海等模式不同，舟山模式首次将网格化管理应用于农村，实现了城市与乡村的全覆盖，而且是一种以服务为导向的基层实践，实现了从基层维稳和管理到公共服务供给的跨越。如吴锦良从构建基层党建与基层治理新格局的角度，探讨了该模式对基层党建的创新价值和示范意义；⑦ 孙建军等对模式的基本做法、运作机理等进行了总结，阐述了其作为一种新的社会管理模式对基层政府推动科学发展、促进社会和谐稳定所具有的理论价值和现实借鉴意义；⑧ 胡

① 杨宏山，皮定均. 构建无缝隙社会管理系统——基于北京市朝阳区的实证研究[J]. 中国行政管理，2011(5).
② 王名，杨丽. 北京市网格化服务管理模式研究[J]. 中国行政管理，2012(2).
③ 曾媛媛，施雪华. 北京市网格化社会管理的经验、问题与对策[J]. 新视野，2013(3).
④ 熊炎. 北京市网格化社会服务管理体系的推广与完善[J]. 北京行政学院学报，2013(3).
⑤ 陈家刚. 社区治理网格化建设的现状、问题及对策思考——以上海市杨浦区殷行街道为例[J]. 兰州学刊，2010(11).
⑥ 何海兵. 城市社区体制改革的历程与困境分析——以上海为例[J]. 华东理工大学学报(社会科学版)，2012，27(3).
⑦ 吴锦良. 构建基层党建与基层治理良性互动的新格局——舟山市基层党建工作的实践创新[J]. 中共浙江省委党校学报，2010，30(1).
⑧ 孙建军，汪凌云，丁友良. 从"管制"到"服务"：基层社会管理模式转型——基于舟山市"网格化管理、组团式服务"实践的分析[J]. 中共浙江省委党校学报，2010，30(1).

重明则从再组织化视角分析了舟山市实施网格化管理的主要策略及经验，反思与阐释了社会管理创新所面临的深层次矛盾与亟待解决的新问题。① 在农村基层社会管理模式上，浙江舟山岱西镇构建了一种以协同服务为主要特征的基层社会管理新模式，实现了农村基层组织的重构，创新了农村基层社会的协同服务机制，但这种创新是在当地政府的强势推动下展开的，是政府运用行政资源所做的一项农村基层社会管理方式改良，带有浓厚的行政色彩。②

作为一种社会管理创新实践模式，网格化管理在被北京、上海、舟山等城市实践后，逐步在全国范围内推开，其他地方在引入的同时也进行了本土化创新，并形成了具有地方特色的实践模式，如杭州"网组化"机制、③ "网格连心、服务为先"的"仙林模式"④、重庆巫峡网格化社会管理体系等，⑤ 这些也是后续学者们进行经验解读的对象。随着实践案例增多，有学者进行了多个案比较研究，如有学者从信息整合与人员下沉的不同视角分别对北京市东城区、上海市浦东新区网格化城市管理系统的发展、演化与创新过程进行比较分析，探讨了两地网格化社会管理体制创新的异同，并指出两者都力图借助信息技术实现城市社会管理的高效率、精确化与可控性目标。⑥

可以看出，这些实践均是地方政府在国家政策与社会现实管理问题的引导下，为创新社会管理机制和提升社会管理水平而进行的。而且，在实践过程中，网格化管理经过了一个以覆盖地区的增加、制度规模和效用的提升以及适用领域

---

① 胡重明. 再组织化与中国社会管理创新——以浙江舟山"网格化管理、组团式服务"为例[J]. 公共管理学报，2013，10(1).

② 卢福营. "协同服务"：农村基层社会管理的创新模式——浙江省舟山市岱西镇调查[J]. 学习与探索，2012(1).

③ 方卫红. 用"网组片"机制夯实党在基层的执政基础——以杭州市"网格化管理、组团式服务、片组户联系"的实践创新为样本[J]. 中共浙江省委党校学报，2010，26(4).

④ 童星. 社会管理的组织创新——从"网格连心、服务为先"的"仙林模式"谈起[J]. 江苏行政学院学报，2012(1).

⑤ 王名，杨丽. 社会管理创新的"网格化"体系探析——以重庆市巫溪县为例[J]. 探索，2012(1).

⑥ 高恩新. 基于信息整合与人员下沉的城市管理创新研究[J]. 中共浙江省委党校学报，2011，27(6).

的丰富和深化为主要特征的制度化过程。① 这一过程不仅契合了城市基层社会治理中多方面制度需求，也回应了城市治理主体治理目标不集中、边界模糊、激励不足等问题，其自身蕴含着以技术治理、组织整合和党政嵌入为主要特征的制度逻辑，契合了地方政府进行基层社会治理的制度需求。②

2. 具体应用

在公共管理领域中，网格化管理最早是以犯罪预防与社会控制为主要目标，通过将社区划分为不同的格局与区域，配备专门的执法人员，以移动互联网、即时通信工具和信息平台为技术工具，实现社会情况的充分掌握，进而化解纠纷、监督违法甚至预防犯罪。③ 后被应用于基层社会的多个领域，如消防、税务、市容环卫等，都取得了不错成效。其中，应急管理与公共服务供给是其应用的重要领域。

应急管理是社会治理中的一个重要组成部分。在政府应急管理中，突发公共事件预警是其首要解决的问题。网格技术与网格管理的发展为建立健全预警机制提供了技术支持。面对预警"信息缺失"问题，应充分发挥网格化管理在信息组织上的前瞻性、综合性、立体性和开放性等优势，着力完善日常管理中各项与预警相关的机制，并在高度信息化相关资源的基础上，构建一套全面整合的、全过程的突发公共事件预警机制。④ 姜金贵针对突发事件应急管理机制的不足，认为可以引入网格化管理思想，从体系运行、预警、紧急处置、善后处理与评估等方面构建应急管理机制，以提升突发事件应急管理的处置能力。⑤ 网格化管理不仅能够为应急管理提供全面、真实的基础信息和可靠的预警依据，还可以提供及时有效的应急响应和充分高效的社会动员，最终为实现应急管理社会化、信息化、

① 叶岚.城市网格化管理的制度化进程及其优化路径[J].上海行政学院学报，2018，19(4).
② 陈柏峰，吕健俊.城市基层的网格化管理及其制度逻辑[J].山东大学学报(哲学社会科学版)，2018(4).
③ 潘德勇.我国社会治理模式选择的理论基础与现实依据——以网格化管理为视角[J].湖北经济学院学报，2014，12(6).
④ 祝小宁，袁何俊.基于网格化管理的突发公共事件预警机制探析[J].中国行政管理，2006(10).
⑤ 姜金贵，梁静国.基于网格化管理的突发事件应急管理机制研究[J].情报杂志，2008(6).

治理化、规范化、全覆盖与无缝隙的新常态建设奠定基础。①

提供公共服务是政府的基本职能。随着社会不断发展与人们生活水平不断提升,社会公众对政府公共服务供给能力提出了更高要求。这就使得如何在社会发展过程中,不断创新政府公共服务供给方式,有效破解公共服务供给困境,从而提升政府治理体系和治理能力现代化水平,成为一个亟待解决的问题。而网格技术的发展与网格化管理的实践,为政府公共服务供给模式的创新提供了技术与理念支撑。上海市浦东新区北蔡镇在构建城乡一体化公共服务体制实践中,以综合配套改革为动力,以建设社会网格化管理平台为抓手,在转变政府职能、推进公共服务体制建设的过程中,进行改变城乡二元结构的实践,形成了覆盖城乡的公共服务系统,确保城乡公共服务的均等化,促进了公共服务型政府的建设,充分发挥社会网格化管理平台对转变政府职能、统筹城乡一体化公共服务的作用。②推进城乡统筹发展和城乡公共服务由差异化走向均等化,不仅需要加强社会网格化管理平台的建设,更需要形成城乡统筹的公共服务供给网格机制。这一机制建立在城乡公共服务的网格单元模型基础之上,由资源配置、活动协调、反馈沟通、资源共享等机制组成,借助于政府的组织、服务和技术平台,通过城乡公共服务决策—执行—反馈的网格化统筹系统,最终实现城乡公共服务的公平均衡和可持续发展。③ 而要全面推进公共服务供给网格机制,实现公共资源最优化供给与提升供给效能的目标,就需要政府在服务理念、职能配置、技术参数和基础设施上的完整配合,完成从管理到服务的理念变革、从发起到响应的流程变革以及从分工到融合的职能调整。④ 此外,为了提升政府公共服务能力,还需要构建一个科学化、符合区域实际的网格化社会服务管理模式。这一模式是以"内部大融合、外部大联动"为特点,由工作模式、技术要素、数据基础、管理机制等多个

① 盘世贵. 借助网格化管理推进我国应急管理新常态建设[J]. 学术论坛,2015,38(9).

② 娄金洋,鲍宗豪. 城乡一体化公共服务体制构建的实践及问题——以上海市北蔡镇为例[J]. 城市问题,2009(12).

③ 祝小宁,白秀银. 城乡统筹的公共服务网格机制研究[J]. 中国行政管理,2010(9).

④ 白秀银,祝小宁. 公共服务供给的网格机制及其效能研究[J]. 求索,2016(1).

关键要素构成的全维度融合模式。①

（三）网格化管理的政策扩散

在现实需要与国家政策引导下，网格化管理深受地方政府青睐，发生了显著的政策扩散，并呈现出典型的"S"形曲线特征，具有创新扩散的一般特征。对于地级行政单位而言，中央或省级政府的推动、上级领导者的示范影响、地方主要党政领导干部的素质、地方政府拥有的资源数量与获取创新信息的渠道等都会影响其是否采纳网格化管理模式。② 对于省会级及以上城市而言，制度压力与经济发展水平对创新扩散具有正向作用，城市辖区面积与行政层级的高低则起到负向作用，区域位置、人口规模对扩散的影响则不显著。③ 此外，网格化管理在扩散中也发生了变异。从"首创者"与"追随者"的具体实践来看，其在理念、内容与结果等方面产生了变异现象。④ 同样，如果将政策扩散视为政府间的组织学习与政策"再生产"的过程，那么这种"再生产"政策在具体形式和改革力度上均不同程度地偏离了政策原型，这种偏离主要受到问题研判、不确定性规避与资源动员等机制影响。⑤ 也有学者基于范米特-范霍恩政策执行系统模型的视角，运用田野调查方法，对网格化管理在农村地区执行情况进行了个案性的系统梳理，研究发现农村网格化管理政策在执行过程中，存在着政策目标及标准不清、资源供给单一化和行政化倾向等问题，实际偏离了网格化管理本身所具备的精细化、多元参与、资源共享和无缝隙变革等特征。⑥

---

①　张泽根，严泰光，化柏林. 基于系统论的全维度融合模式：海淀区网格化社会服务管理研究[J]. 电子政务，2016(2).

②　杨代福. 我国城市社区网格化管理创新扩散现状与机理分析[J]. 青海社会科学，2013(6).

③　赵强. 制度压力如何影响地方政府公共服务创新的扩散？——以城市网格化管理为例[J]. 公共行政评论，2015，8(3).

④　周志忍，李倩. 政策扩散中的变异及其发生机理研究——基于北京市东城区和S市J区网格化管理的比较[J]. 上海行政学院学报，2014，15(3).

⑤　林雪霏. 政府间组织学习与政策再生产：政策扩散的微观机制——以"城市网格化管理"政策为例[J]. 公共管理学报，2015，12(1).

⑥　柴宝勇，周君玉. 农村网格化管理政策执行研究——基于政策执行系统理论的实证分析[J]. 中国行政管理，2020(1).

三、网格化管理的效用与限度

(一)效用：资源整合、流程再造与清晰化治理

网格化模式的设计初衷是将网格作为城市治理的基本单位，承接和聚集各职能部门管理资源，并整合利用各类单位的治理资源，① 发挥其监控、反馈和督办等功能，避免城市管理中的"死角"和"盲点"，提升城市管理的事前预警性，实现市民与政府的快速互动，② 从而为推进公民有序参与和建设服务型政府开拓新途径。③ 相较于传统城市社会管理方法，网格化管理运用信息化技术打破了传统城市管理部门和行政区划空间的界限，在城市管理过程中实现了发现及时、反应灵敏、处置有方、管理高效和服务到位等管理目标。④ 而且，它借助于网格平台，通过资源共享、快捷反馈和高效服务来应对传统管理模式的僵化和低效问题，不仅是为解决官僚体制所存在的碎片化问题而提出的一种整体性治理，还是一种由基层政府推动的更加注重民生诉求和民意评判的新型目标责任制。⑤

在实践过程中，这种以技术为支撑的网格化管理模式，通过一系列机制性创新，再造了传统科层治理体系，⑥ 它利用数字技术的嵌入，延长了治理链条，整合了末端管理力量，有利于改善条块分割、各自为政现象和提升城市管理精细化水平，实现了对公共治理流程的再造。⑦ 这种带有浓厚中国色彩的城市管理模式，利用作为最小管理和服务单位的网格单元在打破政府部门、层级及职能的边

---

① 彭勃. 国家权力与城市空间：当代中国城市基层社会治理变革[J]. 社会科学, 2006(9).

② 阎耀军. 城市网格化管理的特点及启示[J]. 城市问题, 2006(2).

③ 何军. 网格化管理中的公众参与——基于北京市东城区的分析[J]. 北京行政学院学报, 2009(5).

④ 文军. 从单一被动到多元联动——中国城市网格化社会管理模式的构建与完善[J]. 学习与探索, 2012(2).

⑤ 杨光飞. 网格化社会管理：何以可能与何以可为？[J]. 江苏社会科学, 2014(6).

⑥ 叶敏. 迈向网格化管理：流动社会背景下的科层制困境及其破解之道[J]. 南京社会科学, 2018(4).

⑦ 陶振. 城市网格化管理：运行架构、功能限度与优化路径——以上海为例[J]. 青海社会科学, 2015(2).

界等方面，全面突破和超越了西方"无缝隙政府"的流程再造模式，为政府能够提供一种以公众需求为导向、精细化、个性化、全方位覆盖的公共服务做出了贡献。① 若从城市治理清晰化角度来看，其真正价值在于通过行政权力下沉来实现"社会地图"的清晰化，建立统一的信息平台处理城市治理中的各种问题，提高城市治理的主动性、精准性和有效性。② 这种对辖区内的社会事实信息进行较为全面、规范的收集，并将其统合、整理的方式，实际上成为提升国家认证能力的重要手段。③ 通过物理网格的划分与外部干预的推动来构建新型的政社团结秩序，使得机械团结与有机团结在空间重组结构下得以共存。④ 但这种权力下沉至乡村社会，进行技术治理与资源整合的行为背后，实际上呈现出了后税费时代国家权力以技术治理方式重返乡村的趋势。⑤ 此外，在"后单位社会"时期，作为"复合型"社会治理的网格化管理模式，其在运作结构、要素和方式上都表现出了明显的优势，是基层治理中的一种"补充策略"，对基层善治发挥了重要作用。⑥ 总之，基层政府通过网格化治理实现了资源的有效下沉和整合，解决了困扰基层社会治理的资源与任务之间的矛盾，而且借助党政统合模式实现了基层治理体制创新，促进了基层治理体系和治理能力的现代化。⑦

（二）限度：行政化与基层自治弱化

虽然以权力下沉、资源整合为特征的网格化管理，在维护社会稳定、化解社会矛盾、提高管理效率等方面发挥了不错的功效，提升了基层社会治理的精细化

---

①　竺乾威. 公共服务的流程再造：从"无缝隙政府"到"网格化管理"[J]. 公共行政评论，2012，5(2).

②　韩志明. 城市治理的清晰化及其限制——以网格化管理为中心的分析[J]. 探索与争鸣，2017(9).

③　钱坤. 国家认证能力与城市治理——以网格化管理为中心的分析[J]. 现代城市研究，2019(1).

④　杨宝，吴明海. 政社团结：网格化管理的创新实践[J]. 湖北社会科学，2015(3).

⑤　朱政. 国家权力视野下的乡村治理与基层法治——鄂西 L 县网格化管理创新调查[J]. 中国农业大学学报(社会科学版)，2015，32(6).

⑥　田毅鹏，薛文龙. "后单位社会"基层社会治理及运行机制研究[J]. 学术研究，2015(2).

⑦　吴青熹. 资源下沉、党政统合与基层治理体制创新——网格化治理模式的机制与逻辑解析[J]. 河海大学学报(哲学社会科学版)，2020，22(6).

水平，但在实践过程中依然面临着困境和局限性。网格化管理作为我国基层政府自上而下推动的、以技术理性为导向的一种基层社会治理变革模式，在实践中逐渐成为在现有政治与行政管理体制框架下，寻求行政权威管理整合的途径，适应了国家克服碎片化、实现权威统合的需要，但其所具有的强烈行政化属性，使得其在一定程度上出现了"内卷化"倾向，并导致了管理层级增加、功能泛化、问题程式化、自治空间被压缩以及出现新的碎片状态等管理悖论。① 此外，行政主导下的社会管理创新未能充分动员社会资本，具有一定的受动性和高成本等特点。② 尤其是当其进入社区治理领域并成为主要治理模式时，其自身与基层自治之间所存在的张力问题便逐步显现出来，不仅对社区自治产生了"空间区隔化、治理科层化、运作行政化与管理麦当劳化"等"四化"影响，同时还蕴含着城市基层政权"内卷化"风险。③

社区网格化管理试图构建一种以社区居民为本，将被动等待、处理居民事务变为主动发现问题，及时为居民提供优质、高效服务的新型管理体制，以实现社区管理的主动化和精细化。④ 从具体实践来看，网格化管理是各地在社区制框架内积极进行的社区内部治理结构创新举措，是一种体制内部的权力优化重组，即使其在回应基层社会的多元化、复杂性的矛盾与问题及需求与服务等方面具有高效、快捷的优势，但其所内含的以社会控制为主旨的行政化属性却弱化了社区自治组织治理系统的生成。⑤ 这是因为随着行政权力的不断扩展，其势必会挤压社会主体多元性的空间，不利于基层社会自治力量的发展。⑥ 而且作为一种自上而下的垂直管理，其展开形式和运作路径已经无法符合现代网络社会的形势需求，面临着社会治理边缘化与社区脱域等现实困境。⑦

---

① 孙柏瑛，于扬铭. 网格化管理模式再审视[J]. 南京社会科学，2015(4).
② 杨光飞. 行政主导下的社会管理创新：实践观察与政策反思——以网格化管理为例[J]. 黑龙江社会科学，2015(5).
③ 田毅鹏，薛文龙. 城市管理"网格化"模式与社区自治关系刍议[J]. 学海，2012(3).
④ 陶振. 社区网格化管理的运行架构及其内生冲突——以上海 X 区 Y 街道为例[J]. 社会主义研究，2015(4).
⑤ 侯利文，张宝锋. 网格化与居站分离：逻辑、困局与反思[J]. 学术论坛，2014，37(12).
⑥ 李婷婷. 城市社区微治理的实践困境及其破解[J]. 理论探索，2018(3).
⑦ 刘少杰. 网络化时代的社会治理创新[J]. 中共中央党校学报，2015，19(3).

换句话说，虽然网格化管理为政府与社区自治组织之间提供了平台与联结点，形成了"官民共治"的格局，① 但是网格化管理的运作模式却蕴含着结构性的风险和局限，不可避免地要与社区居民的自治愿望和权益诉求产生冲突与摩擦，② 造成政府管控与居民自治之间的制度性"断裂"③，不利于良性政社关系的构建。④ 作为一种技术治理体制，网格化管理是政府介入村庄事务的技术工具，借助现代信息技术手段实现政府的直接在场，其本质是政府官僚科层体系向村庄的延伸，最终将村委会组织嵌入政府官僚科层体系之中，对村民自治体制形成吸纳甚至替代，促使村级治理逻辑由自治转为行政，进而导致自治被技术所消解。⑤ 但是，网格作为当前我国城市基层社会新的治理单元，虽然未完成推动社会自治组织治理的任务，但借助其微单元的优势，在形成一种社区微自治机制的同时，构建以能力建设为中心的社区网格化治理体系，能够促使自上而下的行政管理与自下而上的社区自治之间形成良好互动和有机衔接。⑥

四、从网格到网络：网格化管理的转型

网格化管理具有治理资源整合与下沉、满足社会公众利益诉求、重构基层治理体系与精细化治理等优势，但是在具体的实施过程中却出现了一些"非预期后果"⑦。为了有效解决网格化管理在实践中出现的网格泛化、治理成本高、重管控轻服务、行政化趋势严重以及与基层自治之间的"内卷"等诸多问题与困境，学界开具了不同的"处方"，治疗方向主要是网格化治理和网络化治理。

---

① 田毅鹏. 城市社会管理网格化模式的定位及其未来[J]. 学习与探索，2012(2).
② 朱仁显，邬文英. 从网格管理到合作共治——转型期我国社区治理模式路径演进分析[J]. 厦门大学学报(哲学社会科学版)，2014(1).
③ 陈友华，柳建坤，曾伟. 从网格化管理到社区治理——宜昌市社会管理的实践与启示[J]. 新疆师范大学学报(哲学社会科学版)，2017，38(3).
④ 吴青熹. 基层社会治理中的政社关系构建与演化逻辑——从网格化管理到网络化服务[J]. 南京大学学报(哲学·人文科学·社会科学)，2018，55(6).
⑤ 杜姣. 技术消解自治——基于技术下乡背景下村级治理困境的考察[J]. 南京农业大学学报(社会科学版)，2020，20(3).
⑥ 孔娜娜. 网格中的微自治：城市基层社会治理的新机制[J]. 社会主义研究，2015(4).
⑦ 刘安. 网格化社会管理及其非预期后果——以 N 市 Q 区为例[J]. 江苏社会科学，2014(3).

(一) 网格化治理

第一种"处方"是从"管理"走向"治理"，推动网格化管理向网格化治理转型。此"处方"主要是在治理理论影响下，为顺应社会管理向社会治理转变的现实需求，从治理理念、治理主体、治理方式、治理目标及治理机制等方面试图对其进行完善。如有学者认为，这种转变应是一种"内涵式"提升：治理理念上实现从管控到服务的转变、治理目标实现从维护社会稳定到满足公众需求的转变、权力运行逻辑实现从单向一元到多维平行的转变、治理功能实现从维稳平台到自治平台的转变，以及运行机制实现碎片化管理到整体性治理的转变，最终构建一个以基层自治为基础，以公民及其需求为核心，以网格化综合服务管理系统为平台，以信息技术为手段的基层协同型社会治理系统，从而实现社区治理能力的现代化。① 也有学者提出，推进基层社会网格化治理模式转型需要实现从管控到服务、从单一到多元、从规制到协作、从服从到参与四个方面的转变。② 但是，网格化治理在实践过程中也面临着新困境。有学者就认为，"互联网+"时代的到来，在客观上造成了时空、技术、结构与价值等新的社会断裂，并对网格化治理带来了影响和冲击。为了使网格化治理走出困境，实现"网格"和"网络"的有机融合，使其能够在"互联网+"背景下更好地发挥特有优势，需要从加强智慧社区建设、优化治理流程、深化回应范式与公共价值引导等方面来弥合这种断裂。③ 该处方的转型内涵是治理主体多元化、治理内容服务化与治理机制参与化，核心思想则是要实现从管理到治理的转型，成为一种多元主体参与的以服务为导向的现代基层社会治理模式。

(二) 网络化治理

第二种"处方"是从"网格"走向"网络"，实现网格化管理向网络化治理的转

---

① 姜晓萍，焦艳. 从"网格化管理"到"网格化治理"的内涵式提升[J]. 理论探讨，2015(6).

② 吴晓燕，关庆华. 从管理到治理：基层社会网格化管理的挑战与变革[J]. 理论探讨，2016(2).

③ 李颖. 断裂与弥合："互联网+"时代城市社区网格化治理的困境与再思考[J]. 山东社会科学，2016(11).

型。此"处方"主要是受网络化治理理论影响，不仅重视从管理向治理的转型，更应实现从网格走向网络，构建和完善多元治理主体间的网络关系和多元化沟通渠道，以此来解决行政化属性以及治理参与不足等造成的基层自治弱化等问题。与网格化治理中运用网络技术不同的是，此处的网络不仅是指作为网格化模式重要技术支撑的网络信息化技术，更是相对于网格化管理中管控思维与自上而下的行为方式而言，其意指成员之间的网络关系与形态，重视治理过程中各个主体之间合作伙伴关系的建立与公共参与的实现。相较于网格化管理，网络化治理的管理序列更为扁平，参与主体更为广泛，主体之间的联系纽带是承诺与互信，主体之间的交流和沟通都建立在平等的身份与协商规则之上。① 可以说，网络化治理中不仅治理主体更加多元与丰富，而且能更加有效地整合市场和社会资源，优化权责配置。② 更为重要的是，网络化治理能够满足公共服务的多样化需求，并减轻政府财政负担，强化社会信任关系。③ 而且，网络化治理的目的在于建立政府与社会之间的伙伴关系，形成政府与社会互助、合作的网络体系，从而形成成员主体共同参与的一种网络形态。因此，在向网络化治理转型过程中，需要对当前的网格化管理模式进行"保强补弱"，即在保留其技术管控类功能的基础上，沿着整合功能、建立网络、启动网络，从组团式服务向专业化服务方向转型，消除其在社会治理服务类事务中凸显出的一些弊端。④ 更为关键的是要促使其与居民自治之间进行有机衔接和良性互动。⑤ 这就需要一方面建构社会自治组织网络，实现原子化居民的再组织化，激发群众的自治积极性；另一方面则是构建平台型政府，引导社会组织与基层群众在合理范围内积极有序地参与到社会服务与治理

① 陈潭. 大数据驱动社会治理的创新转向[J]. 行政论坛，2016，23(6).
② 王庆华，宋晓娟. 共生型网络化治理：社区治理的新框架与推进策略[J]. 社会科学战线，2019(9).
③ 王枫云，林志聪，陈嘉俊. 从网格化城市管理走向网络化城市治理：必然与路径[J]. 广州大学学报(社会科学版)，2016，15(2).
④ 秦上人，郁建兴. 从网格化管理到网络化治理——走向基层社会治理的新形态[J]. 南京社会科学，2017(1).
⑤ 陈荣卓，肖丹丹. 从网格化管理到网络化治理——城市社区网格化管理的实践、发展与走向[J]. 社会主义研究，2015(4).

中来，实现网络化治理与政府科层体制的有机结合。① 但也有学者基于对我国网格化管理实践形态的转换历程分析发现，在基层社会治理推进过程中，网格化管理实践已经历了从"网格"到"网络"的发展过程，而且带有治理特质的网格化治理已经是一种新的带有平台化特点的治理形态，因此如果我们能够赋予网格化模式一些重要的网络化因素与特点，那么在基层社会治理领域中就不需要重新走一遍从网格化到网络化的转变之路。②

无论是"治理"还是"网络"，这两张"处方"都不否定网格化管理本身所拥有的功能与效用，都是在肯定其优势的前提下，基于不同的侧重点所进行的完善和转型。无论是何种"处方"，要发挥一定"疗效"，都需要一个循序渐进的过程。无论朝向何种方向发展，我们都应认识到，作为一种基于问题导向而创新实践的网格化管理，其实质是借助技术化手段，在不改变既有基层治理体制的基础上，为促使权力与治理资源下沉，提升治理效率与重构基层治理秩序，进而有效解决社会治理问题与满足公众多元化需求而构建的一种基层社会治理机制。

五、我国网格化管理研究的特点与未来展望

(一)研究特点

通过对已有文献的回顾可以发现，我国网格化管理研究具有以下几个特点：

第一，从年度发文量的变化趋势来看，网格化管理研究大概经历了2006—2009年萌芽阶段、2010—2013年发展阶段与2014年至今深化阶段，而且研究成果数量呈现线性增长趋势，说明学术界对该研究领域的关注度在不断上升。

第二，从研究主题来看，国内网格化管理研究主题发生了两次较为明显的变化：第一次是从城市管理向社会管理的演化；第二次是从社会管理向社会治理、基层治理的转变。或者说，从研究话语来看，我国网格化管理研究经历了从"管理"到"治理"的转变：前期的"管理"阶段，即在管理话语体系下，重点讨论网格

① 王雪竹.基层社会治理：从网格化管理到网络化治理[J].理论探索，2020(2).
② 田毅鹏.网格化管理的形态转换与基层治理升级[J].学术月刊，2021，53(3).

化管理的基本架构及其实践模式；后期的"治理"阶段，即在治理话语体系下，研究主题逐渐转向了社会治理、社区治理、基层治理、网格化治理与网络化治理等，重点讨论网格化管理在实践过程中所暴露出来的局限性与发展困境，从而形成了"从管理到治理"抑或"从网格到网络"的两大转型争论。

第三，研究领域逐渐从城市向乡村拓展。网格化管理起源于城市基层实践，学界最初关注重点是城市领域的网格化管理，对其不同的实践模式进行了个案解读，并就其自身的局限性及所面临的实践困境进行了理论反思。可以说，城市网格化管理是当前学界关于我国网格化管理研究的重点。近年来，在国家政策的指引下，网格化管理理念开始进入乡村治理领域，并为乡村基层社会所实践，由此部分学者的研究场域从城镇社区转向镇域与村域，开始关注乡村网格化管理的具体实践，反思其与乡村法治、自治等要素之间的关系以及在乡村治理场域中的表现与完善建议。

第四，研究进路逐渐从经验叙事转向理论反思。网格化管理研究源于地方实践，因此，学界一开始关注的重点除一些基础性问题外，更多是网格化管理具体实践与应用的经验叙事，目的在于提炼经验与总结教训，以期能够更好地指导社会实践。随着经验事实的丰富，学者们开始基于不同研究视角对实践过程中存在的问题、未来发展方向等进行理论探讨与学理反思，形成了丰富的研究成果。

第五，网格化管理研究深受地方实践与国家政策的影响，各个阶段的研究主题与地方社会实践、国家大政方针以及社会发展方向高度契合。一方面，我国网格化管理实践探索早于学术研究，大量地方实践案例与经验为网格化管理研究提供了丰富素材，这从经验研究成果占全部成果比重中可以看出。另一方面，我国网格化管理研究具有浓厚的政策导向属性。党的十八届三中全会将社会管理提升为社会治理，并明确提出要"坚持源头治理，标本兼治、重在治本，以网格化管理、社会化服务为方向，健全基层综合服务管理平台"①。由此，网格化管理不仅成为我国地方社会治理创新的实践方向，开始从城市领域扩展到乡村领域，成为基层社会治理的重要创新手段与实践理念，而且随着我国基层社会进入"社会

---

① 中共中央关于全面深化改革若干重大问题的决定[N].人民日报，2013-11-16.

治理"阶段，网格化管理研究话语也开始转变，学界开始基于治理的话语对既有实践进行理论反思与转型思考。

(二)不足之处与未来展望

作为发端于地方实践并逐渐上升为国家政策的网格化管理，是我国社会管理体制的重要创新，有效提升了我国社会治理的精细化水平。对于这种具有中国本土化色彩的基层社会管理模式，学术界从不同视角进行了多方面研究，产出了丰富的研究成果，初步构建起网格化管理的学术研究体系。在系统梳理国内网格化管理研究成果之后，现有研究存在以下三方面的不足与改进空间应引起我们的重视：

第一，在研究方法上，应强化个案研究的历时性与比较性。首先是注重个案的历时性研究。作为一种地方实践，网格化管理总是处于不断完善的过程之中。如果能够对其进行历时性研究，则能够充分总结该实践的发展规律，掌握社会管理创新背后的逻辑与机制。其次是强化多个案比较研究。当前，网格化管理已在我国各地普遍推行，形成了丰富的实践案例，为多个案比较研究提供了分析材料与基础。只有在比较研究中，我们才能发现实践的共性与差异，进而更好地理解这一实践的本质。

第二，在研究视角中，应加强国家视角下的网格化管理研究。从既有研究视角与分析框架来看，现有研究多从治理视角与社会视角对其进行理论反思，而着眼于国家视角下的研究则相对较少。在治理视角下，学者们关注的重点在于网格化管理在实践中所表现出的重管控轻服务与技术治理悖论等问题，是实践本位的研究；在社会视角下，学者们关注的是网格化管理作为一种行政主导下的社会管理创新，在实践过程中由于其内在的行政主导性(行政化属性)可能会导致基层自治组织的行政化趋势，挤压了基层自治活动空间，不利于基层自治活动的开展，弱化了基层自治属性，是一种社会本位的研究。无论是治理的视角还是社会视角的研究，均忽视了一个重要前提，即网格化管理是一种自上而下的国家建设与治理行为，是我国现代国家建构的重要内容。无论是在城市还是乡村，网格化管理的实践与发展都是一种自上而下由政府推动构建的新的基层社会治理机制，其背后是国家力量，暗含着一种国家权力以技术治理方式重返基层社会的趋势。同时，作为一种地方实践，其工具性价值要大于其意义性价值，其被实践的目的就是为了利用其在权力下沉、资源整合等方面的优势，解决我国基层社会由于条块分割产生的资源整合效率低等问题，缩短国家与公众之间的距离，提升国家在基层社会的渗透能力与治理能力，达到基层社会善治的目的。因此，在未来的研究中，应加强国家视角下网格化管理的相关研究，将其置于现代国家建构的大背景下，着重探讨网格化管理对现代国家建构、国家-民众关系等议题的影响，进而与社会视角下网格化管理研究进行对话，以形成国家-社会互动关系视角下的研究体系。

第三，在研究内容上，首先应加强乡村网格化管理研究。近年来，网格化管理作为一种地方治理实践已成为国家对基层社会进行治理的重要理念与方式，并逐步扩散至乡村治理领域，成为国家进入乡村社会、重构国家-农民关系的重要载体。然而，相对于城市而言，学界针对乡村网格化管理的研究则显得相对薄弱。因此，未来的研究应重点关注乡村网格化管理的实践过程，加强事实阐述与理论分析，以丰富网格化管理的研究成果。在具体研究议题上，应着重关注以下几方面：一是作为一种发端于城市、带有明显技术治理色彩的社会治理方式，网格化管理在乡村治理过程中的适用性与可行性。近年来，网格化管理的理念与架构开始被直接运用于乡村治理场域。在乡村治理实践中，由于网格化管理内在的技术治理属性，虽然网格单元及网格治理的"身影"随处可见，并成为乡村治理的重要空间与载体，但其却近乎是一种"样子工程"，并未真正被实践。而且，由于我国乡村社会与城市社会之间存在显著差异，特别是治理的社会基础与变革背景的不同，使得网格化管理在乡村地区的推行存在着机械式"复制"等问题。这就促使未来的研究需要重点关注网格化管理在乡村治理场域中是否适用与可行等议题。二是从构建现代乡村治理体系和工作机制的角度对典型的乡村网格化管理实践进行个案与多个案比较分析，以期能够发现网格化管理在乡村社会治理领域中具体的实践逻辑与运行机制。三是比较分析网格化管理在城市与乡村场域中的逻辑、机制及其效用。总之，随着网格化管理在我国乡村社会的实践与发展，乡村网格化管理研究还存在着较大的成长空间。

其次是深入挖掘网格化管理与基层自治的互促关系。当前，基层自治是我国基层社会运行的重要方式。作为一种新的基层治理模式，网格化管理以嵌入的方式进入基层社会，势必要与基层自治产生某种关系。虽然现有研究成果中已有此方面讨论，但多是一种"自治本位"视角，仅仅看到了因网格化管理自身的行政化属性以及实践过程中的"网格泛化"等问题对基层自治的侵蚀作用，而且这种论述的背后大多是一种规范性的反思研究，并未深入到实践中以探讨两者之间的互促关系。今后对于此议题的研究，其一，应以一种互动视角下的实践与理论相结合的研究范式进行阐述，需要强化事实材料的收集与分析，以事实为支撑，进行历时性比较研究。其二，无论是基层自治的要求还是现代治理的需要，都期待公众能够真正参与到社会的运转过程中。那么，作为基层治理新模式的网格化管理，对于基层群众参与起到了什么样的作用？基层群众在网格内有哪些参与？参与途径与实效如何？等等。总之，未来研究中，在宏观层面上应关注网格化管理与基层自治关系的研究，而在微观层面上则应重视网格化管理中的公民参与研究。

总之，在城市基层社会中，网格化管理是继单位制、社区制之后，由地方实践创新产生的新的城市基层治理模式，是自上而下由政府推动的地方实践。随着实践发展，该模式逐渐由城市社会扩散到乡村社会，并在乡政村治的治理体制下逐渐生根发芽，成为当前乡村基层社会治理的重要方式。在国家治理现代化背景下，网格化管理研究应顺应时代潮流与国家治理需要，以发现真问题、解释真现象为目标，在现有研究基础上，综合规范与实证、定性与定量等方法，不断拓展研究视域与主题，从理论与经验层面进行全方位的学理思考，尽快形成实践与理论相融合的网格化管理研究体系，最终产生指导社会发展的新知识。

第四节　"社会治理共同体"话语的生成脉络与演化逻辑

继"人类命运共同体""中华民族共同体"等"共同体"系列政治话语提出后，"社会治理共同体"话语在中国特色社会主义语境中应运而生。"共同体"作为"社会治理共同体"的词源，始终是"社会治理共同体"话语演化生成的重要基础。

"社会治理共同体"既是一个学术话语也是一个政治话语，兼具学术性与政治性，为解决国家治理现代化进程中的社会问题提供了相应的政策文本与理论工具。在学术研究中"社会治理共同体"传承了传统"共同体"概念中人民对美好生活的向往，在政策研究中"社会治理共同体"包含了国家治理社会的政策导向，是对过去纯学术概念的超越。"社会治理共同体"话语所具备的双重意涵，能够帮助政界与学界的专家学者搭建合作对话的桥梁，是新时代中国特色社会主义思想的智慧结晶。

一、问题的提出：何为社会治理共同体

党的十九届四中全会会议公报首次提出"社会治理共同体"这一全新命题，延续了中央对社会治理的高度重视与制度关怀。此次提出的"社会治理共同体"话语被党和国家运用到社会治理领域，不仅在理论与制度层面丰富了治理重心下沉的具体内容，也在实践层面为创新我国基层社会治理提供了新思路。"社会治理共同体"作为政治话语时，主要起到国家治理社会的宣传效果，旨在将国家的政策文本落地到基层实践；作为学术话语时，其成为学界与政界进行跨界合作的中介，旨在为国家治理社会现实问题提供重要的理论工具与研究路径。

综观学界关于社会治理共同体的讨论，会发现当前学者关于该话语的理解和阐述多停留于表面，主要表现在：第一，关于"社会治理共同体"的讨论与梳理大都集中于政治性宣传，相关文章内容主要是解读党和国家的相关政策，强调其话语的合法性与权威性，弱化了该话语本身的学理性，政治性宣传意义远大于其自身的学术性理论意义。例如，公维友与刘云阐释了政府主导下的社会治理共同体建设在当代中国具有适应性和迫切性，并且需要克服治理模式上的政府中心主义、公民参与不足、行政文化建设滞后等问题，由此提出社会治理共同体建设理路在理念、主体、规则与场域四个方面的对策建议。[①] 郁建兴强调了社会治理共同体建设的两大路径，一方面是民主协商有助于各治理主体有效表达偏好、调整

---

① 公维友，刘云. 当代中国政府主导下的社会治理共同体建构理路探析[J]. 山东大学学报（哲学社会科学版），2014(3).

利益分配，另一方面是科技支撑能够降低治理主体互动成本、提高治理效率。① 从学术研究的角度而言，目前学术界的论述可供参考和对话的内容不多。第二，以"社会治理共同体"为主题的实证性研究大都以某一社区的具体案例进行集中论述，涉及社区自治、社区服务、社会组织等具体内容，难以关注到普遍现象背后的一般性理论问题。例如，有学者将社区党组织视为构建社区治理共同体的重要突破口，通过建构身份共同体、利益共同体和文化共同体以增强党的民生服务功能，从而形成基层党建、公共治理与居民自治三者良性互动的治理格局。② 此时的"社会治理共同体"话语及其衍生概念可视为学者们基于政策形势而临时采用的学术标签。第三，专门梳理"社会治理共同体"话语的文章往往缺少多路径的分析，学者们多从政策发展的路径入手，在政策文本中挖掘该话语的发展脉络。黄建洪与高云天认为党的十九届四中全会是中国在"两个一百年"奋斗目标历史交汇点上召开的具有里程碑意义的重要会议，"社会治理共同体"这一最新理念也被写入最高文件，新时代的历史方位决定了社会治理共同体建设的基本性质与基本目标。③ 十九届四中全会召开以后，不少学者基于《中共中央关于坚持和完善中国特色社会主义制度 推进国家治理体系和治理能力现代化若干重大问题的决定》(简称"《决定》")对社会治理共同体进行制度层面的解构和阐释，尤其是在社会治理共同体的基本要求方面，主要结合了《决定》中有关"人人有责、人人尽责和人人享有"的具体论述。④ 这种路径虽然有助于提高研究者的政治站位与研究合法性，但单一的出发点限制了"社会治理共同体"本身的内涵和外延，无法充分揭示其本质。

对于"社会治理共同体"的具体内容与生成逻辑，政策文件中以"人人有责、人人尽责、人人享有"作为其目标指向与概念限定。从政策落实与实践推动的角度来看，这是党和国家对社会治理共同体的理想目标和未来展望。然而，实际工

---

① 郁建兴. 社会治理共同体及其建设路径[J]. 公共管理评论，2019(1).

② 王世强. 构建社区共同体：新时代推进党建引领社区自治的有效路径[J]. 求实，2021(4).

③ 黄建洪，高云天. 构筑"中国之治"的社会之基：新时代社会治理共同体建设[J]. 新疆师范大学学报(哲学社会科学版)，2020(3).

④ 张国磊，马丽. 新时代构建社会治理共同体的内涵、目标与取向——基于党的十九届四中全会《决定》的解读[J]. 宁夏社会科学，2020(1).

作推进到一定阶段必然产生理论需求,只有在千差万别的现实问题中加强理论研究,才能以强大的理论删繁就简地确立有效思路、统一认识和协调行动。① 社会治理共同体既是学术话语又是政治话语,带有很强的学术性与政治性,在研究"社会治理共同体"话语时,唯有重点关注该话语的二重性及其内在转化,才能系统性理解"社会治理共同体"话语的内在机理和现实意义。研究者需要回答一系列问题:何为"社会治理共同体"?它是如何从原有的学术话语中生成的?当党和政府以政治话语的方式提出社会治理共同体时,它具备哪些新的政治意涵?研究者应该如何挖掘社会治理共同体的理论内涵以强化其学术性?它作为学术话语与政治话语的结合体,具有怎样的价值导向及发展趋势?关于该话语的一系列问题,我们不能只关注该话语发展的某一阶段,否则可能产生局部且片面的研究结论。基于此,本节旨在系统性梳理"社会治理共同体"话语提出与发展的全过程,对其发展的理论渊源、政治意涵、理论内涵、价值导向及发展趋势进行观照,以期深化我们对"社会治理共同体"话语的理性认同、辩证使用及有效践行。

二、溯源共同体理论:社会治理共同体话语兴起的理论渊源

回顾"社会治理共同体"话语的产生和发展过程,能够发现,"共同体"作为"社会治理共同体"的词源,始终是"社会治理共同体"话语演化生成的重要基础。追溯"社会治理共同体"话语的起源,需要深度考究作为其词源的"共同体"概念。

"共同体"是一个广泛运用于哲学、政治学、人类学、社会学等学科领域的重要概念,它源于"共同"或"公共"一词,自荷马时代起已在使用,后来的古希腊哲学家对这些概念进行了内涵的揭示和阐发。他们的理性思考主要沿着两条路径展开:一条是哲学伦理学路径,另一条是政治学路径。② 柏拉图强调共善,他认为公共利益就是共善,共同体内部成员的协调合作与利益共享是共同体维持团结的纽带,每个共同体成员都要自觉维护共同体的利益。③ 柏拉图的共善理论是

---

① 冯仕政. 社会治理与公共生活:从连结到团结[J]. 社会学研究,2021(1).
② 李志华,王晓朝. 论共同体观念的语词生成与理论建构[J]. 云南大学学报(社会科学版),2019(2).
③ 柏拉图. 柏拉图全集(第 2 卷)[M]. 王晓朝,译. 北京:人民出版社,2003:545.

从伦理视域出发，随后转入政治学视域对共善进行考量，最后得出个人生活必须服从政治共同体的结论。亚里士多德延续柏拉图对共同体的政治学思考，他对"共善"的理解与共同体紧密相连，他认为所有的共同体都是为了某种善而建立的，并且指出共同体具有各种不同的类型和层次，例如：家庭、村落和城邦。①西塞罗在对共同体的理解上吸收了柏拉图和亚里士多德的相关思想，据此做出了较多的理论阐述。他认为："我们天生拥有一种与我们的同胞过社会生活的倾向，由此整个人类结成团体和共同体。"②西塞罗指出人的共同本性促发人们为维护共同利益而联合起来，并且在国家和共同体之间画上了等号。奥古斯丁批判性地继承了前人的相关思想，在哲学伦理学和政治学两个层面讨论共同体，他强调秩序与和谐是共同体的特色，信仰是共同体的核心，普爱是共同体得以生存与发展的动力之源。③ 用现代政治学家的眼光返溯西方关于共同体政治思想的源头，柏拉图、亚里士多德、西塞罗与奥古斯丁对"共同体"的讨论与思考在总体上都指向了"共善"，中国当代政治学学者俞可平所提出的"善治"思想与这种"共善"的指向具有异曲同工之妙。

　　"共同体"概念在西方的研究与讨论总体上经历了从中心到边缘再回到中心的曲折周期。在 19 世纪，人们逐渐发现社会和经济都与政治和公共政策相关。此时出现了大量的阶级话语，它们开始主导欧洲的政治讨论。至少在 19 世纪初期的英国，有关共同体的话语已经广泛传播甚至变得相当重要。尽管 17 世纪的英国平等派和其他人已将有关共同体的讨论从政治领域拓展到社会领域，但"共同体"这一用法直至工业革命时期才开始流行。正是许多学者通过反思 18 世纪晚期至 19 世纪中期社会发展的巨大变化，我们今天的共同体概念才得以成形。19世纪 40 年代，马克思在对市民社会进行政治经济学分析时，认识到以私有财产为基础的国家只不过是统治阶级的工具。④ 他将"以一个阶级反对另一个阶级的

---

　　① 亚里士多德. 亚里士多德全集(第 9 卷)[M]. 苗力田，译. 北京：中国人民大学出版社，2016：245.

　　② Cicero. De Fininbus Bonorum et Malorum[M]. Cambridge：Harvard University Press，1994：214.

　　③ 奥古斯丁. 上帝之城[M]. 王晓朝，译. 北京：人民出版社，2006：923.

　　④ 郁建兴. 马克思的"自由人的联合体"思想新绎[J]. 政治学研究，2000(2).

联合"视为"虚假的共同体",在虚假的共同体中个人自由只在统治阶级范围内存在,因此是虚幻的、冒充的共同体;而在"真正的共同体"中,个人才能占有自己的本质,才能获得全面发展其才能的机会,才能获得真正的自由。① 在马克思的观念中,任何单个的人都不能脱离共同体孤立地生活,共同体是人们赖以生存和发展的基本方式,只有在社会共同体中,人才能实现人与人、人与自然、人与社会的本质统一。19 世纪 80 年代,在对马克思共同体思想批判与继承的基础上,滕尼斯将人类的共同生活二分为两种对立的类型:一种是以自然、有机、持续为特点的"共同体生活",另一种是以人为、机械、短暂为特点的"社会生活"。基于两种生活方式,他提炼出共同体与社会这一组对立的概念,认为 Gemeinschaft(共同体)以情感联结为基础,Gesellschaft(社会)以利益导向为基础。② 20 世纪 60 年代,以鲍曼为代表的后现代主义将共同体视为能让人们感到温馨、舒适和安全的地方,是人们渴望栖息和拥有的理想居所,是一种未进入现代社会的乌托邦式的怀旧向往。20 世纪 80 年代,以麦金泰尔、桑德尔等为代表的社群主义(共同体主义)通过批驳新自由主义的基本观点而向共同体靠拢,其理论抨击市民社会原子式的自我观,推崇个体自我与社会共同体之间的关系密不可分。社群主义思想引发了人们对个体与共同体关系的全新思考,也与中国当代的社会转型所催生出的现代性反思相契合。20 世纪末,民族主义学者安德森提出,民族就是一个想象出来的政治意义上的共同体,一个被想象的、有限的、享有主权的共同体。在《想象的共同体》一书中,安德森从民族文化根源和社会心理两个层面出发,解释了民族是工业化时期人为构建的产物,是用语言勾勒的"想象的共同体"③。在西方学者关于"共同体"概念的研究与讨论中,人们基于不断发展和走向现代化的生活现实,逐步反思个人、共同体与社会之间的内在关系,由此也形成了"共同体"与"社会"二者之间对立、互动、嵌套与融合的研究转向。

共同体思想的发展,大致经历了两步"降格",从"共同体作为统领原则"降

---

① 马克思恩格斯选集(第 1 卷)[M]. 北京:人民出版社,2012:215.
② 张国芳. 滕尼斯"共同体/社会"分类的类型学意义[J]. 学术月刊,2019(2).
③ 本尼迪克特·安德森. 想象的共同体[M]. 吴叡人,译. 上海:上海人民出版社,2016:6.

格为"共同体与社会对立",再降格为"社会中的共同体"格局。① 继滕尼斯的作品在中国翻译出版后,学者开始关注共同体话语的研究。在中国,早期的学者们都将"Community"和"Society"译为"社会",直到 20 世纪 30 年代,美国芝加哥学派社会学家帕克来华讲学,提出"Community is not Society",促使中国学者将"Society"的社会含义保留下来,而对于"Community"这一具有共同体意涵的单词,吴文藻、吴景超、费孝通等老一辈人类学家、社会学家将其译作"社区",由此这一译名在中国学界一直被沿用至今。"Community"一词的引入,掀起了中国学界对于共同体(社区)研究的热潮,相关学者对共同体(社区)的研究与理解基本延续了滕尼斯"社区—社会"二分法的研究范式,并且呈现出强调社区地域属性的特点。中国政治学学者将"共同体"视为国家或社会的缩影与原型,试图通过对不同的共同体或其具体表现形式进行分析与描述,以透视中国国家结构、社会结构以及国家与社会互动的特点及变迁规律。部分学者已经发现了社区发展蕴含着"共同体"与"社会"双重属性,② 当代中国的社区研究绝不仅仅停留于社区具体的微观层面,更多地将其视为一个研究单位、③ 研究对象或者"透镜工具"④,通过对社区的描述、分析、比较和解释以达到对某种社会类型、社会规律、社会通则的理解。⑤ 也有一部分学者发现了"共同体"的国家政治属性,将其视为国家治理社会的具体载体。例如,有学者将"治理共同体"概念指代按照民主治理和公共性规范建构起来的一种公共事务治理机制,并视其为"政治共同体"的现代修辞形式,其本质是人类开展政治生活与实现国家治理的某种方式。⑥

　　在传统概念中,"共同体"一般是基于地缘、血缘、宗教信仰而形成的群体。正如滕尼斯指出的,共同体的类型主要是建立在自然(有机体)基础上的群体

---

① 李荣山. 共同体的命运——从赫尔德到当代的变局[J]. 社会学研究,2015(1).

② 菅立成,刘迟. 社区研究的两种取向及其反思——以斐迪南·滕尼斯为起点[J]. 城市发展研究,2016(2).

③ 丁元竹,江汛清. 社会学和人类学对"社区"的界定[J]. 社会学研究,1991(3).

④ 肖林. "'社区'研究"与"社区研究"——近年来我国城市社区研究述评[J]. 社会学研究,2011(4).

⑤ 程玉申,周敏. 国外有关城市社区的研究述评[J]. 社会学研究,1998(4).

⑥ 公维友. 我国民行政的社会建构研究——一个"治理共同体"的分析视角[D]. 山东大学,2014.

(如:宗教、家庭)里实现的,它也可能在小的、历史形成的联合体(如:村庄、城市)以及在思想的联合体(友谊、师徒关系等)里实现,他在《共同体与社会》一书中归纳了三种共同体的类型:血缘共同体、地缘共同体、精神共同体。① 随着时代发展,共同体概念不断被注入政治意涵与现代色彩,其本身的地理属性也被不断扩充或受到挑战。在鲍曼看来,共同体是指社会中存在的、基于主观或客观的共同体特征(这些共同体特征包括种族、观念、地位、遭遇、任务、身份等)而组成的各种层次的团体、组织,既包括小规模的社区自发组织,也可指更高层次上的政治组织,还可指国家和民族这一最高层次的总体,即民族共同体或国家共同体。② 此时的共同体,既可指宏观的国家或者民族,也可指具体的社区组织或者小团体。安德森用人类学和历史学的角度论证了作为共同体的"民族"是如何通过符号和认知媒介建立起来的,由于强大的现代传播技术发展迅猛,共同体的塑造越来越不受制于地理范围,反而更加依赖共同的语言、文化、礼仪、信仰和法律等因素强化其共同性,增强共同体内部个体之间的亲密感。③ 传统共同体话语已逐步接受了现代性所带来的影响,融合了当代技术发展、信息媒体传播、语言文化传承等多方综合因素,逐步从传统概念转化为更具想象力和延展性的现代概念。

三、话语体系建构:社会治理共同体话语生成的政治意涵

在追溯西方"共同体"话语起源、发展及引介的基础上,我们能够发现"共同体"概念在中国政界及学界都展现出较强的生命力与发展趋势,"社会治理共同体"已成为当代中国政治话语体系中的重要组成部分。政治话语体系不是一个简单的话语集合,而是对历史事实、实践经验与系列政策主张等进行解释、诠释和提炼的系统,能够影响一个国家选择什么样的政治和经济制度,以及如何组织政府和社会的重要活动。④ "社会治理共同体"话语的提出在本质上是服务于国家治

① 张国芳. 滕尼斯"共同体/社会"分类的类型学意义[J]. 学术月刊,2019(2).

② 齐格蒙特·鲍曼. 共同体[M]. 欧阳景根,译. 南京:江苏人民出版社,2003:1.

③ 李义天. 共同体与政治团结[M]. 北京:社会科学文献出版社,2011:12.

④ 宋雄伟,张婧婧,秦曾昌. 中国国家治理话语体系的构成与演化:基于语词、概念与主题的分析[J]. 政治学研究,2020(6).

理社会的制度安排，也是中国推进国家治理体系现代化的关键步骤，为国家的社会发展提供新的进步空间。该话语的生成与变迁符合国家治理策略与社会结构的变化，总体上呈现出从传统概念到现代概念、从党政主导到多元参与、从国家治理到基层治理、从政策文本到实践经验等多个维度的变化，其生成与变迁的脉络也体现了国家从"显性"在场到"隐性"在场、社会从微弱存在到快速成长的政治意涵。

社会治理的政治话语受到来自现代社会的挑战和影响，其话语形态也会伴随着社会治理结构的变迁而演化。中国的社会治理在总体上经历了从党政主导到多元参与的过程。曾有学者系统考察了改革开放以来中国治理方式的整体变化，认为其变化主要体现在以下几个方面：从集权到分权、从阶级斗争到利益协调、从政治国家到社会成长、从政府统治到社会自治、从政府管制到公共服务等。[1] 新中国成立初期，政党、国家与社会关系极为复杂，三者之间难以剥离。改革开放后，公共领域开始重现，社会的力量逐步壮大。不仅如此，成长于中国本土环境中的政治协商制度也创造了中国独特的政治生态，在实践中协调了政党、国家与社会三者间的关系，有效应对了社会多元化对党和国家带来的挑战。[2] 2013 年，党的十八届三中全会提出"推进国家治理体系和治理能力现代化"的深化改革目标，并且提出用"社会治理"概念替代"社会管理"概念以呼应"国家治理"，这标志着中国从权力强制性单向度行使转向国家与社会关系共同体良性互动的治理逻辑。[3] 在找回"国家"的基础上，也在逐步通过政治话语形式观照"社会"发展。社会治理是人们应对社会生活共同问题时调动资源、组织力量、协调利益的一种制度方式。在面向社会治理具体问题与实际运作时，不同主体在组织构成、角色定位、功能运作和行为取向方面具有自身特点与基本定位，在此基础上形成有序、稳定且模式化的关系格局。[4]

2012 年 11 月，中共十八大首次明确提出倡导"人类命运共同体"意识，旨在

① 俞可平. 中国的善治之路：中美学者的视角[J]. 中国治理评论，2012(1).
② 林尚立. 协商政治与中国的政治形态[J]. 中国人民政协理论研究会会刊，2007(1).
③ 陈进华. 治理体系现代化的国家逻辑[J]. 中国社会科学，2019(5).
④ 李友梅. 中国现代化新征程与社会治理再转型[J]. 社会学研究，2021(2).

追求中国利益时兼顾他国合理关切，在谋求中国发展的同时促进各国共同发展。① 自"人类命运共同体"概念提出以来，人类命运共同体思想得到了国际社会和学术界的广泛关注。这一思想突破了对以往人类社会历史发展道路的认识局限，彰显了中国特色社会主义以和平方式寻求民族复兴、推动世界发展的智慧与决心，是当代中国继承和发展马克思世界历史理论的伟大命题。目前已经走向世界秩序的"人类命运共同体"，既是千年天下之大同思想的现代化表述，也是中国在新时期的国际外交理念。人类命运共同体在和平共处的基础上，坚持以"共商、共建、共享"为原则，致力于建构有利于国内发展的国际环境，同时也倡导一种新型的世界秩序。2014 年 9 月，习近平总书记在中央民族工作会议上指出要"铸牢中华民族共同体意识，加强各民族交往交流交融"，这是官方首次正式提出"中华民族共同体"这一重大话语与命题，② 再到党的十九大提出"铸牢中华民族共同体意识"，该话语频繁出现于官方重要文件，并一度成为国内政治学界研究的"显学"命题。中华民族共同体本质上是中华民族观念中的国家形态，包含了人们的政治认同、民族认同、社会认同与文化认同等。中华民族共同体建设突出了中国国家建构的主体性，中华民族共同体意识是国家软实力提升的精神动力，这与马克思主义理论结合中国自身国情的中国特色社会主义道路互相呼应。③ 在一系列与国家治理相关的主流政治话语提出后，国家权力的触角依旧要向基层延伸，政治话语也进入从宏观向微观转化的过渡阶段，政治学界的研究视野也会伴随着国家主流话语与意识形态宣传路径的变化而从国家治理层面逐步向基层治理转变。

继"人类命运共同体""中华民族共同体"等"共同体"系列政治话语提出后，"社会治理共同体"话语在中国特色社会主义语境中应运而生。2019 年，习近平总书记在中央政法工作会议上提出"社会治理共同体"一词，该概念及理论的提

① 中共首提"人类命运共同体"倡导和平发展共同发展[EB/OL].（2012-11-11）[2020-11-30]. http://cpc.people.com.cn/18/n/2012/1111/c350825-19539441.html.

② 中央民族工作会议暨国务院第六次全国民族团结进步表彰大会在京举行[EB/OL].（2014-09-29）[2020-11-30]. http://www.xinhuanet.com/politics/2014-09/29/c_1112683008.htm.

③ 马俊毅. 中华民族共同体意识的现代性内涵[J]. 中南民族大学学报（人文社会科学版），2020（5）.

出标志着我国社会治理话语取得突破性进展与创新。2019 年 10 月底,十九届四中全会公报提出:"必须加强和创新社会治理,完善党委领导、政府负责、民主协商、社会协同、公众参与、法治保障、科技支撑的社会治理体系,建设人人有责、人人尽责、人人享有的社会治理共同体,确保人民安居乐业、社会安定有序,建设更高水平的平安中国。"① 我国目前正处于剧烈的社会转型期,基层社会治理确实面临重大挑战,国家提出"社会治理共同体"话语能够适应社会主要矛盾变化,以提高基层治理的实际效能并满足人民群众对美好生活的追求。② 龚维斌认为"社会治理共同体追求的是有机团结,是实现社会共同体的一种途径和手段,最终迈向社会共同体"③。王天夫强调社会治理共同体既是社会治理的主体也是客体,无论是社会组织、政府机构、组织团体还是单个社会成员都是组成共同体的重要部分,这些群体共同参与到共同体的治理行动之中。④ 社会治理共同体总体上被专家学者视为一种综合性共同体,不同研究者从治理结构、治理主体、治理机制、治理目标等多个方面对其进行分析与阐释。综合来看,"社会治理共同体"在中国城乡基层呈现出"一核多元"、政府主导、复杂多样的网络化治理结构,在城市治理中强调共建、共治、共享的治理理念,而在乡村治理中强调自治、法治、德治相结合的治理方式。⑤

　　"社会治理共同体"的提出将国家治理社会的目标浓缩于该话语之中,意在增强国家自主性的同时回应基层民众需求、激发社会自身活力。在实现从宏观到微观的话语收缩后,"社会治理共同体"话语需要经历一个从抽象到具体、从政策文本到基层实践的落地过程。安东尼·柯亨在《共同体的符号结构》一书中指出,最好不要把共同体予以实体化,不要将之理解为建立在地方性基础上的社会

　　① 《十九届四中全会公报》解读:社会治理共同体[EB/OL].(2019-12-06)[2020-11-30]. http://country.cnr.cn/gundong/20191206/t20191206_524886571.shtml.

　　② 王德福.社会治理共同体:新理念新在何处?[EB/OL].(2019-11-03)[2020-11-30]. http://www.banyuetan.org/szjj/detail/20191113/1000200033135991573608078379190502_1.html.

　　③ 龚维斌.加快推进社会治理共同体建设[EB/OL].(2020-01-08)[2020-11-30].http://www.qstheory.cn/wp/2020-01/18/c_1125477143.htm.

　　④ 王天夫.构建社会治理体系建设社会治理共同体[EB/OL].(2020-03-31)[2020-12-30]. http://theory.people.com.cn/n1/2020/0331/c40531-31655949.html.

　　⑤ 吴理财.全面小康社会的城乡基层社会治理共同体建设[J].经济社会体制比较,2020(5).

互动网络,而要更多地关注共同体对于人们生活的意义以及他们各自认同的相关性。然而,作为国家正式政策文本中的政治话语,"社会治理共同体"具有可实体化和抽象化的双重属性,不仅为国家治理社会指明了发展方向,也给予了人们对于美好生活的想象空间。与此同时,"社会治理共同体"绝不是仅停留于政策文本的官方话语或宣传口号,它在转化为实践经验的过程中,会衍生出大量具有可操作性、可研究性的具体概念,涵盖基层治理中的城乡发展、资源分配、权力下沉、公共服务等一系列关乎人民利益的具体问题。理解该话语需要厘清政府、社会与市场在基层治理中扮演的角色及承担的责任,具体到城市基层社会领域,就是要以城市社区为场域,打造政府治理、居民参与、社会调节、市场服务的城市社区治理共同体,从而保障和改善民生,满足人民多样化需求。该话语具体到乡村治理领域,就是要以农村社区或小型村落为场域,打造"三治结合"的乡村治理共同体或村落共同体,在保护乡村传统文化的同时给予基层农村适当的自治空间与活力,从而实现新时代背景下的乡村振兴。可以看出,"社会治理共同体"在一定程度上既传承了传统文化与意识形态,又丰富了新时期新发展的中国特色社会主义的国家政治话语体系。"社会治理共同体"与"人类命运共同体""中华民族共同体"的提出实现了"共同体"话语体系在中国从平面到立体、从传统到现代、从整体到局部层层递进的全过程,实现了"共同体"系列政治话语体系在中国语境中的动态塑造。

四、国家与社会互动:社会治理共同体话语的理论内涵

社会治理是政府、社会组织、公众团体等主体在互动协商的基础上共同参与以解决社会问题、回应治理需求的过程。"社会治理共同体"话语不仅是政策研究中的政治话语,也是社会治理研究中的学术话语,作为学术话语其具备更为深刻和丰富的理论内涵。社会治理共同体话语演化的内在逻辑是国家与社会在社会治理中作为治理主体的地位变化,国家从显性在场到隐性在场,从以"看得见的手"统治到以"看不见的手"治理,接纳更多治理主体进入社会治理的"舞台"或"剧场",权力结构也从单向到双向、从简单到复杂,治理网络扩展至整个社会,有效连接国家与社会之间的"中空地带"。从学术研究的视角看,"社会治理共同

体"话语体现的治理逻辑在本质上依旧是以国家为主导，但一定程度上把"社会治理共同体"视为一种理论上理想的治理状态，将"社会"重新带回政治研究的核心议题。学者们将"社会治理共同体"话语作为一种兼具本体论与方法论意义的存在来理解，前者将"社会治理共同体"视为一个以"一核多元"为特征、以国家治理社会为目标的实体话语，后者将"社会治理共同体"视为国家与社会互动的抽象治理场域、传承中国传统文化与民族精神的载体以及管窥国家治理社会的"放大镜"。

一是"社会治理共同体"话语体现了中国特色的社会治理理论成果与话语创新。党的十九大正式提出了我国全面进入社会主义新时代的总体判断，在此基础上，无论是理论研究还是基层实践，社会治理理论与方法都在不断推陈出新。[①]从党的十九届四中全会《决定》的文本表述来看，社会治理共同体显然不是自然形成的共同体，而是国家为治理社会提出的一种政治话语，是需要国家机构与智库专家合作建设的共同体。城乡基层在某些方面缺乏紧密的社会联系、高度凝聚的社会资本和指向团结的公共意识，在个体化背景下催生出一些原子化、个体导向的"精致的利己主义者"。党中央在面临城乡基层治理困境时，及时提出"建设人人有责、人人尽责、人人享有的社会治理共同体"目标与策略，本质上结合了国家治理与社会治理的共同需求，在加强国家政权渗透基层的同时，更加有效地提高治理效能和增加社会公共福利。"社会治理共同体"并非自然形成或者来自传统文化的路径依赖，而是结合了中国传统思想与现代国家治理目标的新产物，为国家政治话语体系塑造出新的治理概念与治理场域，实现国家权力在基层治理中的"在场"。在中国，社会治理共同体的治理结构不是多元主体并列式、完全平等的参与结构，而是党委领导、政府负责、社会协同、公众参与的"一核多元"式治理结构，党委力量占主导，其他主体作为协调和补充性力量参与治理过程。[②]在打造"共建共治共享"社会治理格局的过程中如何建构多元主体间的相互

---

① 十九大报告作出了"中国特色社会主义进入新时代"的重大判断[EB/OL].（2017-10-19）[2020-11-30]. http://www.xinhuanet.com/politics/2017/10/19/c_1121823264.html.

② 李永娜，袁校卫. 新时代城市社区治理共同体的建构逻辑与实现路径[J]. 云南社会科学，2020(1).

关系、权责关系与协调机制,是新时代中国特色社会治理理论亟待解决的重大问题,"社会治理共同体"话语为此问题提供了新思路与新路径。由此可见,"社会治理共同体"是对党的十九大提出的"打造共建共治共享的社会治理格局"的进一步创新和丰富,为我国社会治理现代化建设指明了方向。①

二是"社会治理共同体"话语建构了中国式"国家—社会"互动场域。"共同体"概念起初被视为舶来品引入中国社会学界,伴随着马克思主义中国化与中国特色社会主义的发展,"共同体"概念已在中国政治发展的相关语境中不断被延伸扩展。从纵向看"共同体"概念的发展历史,共同体以家庭为组成单元,逐步从家族发展为宗族再壮大为氏族社会。马克思曾经指出,基于血缘亲属关系而存在的氏族社会是"自然形成的共同体的脐带"②,人们共同劳动与平等分配,没有阶级划分。部落、氏族及其制度,对于当时的人们而言都是神圣而不可侵犯的,都是自然所赋予的最高权力,个人在感情、思想和行动上始终是无条件服从的。③ 随着分工和交换的发展以及生产工具与生产技术的改进,原本的"共产制共同体"开始出现等级结构与阶级分化。在财富与权力分配不均的情景下,统治关系与奴役关系也逐步显现,在阶级矛盾不可调和之时,氏族社会瓦解,诞生国家。国家的出现,使得由血缘关系联结而成的传统的自然共同体雏形开始转变为具有政治属性与统治意味的"虚幻的共同体"。国家不仅"不依赖于亲属集团"④,而且享有与人民大众分离的公共权力。国家与社会间的关系一直是不同学科学者们的讨论主题,"社会治理共同体"也成为中国从"强国家—弱社会"向"强国家—强社会"转变的一种代表形态。按照马克思、恩格斯的发展逻辑,"人类社会是以共同体形式出现的"⑤,国家从出现到最终消亡、政治属性由强到弱,人们获得全面而自由发展之时,又将回归以社会关系为联结的共同体的本质意涵。从一定意义上来说,"社会治理共同体"是国家建构出的国家与社会互动的抽象场域,

---

① 王德福. 社会治理共同体:新理念新在何处? [EB/OL]. (2019-11-03) [2020-11-30]. http://www.banyue tan.org/szjj/detail/20191113/1000200033135991573608078379190502_1.html.
② 恩格斯. 家庭、私有制和国家的起源[M]. 北京:人民出版社,2009:109.
③ 马克思恩格斯文集(第4卷)[M]. 北京:人民出版社,2009:112-113.
④ 恩格斯. 家庭、私有制和国家的起源[M]. 北京:人民出版社,2009:117.
⑤ 张康之,张乾友. 共同体的进化[M]. 北京:中国社会科学出版社,2012:4.

也是国家与社会互动产生的理论与实践相结合的产物。

三是"社会治理共同体"话语是对学界关于"村落共同体"研究的传承与拓展。在"社会治理共同体"话语被国家正式提出之前,中国学界就早已关注基层治理研究中以村落、民族、宗教为基础而形成的小共同体,这些具体的共同体在发展过程中形成理论链条,不断链接形成当前"社会治理共同体"的发展历史,使得"社会治理共同体"在吸收现代性影响的同时,也融合了中国乡村治理研究传统与民族精神。有一批致力于乡村研究的学者指出,"村落共同体"是国家在治理乡村过程中,由于国家政权力量难以延伸至乡村底部,通过村落自主性、乡村文化、乡村精英等综合因素的结合,① 以宗族血缘纽带、高度的价值认同、道德内聚与情感联结维系形成的小共同体。"村落共同体"一方面体现着国家权力向乡村渗透的意向,另一方面也代表了中国传统乡村中的家族本位。② 从总体上考察,当代中国村落共同体是处在消解的过程中,但又在消解过程中不断重生,中国学者无法忽视村落共同体在国家与社会治理中的作用。王沪宁曾指出:"村落共同体以其固有的属性抵御着体制的渗透。在中国传统社会中,国家力量难以渗透到遥远的村落共同体之中。传统社会的大秩序是建立在大量家族村落小秩序基础之上形成的,家族村落又依据血缘关系建立内部群体秩序。可以看出,村落共同体补充了政治体制无力包揽的功能,维持了乡村内部共同体的必要存在。"③尽管当前的中国乡村社会日益理性化和现代化,消解了乡村内部大量原本以共同体形式凝聚而成的群体力量,但不可否认的是,乡村社会依旧存在血缘共同体、宗族共同体、民族共同体、经济生产生活共同体和精神信仰共同体等多种类型或混合类型。"社会治理共同体"话语继承了以往中国学界对"村落共同体"发展的高度关注,也呼应了"中华民族共同体"所蕴含的民族精神,将中国传统的基层研究视角延伸至整个社会。

四是"社会治理共同体"话语增强了"共同体"概念在中国的延展性与包容性。

---

① 刘伟. 论村落自主性的形成机制与演变逻辑[J]. 复旦学报(社会科学版),2009(3).
② 秦晖. "大共同体本位"与传统中国社会(上)[J]. 社会学研究,1998(5).
③ 王沪宁. 当代中国村落家族文化——对中国社会现代化的一项探索[M]. 上海:上海人民出版社,1991:211.

进入 21 世纪以来，现代科学技术的飞速发展为人类的公共生活提供了更加先进的技术手段和便利条件，也为人类以共同体形式进行的生产生活提供了新的社会土壤。现代信息技术以高速流动的信息网络与传播媒介强势介入人类生产、生活和人际交往，变革了人类在时间、空间上的传统存在形式与相互之间的联结方式。信息技术的发展催生了"虚拟经济""虚拟货币""虚拟交易""虚拟交往"等具有时代意义的新型人类共同生产生活的方式，人类愈发被置于具有广泛公共性的现实空间之中，人们纯粹的私人性不断被消解，与之相反，复杂的公共性被不断地衍生出来。党的十九大提出"完善党委领导、政府负责、民主协商、社会协同、公众参与、法治保障、科技支撑的社会治理体系"与"建设人人有责、人人尽责、人人享有的社会治理共同体"，在本质上是对中国社会治理规律认识的深化与拓展，体现了党领导下多方参与、共同治理的科学理念。"社会治理共同体"这一话语能够涵盖多元主体的互动关系，还能吸纳现代技术发展对社会治理的高度影响。"社会治理共同体"不仅可以从具体实践层面的实体化来进行研究，也可以从理论层面的抽象化进行研究。对于实体化层面而言，根据不同地区的历史背景、社会经济情况以及人们的生产生活方式，在社会治理共同体内部会衍生出类型不同、范围不同的多样化实践形态，这些具体的多样化共同体实体都能归属于"社会治理共同体"这一大的概念范畴之中。对于抽象化层面而言，"社会治理共同体"也可被视为一种"观念中的共同体"，具有想象空间，可被视为人们对于国家建构、民族团结、社群合作、邻里互助、和谐友善等家国精神与团结意识的复合体，不仅成为宣传国家政治话语的意识形态，也成为民众对自身所在国家与社会高度认同感的源泉，极大地提升社会团体的紧密团结程度与文化包容性。

五、增强社会自主性：社会治理共同体话语的价值导向

"社会治理共同体"话语的理论深化过程不仅是抽象的国家制度创新，还是正式制度与实践经验的结合，涉及不同治理主体在行动过程中的博弈、协商与合作。对于"社会治理共同体"话语的理解不能局限于学理层面，而应具体到实践维度，将关注点放置于国家政治制度安排与民众公共生活之间的互动、互构与互嵌方面。改革开放以来，中国走出了一条具有中国特色的社会主义改革和发展的

道路，坚持党的领导和以人民为中心，不断将制度优势转化为国家治理效能。①
在中国步入新时代的进程中，"社会治理共同体"话语也迈向了实体化，该话语
蕴含着增强社会自主性的价值目标与政策导向，国家希望通过重塑中国社会形态
及治理形式，最终跨越行政区划治理的边界形成社会治理共同体。

　　一是"社会治理共同体"话语有效回应了中国"以人民为中心"的价值关怀。
党的十九大在正式文本中提出"社会治理共同体"的同时，附加了三个重要形容
词，即"人人有责""人人尽责""人人享有"，最终指向"建设人人有责、人人尽
责、人人享有的社会治理共同体"目标。从党的正式政策文本表述可以看出，社
会治理共同体的建构需要重视人的主体性和公共性，"人人有责"与"人人尽责"
体现出"人"在社会治理共同体中的主体性，"人人享有"体现出"人"在社会治理
共同体中的公共性，二者结合最终体现了"社会治理共同体""以人民为中心"的
价值关怀。这里的"人"不仅仅是指生活在社会系统中的个体，也指由个体组成
的、参与社会治理的社会团体、社群组织等。从"人"的主体性来看，社会治理
对于不同主体的接纳程度越来越高。自改革开放以来，中国经济社会结构已发生
重大变化，党和政府治国理政的理念也在相应发生变化，政府职责的转型改变了
过去"保姆型"服务模式，在保障和改善民生的同时，主要关注民众最为关心和
最重要的问题。在此基础上，"社会治理共同体"呼吁"人人有责""人人尽责"就
是要充分发挥社会中"人"的主体性，让更多相关组织机构参与到社会治理的过
程中来。"人"的组织和联合是推动社会发展的重要前提，当这些联合起来的组
织机构积极参与到社会治理过程中，就能够更加有效地协助党和政府处理繁杂的
公共问题。从"人"的公共性来看，民众对于公共生活的需求也伴随着经济社会
发展而不断提高，民众在参与社会治理过程中表达个人偏好、政策意见的同时，
也对社会资源的需求越来越广泛。习近平总书记在党的十九大报告中明确指出：
"中国特色社会主义进入新时代，我国社会主要矛盾已经转化为人民日益增长的
美好生活需要和不平衡不充分的发展之间的矛盾。""社会治理共同体"包含了人
民对美好生活的想象与向往，是一个"人人共享"的共同体，人们在实质性参与

---

① 夏志强. 国家治理现代化的逻辑转换[J]. 中国社会科学，2020(5).

社会治理的过程中，党和政府也保障了民众享有普遍的公共权利和公共资源。

二是"社会治理共同体"话语体现了国家与基层治理重心下移的政策倾向。中国社会治理的重心在基层，基层工作的重心也倾向于社会治理，将社会治理共同体话语放置于中国基层治理的历史背景与发展现状中去理解，能够发现这与全球社区社会资本下降以及全球"社区复兴运动"具有相似的旨趣与目的。① 党的十九大报告指出："要加强社区治理体系建设，推动社会治理重心向基层下移，发挥社会组织作用，实现政府治理和社会调节、居民自治良性互动。""社会治理共同体"话语的提出与当前中国社会基层治理重心下移的政策倾向相呼应，也是党和政府打造共建共治共享社会格局的重要环节。其一，社会治理共同体是国家治理基层社会的理想目标。现代性的发展引发原子化社会的出现，个体时代的公共精神缺失与现代社会的碎片化发展都将严重影响国家治理社会的效度。从"结构—功能"的视角看待社会，能够发现社会中不同的组成成分与组织机构都是社会系统不可或缺的一部分，"社会治理共同体"话语不仅能够统筹不同的参与主体，还能指代复杂的社会治理模式与内在治理机制，给予基层实践的空间与创新的灵感。其二，社会治理共同体涵盖了城乡融合发展的新思路。自改革开放以来，中国城乡发展不平衡的问题日益突出，国家在治理基层社会的过程中意识到乡村发展大幅度滞后于城市的关键原因，自2004年开始党中央连续发布以"三农"（农业、农民、农村）为主题的一号文件，十九大报告中也提出了旨在发展农村的"乡村振兴"战略。中国的城乡发展政策经历了"城乡统筹""城乡一体化"与"城乡融合"的三大阶段，"社会治理共同体"在一定程度上囊括了城市与乡村两大发展场域，以政治话语形式消弭人们对城乡差距的刻板印象。其三，社会治理共同体话语引导党和政府以系统思维治理基层社会，注重权、责、利与治理重心同步下移。社会治理共同体倡导整体性治理，引导党和国家在关注治理重心下移的同时也要关注职责合理划分与资源优化分配的问题。

三是"社会治理共同体"话语的提出能够提升民众的政治信任，积累社会资本，间接增强国家治理体系现代化的合法性。国家与社会之间的信任关系作为贯

---

① 郁建兴，任杰.社会治理共同体及其实现机制[J].政治学研究，2020(1).

穿于治理体系现代化合法性进程的一条主线，也构成了国家治理社会的经验基础。然而，现实生活中，信任缺失正成为现代国家治理的巨大掣肘。[①] 由于政府信任的下降与现代社会属性、服务对象变化以及政府所处生态环境密切相关，这些外部环境的发展变化使得政府信任议题变得愈发复杂，[②] 迫切需要修补国家与社会之间的信任缺失。现代公共生活的基本特征之一就是不同的行动主体能够在同一系统中达成合作并形成集体行动，行动者通过集体行动或群体组织表达需求和观点，相互认同并相互塑造，不断强化集体共识并形成信任网络，最终建立紧密联系和合作互动的社会网络。"社会治理共同体"作为国家话语渗透至基层，为普通民众传递一种团结有爱、互帮互助、相互信任的价值观，培育人们的社会认同感、建立人际互信、平等交换的社会公约与规则，从而编织起有利于普罗大众的密集型政治社会网络，以增强国家治理体系现代化的合法性。其一，"社会治理共同体"以城乡社区为重点展开，而基层社区作为政府建构治理网络的关键枢纽，起到了链接民众与政府的重要作用，尤其是社区内部的社会资本在一定程度上能够促进国家政治民主的发展，一方面是因为市民能够通过非正式社会网络将个人诉求或集体诉求传递给基层工作者，最终传递给基层政府；另一方面是市民可以通过参与公共事务以提高自己参政议政的能力，从而提升自己作为政治行动者的自主性与积极性。[③] 其二，"社会治理共同体"中积累的社会资本能够化解基层治理中的集体行动困境。对于基层而言，社会治理是一种集体选择过程，政府、社会组织、企业单位、社区居民等不同主体需要通过协商谈判、资源交换与相互妥协最终共同参与到集体行动中，处理和解决一系列与人民利益息息相关的公共问题。这种多元主体间以社会资本为基础建立信任、合作与互惠的良好关系，能够有效化解基层治理中的集体行动困境。[④] 其三，"社会治理共同体"话语增强了人与人之间的互动性。社会治理共同体内部需要建立起一种能够维持多方利益主体持续互动的参与网络，这种象征着良好合作与信任互惠的社会网络，需

① 陈进华. 治理体系现代化的国家逻辑[J]. 中国社会科学，2019(5).

② 张成福，边晓慧. 重建政府信任[J]. 中国行政管理，2013(9).

③ 王薪喜，孟天广. 空间与治理：城市政治研究的新进展[J]. 国外社会科学，2020(3).

④ 吴光芸，杨龙. 社会资本视角下的社区治理[J]. 城市发展研究，2006(4).

要人们对社会产生持续的认同感与信任感，从而形成一套社会共享的道德观、价值观以及大众认可的社会规范。

四是"社会治理共同体"话语有助于国家跨越行政区划治理边界重塑治理空间。传统话语中的共同体被视为天然形成的空间形态，这与近代以来原子化社会的发展格格不入，快速发展的城市化、工业化正在不断消解传统共同体的精神与实质。如今的共同体不再仅仅是单纯的地域或人口概念，对于许多现代研究者来说，"共同体"成为一种静态范畴，相当松散地用来指称地理意义或行政管理意义上结合在一起的人口，而不是指一系列各式各样的社会关系。例如，当代芝加哥学派的社会学研究以城市街区作为基本考察对象进行实证研究，他们特别在意community 在地理位置上的边界划分，是因为其研究重点在于描述地理意义或行政意义上结合在一起的地域人口之间的各种具体的行动方式，而不是在于揭示或描绘一种特定的社会范式和关系模型。① 在中国，省、市、县、乡等概念也在应用层面代表着政府出于管理需要而对人们生活地域进行的划分，更多地被理解为行政单元。然而，不可否认，如果人们在地理上能够生活在一起，他们形成团结、和谐、互帮互助、行动一致的共同体之可能性会比分散居住的人群概率更大。"共同地域"特征至少为共同体的实现提供了物质基础。② 但是，地理上的聚集，对于一个共同体的形成绝非是充分条件。身处同一地域中的人们也可能过着完全原子化的生活，可能在精神上并不相互认可或者相互联系，表现出彼此冷漠甚至是对抗。因此，国家治理社会需要发展一种共同体话语，使治理可以超越行政区划的边界，从而重塑国家治理社会的实体空间与想象空间。

六、结论与讨论：社会治理共同体话语的研究趋势

鲍曼揭示我们怀念共同体的原因在于怀念安全感，尤其当我们陷入一个充满竞争、灵活多变和普遍存在不确定性的、流动的、不可预料的世界中，不安全感

---

① Craig Calhoun. Community：Toward a Variable Conceptualization for Comparative Research［J］. Social History，1980(2).

② 丹尼尔·A. 科尔曼. 生态政治[M]. 梅俊杰，译. 上海：上海译文出版社，2006：120-121.

严重影响了我们每一个人。① 时代快速发展导致社会道德败坏的出现，提醒早期的共同体辩护者(以及那些将共同体理想化了的人)注意"城镇"或者"现代"的生活。② 安东尼·吉登斯就曾指出："在政治光谱的每一面，我们都能看到对社会破裂的担忧，以及对复兴共同体的召唤。"③正是因为"共同体"这种生活理想一直蕴含着社会团结的诉求，所以，"共同体在今天的流行，可以被看做人们对于因全球化而产生并加剧团结和归属危机的一种回应"④。在复兴"共同体"理想的浪潮中，"社会治理共同体"话语的提出也备受国内外学者关注，其相关研究也展现出较强的发展趋势。"社会治理共同体"话语研究在不断延伸与拓展的过程中，也会逐渐展露出发展中遇到的问题，这是值得当代研究者深刻反思的。

一是"社会治理共同体"话语的滥用及泛化。广泛而频繁的使用虽然带来了更多的关注和曝光，但同时也意味着误用的可能性会大大增加。"社会治理共同体"由政策文件正式提出后，众多学者开始研究和使用该话语。作为"共同体"概念的衍生词，"社会治理共同体"也经历了概念泛滥与意义泛化的阶段，这对该话语的未来发展产生了一定的负面影响。二是研究者基于政策文本对"社会治理共同体"话语的解读。从宏观治理目标来看，"社会治理共同体"是国家在基本实现全面建成小康社会目标的基础上，对于新时期社会治理提出的新挑战与新目标。作为党的十九届四中全会会议公报的关键词之一，"社会治理共同体"话语引发各群体基于政策文本的热烈讨论。三是以实践为导向的社会治理共同体的话语再造。从微观现实需求来看，由于物质生活水平的提高，人们对生产生活的环境要求、自我价值追求、政治参与需求等不断提升，"社会治理共同体"话语的落地与人民自身利益和成长发展息息相关。介于理想与现实之间、政策文本与基层实践之间，"社会治理共同体"话语研究也逐渐走向具象化。四是"社会治理共同体"话语逐步走向国际化。近年来，共同体的发展与丰富，已逐步走出传统乌

① 齐格蒙特·鲍曼. 共同体[M]. 欧阳景根，译. 南京：江苏人民出版社，2003：179.

② Craig Calhoun. Community：Toward a Variable Conceptualization for Comparative Research[J]. Social History，1980(2).

③ Anthony Giddens. Beyond Left and Right[M]. Cambridge：Polity Press，1994：124.

④ Gerard Delanty. Community[M]. London：Routledge，2003：1-2.

托邦思想中的共同体原始状态,逐步发展成为多元文化背景下新型的交流共同体。人们不再受时空上的限制,可以根据宗教、民族、种族、生活方式和性别归属于多个共同体,与这些共同体和谐共存。① 伴随中国特色社会主义与马克思主义中国化的发展,在政策文件及官方媒体中宣传的"人类命运共同体""中华民族共同体""社会治理共同体"等一系列共同体话语,代表着中国在国际交流合作中不仅坚持和平发展道路,也坚持中国特色。"社会治理共同体"话语具备学术话语的学术性和政治话语的政治性,由于该话语的双重特性,研究者需要从其属性、内涵与制度背景等多个维度进行考量。

处于转型阶段的中国社会是具有复杂性、多元性、差异性和复合性的社会,前现代性、现代性及后现代性的现实因素交织在一起,为中国治理社会带来极大的挑战。坚持以"人类命运共同体—中华民族共同体—社会治理共同体"为国家的政治话语体系,是一个关乎国家从国际社会到国内社会发展的宏观治理逻辑,符合中国特色社会主义发展的历史逻辑、实践逻辑、理论逻辑与制度逻辑。"社会治理共同体"话语能够较好地概述当前中国复杂的社会形态,并且帮助政界与学界的专家学者搭建合作对话的桥梁,重新把"社会"视为国家治理与政治研究的中心议题。"社会治理共同体"话语的变迁逻辑根植于"国家-社会"关系的互动趋势,其演进的路径及变迁的形态并非静态单一,而是动态且多元的,涉及多主体之间的功能协调与合作。要在中国语境中把握这个概念,不能局限于单一的学科视角与阐释方式,必须广泛吸收哲学、人类学和社会学等相关学科的研究视角与研究方法,在广泛关注相关学科论述的基础上,借助其资源而澄清它的内涵、意义及作用。通过对"社会治理共同体"话语的发展脉络、政治意涵、理论内涵、价值导向、研究趋势等多个方面的系统梳理,我们能够更加深刻了解它在发展过程中的演化逻辑,从而降低该话语被误用与误读的概率。学术界对于"社会治理共同体"话语的研究也逐步展现出从宏观到微观、从政策到实践、从单一到多元、从传统到现代、从国内到国际的总体性发展趋势。作为国家加强和创新社会治理的系统战略规划,"社会治理共同体"话语的实现需要结合新的制度设计与人民

---

① Gerard Delanty. Community[M]. London:Routledge,2003:2.

需求，将更多主体与资源融入到社会治理体系之中，保障社会与国家在共同治理中同步成长，从而激发出"社会治理共同体"自身应有的能量与活力。

第五节　近年来城乡基层"治理重心下沉"话语的再审视

一、引　言

基层治理长期为中国政治学者津津乐道，可谓是百家争鸣，甚至我们可以说，没有哪个研究领域可以如同基层治理这般，引得国内政治学、公共管理学、社会学等诸多学科的学者在该领域竞相角逐。一直以来，基层治理研究呈现城乡分野的状态。不可否认，城乡基层在微观机制上存在相当程度的差异。但是，当我们从宏观上进行整体把握时，就会发现，城乡基层治理的改革方向高度相同——治理重心下沉。

治理重心下沉是我国政治改革的重要方向，基层治理在国家治理中的基石性地位随之进一步凸显，"治理重心下沉"日益频繁地出现在我国政治学话语体系中。源于中国政治学话语体系建构的需要和国内政治学者对政治本土化的学术自觉，国内政治学研究愈发倾向扎根于中国经验，希冀从中提炼出本土化的政治学概念和理论。

自清末新政以来，持续不断的治理重心下沉形塑着中国基层生态。通过梳理治理重心下沉话语，我们既能勾勒出当代中国基层治理的变迁图景，又能从中发现治理重心下沉话语演变的过程，进而反思如何建构基于中国情境的学术话语，寻找推动学科发展和知识积累的着力点。

二、基于国家建构的治理重心下沉

近年来，治理重心下沉成为国家优化城乡基层治理的关键举措。回溯整个治理重心下沉过程，可以发现其核心是权力下沉，这被认为是建构现代民族国家的过程。国家权力向基层社会渗透，以此将基层社会整合到国家权力体系之中，实现从间接治理向直接治理的转向。

（一）政权下沉：国家控制社会

在中国封建时期，由于"皇权不下县"，乡村社会通常依靠宗族、乡绅等民间力量维持社会秩序。政治结构由中央集权和地方自治组成，费孝通称之为"双轨制"①。黄宗智用"集权的简约治理"来描述清代的官方政府利用半正式的简约行政治理民间社会。② 总体而言，这一时期的基层社会保持较高的独立性和自主性，国家权力干预程度低，以间接治理为主。

清末新政以来，皇权突破原先的权力框架向基层社会延伸并汲取资源，这成为近代中国治理重心下沉的关键节点。杜赞奇对1900—1942年的华北农村进行深入研究。他认为，战争加大国家汲取社会资源的需求。为了增强汲取社会资源的能力，政权机构向基层扩张，"所有的中央和地区政权，都企图将国家权力伸入社会基层，不论其目的如何，它们都相信这些新延伸的政权机构是控制乡村社会的最有效手段"③。随着政权下沉的进一步深入，基层社会也愈发呈现"官僚化"的特征，国家而非社会成为基层权威合法性来源。政权下沉也是国家完成对社会的控制过程。或者可以说，政权下沉的过程是国家介入乡村社会内部的自生秩序，打破并取代其权威体系，从而按照国家意志建立新秩序的过程。通过这一过程，构建起现代民族国家，完成从传统国家向现代国家的转型。

然而，从传统国家迈向现代国家并非易事。近代中国的历史进程曲折而动荡，政权交替频繁，但无一例外都向基层社会延伸权力触角。国家机器向基层社会汲取资源以支付战争赔款或供给军事需要。对于乡村社会而言，下沉的政权组织对其带有强烈的掠夺性，这加剧了农民对政权的疏离感。这些都削弱国家权力在基层社会的渗透能力，阻碍民族国家的建构进程。新中国成立前，国家对乡村社会的治理处于"无根的统治"状态。④ 这也就意味着，从清末新政至新中国成立

① 费孝通.乡土重建[M].北京：中信出版社，2019：55-69.

② 黄宗智.集权的简约治理——中国以准官员和纠纷解决为主的半正式基层行政[J].开放时代，2008(2).

③ 杜赞奇.文化、权力与国家：1900—1942年的华北农村[M].王福明，译，南京：江苏人民出版社，2010：前言3.

④ 徐勇.政权下乡：现代国家对乡土社会的整合[J].贵州社会科学，2007(11).

前，持续的政权下沉，国家政权仍未在乡村社会扎根。

新中国成立之初，巩固政权自然成为新生政权的题中之义。中国共产党一方面推动政党下沉，以基层党组织为抓手，进行社会整合和社会动员；另一方面推进政权组织下沉，在乡村社会建立"政社合一"的人民公社作为政权组织形式。徐勇认为，政党下沉至乡村社会主要起到两个作用：组织农民和动员乡村。"中国能够成功地进行乡土政治整合，得益于政党向乡村的延伸。通过政党对农民进行组织与动员，从而将一个传统的乡绅社会改造为一个现代政党领导和组织下的政治社会。"①此外，中国共产党对农业进行社会主义改造，人民公社在乡村社会高度组织化、政治化的背景下应运而生。人民公社作为乡村社会的基层政权组织，使乡村社会的"国家化"程度达到了前所未有的高度，主要表现为政权建设和经济建设实现高度统一化，建立起自上而下、高度集权的基层治理体制。集中统一的政党、高效运转的官僚系统等各种现代性因素被注入乡村社会，国家权力迅速地渗透到乡村社会，实现对社会的集中控制。

在城市基层，国家以"政企合一"的单位制为基层政权组织形式，从而加强国家对社会的控制与整合能力。有学者认为，单位制是新中国成立初期特殊的社会组织形式、② 社会调控体系。③ 在特定历史条件下，面对短缺的物质资源、散乱的社会形态等现实境况，国家在城市基层采用单位制作为管理体制，能够有效重塑秩序、推动发展。张静用"双重治理结构"描述单位制时期的中国城市基层治理结构。④ 所谓"双重治理结构"指国家不直接对社会受众进行治理，国家的治理对象是单位，单位的治理对象是所属的社会受众。简言之，单位制时期的城市基层管理体制的治理形态为国家—单位—个人。国家通过单位组织将权威向社会渗透，逐步确立了国家—社会一体化的结构，孙立平称之为"总体性社会"⑤。在总体性社会中，国家居于支配地位，个人高度依附于单位。

---

① 徐勇. "政党下乡"：现代国家对乡土的整合[J]. 学术月刊，2007(8).
② 路风. 单位：一种特殊的社会组织形式[J]. 中国社会科学，1989(1).
③ 刘建军. 中国单位体制的构建与"革命后社会"的整合[J]. 云南行政学院学报，2000(5).
④ 张静. 中国基层社会治理为何失效？[J]. 文化纵横，2016(5).
⑤ 中国战略与管理研究会社会结构转型课题组. 中国社会结构转型的中近期趋势与隐患[J]. 战略与管理，1998(5).

在国家庇护和个人依赖的相互关系中，单位制的运行出现异化。曹锦清、陈亚中研究认为，按劳分配原则在单位制运行中被异化为平均主义的分配制度。①这样的异化使得单位从增加社会资源的组织变成了消耗社会资源的组织。可见，单位制难以避免地引起了"制度后果"。单位制在多重因素的共同作用下走向瓦解，其中，国家允许一定范围内的市场因素是关键。国家在总体性社会中释放出市场主体，承认并鼓励发展非公有制经济，党的十四大确立"建立社会主义市场经济体制"的目标。由此，自由流动资源增多、流动空间扩大、流动速度加快，这些都超出了单位制的可控范围。单位制便在国家成长、社会发展和市场出现等多重因素的影响下成为历史。

与单位制类似，人民公社体制因社会利益结构变化受到了冲击。但毋庸置疑的是，人民公社和单位制的确立和运行，帮助国家实现了对社会的有效控制。中国的政治现代化发端于内外交困之际，战争是其直接诱因。在历经晚清、民国直至新中国成立后，通过持续不断的政权下沉，中国才实现从传统国家向现代民族国家的转型。同时，我们也应注意到，国家政权持续下沉与权力高度集中塑造了全能主义国家。以政权下沉为核心的治理重心下沉有其无可替代的历史使命，但在经济社会的巨变中，治理重心下沉也面临新的历史转向。

（二）自治下沉：探索基层民主管理

20 世纪 70 年代末，家庭联产承包责任制的推行和国家发展转向"以经济建设为中心"，使得乡村社会的利益结构发生变化，即"交够国家的，留足集体的，剩下都是自己的"取代原先"大锅饭"的利益格局。人民公社存续的经济基础逐步瓦解、行政权威受到冲击，原有的组织形式难以维持乡村社会的秩序，使得乡村社会处于失序、混乱的状态，乡村治理问题面临新的挑战。为适应新的社会利益结构变动，乡村社会需要一种新的组织形态，以找回原有秩序。在广西宜山罗城，村民们自发成立了村民委员会组织。这一乡村社会自生自发的组织形态将乡村秩序带回正轨。村民自治发端于乡村社会，在国家力量的推动下成为全国性的

---

① 曹锦清，陈亚中. 走出"理想"城堡——中国"单位"现象研究 [M]. 深圳：海天出版社，1997：102.

乡村基层组织形态——村民委员会，并不断完善村民自治制度。

在城市，治理重心从单位转移到基层。单位制瓦解后，街居制成为治理重心转移的方向并非偶然。在单位制时期，街道办和居委会已是城市基层行政建制的组织，作为单位制的补充，对城市基层进行管理，形成以单位制为主、街居制为辅的城市基层管理体制。街居制替代单位制成为城市基层管理体制，不仅表明治理重心从单位转移到基层，也显示治理重心从区政府下沉至街居。20 世纪 90 年代开始的社区建设，意味着城市基层治理重心向社区下沉，同时标志着自治下沉在城市基层的展开。

以村（居）民自治为代表的自治下沉进入治理重心下沉话语体系，成为中国政治学本土化研究的标志之一，同时还吸引大量国外学者的关注。相关研究已是汗牛充栋，从研究取向来看，主要是两大方向：民主和治理。以上两种话语路径，都主要回答以下问题：从何而来？何以可能？如何运行？走向何处？

就民主话语取向而言，徐勇认为，与西方同步建构民族—国家、民主—国家不同，中国民族—国家、民主—国家建构呈现不均衡性。[1] 村民自治被认为是在现代民主—国家建构中产生的，是中国民主政治发展的突破点。[2] 关于基层自治的由来，有人认为是经济社会因素引起的政治变革，有人认为是建构现代国家所需的政治选择。[3] 无论是缘于外部因素的被动改革，抑或政治发展的必然选择，自治下沉对中国政治本身而言具有无可取代的重大意义。有效实现村民自治需要一定的条件，包括利益、文化、地域、规模和个人意愿等。[4] 在自治下沉的具体运行机制上，全国各地出现了诸多典型，如湖北秭归村落自治、广东清远自然村自治、广西融水"五会屯治"模式等。各地推动自治下沉的微观机制不尽相同，各具特色。诸多的经验离不开自治层级下放、自治单位缩小，从而实现治理重心

---

[1] 徐勇. 现代国家建构中的非均衡性和自主性分析[J]. 华中师范大学学报（人文社会科学版），2003(5).

[2] 徐勇. 中国农村村民自治[M]. 武汉：华中师范大学出版社，1997：5-14.

[3] 徐勇. 现代国家的建构与村民自治的成长——对中国村民自治发生与发展的一种阐释[J]. 学习与探索，2006(6).

[4] 邓大才. 村民自治有效实现的条件研究——从村民自治的社会基础视角来考察[J]. 政治学研究，2014(6).

下沉。纷繁的实践经验都在不断探索中国的基层民主之路。徐勇教授认为，中国的民主之路经历了从形式到实体的过程，在这一过程中，国家建立起了民主规则和程序，民众得到了民主训练。①

就治理话语取向而言，自治下沉强调的治理是基层社会自我维护秩序，实行国家治理与乡村治理共同治理。国家行政放权，实行"乡政村治"。但是，这并不意味着国家退出乡村社会。不仅如此，国家意志还以国家法律的形式向基层社会下沉——送法下乡。在乡村社会，国家法律与乡约民规两套治理话语共同左右着乡村治理，形成复合治理，这造成了"被困的治理"。有学者指出，对于乡村治理而言，村民自治的机制是影响乡村治理有效与否的关键所在，具体包括保障性机制、表达性机制、决策性机制、制约性机制、协调性机制、协同性机制（横向）、协同性机制（纵向）、动力性机制。② 这也就是为什么在治理话语取向中，诸多研究对自治下沉的微观机制进行深入挖掘，在差异化的经验材料中精耕细作、精雕细琢，但囿于题材宏大，研究起来显得十分吃力。

（三）治理下沉：基层治理现代化

中国推动城镇化发展，基层社会的流动性、多元化、复杂度都达到了前所未有的高度。国家力量积极、主动、强势介入基层治理，表现为：纵向上，城乡基层治理层级进一步下沉至网格；横向上，国家推动服务下沉、责任下沉、资源下沉、技术下沉等多面向、体系化的治理重心下沉。以上种种推动治理重心下沉的改革措施，都旨在推进基层治理现代化。治理重心下沉话语向基层治理绩效转移，研究往往更关注为什么治理有效（或无效）？应如何推动治理重心下沉以实现有效治理？

治理下沉能够通过缩小治理单元、事权责下移、技术赋能基层等提升基层治理绩效。网格化治理是缩小治理单元的关键步骤，同时也是实现技术下沉的重要举措。服务下沉的典型经验是"一站式服务大厅"和"社区服务站"，即政府的服

---

① 徐勇. 中国民主之路：从形式到实体——对村民自治价值的再发掘[J]. 开放时代，2000
（11）.

② 刘金海. 村民自治实践创新30年：有效治理的视角[J]. 政治学研究，2018（6）.

务事项向基层下沉。与服务下沉相伴随的，是事权责的下沉问题。即，这些话语通常关注为什么服务难以下沉至基层？为什么下沉的事权责会失衡？以及如何推进服务下沉和事权责均衡地下沉至基层？技术下沉则集中关注信息技术向基层治理赋能，希望信息技术成为撬动基层治理现代化的支点。

在关于重心下沉如何提升治理效能的思考中，学者们给出了治理结构调适的答案。① 治理重心下沉的直接目的是提升治理绩效，其深层次原因是要重构基层治理体系。近年来，治理重心下沉话语跳出"放权、放人、放资源"的路径，提倡需要从结构上进行整体化下沉，主要包括：弥补基层治理框架失衡、条块管理缝隙增大和基层共同体缺失三大课题，提出要从体制、机制、队伍和技术等方面进行变革，实现基层系统性重构。② 同时还关注到基层是集政治、行政、社会三种功能于一体的共同体。③ 这也就意味着，治理重心下沉不仅需要立足国家重构基层权力结构，还要激活社会构建基层治理共同体，通过多元的治理主体共同推进基层治理现代化。总而言之，该阶段的治理重心下沉话语为推动基层治理体系和治理能力现代化建言献策、指明方向。

以上分析并不是说治理重心下沉话语在各个阶段是绝对分割的，反而，治理重心下沉是随着实践不断丰富的概念。治理重心下沉实践中，政权下沉阶段，更多地表现为行政机构在基层扩张、行政人员向基层下沉；在自治下沉阶段，上一阶段的下沉因素也在持续推进，同时，自治组织增多、自治制度完善，并不断推进国家法律等向基层下沉；在治理下沉阶段，此前的下沉因素持续不断地向基层输入，治理层级下沉至网格，更多地将各种权力因素、治理因素等体系化地下沉到基层，提升基层的治理效能。在治理重心下沉话语中，我们也可以看到类似的景观，突出体现为治理重心下沉的话语内涵不断丰富。从单一的政权下沉，逐步丰富为包括政权下沉、自治下沉、治理下沉等多面向的概念，并不断地融合。简

---

① 刘凤，傅利平，孙兆辉.重心下移如何提升治理效能？——基于城市基层治理结构调适的多案例研究[J].公共管理学报，2019，16(4).

② 容志.推动城市治理重心下移：历史逻辑、辩证关系与实施路径[J].上海行政学院学报，2018，19(4).

③ 吴晓林.治权统合、服务下沉与选择性参与：改革开放四十年城市社区治理的"复合结构"[J].中国行政管理，2019(7).

言之，每个阶段的治理重心下沉话语虽有一定侧重，但总体是呈现概念内涵逐步丰富和饱满的状态。关于理论运用，治理重心下沉话语从国家建构理论出发进行分析，随后围绕国家理论不断地展开各类分析，主要包括国家建构、国家能力、国家自主性、国家-社会关系等，其中国家-社会关系逐步成为治理重心下沉话语中占据主导性地位的理论分析框架。

三、关于治理重心下沉内卷化的讨论

治理重心下沉并非一蹴而就，在漫长的下沉过程中，难免存在不尽如人意之处。因此，对治理重心下沉的省思——治理重心下沉内卷化的讨论同样不绝于耳。无论是坚持国家本位究因探源，还是从社会本位出发警惕国家权力，抑或从国家-社会关系互动中寻找新的增长点，这些讨论大多集中在国家政权建设内卷化、基层自治内卷化、基层治理内卷化三个方面。

（一）国家政权建设内卷化

杜赞奇沿着查尔斯·蒂利国家建构的研究框架，对中国 20 世纪上半叶的华北农村展开分析，基于中国经验提出"国家政权建设内卷化"的概念。国家政权建设内卷化意指："国家机构不是靠提高旧有或新增（此处指人际或其他行政资源）机构的效益，而是靠复制或扩大旧有的国家与社会关系——如中国旧有的营利型经纪体制——来扩大其行政职能。"①尤其是在财政领域，国家财政增加，但是国家却缺乏对这些机构的控制力，反而地方愈发处于无政府状态，即"国家对乡村社会的控制能力低于其对乡村社会的榨取能力"②。在传统乡村社会中，村庄自生的内在价值和规范形成了非制度化的权力运行机制，杜赞奇称之为"权力的文化网络"，这形塑并制约着国家权力在乡村社会的运行。由于国家的监控能力不足，代表乡村利益的保护型经纪被营利型经纪挤压，逐渐退出乡村社会。保

---

① 杜赞奇. 文化、权力与国家：1900—1942 年的华北农村[M]. 王福明，译. 南京：江苏人民出版社，2010：54-55.

② 杜赞奇，王福明. 现代化的陷阱——1900—1942 年中国国家政权的扩张对华北乡村社会的影响[J]. 战略与管理，1994(4).

护型经纪作为国家与社会的纽带，其退出乡村社会意味着国家政权建设未能获取乡村精英的支持。

通过分析可以发现，20世纪上半叶的治理重心下沉侧重于政权下沉，对应的质疑便是政权建设内卷化。其间，各种研究大多是从国家权力如何进入乡村社会，以及乡村社会对国家权力渗透的抵抗性作用来展开的。即，国家-社会关系是主要的分析框架，在该框架内，结合国内经验对国家建构的路径、国家能力的建设、社会结构的变化等展开讨论。

(二)基层自治内卷化

基层自治内卷化包括组织内卷化和制度内卷化。基层自治组织内卷化指基层自治的组织形式产生并增多，但是组织性质和实际运行机制并未指向自治，反而随着制度和行政组织下沉而出现行政化加强的趋势。何艳玲以乐街为案例展开研究后发现，居委会在组织变革过程中呈现"内卷化"，具体表现为：组织结构科层化、组织功能行政化、组织成员"职业化"[1]。基层自治制度内卷化与组织内卷化有一定的相似之处，即认为虽然基层自治制度愈发完善，但是其制度框架并未改变，而且村(居)委会名义上是"自治"，其实质在于复制行政科层制，完成上级政府移交的各项行政任务。[2] 基层自治内卷化的实质在于基层自治行政化。也即，国家高密度的行政权力介入自治领域，使得自治组织兼具国家性和社会性的双重性质，其中国家性强于社会性。因此，基层自治内卷化的核心在于反思自治下沉的过度行政化，具体表现在以下几个方面：承接行政事务的数量和构成、承接行政事项的性质和行为频次、行政职责下达方式与监督问责工具。[3]

进一步分析可以发现，这些话语都是在反思国家权力范围扩大及其后果。由于中国国家规模庞大，财力的限制使得行政力量直接进入基层存在一定的阻力。因此，借助村(居)委会等基层自治组织，延伸国家权力成为较优路径。伴随国

---

[1] 何艳玲，蔡禾. 中国城市基层自治组织的"内卷化"及其成因[J]. 中山大学学报(社会科学版)，2005(5).

[2] 贺东航. 中国村民自治制度"内卷化"现象的思考[J]. 经济社会体制比较，2007(6).

[3] 孙柏瑛. 城市社区居委会"去行政化"何以可能？[J]. 南京社会科学，2016(7).

家权力范围扩大而来的，便是社会权威的范围被压缩。这样的基层自治呈现强行政、弱自治的形态，其背后折射出强国家、弱社会的权力格局。

（三）基层治理内卷化

基层治理内卷化主要指治理绩效内卷化，其意为：虽然大量的人财物等治理资源向基层下沉，但是收效甚微，甚至损害已有治理成果。基层治理内卷化的相关研究集中探究出现基层治理内卷化的原因。李祖佩在"国家-社会"关系基础上，针对具体经验总结出"中央政府—基层政府—乡村社会"的三维分析框架来解释乡村治理中的内卷化问题。其中，分利秩序侵蚀下沉的治理资源，导致基层治理内卷化。① 陈锋认为乡村基层治理内卷化是因为国家—基层组织—农民三者之间的利益与责任连带机制关系发生断裂，分利秩序是其中的关键影响因素。② 贺雪峰称农业税取消后，国家资源下沉至乡村社会，乡村社会出现了地方政府与地方势力的结盟，这种结构侵蚀乡村社会的公共利益，导致乡村治理的内卷化。③ 以上各种解释，都是在国家-社会关系的框架内展开论述。国内关于基层治理内卷化的讨论大多更加关注微观机制或者具体结构，比如富人治村、④ 灰色势力治村⑤等新精英或者各种能人替代下沉的治理资源。在上述话语中，社会呈现强势的状态。具体表现为，社会结构使得国家资源被损耗，导致基层治理出现内卷化的现象。

总体而言，关于治理重心下沉内卷化的讨论绝大多数都在国家—社会二分的框架内展开。关于治理重心下沉内卷化的原因包括：第一，国家能力疲弱，使得国家对代理人监控不力。这不仅阻碍国家对社会渗透，还损害基层政权合法性，具体表现为国家政权建设内卷化。第二，国家权力范围扩大，基层自治高度行政化。这在一定程度上不利于基层民主的发展，还不断压缩社会的发展空间，出现

① 李祖佩. 乡村治理领域中的"内卷化"问题省思[J]. 中国农村观察，2017(6).
② 陈锋. 分利秩序与基层治理内卷化：资源输入背景下的乡村治理逻辑[J]. 社会，2015, 35(3).
③ 贺雪峰. 论乡村治理内卷化——以河南省K镇调查为例[J]. 开放时代，2011(2).
④ 袁松. 富人治村[D]. 华中科技大学，2012.
⑤ 陈柏峰，董磊明. 乡村治理的软肋：灰色势力[J]. 经济社会体制比较，2009(4).

国家或社会权力失衡的局面，具体表现为基层自治内卷化。第三，忽视国家治理能力，认为社会结构能够阻碍国家权力不断下渗。强调国家对社会的监控能力，即国家不仅需要具备汲取资源的能力，还应该具有配置资源以实现国家目标的能力，否则将出现基层治理内卷化的现象。

四、带回政党：治理重心下沉话语的新转向

笔者曾反思学界对治理重心下沉"内卷化"的审视，提出要从更多层次来理解治理重心下沉的要旨。笔者认为治理重心下沉在加强党的领导、现代国家建构和提升治理绩效等不同范畴都有重大的积极意义。① 研究应"把政党带进来"②，在国家-社会关系的基础上讨论"政党"这一不可或缺的主体。如果说此前的基层治理问题是"国家为社会订立规则并获取服从的问题"③。那么，随着党从"幕后"走向"台前"，基层治理问题将转变为党直接为社会订立规则并获取服从的问题。

（一）实证研究：政党为分析的主体

中国共产党在当代中国政治中始终居于领导地位。在中国基层治理实践中，党组织一直扮演着至关重要的角色。④ 尤其是党的十八大以来，党建引领成为城乡社区治理的实践走向之一。⑤ 北京的"吹哨报到"改革和成都的社区党建是治理重心下沉研究中的两个典型案例。

1. 北京经验："吹哨报到"

"吹哨报到"指党建引领的"街乡吹哨，部门报到"工作机制，在北京市基层社会率先形成并付诸实践。"吹哨报到"通过条块整合增强基层治权，推动治理

---

① 刘伟. 再思乡村治理中的权力下沉问题[J]. 湖北民族大学学报(哲学社会科学版)，2020(2).
② 景跃进. 将政党带进来——国家与社会关系范畴的反思与重构[J]. 探索与争鸣，2019(8).
③ 黄冬娅. 多管齐下的治理策略：国家建设与基层治理变迁的历史图景[J]. 公共行政评论，2010，3(4).
④ 孙柏瑛，蔡磊. 十年来基层社会治理中党组织的行动路线——基于多案例的分析[J]. 中国行政管理，2014(8).
⑤ 吴晓林. 党建引领与治理体系建设：十八大以来城乡社区治理的实践走向[J]. 上海行政学院学报，2020，21(3).

重心下沉，重塑属地管理。① 在属地管理体制下，基层回应辖区内的治理问题，"吹哨报到"机制将基层治理从任务驱动转变为问题驱动，提高基层治理权能。②

在治理重心下沉话语中，"吹哨报到"机制推动治理重心下沉得益于党建引领，即借助党的领导能力和整合能力实现治理重心下沉。政党整合碎片化权力，推动治理重心下沉。治理事务下沉至基层，面临的首要问题便是使基层治理权力与之匹配。"吹哨报到"机制改变压力传导路径，即通过"一把手工程"将压力传导至街道(乡镇)"一把手"，从而通过政党整合行政权力。即，将原先从"条"或"块"传导的压力，变成以政党为压力传导中转点，再由政党"一把手"传导至各部门。政党权威向行政组织渗透，推动治理权力下沉。下沉的权力主要包括：召集权、指挥权、评价权、考核与否决权。将权力向街道(乡镇)下沉，增强"块块"治权，协同"条条"回应基层治理问题。总而言之，在"吹哨报到"机制中，政党对行政和社会力量进行多层次整合，主要包括以下几个层面：其一，向内整合，党组织向行政组织渗透；其二，向外整合，党组织吸纳社会力量；其三，向下整合，党组织向人民群众融入。③ 政党是推动治理重心下沉的关键主体，在基层治理中的地位得到进一步凸显。

2. 成都经验：社区党建

2017 年 9 月，成都市委成立城市社区发展治理委员会，全面统筹城市社区治理推进工作。对于社区治理，成都市委书记明确提出要求：必须强化党组织的领导核心作用，各项工作都要体现党的意志与要求。在成都市的社区治理中，形成了"一核多元"的权力格局，"一核"指以基层党组织为核心，"多元"指党组织领导下的多元主体治理体系。

通过对成都经验展开研究，学者们认为政党是推动治理重心下沉的关键因素，党的地位和作用在社区治理中得到实质性的凸显。首先，党组织下沉，基层

① 吕德文. 属地管理与基层治理现代化——基于北京市"街乡吹哨、部门报到"的经验分析[J]. 云南行政学院学报，2019，21(3).

② 孙柏瑛，张继颖. 解决问题驱动的基层政府治理改革逻辑——北京市"吹哨报到"机制观察[J]. 中国行政管理，2019(4).

③ 张勇杰. 多层次整合：基层社会治理中党组织的行动逻辑探析——以北京市党建引领"街乡吹哨、部门报到"改革为例[J]. 社会主义研究，2019(6).

党组织扩张，形成具有引领能力的党组织体系。其次，搭建党组织平台，承接治理资源下沉。再次，党员下沉，以"双报到、双服务"机制充实社区治理人力资源。最后，调动社区党员积极性，发挥先锋模范作用，积极参与社区治理。成都的社区治理以党组织为领导核心，并将各种要素注入社区，如生活要素、技术要素、平安要素、权力要素、政务要素等。①

3. 政党对治理重心下沉的影响

北京经验和成都经验是在街道(乡镇)和社区(村)两个层面的治理重心下沉实践，具有代表性和典型性。此外，从国家层面来看，北京经验和成都经验成为全国各地推动治理重心下沉、提升基层治理绩效的"样板"，这些地方经验扩散到全国各地，成为具有普遍性的实践经验。治理重心下沉将权力要素注入基层以确保运行秩序，在诸多要素中，最核心的是政党。政党权威和国家权力高度渗透到基层社会，形成了"高中央集权—高基层渗透"的国家治理模式。在新一轮的治理重心下沉中，虽然全国各地具体的实践机制存在差异，但是，党建引领治理重心下沉是共同的特征。基于鲜活的改革经验，政党成为治理重心下沉话语的关键变量。

我们进一步对以政党为变量的治理重心下沉话语进行分析，可以发现影响主要有三种类型：其一，政党对政权基础的影响；其二，政党对国家(行政)的影响；其三，政党对社会的影响。我们将其概括为，政党对基层政治、行政和社会的影响。首先，政党对基层政治的影响。因为此前基层党组织曾出现边缘化等问题，所以通过治理重心下沉，在基层扩张党组织，搭建党的实践平台，党组织通过治理重心下沉至基层，以进一步巩固党的执政基础。其次，政党对行政的影响，即政党是国家权力运行的领导力量。治理重心下沉其中一个重要面向是：政党向行政系统渗透，从而利用党的权威整合行政权力，推动治理权力、治理资源向基层下沉。这样能够切实解决基层权责失衡的治理困境，提升治理绩效，增强绩效合法性。最后，政党对社会的影响，其主要观点是政党是社会组织的核心力量。一直以来，在治理重心下沉话语中，社会是"原子化"的，进而认为，社会发育不全，需要外力培育健全的社会。党组织通过嵌入机制、价值引领等对社会

---

①　姜晓萍，田昭. 授权赋能：党建引领城市社区治理的新样本[J]. 中共中央党校(国家行政学院)学报，2019，23(5).

进行再组织，推动社会的发展和健全。总而言之，在党建引领的治理重心下沉话语中，政党对政治、国家(行政)、社会产生重大积极意义，能够妥善解决当下诸多基层治理问题。

(二)理论创新：政党-国家-社会关系

长期以来，在关于治理重心下沉的研究中，"国家-社会"关系是主导性的研究范式。学界经常使用"强国家、强社会""强国家、弱社会""大政府、小社会"等话语描述基层主体的地位，用"游离于国家与社会之外的组织"描述街道办的尴尬地位，① 用"国家创制社会"②"国家助推社会"③等话语概括基层中的国家与社会的互动方式，用"国家-社会"关系搭建分析框架来解释相关问题，或者有些学者直接将基层问题归结为"国家-社会"关系问题。不可否认的是，"国家-社会"关系对于治理重心下沉的相关问题具有强解释力和高贴合度，这主要缘于以下两个方面：其一，就现实层面而言，基层是国家—社会频繁互动、深度作用的治理层级；其二，就理论运用而言，国家建构和国家能力等相关理论(概念)与国家—社会具有高度的关联性。

但是，正如林尚立所言："在中国社会，国家与社会的关系不简单是两者之间关系，因为作为领导中国社会发展的核心力量，中国共产党不仅是国家政治生活的领导核心，而且是中国社会的组织核心。所以，在中国，国家与社会关系的变化必然涉及党，该变化是在党、国家和社会三者的框架内展开的。"④无独有偶，景跃进通过基层村民自治实践反思国家—社会二分的研究范式，认为对于中国政治而言，国家—社会的研究范式应该丰富为政党—国家—社会三元关系。⑤

---

① 吴侗. 新中国成立 70 年来的"街道办"：变迁及其逻辑[J]. 经济社会体制比较，2019(6).

② 吴晓林，谢伊云. 国家主导下的社会创制：城市基层治理转型的"凭借机制"——以成都市武侯区社区治理改革为例[J]. 中国行政管理，2020(5).

③ 熊易寒. 国家助推与社会成长：现代熟人社区建构的案例研究[J]. 中国行政管理，2020(5).

④ 林尚立. 社区自治中的政党：对党、国家与社会关系的微观考察——以上海社区发展为考察对象[C]. 上海市社会科学界联合会，2002.

⑤ 景跃进. 党、国家与社会：三者维度的关系——从基层实践看中国政治的特点[J]. 华中师范大学学报(人文社会科学版)，2005(2).

可见，立足中国经验，政党成为拓展国家-社会关系理论的突破口。

政党和国家的相互渗透使得二者之间的界限存在模糊性。如果在国家-社会关系的框架下，研究者用"国家"指代政党组织，这样的话语显然不足以完全呈现政党在治理重心下沉中的地位。立足当下的中国政治现实，是政党力量领导国家权力运行和社会组织形态，因此，我们有必要在理论层面厘清国家和政党之间的关系问题。通常而言，政党的代表性功能是其核心功能。但是，随着政党的发展和转型，政党组织高度参与到国家治理中。郭定平提出"政党中心主义"，认为政党不仅具有代表功能，还具有治理功能，在国家治理中居于中心地位。同时，他强调只有政党-国家互嵌模式才能实现政党中心的国家治理。① 可见，政党中心主义并不意味着政党脱离国家，抑或只见"政党"不见"国家"，二者应该是互嵌的状态。

具有高度组织性、自主性的政党嵌入到国家和社会中，成为政党—国家—社会关系的核心。政党组织嵌入国家和社会旨在进行政治整合与社会再组织。孙柏瑛、邓顺平结合波兰尼的"嵌入性"概念探究城市基层中执政党的有机整合机制，具体包括组织嵌入、体制吸纳、价值引领。② 吴晓林通过对成都经验研究，提出"党链接社会"，即党"二次建构社会"③。在新一轮的治理重心下沉中，政党组织地位凸显，学者们在国家-社会关系的基础上，将分析框架拓展为政党—国家—社会，该理论框架强调政党组织的自主性，同时明确政党在国家和社会中的嵌入性。

五、回到中国情境的话语建构

治理重心下沉话语处于国家—社会二分的框架之中，主要有三种理论分析路径：其一，国家本位的治理重心下沉话语认为，这是国家建构的过程，国家权力向社会进行渗透，不断提升国家基础性能力；其二，社会本位的国家治理重心下

---

① 郭定平. 政党中心的国家治理：中国的经验[J]. 政治学研究，2019(3).
② 孙柏瑛，邓顺平. 以执政党为核心的基层社会治理机制研究[J]. 教学与研究，2015(1).
③ 吴晓林. 党如何链接社会：城市社区党建的主体补位与社会建构[J]. 学术月刊，2020，52
(5).

沉话语警惕国家权力进入社会，坚持社会网络（结构）对治理重心下沉有相当程度的消解作用，认为自治的形式应充分尊重社会自生自发秩序；其三，国家-社会关系的治理重心下沉话语认为基层中的国家和社会相互作用、互相形塑。随着治理重心下沉实践的发展，学者们有意识地将国家-社会关系理论框架扩展为政党-国家-社会关系理论框架。

　　治理重心下沉话语与当代中国基层政治改革进程高度贴合，具有强烈的现实关怀。在实证研究中，以北京、上海、广州、杭州、成都、武汉等一线城市为代表的实践经验最为典型。这些城市的基层治理改革经验，在很大程度上可以引领中国基层治理的走向。我们关注鲜活的实证经验，挖掘既有理论难以解释的现象，提出新的理论解释路径，从而推动理论的创新和发展。在中国，实践经验不胜枚举、俯拾皆是，"新经验"能够为理论创新提供有力的现实支撑。相关研究对经验的高度依赖，缘于实证研究的范式影响。在实证研究的范式下，我们可以采用定性研究方法和定量研究方法。就定性研究方法而言，我们既有丰富的个案研究，也有多案例比较研究；就定量研究方法而言，我们的研究数据从局部数据样本，到大数据样本；就混合研究方法而言，我们综合利用定性研究方法和定量研究方法的长处，避其短处。丰富的实践经验、恰当的研究方法，为概念抽象与理论提炼提供了坚实的基础。

　　建构本土化的学术话语，需要我们回到中国情境，但不囿于中国情境。"回到中国情境"强调的是基于中国的地方性经验，充分尊重中国的历史、文化进程。在社会科学研究中，利用恰当的研究方法，选取合适的研究工具，规范地分析研究问题，在理论运用上防止亦步亦趋。"不囿于中国情境"要求学者们提炼出具有高度抽象性和普遍性的学术概念和理论。这需要学者们在具象化与抽象化、特殊性与普遍性之间不断寻求平衡。建构本土化学术话语，我们不仅需要基于中国经验，运用恰当方法，更是迫切地需要进行概念抽象、理论提炼。

　　学科发展需要尊重其自身规律。我们之所以反思治理重心下沉话语，是为了从中国学者深耕数十年的研究领域中，锚准建构本土化学术话语的发力点，以更好地推动学科发展和知识积累。假以时日，我们可以利用回到中国情境的本土化学术话语，更好地解释中国。

第五章

再思政治学话语体系建设中的代表性方法论

第一节 作为政治学方法论的理性选择制度主义

现代政治学的突破发展与研究方法的创新紧密相连，方法论革新是当代政治学理论发展的关键动力。自 20 世纪 80 年代以来，西方政治学界重拾对制度分析的热情，新制度主义兴起于研究者对行为主义与理性选择理论的审思与批判。美国政治学者詹姆斯·马奇（James G. March）与约翰·奥尔森（Johan P. Olson）在1984 年发表的《新制度主义：政治生活中的组织因素》一文中指出，新制度主义研究范式以开创性形式出现在政治科学之中。① 新制度主义以"制度"为核心概念来解释各种现象，使制度在政治、经济、社会多个方面发挥重要作用。制度概念被囊括在多个学科当中，并由此演变为各种制度研究取向，形成新制度主义理论中不同的分支流派。在新制度主义流派划分的议题上，西方政治学界已形成多种分类方式。霍尔与泰勒于 1996 年发表了为新制度主义流派三分法奠定权威基础的文章《政治科学与新制度主义三个流派》，获得学术界的普遍认可。新制度主义的确立与演进，为不同学科的相关学者重新提供了关于"制度"的讨论空间与研究舞台，不同流派之间的相互批判与合作，为新制度主义政治学发展提供了潜

---

① James G. March, Johan P. Olsen. The New Institutionalism: Organizational Factors in Politica Life[J]. American Political Science Review, 1984(3).

在动力。在不同流派的比较视野下，本节试图通过梳理理性选择制度主义流派的起源与发展，提炼其核心概念与研究取向，并在此基础上反思为什么理性选择制度主义在国内政治学领域只有大量的理论介绍，却缺乏真正的实证研究？中国政治学研究者为什么不能使用理性选择制度主义理论去解释中国情境下的具体案例或政治现象？即该理论的经验性研究为何在中国情境中发展愈发狭隘？对此，需要从政治学方法论的视角检视理性选择制度主义的内在张力与发展限度。

一、理性选择制度主义的起源与发展

理性选择制度主义源起于 17 世纪的古典经济学理论，之后伴随着理性选择理论的兴起，结合了新制度主义经济学的相关概念与方法，不断丰富自身理论体系并延续至今。20 世纪六七十年代，西方经济学界在行为主义科学方法论存在不足的情况下，发起了理性选择革命，为后续政治学研究借鉴现代经济学方法埋下了伏笔。理性选择理论在本质上继承了亚当·斯密的"经济人假设"，把解释个体行动者在既定的制度环境下所作的行动策略作为其研究的重点内容。理性选择理论的"经济人假设"在理论上不仅突出个人本位，还肯定西方自由市场模式与既有的制度，本质上与西方社会当时倡导的价值观不谋而合，因此，理性选择理论在西方社会科学中日益居于主流地位。有大量相关学者致力于理性选择理论的研究，有学者将理性选择理论概括为"把经济学方法运用于政治科学的分析"①之上，并且总结出理性选择理论在方法论上的三大特征："经济人假设"、偏向个人主义的方法论以及将政治过程视为交易过程。② 其中，"经济人假设"是最为显著的特点，是指个体追求利益最大化，试图通过投入最少资源获得最大收益。布坎南作为理性选择理论的代表性学者指出："官僚和政治家在本质上也是追求利益最大化的理性人，个人无论是在私人选择还是公共选择的情况下都有追求利益的动机。"③简单而言，就是在销售个人物品的商品市场中，个体是追求个人利

① 丹尼斯·缪勒. 公共选择理论[M]. 杨春学，等，译. 北京：中国社会科学出版社，1999：4.
② 高春芽. 理性选择制度主义：方法创新与理论演进[J]. 理论与改革，2012(1).
③ 杰佛瑞·布伦南，詹姆斯·布坎南. 宪政经济学[M]. 冯克利，等，译. 北京：中国社会科学出版社，2004：5.

益最大化的经济人；而在提供公共物品的政治市场中，个体是追求公共利益最大化的政治人。理性选择理论关注政治家和官僚的政治决策、利益集团的游说过程、公民的投票行为等相关政治问题，引发了政治学界对于研究政府及政府活动的方法论热潮，还产生了一系列运用理性选择理论研究政治制度的文献，涵盖了关于内阁制度、官僚制度、欧盟制度及立法制度的相关研究。

现代政治学为了摆脱其相对尴尬的发展处境，必须接受其他学科的影响，欢迎所谓的"入侵者"①，即政治学在完善分析方法、发展方法论的过程中，不仅要寻求心理学、物理学等自然科学的帮助，也要主动吸收经济学、社会学等社会科学的研究启发。理性选择理论在社会科学领域的实际运用中一直饱受批评，一批理性选择理论研究者开始在批评声中反思这种忽视制度、原子化的个人主义方法，并且在使用理性选择理论分析美国国会投票行为时，因一个矛盾而重新开始关注"制度"的重要性。这个矛盾就是如果按照传统的理性选择模型，美国国会的立法过程会遇到阿罗不可能定理的处境，很难保持投票的稳定性，但在实际中国会的投票结果又保持了相当高的稳定性。相关研究者发现，国会制度协调了不同投票者在投票过程中形成符合内心预期的"交易"，从而降低了处理事务的交易成本，并且保障了立法过程的稳定通过。② 理性选择理论研究者在重新发现制度重要性的同时，开始从时下兴盛的新制度主义经济学理论中吸收如产权、寻租、交易费用等概念，以丰富自身的分析框架和研究方法。在伯利和米恩斯的委托代理理论、科斯和威廉姆森的交易成本理论等研究方法与经济学理论的影响下，理性选择理论逐步发展形成理性选择制度主义的理论内核。区别于传统的理性选择理论，理性选择制度主义尤为关注制度，并且试图通过创设制度来引导和约束追求自身效益最大化的人们进行策略选择，以实现预期的结果。严格来说，理性选择制度主义内部的研究视角并不统一，存在若干分支，不同分支具有不同的研究侧重点。本节将不从理性选择制度主义的内部分支入手，而趋向于从外部

---

① 格林斯坦，波尔斯比. 政治学手册精选(上卷)[M]. 王沪宁，等，译. 北京：商务印书馆，1996：96.

② 戴扬. 新制度主义政治学中的理性选择理论[J]. 四川师范大学学报(社会科学版)，2008(3).

大的理论研究趋向出发，关注它们整体的理论内容与方法论特点。

二、理性选择制度主义的基本内容与研究取向

在现代西方政治学方法论的发展进程中，理性选择制度主义理论分析范式起到了承上启下的关键作用，上承行为主义关注行为研究的传统，下启新制度主义关注制度研究的传统。在不同方法论交汇与冲突的过程中，理性选择制度主义的诞生，为政治学借鉴其他学科的研究方法、发展更为科学的理论分析工具提供了启发。研究理性选择制度主义的基本内容与研究取向，能够管窥政治学中新制度主义不同流派之间的争论焦点和融合路径。理性选择制度主义作为一种制度分析范式，到底具备哪些独特的研究取向？笔者主要从以下四个方面展开论述（详见表5-1）。

表 5-1 新制度主义政治学三大流派特征比较

	理性选择制度主义	历史制度主义	社会学制度主义
对制度的定义	规则、程序	正式及非正式规则	规范、规则、文化
时间域	短期	中长期	长期
理论假设	"理性经济人"	"政治人"	"文化动物"
偏好形成	外生	内生	内生
研究路径	"算计路径"	"折中路径"	"文化路径"
遵循逻辑	"结果性逻辑"	"适宜性逻辑"	"适宜性逻辑"
侧重点	策略性算计 成本收益	历史变迁 路径依赖	文化影响 规范与认知
研究方法	演绎法 比较静态分析	案例分析 比较研究	案例研究 诠释学

资料来源：Mark D. Aspinwall, Gerald Schneider. Same Menu, Separate Tables: The Institutionalist Turn in Political Science and the Study of European Integration[J]. European Journal of Political Research, 2000(3)；郝保权. 行为主义之后政治学理论范式发展的三大最新取向[J]. 学习与探索, 2018(3).

（一）对"制度"的定义与时间域的设定

理性选择制度主义中的制度本质上是一种具有规则意义的集合，这些规则是组织中所有团体成员都愿意遵循的规则，并且成为成员个体获得交换利益的依据。肯尼斯·谢普斯勒指出，理性选择制度主义对制度有两种概念上的界定方式，第一种定义为外衍性约束，即一种规定好的博弈形式，例如，奥斯特罗姆夫妇把制度视为规则的使用，是用于"规定、允许和禁止"某些行为的方式；第二种是类似博弈方式的选择机制，例如，诺斯将制度视为"人类发明出来的、用以塑造人们之间互动关系的正式约束，或是社会博弈的规则"①。与其他制度主义不同，理性选择制度主义假设制度是从"一张白纸"开始形成的，设计过程的结果由制度所含的激励和制约的特性所决定。该理论认为，制度或者组织的历史无关紧要，对制度的关注时间可设定为短期，一旦新的激励制度产生就能轻易地使人们的行为发生变化。而历史制度主义对制度的定义偏向于一种组织所制定的规则，研究主要侧重于正式制度。历史制度主义对制度的研究时间域设定为中长期，在解释制度形成与制度变迁的过程时，强调制度生成时的偶然性和制度发展的路径依赖。社会学制度主义对制度的研究时间域同样保持长期的研究取向。社会学制度主义对制度的界定较为宽松，在认知层面上将制度、文化与规则归属为同一范畴，对制度的定义不仅包括正式的规范、程序或者规则，还包括道德模板、符号系统与认知脚本等。②

（二）理论假设与"偏好"形成方式

新制度主义的三大流派具有特征鲜明的基本理论假设，历史制度主义坚持个体是"政治人"的假设，社会学制度主义坚持个体是"文化动物"的假设，理性选择制度主义则坚持个体是"理性经济人"的假设。③ 根据霍尔（Hall）与泰勒

①　郝保权. 行为主义之后政治学理论范式发展的三大最新取向[J]. 学习与探索，2018(3).

②　盖伊·彼得斯. 政治科学中的制度理论：新制度主义[M]. 王向民，段红伟，译. 上海：上海人民出版社，2018：52-53，62-63.

③　何俊志. 新制度主义政治学的交流基础与对话空间[J]. 教学与研究，2005(3).

(Taylor)的概括,理性选择制度主义倾向于把政治过程视为一种集体的行动逻辑,并使用演绎分析的方法假定行动者为了实现利益最大化目标而创建制度,这种策略性行为能够产生决定性的政治后果。① 一方面,理性选择制度主义所假定的经济人是一个目标清晰明确、行动果断坚决并使其个人利益最大化的能动者,在此基础上,政治活动被视为个体通过协商议价而形成的集体行动,集体中的个体都具有自我偏好和欲求,以此来选择他们合意的决策并实现预期的目标。另一方面,理性选择制度主义认为个体的行为动机并不会伴随着制度环境的变化而改变,即行动者个体的理性偏好外生于政治制度。通俗地讲,就是不同的制度环境可能导致行为者做出不同的选择策略,但是行为个体追求利益最大化的理性动机始终如一。对历史制度主义而言,制度性背景会约束和影响政治行动者的策略选择,行动者利益的选择与偏好的形成都受制于制度性背景的限定,同时也塑造着行动者的目标。因此,在历史制度主义流派中,研究者认为偏好是内生性的。社会学制度主义研究者也将制度视为行动者个体做出偏好决策的标准,其偏好的形成也视为内生性过程,他们从"认知层面"出发,认为行动者偏好的形成受到认知、文化、规范和符号等因素的影响,区别于理性选择制度主义所假定的偏好是外生性过程。

(三)研究路径与研究逻辑

奥尔森和马奇把新制度主义对个体行为与制度关系的研究路径归纳为"算计路径"和"文化路径"。"算计路径"是指制度对个体行动者设定了约束性环境,约束个人的自利行为并减少各种机会主义,分析对象是个体在制度环境中的战略性行为;相反,"文化路径"是指个人的行为应嵌入到制度当中,而不是从个人策略出发,因而主要分析对象是行动者所处的情境。从社会本体论的角度分析,社会学制度主义遵循具有抽象化内涵的"文化路径",而理性选择制度主义遵循具有功利色彩的"算计路径"②。理性选择制度主义试图通过制度设计解决理性行动

---

① Peter Hal, Rosemary Taylor. Political Science and Three New Institutionalisms [J]. Political Studies, 1996(44).

② 何俊志. 新制度主义政治学的流派划分与分析走向[J]. 国外社会科学, 2004(2).

者之间的集体困境，借助"算计路径"从微观视角分析政治宏观现象。在理性选择制度主义中，制度被视为功利性的产物，是行动者为了实现个人目的而制定的规则，遵循塑造个人行动的"结果性逻辑"，行动者看重自己做出决策所带来的收益后果。社会学制度主义遵循"文化路径"，关注文化因素对实践活动与组织形式的影响，强调制度通过提供认知模式来影响行动者的行为方式，制度赋予行动者认知框架、行为规范与意义体系，甚至对人类的个体行动给予引导与限制。社会学制度主义认为制度之所以存续，并不是因为它能够提高组织的工作效率，而是因为它遵循了"适宜性逻辑"，能够提高组织团体或行动者个体的社会合法性。也就是说，如果制度在影响成员行为方面是有效的，其成员会更多地考虑行动是否符合组织规则，而不是他或她的行动结果。[1] 历史制度主义没有发展出一套相对完整且独立的本体论，历史制度主义内部在个体与制度关联的问题上，不像其他几种理论那样有清晰的描述，导致历史制度主义在本体论上处于一种相对折中或模糊的状态。

(四)侧重点与方法论

理性选择制度主义尤为强调理性经济人个体的"经济理性"，即策略性算计以及做出交易行为后产生的政治结果。研究者通过演绎推理的研究方法推论出抽象化的简单分析模型，创设制度为行动者提供约束和激励机制，以破解集体行动的困境。理性选择制度主义采用理性选择与制度分析相结合的研究路径，实际上蕴含了经济学意义上高度科学化和理论化的追求，成为新实证主义政治学的重要组成部分。理性选择制度主义主张以科学方法进行制度研究，这主要表现为从抽象逻辑假定出发，使用数学工具对相应数据进行整理和实证分析，以期得出具有适用性的结论。该流派的奠基者谢普斯勒指出，理性选择制度主义为政治科学发展提供了新的活力与新的方法，将经济学中的微观基础与均衡研究框架引介到政治学研究当中。[2] 不同于理性选择制度主义，历史制度主义更为重视重大而复杂

---

① 郝保权. 行为主义之后政治学理论范式发展的三大最新取向[J]. 学习与探索，2018(3).
② Rhodes R A W, et al. The Oxford Handbook of Political Institutions [M]. Oxford：Oxford University Press，2006：23.

的现实问题，并对长期事件过程充满研究兴趣，主要采用系统的过程分析、具有历时性的案例分析和案例比较等研究方法。因此，历史制度主义不仅关注长时段的历史进程序列，还关注长时段中具有重要意义的历史节点以及由此产生的关键性后果，在制度变迁的相关研究中获得了可观成就。然而，对于建构科学的理论框架，历史制度主义并没有十分强烈的理论抱负。而社会学制度主义汲取了社会学中组织分析的研究传统，更加倾向于关注文化因素对组织形式与决策行动的影响，① 并且强调嵌入社会场域的意识形态、文化价值与政治权力结构的重要功能与影响。尽管统计方法被社会学制度主义研究者大量应用，但由于研究对象多为宏大的社会现象，社会学制度主义主要采用文化与认知的案例研究，因而与理性选择制度主义相比，其难以在科学化理论建构方面取得较为突出的成果。

三、理性选择制度主义的流派特点与理论优势

通过梳理理性选择制度主义的基本内容与研究取向，能够发现它在新制度主义政治学中具有较为鲜明的流派特点，这些特点为该流派解释政治现象、解决政治学相关问题提供了理论优势。

（一）为宏观政治研究找到微观基础

理性选择理论具有十分明确的逻辑前提，即以理性人假设为理论起点，将不同环境中的个人视为具有成本-收益分析能力的理性人。在这种设定中，允许人的行为决策具有多重复杂动机，但是认为追求个人利益最大化的经济激励是影响人们做出决策的最稳定因素或者是最大动机，帮助研究者以统一的人性观考察不同个体在不同环境中做出的决策。理性人假设的前提帮助研究者排除了难以量化的非经济激励因素，使得理性选择理论易于通过实证研究的方式显示自身方法的科学性。理性选择制度主义将理性人假设作为理论前提，以制度作为分析的核心，从动态的视角考察制度与个体行为的互动关系。尽管理性选择制度主义重点关注制度对个体行为及策略选择的影响，但终极目标在于通过这种分析对下一轮

---

① Vivien A. Schmidt. Taking Ideas and Discourse Seriously：Explaining Change through Discursive Institutionalism as the Fourth New Institutionalism［J］. European Political Science Review，2010(1).

的制度进行修正或者创新，从而引导和约束人的行为与策略选择，以实现预期中的宏观制度结果。由此可看出，理性选择制度主义的本体论基础是以行动者个体为中心，具有显著的方法论个人主义特点，又把制度作为解释政治问题中的核心要素（解释变量），从制度与行为互动的视角出发，试图以动态的方式解释政治现象，赋予其一定程度上的整体主义色彩。尽管理性选择制度主义的方法论依旧属于个人主义，但又在一定程度上趋于个人-整体主义的方法论。因此，与其他新制度主义流派不同，理性选择制度主义为宏观政治制度研究提供了微观基础。相较于中国政治学研究者长期关注政治现象的"宏大叙事"来说，理性选择制度主义用"个体-整体"的方法将政治现象的微观基础与宏观问题结合起来，为中国政治学方法提供了重要启发与参考。

（二）为制度与行为的互动分析提供动态视角

旧制度主义将政治结果视为一种"没有能动性的行动"，研究者在分析政治现象时侧重于宏观且静态的视角，造成了对人的能动性的忽略。与旧制度主义不同，新制度主义侧重于在动态视角中研究制度对人类行为产生的影响，行为与制度之间的互动关系成为研究的核心议题。① 理性选择制度主义作为新制度主义的一大流派，确实克服了旧制度主义静态分析的缺点，并且重视制度与行为之间的互动关系，用动态的视角考察制度。理性选择制度主义在继承理性选择理论的基础上，考察政治制度对个体行为和政治结果的影响。理性选择理论使用个人主义方法论研究制度环境中的公民行为和集体活动，在理论分析中不仅强调人的能动性，还放大了个人在政治决策中的作用。理性选择制度主义对制度的动态考察包括两个方面：一是将制度视为外生的、固定不变的，研究制度对个体行为和政治生活带来的影响。二是将制度视为内生的、可变的，会根据其他影响因素发生改变，因而研究制度在特定环境中为何能够呈现出特定模式。这两个动态考察制度的视角为比较分析提供了两种模式：一是能够对两种不同的制度进行比较，从而预测和检验在不同制度约束下个体行为带来的影响差异。二是在具体情境中比较

---

① 曹芳. 理性选择制度主义方法论评述——兼论其在中国政治学中的适用性[J]. 学术论坛，2009(11).

行为是如何随着制度的变化而发生改变。因此，理性选择制度主义的研究方法不仅有助于推广实证研究，而且为比较政治研究方法提供思路；不仅有助于对不同国家相似制度的功能进行比较，而且有助于比较同一国家内部彼此相关制度条件下所产生的政治行为和结果。

（三）为政治现象分析引入经济学方法

理性选择制度主义本质上是引用经济学方法解释政治现象，不仅借用经典的经济学理性人假定，还从新制度主义经济学、微观经济学中借鉴产权理论、博弈论等理论概念与研究方法，由此完善自身理论的科学性。理性选择制度主义倾向于事先提出一种可验证的预期，建立科学的模型结构并收集相关经验数据，使用演绎推理的方法并运用博弈工具最终获得结论。理性选择制度主义中最广为人知的研究路径是集体行动逻辑，该逻辑最早出现于萨缪尔森关于公共物品的分析中，他指出集体行动是团体内部成员试图通过不付出高昂成本而获得的公共物品。[①] 团体内部成员在集体博弈时，试图不劳而获地享用公共物品，即根据集体行动逻辑做出"搭便车"行为。奥尔森在研究集体行动逻辑时发现，人们组成团体的出发点不是完全基于集体的共同利益和共同目标，而是通过加入团体从而能够不付出代价地享用公共物品，尤其是个体意识到其他成员也会"搭便车"时，这种"激励"将进一步得到强化。他在集体行动困境的基础上提出，团体如果想要减少内部成员的"搭便车"行为，就必须制定具有选择性分配成员收益的制度规范，从而把有价值的成果收益提供给真正做出贡献的成员，这就是奥尔森的选择性收益理论，为集体行动困境提供了破解之道。[②] 总体而言，理性选择制度主义运用经济学概念、方法、逻辑规则、数学语言与模型来分析政治问题，研究国家对政治、经济、社会等制度的设置，并且将制度因素作为分析政治与经济现象的核心要素。这不仅帮助我们在政治学研究议题中加强政治与经济之间的联系，也为政治制度研究提供了经济学研究新方法，为政治学研究的科学性、严密性和

---

① Samuelson P A. The Pure Theory of Politic Expenditure[J]. Review of Economic and Statistics，1954(4).

② 肯尼斯·谢普斯勒. 理性选择制度主义：制度、结构及局限[J]. 学习与探索，2017(1).

实证性做出了贡献。

四、适用性反思：理性选择制度主义在国内的发展限度

理性选择制度主义发展至今，已不再局限于经济学专业领域。在当代政治学科发展过程中，理性选择制度主义方法论的争议与讨论依旧存在，挑战主要存在于具体的实证研究当中，而不是对这一研究路径本身的争论。① 相较于历史制度主义在我国政治学界的迅速发展和运用，理性选择制度主义却一直处于相对停滞的状态，相关学者对该理论的实际运用并不多。

（一）个人主义方法论导向价值观个人主义

理性选择制度主义所使用的"算计途径"本质上属于个人主义的方法论，但是该理论强调"社会由个人组成"，明显比"社会原子论"的观点更加深刻。理性选择制度主义在坚持方法论个人主义的过程中，克服了传统个人主义方法论的两大缺陷：一是并没有把个体视为单个、孤立、脱离社会现实的原子化个体，而是将个体与集体联系起来，并且重视制度和社会对个体产生的影响和制约。二是不仅重视对个体行为的分析，也重视将个体行为分析延伸到集体行为和整个制度分析当中。尽管理性选择制度主义一向重视制度与行动者个体之间的互动，并且在一定程度上有意向个体-整体主义方法论接近，但是它的方法论天平依然倒向个人主义。理性选择制度主义的方法论个人主义很容易导向价值观个人主义，即在分析过程中过于强调个体的地位及价值，把个体视为高于一切的决定性因素。马奇和奥尔森指出："个人主义，尤其是功利最大化的假设和方法论取代了价值在政治分析中的核心地位，并且，由于个人主义假设不能把个体行为和基本规范结合起来，抑或不能把个体行为和重要政治行动的集体性质结合起来，它们注定不能解释政治生活中的重要问题。"②就现实情况而言，历史制度主义的整体主义方法论更容易受到国内政治学学者的欢迎，其本质上是由于中西方文化传统差异所

①　刘伟，苗岭.国内学界对理性选择理论的误解：一个初步反思[J].社会科学动态，2017（2）.

②　郝保权.行为主义之后政治学理论范式发展的三大最新取向[J].学习与探索，2018（3）.

带来的思维方式的不同。中国人在几千年儒家文化的环境中，接收并遵循着传统文化中的集体主义、道德主义及家长权威等思维习惯，使得在接受并使用理性选择制度主义时可能存在心理、文化以及认知方面的障碍（例如，将集体中的政治领袖视为追逐个人利益最大化的经济人容易受到大家的质疑）。西方个人主义方法论与西方崇尚个人主义的文化背景是相互适应的，使得个人主义方法论在西方一直占据主导地位。理性选择制度主义诞生于西方具有明显"个人主义"倾向的文化背景与价值观体系之中，当它被应用于异质西方的、以"集体主义"为主导的中国文化传统环境中时，其适用性就显现出较大的局限。

（二）对"制度"与理论假设的限定

理性选择制度主义自始至终都将行动者个体放置于分析的核心地位，并且试图融合行为和结构这两个解释变量。在理性选择制度主义理论中，制度的产生来源于行动者个体的理性设计，制度本身难以拥有像理性人一样程度的自主性与能动性，制度需要通过行动者个体的有效激励获得维系。① 理性选择制度主义研究者试图通过研究行为与制度的互动关系，帮助行动个体在制度环境中做出实现利益最大化的具体策略。在理性选择制度主义中，正式制度被设定为行动者个体追求利益最大化而设计的规则，但非正式制度就不被视为理性设计的产物，因为非正式制度有其自身的衍生方式。② 尽管理性选择制度主义也承认规范、惯例的现实功能，但总体上将制度限定为个人激励的手段和降低交易成本的工具，③ 注重资源配置的高效性而忽视公平性。理性选择制度主义中，行动者个体的经济理性偏好是恒定的，研究者并不关注个体是如何内嵌到社会网络之中并且显现出偏好转移的问题，制度只被视为激励个体的策略工具和具有社会认同意味的对象。④

① 何俊志，任军锋，朱德米. 新制度主义政治学译文精选［M］. 天津：天津人民出版社，2007：150.

② 高春芽. 理性选择制度主义：方法创新与理论演进［J］. 理论与改革，2012(1).

③ Barry Weingast. A Rational Choice Perspective on Congressional Norms［J］. American Journal of Political Science，1979(2).

④ Peter Hall，Rosemary Taylor. Political Science and the Three New Institutionalisms［J］. Political Studies，1996(5).

缪勒指出，在面对证伪性案例时，理性选择制度主义也不愿意放弃行为假设。① 这种对制度与理性人假设的坚持，容易使理性选择制度主义陷入理性分析困境：一方面，为了保持逻辑的一致性，要维护且凸显理性人假设的合理性；另一方面，要保障现实分析的说服力和有效性，无法完全排除文化、个人信仰、观念等其他因素的影响。为此，理性选择制度主义做出回应性的补充解释，认为文化观念对人的行为决策确实会产生影响，但只是发挥一定程度的补充性作用，而利益激励才会产生决定性的影响。② 可以看出，理性选择制度主义坚持结果性逻辑，把利益激励个体行为动机视为第一影响因素。尽管理性选择理论提供了明晰的共识，但是理性选择分析的预设，却难以经受各种检验。此外，这一流派中的大多数学者似乎更热衷于逻辑分析，而不是将分析结果加以应用。有时在使用理性选择制度主义理论描述制度与结构成员之间的关系时，为了有利于模型建构，就需要对二者关系进行抽象和简单化，使得这一理论抛开了对制度之下实际生活的描述。

（三）对制度变迁的解释缺乏历史深度

对于理性选择制度主义内部的某些流派来说，制度的起源并不重要。如果一个分析者的兴趣，完全在于某些创设出来的规则对行为和政策结果所产生的作用，那么这些规则由何而来就很少或者根本不会被关注。理性选择制度主义的目的在于评价制度对行为和政策的影响，理性选择制度主义并不长于解释制度来自哪里，为何它会出现，而是主要关注如何控制制度设计的结果。理性选择制度主义将制度变迁视为一个非连续的事件，这个过程并不存在持续性的调整或者通过学习而改进。由于受限于分析方法，理性选择制度主义在解释和分析制度变迁时，往往擅长于解释特定情境下制度变迁为何会发生，而不擅长解释长时段的制度变化，从而缺乏历史深度。③ 理性选择制度主义对制度的分析倾向于理性化，

---

① Dennis Mueller. Perspectives on Public Choice[M]. New York：Cambridge University Press，1997：15.

② Morris Fiorina. Rational Choice and the New Institutionalism[J]. Polity，1995(1).

③ 郝保权. 行为主义之后政治学理论范式发展的三大最新取向[J]. 学习与探索，2018(3).

将其视为成本与收益的瞬时计算，制度并不被放置于时间序列上进行比较和分析，总体上忽视了整个历史进程对行动个体的影响与约束，因而缺少对制度变迁的历时性、跨时段的分析，导致理性选择制度主义的分析框架中难以纳入文化观念、政治变革、偏好调整等因素，使得制度在分析过程中一系列相关问题都会陷入困境。①

（四）研究范式不成熟与适用性有限

对于理性选择制度主义的批评者而言，他们认为理性选择制度主义关于经济人的假定过于简单和狭隘，尤其缺少偏好是如何形成的解释性理论，将会削弱该方法对许多政治现象的解释力。尽管理性选择制度主义建立在严格并且抽象简洁的分析基础上，从前提假定、演绎分析再到实证应用都反映出清晰的逻辑线索，但是该方法过于强调有意图的制度设计以解决集体行动困境，这种"结果性逻辑"使得理性选择制度主义不太关注文化对制度产生的影响或者不太关注社会内部存在权力不均衡等现象，自然会忽视制度的动态性变迁及非正式层面的相关问题。理性选择制度主义本身固有的研究范式缺陷已被许多权威学者提及，在许多相关研究者看来，理性选择制度主义的自身问题以及理论的自我强化意识是难以克服的致命缺陷。② 这些缺陷导致理性选择制度主义无法解释一些人们已经观念内化的潜在制度或者规则，无法解释人们在日常生活中无意识遵循的行为习惯，无法解释在无人监管的环境中部分人做出见义勇为、舍己为人的行为。不仅如此，理性选择制度主义从经济学中吸收了大量的专业术语、概念、研究工具和结构模型，试图以制度因素作为有效中介，将经济学研究方法"移植"到政治制度研究当中。但是，政治制度与经济制度之间存在极为复杂且显著的差异，将经济学分析方法放入高度密集且庞杂的政治制度之中进行使用，将会产生极大的不适性和挑战性。以格林和沙皮罗为主要代表的政治科学家高度质疑和批判理性选择制度主义理论，尤其质疑理性选择模型的科学性，因为模型中最为显著的"偏

---

① 高春芽.理性选择制度主义：方法创新与理论演进[J].理论与改革，2012(1).

② Ian Shapiro, Donald P. Green. Pathologies of Rational Choice Theory: A Critique of Applications in Political Science[M]. New Haven: Yale University Press, 1994: 51.

好"变量并不能直接度量与比较，这会导致理性选择模型存在不可检验甚至变得没有意义的潜在风险。①

五、结　语

理性选择制度主义产生于西方特定的政治经济文化环境，研究范式与方法论依旧处于发展状态，自然存在适用性局限。不可否认的是，理性选择制度主义为社会科学研究注入了新的活力，为政治学研究提供了新的微观视角与研究方法。然而，西方社会科学的理论逻辑、研究方法与分析路径往往与中国传统文化中形成的思维定势不一致，中国政治学研究者要接收并且吸收全新的研究方法，无疑是极具挑战的。大部分中国政治学研究者习惯于使用宏观视角与大历史背景的整体主义方法论，长此以往，造成了研究者对个体主义方法论的隐性排斥。与理性选择制度主义不同的是，在方法论上保留了整体主义特征的历史制度主义，在使用与发展上更容易被中国政治学研究者所接受且推崇。理性选择制度主义的研究方法在使用上需要更多的说明和论证，其在政治学领域中的适用性备受相关学者的关注。

关于理性选择制度主义的争论焦点，可作如下归纳：一是任何理论假定与预设都不是完美的，具有不完全性。理论概括是对各种现实现象的抽象简化与选择性重构，理论与现实之间必然存在无法完全契合的间隙，任何试图想要得到放之四海而皆准的理论只能是研究者理想化的学术产物。二是研究者在使用过去的理论与概念去理解与解释社会现实时，必然会遇到困难，在更加完善的理论出现之前，经济人假设是众多研究者不得不借助的研究工具，用以简化理论预设与模型建构。这种假设的简洁性是政治学研究在方法论上应该积极借鉴的优点。总体而言，理性选择制度主义目前确实存在方法论局限与适用性限度，若要消除国内政治学界对理性选择制度主义的误解与排斥，需要消弭其自身同新制度主义理论中其他流派之间的边界，加强与其他流派之间的交流与融合，关注历史进程中的制度变迁以及文化等其他因素对制度带来的影响，由此获得完善理论的发展动力。

---

① 布莱恩·巴利. 社会学家、经济学家和民主[M]. 谢军，等，译. 南京：江苏人民出版社，2007：40-45.

加快国内政治学研究方法的创新发展与多元融合，提高理性选择制度主义方法的使用效度，健全学术界的学术规范，需要国内学术共同体的合作与努力。

第二节　历史制度主义与历史政治学的历史之辨

准确把握中国治理现实、真正超越西方主流理论，要求我们必须将历史维度根植于政治学研究之中，建立历史传统与当下情境的有效关联。政治学中的历史究竟意味着什么？历史在中国政治学研究中是如何呈现的？由中西比较视野观察可知，历史制度主义在一定程度上构成了历史政治学的西学理论源泉；作为本土化的政治学研究路径，历史政治学在为中国政治学研究赋予历史感的同时，也拓展了主流政治学的考察范围。只有在理论自觉、平等对话的过程中不断加深对历史传统的认识，才能实现中国政治学话语体系的创新性发展。

一、引言

本土话语体系的建构是中国政治学一流学科建设的必然要求，也是国家治理体系现代化的重要维度。随着国际形势的复杂化和中国全面深化改革的不断深入，中国的政治实践日趋丰富，这呼唤着中国政治学在理论方面进行积极回应和同步更新，从而更好地应对多元化的社会治理需求。习近平总书记在致第二十二届国际历史科学大会的贺信中曾指出："历史研究是一切社会科学的基础，承担着'究天人之际，通古今之变'的使命。"①这一重要论断表明，历史在社会科学研究中占据着重要地位。作为中国社会科学学科的重要组成部分，中国政治学的创新性发展离不开对中国历史经验的回顾、学习和总结。长期以来，由于受到以理性选择论、历史终结论、转型理论为代表的西方主流政治学话语的影响，中国政治学未能在发展过程中激活学科主体优势，创建契合中国政治发展规律、解释中国政治现实的政治学话语体系。这一问题也促使学界开始推动中国政治学的史学转向，聚焦于比较历史分析方法、回顾中国政治传统、分析历时性政治实践等重

---

① 习近平致第二十二届国际历史科学大会的贺信[N]. 人民日报，2015-08-24.

要议题,① 进而达到重构中国政治学的目的。从目前看,已有成果在中西政治学研究路径方面尚缺乏基于历史维度的深入的对比分析,② 有鉴于此,本节选取历史政治学和历史制度主义的研究路径,辨析二者在历史观与时间性分析方面的异同,为更好地发展中国政治学话语体系提供研究参照,以促进具有历史情怀和国际视野的中国政治学理论的建设与发展。

二、历史制度主义和历史政治学：缘起与发展

(一)历史制度主义

一般认为,历史制度主义肇始于 20 世纪 90 年代,1992 年 Thelen 等人合著的《建构政治：比较分析下的历史制度主义》首次将历史制度主义作为专业术语引入政治学领域,围绕制度如何发展、制度如何影响政治结果进行分析。作为新制度主义政治学的一种主流研究路径,历史制度主义的发展得益于对旧制度主义、行为主义、集团理论和结构功能主义观点的部分借鉴与批判。具体表现在：第一,对旧制度主义重视正式制度研究的肯定。旧制度主义以制度分析为核心,将正式政治制度作为主要分析对象,重点关注案例中的规范性因素,从而为历史制度主义的发展奠定了基础。第二,对行为主义研究中非正式制度传统的吸纳。在行为主义研究者看来,要实现政治学研究的科学化,必须在遵循实证主义原则的前提下,以行动者个体为研究对象,运用精确化的研究方法,提炼出一套具有普遍意义的政治学理论。在对行为主义研究偏离政治现实、分析视野囿于微观层面等不足进行反思的同时,历史制度主义重视非正式制度因素,且引入动态分析视角,因而具有一定的合理性。第三,对集团理论和结构功能主义的部分延伸与拓展。一方面,历史制度主义认同以利益集团为代表的行动者的重要性,并进一

① 黄杰. 当政治遇上历史：比较历史分析方法(CHA)介绍[J]. 政治学研究,2020(1);任锋. 中国政治传统研究与历史政治学的可能性[J]. 学术月刊,2020(1);汪仕凯. 中国共产党领导制度的历史政治学分析[J]. 中国人民大学学报,2020(1).
② 姚中秋. 学科视野中的历史政治学：以历史社会学、政治史、比较政治学为参照[J]. 政治学研究,2020(1).

步寻求对由利益集团间竞争造成的差异化政治后果的解释；另一方面，历史制度主义在吸纳结构主义理论成分的基础上，强调组织制度或政治、经济结构是集体行为塑造、政治结果呈现过程中的关键变量。①

历史制度主义内部并非铁板一块，历史制度主义者之间也存在一定分歧。根据对"制度的重大变迁源于外部冲击还是内部冲击"的不同回答，可以将历史制度主义粗略划分为"间断均衡论"和"渐进变迁论"两条研究进路。传统意义上的历史制度主义秉持"间断均衡论"观点，将现存制度状况与先前阶段中的制度结构、外部环境、历史事件等历史因素进行联结，试图对 Almond 提出的"历史疗法"（historicalcure）②进行积极回应。"间断均衡论"认为，制度变迁源于外部危机事件冲击下制度的长期稳定状态被打破。在经历短暂的断裂期后，制度在路径依赖的作用下又会进入新的稳定期。但是这类观点过于注重制度的剧烈变化，因而可能忽视了现有政策制度过程中微妙的"漂移"现象。③ Thelen 等人意识到"制度变动性和制度稳定性如同一枚硬币的两面"，难以截然分开。④ 这种对复杂制度的动态特征的强调开始让部分历史制度主义研究者逐渐转向渐进制度变迁论。Orren 和 Skowronek 引入"交互并存"一词，用来描述制度变迁和制度稳定相互交织的状态。这表明多种不协调的制度可能会同时发挥作用，而制度内外行动者的参与会进一步加剧这种内在不协调，使得具有多重历史渊源的制度安排成为制度变迁的中介变量。⑤ 通过对制度变迁的类型区分，"渐进变迁论"指出，制度产生本质性变化的根源是制度内部渐进变化的缓慢过程而不是"单一的历史断裂

---

① 何俊志，杨季星. 社会中心论、国家中心论与制度中心论——当代西方政治科学的视角转换［J］. 天津社会科学，2003（2）.

② Stephen D. Krasner. Approaches to the State：Alternative Concep Tions and Historical Dynamics［J］. Comparative Politics，1984（16）.

③ Guy Peters，Jon Pierre，Desmond King. The Politics of Path Dependency：Political Conflict in Historical Institutionalism［J］. The Journal of Politics，2005（67）.

④ James Mahoney. Shift happens：The Historical Institutionalism of Kathleen Thelen［J］. Political Science & Politics，2017（50）.

⑤ Karen Orren，Stephen Skowronek. Institutions and Intercurrence：Theory Building in the Fullness of Time［J］. Nomos，1996（38）.

点"①。由此,渐进变迁论对以路径依赖和关键节点为主要概念工具的间断均衡论做出两点修正:一是对以往被忽略的内生性制度变迁过程进行理论分析,修正间断均衡论将制度的重大变化归因于外生性冲击的观点;二是对行动者在制度发展过程中所具备的主体能动性进行强调,修正以往历史制度主义研究者将制度持久性归功于制度发展惯性的观点。②

总之,历史制度主义建立在对旧制度主义、行为主义、集团理论、结构功能主义的批判性吸收和对现实政治生活及其规律的尝试性刻画之上。历史制度主义将制度置于政治分析的核心地位,关注历时性视角下制度的起源、演变以及其对国家政策、政治后果的影响,进而实现对早期主流政治学理论的超越性发展。

(二)历史政治学

作为中国政治学的前沿议题和发展方向,历史政治学(historical political science)自诞生之日起就被赋予了探索具有中国特色的研究路径以振兴中国政治学的重要使命。2013年《超大规模国家的治理之道》的发表,标志着历史政治学的相关讨论在中国正式兴起。③ 随后,杨光斌、朱云汉、徐勇等学者就历史政治学的概念内涵、历史政治学的社会科学哲学基础、历史视角的重要性等问题④进行了深入探讨,并在探索与实践过程中形成了对历史政治学的初步共识。总体而言,作为一种基于政治学本位,从纵贯视角分析中国社会发展过程中的政治现象和治理问题、具有强烈的现实关怀的本土化研究路径,历史政治学以具体案例为分析单元,关注历史发展过程中"非对称性的因果关系"⑤、对宏观、中观、微观

---

① 奥菲欧·菲奥雷托斯,图利亚·费勒提,亚当·谢因盖特,黄宗昊. 政治学中的历史制度主义[J]. 国外理论动态,2020(2).

② Giovanni Capoccia. When Do Institutions'Bite'? Historical Institutionalism and the Politics of Institutional Change[J]. Comparative Political Studies,2016(49).

③ 姚中秋. 超大规模国家的治理之道[J]. 读书,2013(5).

④ 杨光斌. 什么是历史政治学?[J]. 中国政治学,2019(2);朱云汉. 历史政治学的社会科学哲学基础[J]. 中国政治学,2020(1);徐勇. 从历史变迁的视野研究政治学[J]. 中国政治学,2020(1).

⑤ 释启鹏. 历史政治学的方法论基础[J]. 中国政治学,2019(2).

层面的政治学议题均具有一定的解释力。① 与中国政治学主流理论范式不同，历史政治学试图在传统中国治理资源与政治现实之间构建起有效关联，激活久被忽视的传统中国治理资源，并将其转化为中国政治学理论验证与创新的知识源泉。

值得注意的是，在以美国为代表的西方和当下中国，都出现了历史政治学的研究浪潮，但是随着政治学研究方向和理论话语的转换，各自逐渐走上不同的发展道路。美国的历史政治学起源于内战前后，在 19 世纪后期达到巅峰，② 之后随着历史研究和政治科学研究之间职业分工的不同而逐渐走向衰落。在美国历史政治研究传统中，历史学和政治学被视为"同一领域的两个方面"，以 Ross、Burgess 为代表的研究者们致力于建立历史学和政治学的联合领域，发掘作为当前政治行动基础的基本历史原则。③ 中西两种历史政治学的共同点在于，二者均将历史维度纳入政治学研究，注重对历史资料、历史事实的挖掘以及对现实政治问题的历时性解释和规律总结，但二者之间也存在以下差异：第一，研究目标有所区别。虽然美国和中国的历史政治学均将国家主体意识置于重要位置，尝试建构具有一定可推广性的研究范式，但是兼顾功能性和泛化性的美国历史政治学，强调其终极目标是维护、巩固和宣扬由条顿人祖先传承而来的共和原则；④ 中国历史政治学则注重回归本国历史实践并从中吸取经验教训，进而建立能够为世界所共享的治理经验和方案。第二，理论立场不同。受历史主义的影响，美国历史政治学认为政治学的固有属性是历史性，需要基于史学立场、遵循历史研究方法对本国历史事实进行政治学审视；⑤ 中国历史政治学则在历史学和政治学互相输出的基础上，指出历史政治学的本质属性是政治学本体性，政治学研究需要借助

---

① 张树平. 改变生活的政治与改变政治的生活：一种历史政治学分析[J]. 学术月刊，2018(9).

② Robert Adcock. The Emergence of Political Science as a Discipline：History and the Study of Politics in America，1875-1910[J]. History of Political Thought，2003(24).

③ Dorothy Ross. On the Misunderstanding of Ranke and the Origins of the Historical Profession in America[J]. Syracuse Scholar(1979-1991)，1988(9).

④ Dorothy Ross. On the Misunderstanding of Ranke and the Origins of the Historical Profession in America[J]. Syracuse Scholar(1979-1991)，1988(9).

⑤ Robert Adcock，et al. Modern Political Science：Anglo-American Exchanges since 1880[M]. New Jersey：Princeton University Press，2007：66-96.

历史视角来分析重大政治议题、验证政治基础性理论乃至建立新的政治概念和理论范式。第三，对历史政治学的发展认知不同。在美国历史政治学研究者看来，现实指导意义有所欠缺的历史政治学只是美国历史学和政治科学专业化发展过程中的过渡阶段，① 历史学和政治科学最终还是会因学科追求上的分歧而走向分裂；而中国历史政治学研究者指出，虽然尚处于萌芽阶段，但是具有历史维度、注重过程分析和规律总结的历史政治学，将会为社会科学研究的历史学转向持续注入新鲜血液，成为中国政治学发展的必然趋势和长期目标。

三、何谓政治学中的历史：历史制度主义和历史政治学的思考

作为对政治进程进行合理化解释的一种基本要素，历史在理解复杂社会治理现实中发挥着不可替代的作用。正如 Tilly 所言："每一种重要的政治现象都存在于历史之中，需要以历史为基础的分析对其进行解释。"②但是，历史在政治学研究中的重要性一度被二战后向自然科学看齐的行为主义研究浪潮所掩盖。政治学研究中的两类研究分支均受到了较大影响：宏大理论倡导者追求对政治现象具有普遍解释力的"万有理论"，行为主义者则倾向于寻找能够准确预测变量特性和变量间关系的"政治周期表"③。即使部分研究选择纳入历史视野，历史也更多是作为"经验材料的源头"而存在，"政治如何随时间发生"这一问题无法得到很好的解答却是事实。④

政治学研究中历史元素的悬置和简单化也带来了一系列问题。首先，在研究变量方面，以静态性或共时性分析为主要特征的政治学研究可能会产生遗漏关键变量、错误估计变量等问题。一方面，这类研究主要聚焦于当前以及较近的时间阶段，可能忽略诸如代际效应、教育培训、个体情感等需要较长时间才能产生实

---

① Dorothy Ross. On the Misunderstanding of Ranke and the Origins of the Historical Profession in America[J]. Syracuse Scholar(1979-1991)，1988(9).

② Robert Goodwin, Charles Tilly. The Oxford Handbook of Contextual Political Analysis [M]. Oxford：Oxford University Press，2006：417-437.

③ Donatella Dela, Michael Keating. Approaches and Methodologies in the Social Sciences：A Pluralist Perspective[M]. Cambridge：Cambridge University Press，2008：118-138.

④ 保罗·皮尔逊. 时间中的政治：历史、制度与社会分析[M]. 黎汉基，黄佩璇，译. 南京：江苏人民出版社，2014：5.

质影响的关键变量的影响；另一方面，这类研究的"短时段视角"决定其只能描绘出变量在特定时间内的大致特征和变化情况，难以观测部分变量在较长历史时期内的稳定性抑或规律性变化，更无法区分关键变量之影响的历时性和时滞性。其次，在机制分析方面，以静态性或共时性分析为主要特征的政治学研究的隐含假设是，具有相似条件的不同案例会产生相似的政治结果。因此，这类研究难以回答"为什么有时候很多具有较为类似的条件的案例却出现了不一样的政治结果"这一问题。例如，菲律宾和波兰同属于教会国家，两国的宗教与民族主义之间均具有密切联系，却走上不同的发展道路：在菲律宾，教会承担了包括教育、福利等在内的国家职能；在波兰，教会则成为捍卫国家、抵御外来入侵的主要力量。① 只有置于历史过程，才能发现并解释这种表层的相似性背后所隐藏的本质性差异。最后，在结论解释力方面，与纳入更多关键变量的历时性研究相比，静态化和共时性研究出现"采樱桃谬误"的可能性较高，即由于无法对研究对象选取的随机性进行较好的阐释，这类研究难以避免选择性偏差的出现，最终导致研究结论与政治现实之间的疏离，并不能真正实现政治学研究科学化的目标。为此，中西政治学者对这一问题进行了深刻反思，呼吁将历史维度纳入政治过程分析之中。

（一）历史制度主义中的历史

20 世纪后期美国政治学中历史制度主义的崛起是西方政治学进行历史转向的一种积极尝试。除了反思政治学研究"去历史化"的危害，历史制度主义对历史的认识还与其对政治本身的认知紧密相连。历史制度主义将政治视为随时间和空间展开的结构化过程，强调特定的政治、经济、社会结构和特定时间、地点对关键行动者的政治行动的影响。② 由此，结构性因素和时间性因素就构成了历史制度主义的两种支柱性要素，历史制度主义的历史观也就突出体现在对政治过程

---

① Anna Grzymala-Busse, Dan Slater. Making Godly Nations: Church-State Pathways in Poland and the Philippines[J]. Comparative Politics, 2018(50).

② Orfeo Fioretos. The Oxford Handbook of Historical Institutionalism[M]. Oxford: Oxford University Press, 2016: 31-51.

中时间性因素的考虑上。

第一，在历史制度主义中，以时间性因素所呈现的历史是政治发展中的重要角色，而不只是案例背景板。皮尔逊曾对社会科学中的三次历史转向（"历史即研究往事""历史即搜寻例证性材料""历史即产生更多案例的场所"）进行总结和反思，并指出要将历史与社会科学研究较好地结合起来，必须意识到社会过程具有"时间界限"①。与之前较为重视历史影响的政治学研究相比，历史制度主义的超越之处在于，它不仅将历史内化于对因果机制的追求，还对历史从时间进程层面进行了详细拆解。具体而言，历史制度主义的"间断均衡论"认为，政治发展大致可以划分为具有丰富选择空间的初始阶段、以关键节点为主要特征的第二阶段以及由正反馈强化并锁定可能选择范围的第三阶段。在初始阶段所做出的制度选择至关重要，但也因其出现的随机性、偶然性而难以预判。历史制度主义的"渐进变迁论"则对时间阶段进行了模糊化处理，强调在政治发展的时间进程中，各种具有不同影响力的新旧因素共同作用于制度变迁。例如，Morrison 发现，通过逐步改变影响民众与精英之间关系的制度安排，使得《1832 年改革法案》的成功出台成为可能。虽然民众压力、精英妥协都是议会改革的关键变量，但民众压力是通过早期渐进制度改革来发挥作用的。② 通过对上述两类历史制度主义的分析可知，历史制度主义视角下的历史具有连续性，但这种历史连续性并不是一种稳态连续性，其中也可能伴随着偶然性和断裂性。正是由于历史制度主义对制度变迁的历史连续性的关注，使得历史从案例背景板被提升到政治发展的重要解释变量的位置上。

第二，历史制度主义尝试将历史置于弥合结构与能动性之间的张力之中。作为一种以整体主义为取向、以制度为核心变量的政治学研究，历史制度主义大多从宏观、中观层面出发，对制度与政治行动者之间的互动进行探讨，试图弥合结构与能动性之间的张力。无论是理性选择制度主义、社会学制度主义还是历史制

---

① 保罗·皮尔逊. 时间中的政治：历史、制度与社会分析[M]. 黎汉基，黄佩璇，译. 南京：江苏人民出版社，2014：5-7.

② Bruce Morrison. Channeling the "Restless Spirit of Innovation"：Elite Concessions and Institutional Change in the British Reform Act of 1832[J]. World Politics，2011(63).

度主义，新制度主义理论始终无法回避的一个问题是如何看待政治行动者与制度之间的关系。对于这个问题，历史制度主义选择采取一种更为包容的折中主义立场：与理性选择制度主义相比，历史制度主义更强调制度对政治行动者行为的约束作用；与社会学制度主义相比，历史制度主义更强调制度对社会规范的塑造作用。在历史制度主义设定的时间框架内，政治行动者的策略选择变得对制度变迁更为重要，而这种策略选择在相当程度上有赖于行动者对"行为体自身和他人预期行为的结构的部分了解"①。这使得历史制度主义具有以下优势：一是对特定背景下的差异性政治后果具有较好的解释力，且可证伪；二是在中观层面上构建了"创造历史的人"和"使人们得以创造历史的'环境'"之间的理论关联。② 但是，折中主义立场一方面使得历史制度主义常被诟病并不具有属于自己的本体论，另一方面也难以产生制度影响行为的确切因果链条。③ 也就是说，历史制度主义对制度变迁以及结构与能动性关系的理论主张的解释力较为有限。斯坦默注意到了这一点，强调引入实验方法，对时间框架下的政治行动者在偏好、信仰等方面的认知进行精确测量，以弥补历史制度主义在微观层面的不足。④

（二）历史政治学中的历史

必须承认的是，历史制度主义为历史政治学的历史观提供了有益启示。历史政治学在认同历史具有连续性的基础上，借用了历史制度主义的时间性概念工具箱，将对历史的思考融入因果分析过程。在借鉴学习历史制度主义的过程中，历史政治学的历史观在反思传统与现代的关系以及本体论上有所突破与发展。

第一，历史政治学试图重新回答一个问题：在政治学研究中，我们应该如何看待传统与现代的关系？这一问题的答案与历史政治学对历史的定位息息相关。历史政治学所研究的历史不仅是过去的遗留物（如史料和史实），还包括当下的

① Colin Hay, Daniel Wincott. Structure, Agency and Historical Institutionalism [J]. Political Studies, 1998(46).

② 杨光斌，高卫民. 历史唯物主义与历史制度主义：范式比较[J]. 马克思主义与现实，2011(2).

③ 何俊志. 结构、历史与行为[D]. 复旦大学，2003.

④ 斯文·斯坦默，段宇波. 历史制度主义和实验方法[J]. 比较政治学研究，2015(1).

历史回顾与反思。在历史政治学视野下研究历史，实际上就意味着以立足当下为前提，在传统与现代之间来回穿梭。具体而言，从政治实践层面看，在传统与现代之间建立联系的最为直接的动力在于，中国的历史传统仍然具有一定的现实效用。一方面，在漫长的历史实践过程中，传统中国形成了独特的治理智慧和治理方案，这对中国政治现实具有一定的指导意义；另一方面，国人自古以来就拥有"历史地看问题"①的历史思维。在现代国家治理过程中适当参考我们的思想传统，以演进史观为指导进行政治制度的规划、设计与落实，有助于巩固国家治理的正当性和合法性。从政治理论层面来看，传统与现代的适度关联是中国政治学话语空间拓展的重要条件。中国政治学在早期发展阶段深受以历史终结论、实证主义为代表的西方主流理论范式的影响，形成了"'追踪—回应'西方理论前沿的学习模式"，在议题构建、概念提出、价值塑造等方面均未脱离西方中心论的窠臼。② 中国政治学的主体性被长期遮蔽，也使得中华民族源远流长的政治知识和政治经验未能完全进入中国政治学研究的视野，难以提炼出"带有中国标识的概念范畴"③，生成具有中国价值乃至世界价值的政治学理论。只有将中国政治发展的现实情境与历史视野相结合，在历史逻辑下对已有政治学理论进行反复验证、调试，并对可能的新政治学理论进行尝试性探索，才能彻底摆脱对西方政治学理论的盲目崇拜，真正找到当前中国政治学话语体系创新的源泉。

第二，历史政治学进一步从本体论意义上对历史进行了清晰界定。这是历史政治学与历史制度主义的根本区别。如果说历史制度主义因为在人性假设以及结构与能动性的关系等方面摇摆不定，导致其缺乏明确的本体论，历史政治学则是直接将历史从政治学理论构建的辅助身份转换为政治学理论解释力的指引身份，强调政治学分析的"历史逻辑"优先于"理论逻辑"④。在历史政治学看来，历史是"一种'实存'"，不同的研究者从不同研究视角来研究同一种实存，可能会产

---

① 杨光斌. 历史政治学视野下的当代中国政治发展[J]. 政治学研究，2019(5).
② 林毅. 西方化反思与本土化创新：中国政治学发展的当代内涵[J]. 政治学研究，2018(2).
③ 郑永年，杨丽君，徐勇，等. 如何构建中国特色哲学社会科学体系(笔谈之一)[J]. 文史哲，2019(1).
④ 释启鹏. 历史政治学的方法论基础[J]. 中国政治学，2019(2).

生具有一定差异性的政治学理论。① 例如，同样是对宋代台谏制度进行研究，主要的理论进路就包括"专制政体论""分权制衡论"以及立足于中国政治自身的"治体论"②。在将历史提升到本体论位置的同时，历史政治学也对历史的文明属性进行了澄清。如果说历史在中国场域中以"中华文明基体"③的形式呈现，那么外推到具有不同文明基因的其他国家，历史面貌可能又会有所不同。特别是中、微观层面的政治制度、政治机制以及政治行为，更是具有鲜明的本土特色。④ 如果在政治学研究中不能很好地认清地方性知识的重要性，就无法从根本上辨识不同国家间治理的相似性和差异性。

总之，历史要素是历史制度主义和历史政治学的重要组成部分，历史制度主义和历史政治学均具有鲜明的实践性，强调政治分析与政治现实的结合，但二者对历史的讨论有所不同。对于"什么是历史"这一问题，提供了一系列时间性分析工具的历史制度主义并没有予以正面回答；⑤ 历史政治学则进一步为历史赋予了本体论意义，指出作为实存的历史在政治学研究中具有文明底色以及中、微观层面的本土性意蕴。

四、"历史地"看问题：历史制度主义和历史政治学的时间性分析

在辨明历史制度主义和历史政治学这两类中西方代表性研究是如何界定"历史"之后，如果要对政治学中的"历史之辨"进行深入分析，那么我们仍需回答"如何在政治学研究中纳入历史"这一问题。无论是历史制度主义还是历史政治学，让历史在相关研究中"显形"的关键是将历史之维有机地内嵌于政治过程分析，这要求政治学研究实现思维转换，通过适当延伸考察的时间范围，积极探索社会机制的时间界限，从而有效地挖掘政治变迁中的可能规律。显然，历史制度主义和历史政治学对历史的考察不应仅停留于历史资料和历史事实，更为重要的

---

① 杨光斌. 历史政治学视野下的现实主义国际政治理论研究[J]. 教学与研究，2020(7).
② 任锋. 中国政治传统研究与历史政治学的可能性[J]. 学术月刊，2020(1).
③ 杨光斌，释启鹏. 历史政治学的功能分析[J]. 政治学研究，2020(1).
④ 杨光斌. 巨变时代的中国政治学研究议程[J]. 学术月刊，2020(9).
⑤ 杨光斌，释启鹏. 历史政治学的功能分析[J]. 政治学研究，2020(1).

是通过动态性、持续性的时间性分析对社会结构和社会行动进行反思，构建历史背后的理论关联。事实上，时间与政治行动者的双向互动过程就是历史得以形成的过程，彰显历史感的时间"构成了历史得以被认识和理解的向度"①。由于中国政治学研究中的历史长期处于"脱嵌"状态，要让诸如历史制度主义、历史政治学等关注历史的政治学研究者全面认识历史，有效识别政治过程中的"历史"，需要格外关注以下两点：

第一，必须承认的是，无论是以研究历史现象为己任的历史学研究，还是试图在理论构建与历史逻辑之间搭建桥梁的政治学研究，都不可能做到对历史细节的全面把握。正因如此，政治学者研究历史，一方面必须具备一定的历史素养，接受相关史学训练以加深对历史的理解程度，提高把握宏大叙事的能力；另一方面也要对适合历史化探讨的政治学议题进行细致筛选，将具有一定时间跨度和普遍性意义的基本议题纳入考察范围。

第二，在看到历史对政治学发展具有重要影响的同时，也要清醒地认识到，政治学研究必须坚守政治学学科立场。从本质上讲，政治学所倡导的历史之维，其实不是要在政治学领域中开展历史研究，而是要为政治学研究赋予一种历史性。进而言之，要想真正激活政治学的历史想象力，就必须在遵循社会科学方法规范的基础上，在"复杂历史机制的适度抽象"②中提炼、调整、验证政治学理论，最终提升政治学理论与经验现实之间的契合度。

政治学研究中历史之维的建构过程指涉了不同案例中多种重要变量如何与时间进行互动、政治现象的时间秩序如何确立等一系列问题，对这些问题的解答要求政治学研究者以对历史的尊重和洞察为前提，正确处理政治学理论与历史的关系，提出具有可操作性的时间性分析框架，从而更好地把握政治发展背后的历史因果联系。

（一）历史制度主义的时间性分析：四类情形

历史制度主义进行时间性分析的主要目标，是在回溯历史的过程中找到特定

---

① 陈明明. 当代中国政治史研究中的文字资料：阅读与比较[J]. 学海，2018(1).
② 罗伟楠. 激活传统——一种中国历史研究方式的探索[J]. 读书，2017(8).

政治结果产生的真正缘由。为此，多数历史制度主义研究者在对因果机制和时间性要素进行一定区分、排列组合的基础上，强调时间序列和时机对理清历史因果关系的重要性。

第一，政治结果可能来自特定时间序列影响下所产生的"强化型因果关系"。这种随着时间序列展开而不断强化的因果关系，在受路径依赖影响较强烈的政治结果中尤为常见。在这类因果关系中，不同变量对最终结果的影响大小并不一致，因此，准确捕捉在时间序列早期具有因果意义的变量十分重要，而且，越是接近政治结果所处时间阶段的变量对政治结果的影响越大。如图 5-1 所示，处于 T1 阶段的 X_1 和处于 T2 阶段的 X_2 是 Y 产生的原因变量，而靠后出现的 X_2 比 X_1 对 Y 的影响更大。

第二，政治结果可能来自"叠加型因果关系"[1]。历史变迁过程中不同变量的叠加组合会产生不同的政治结果。如图 5-1 所示，变量条件组合中的各变量不一定共时出现，但是 X_1 和 X_2 这种变量组合是特定政治结果 Y 产生的必要条件。

第三，政治结果还可能是上述两类因果关系综合作用的产物，即"混合型因果关系"。如图 5-1 所示，Y 的产生需要 T1 阶段的 X_1 和 X_2 组合以及 T2 阶段的 X_3 共同发挥作用。例如，Ohemeng 等人在对加纳改革历程的回顾中发现，只有在明确发展道路、形成稳定的政治和行政体系的基础上，触发政策学习这一关键节点，才能真正实现国家发展。[2]

第四，特定政治结果可能在不同时间阶段反复出现，但是使其产生的原因变量组合并不完全一致，即可能存在"组合型因果关系"。虽然部分变量是特定政治结果产生的必要条件，但是产生这种具有稳定性的政治结果的特定因果组合随时间变化而变化。[3] 如图 5-1 所示，在 T1 阶段，X_1 和 X_2 的组合产生了 Y；在 T2

---

[1]　Anna Grztmala-Busse. Time Will Tell? Temporality and the Analysis of Causal Mechanisms and Processes[J]. Comparative Political Studies，2011(44).

[2]　Frank Kwaku Ohemeng, Felix K. Anebo. The Politics of Administrative Reforms in Ghana：Perspectives from Path Dependency and Punctuated Equilibrium Theories[J]. International Journal of Public Administration，2012(35).

[3]　Orfeo Fioretos. The Oxford handbook of Historical Inctitutionalism[M]. Oxford：Oxford University Press，2016：71-88.

阶段，X_2和X_3的组合产生了 Y；在 T3 阶段，X_2和X_4的组合产生了 Y。其中，X_2是不同时间阶段中一直存在的原因变量，也是 Y 出现的必要条件。

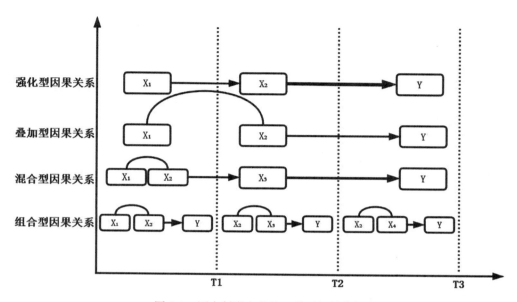

图 5-1　历史制度主义的四种时间性分析

（说明：——▶加粗箭头表明影响更强烈；⌒表明两个变量之间存在交互作用。）

由上述四种时间性分析模式可知，首先，历史制度主义在历史发展维度下对单个变量的独立影响和变量组合的综合影响进行了一定区分。与其他时间阶段的变量相比，处于关键节点时期的变量对特定政治结果的影响更大；在不同时间阶段中，相同的变量组合也可能产生不一样的政治结果。其次，历史制度主义发现了政治过程中非线性发展的一面，特定政治现象不再是"去历史化"的共时性产物，而是在历史发展过程中多种变量共同作用的结果。

（二）历史政治学的时间性分析：两个案例

历史制度主义不仅在时间性概念方面为历史政治学提供了一定启发，而且在结构与能动性的关系上构成了历史政治学开展时间性分析的部分知识来源，但是二者仍在议题确认、功能发挥等方面存在一定差异。以历史政治学视角下的中国共产党领导制度①与现实主义国际政治理论②为例，本节对历史政治学的时间性分析过程予以阐述。

为了回答"如何在历史发展过程中认识中国共产党的领导"这一问题，案例一首先确认了中国共产党领导制度这一议题属于历时性重大议题。以此为基础，案例一对这一议题蕴含的时间性因素、情境性因素及其属性进行了充分挖掘。具体而言，案例一将社会环境视为情境性因素，认为兼具动态性（即社会环境处于不断变化之中）和特殊性（即不同社会环境对中国共产党领导具有差异性影响）的社会环境从政治行动、制度建设、领导内涵等方面深刻地影响了中国共产党。而以时期（如革命时期）、关键节点（西方列强入侵）等形式呈现的时间性因素则对中国共产党的领导兼具阶段性和持续性影响。最后，案例一发现，作为深层结构的中国共产党的领导是时间性因素与情境性因素高度耦合的产物：中国共产党一方面必须与传统政治文明建立有机关联，以确保最高政治权威的延续性；另一方面也必须尊重现代政治发展规律，例如，作为整体政治力量的人民的认同是中国共产党领导制度保持生命力的重要来源。

与聚焦国内政治实践的案例一不同，案例二基于历史政治学研究路径，对现实主义国际政治理论进行了回顾和反思。从历史政治学视角出发，作为一种具有强烈的历史性和现实导向性的政治学理论，现实主义国际政治理论必须注重对历史经验的总结和政治实践的理论化提炼。一方面，包括初始条件（16 世纪至 17 世纪的军事革命）、关键节点（1648 年《威斯特伐利亚和约》签订）等在内的时间性因素构成了人们认识、理解历史经验的路线图，为揭示植根于历史的现实主义国际理论全貌提供了可能性；另一方面，特定的文化情境孕育并深刻影响了欧洲人好战的民族性和国家性，塑造了相关国家的政治观念与行动。在时间性因素和情境性因素的共同作用下，现实主义国际政治理论不仅具有均势政治、强权政治双重面向，还成为一种具有一定适用性和层次性的基础性政治学理论。进而言之，历史政治学在相当程度上增强了现实主义国际政治理论的现实解释力。

---

① 汪仕凯. 中国共产党领导制度的历史政治学分析[J]. 中国人民大学学报，2020(1).
② 杨光斌. 历史政治学视野下的现实主义国际政治理论研究[J]. 教学与研究，2020(7).

以上两个案例为我们展示了历史政治学开展时间性分析的可能过程（图5-2）：首先，在研究议题上，历史政治学倾向于选择诸如政党演变、国家成长、经典理论反思等居于不同研究层面但具有一定时间延续性的重大议题。历史政治学认为研究这类议题能够有效地增强政治学学科的知识积累；其次，在时间性因素和情境性因素识别环节，历史政治学指出不同研究中的历史会因文明底色、社会环节、时间阶段等方面的不同而成为一种特定的存在，相关研究需要在这一基础上有针对性地开展时间性分析，理清结构与能动性之间的互动关系；最后，在分析目标上，历史政治学希望通过时间性分析，将政治传统与现实需求相结合，充分发挥历史政治学的理论激活和创新功能、价值指向功能以及现实观照功能。

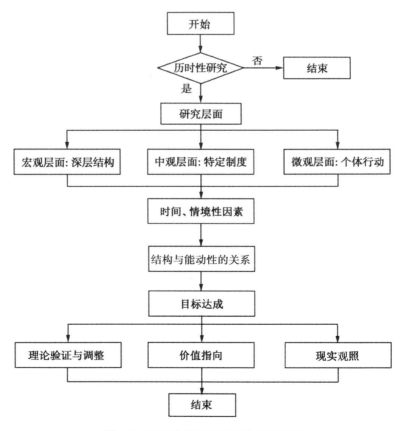

图 5-2 历史政治学的时间性分析过程

一言以蔽之，历史制度主义和历史政治学都致力于揭开政治过程分析的黑箱，试图回答以下两个问题：某些特定政治结果究竟是如何产生的？导致特定政治结果产生的长时段历史原因究竟是什么？历史制度主义在进行时间性分析时，倾向于从中观层面出发，将时间性要素与诸如文化、利益等因素混杂在一起，①对时间性要素和结构性要素的注意力分配并不均衡，因而遭到历史政治学研究者的批评，认为其"有制度无历史"；② 历史政治学则进一步拓宽了研究领域，在重视社会结构的决定性作用的同时也注重关键行动者的政治行为，③ 这为其对不同场域中具有一定差异性的政治现象予以准确解读提供了可能性。但是，当前的历史政治学研究多集中于宣传其纲领性思想而非进行实证研究，历史政治学的时间性分析框架还存在进一步完善的空间。

五、结论与启示

通过对历史制度主义和历史政治学这两种产生于不同背景、具有鲜明"历史转向"特点的政治学研究路径进行对比分析，可以看出历史制度主义在某种程度上构成了历史政治学的西学缘起，在历史观、时间性分析方面对历史政治学均具有一定的启示意义。随着时间的推移，历史制度主义一贯秉持的折中立场已经成为一把"双刃剑"，学者们在肯定历史制度主义的理论包容性的同时，也从本体论意义上的二元性、关键参与者的被动性应对等方面，对历史制度主义进行了批评。例如，对制度能否同时扮演资源和约束两种角色的质疑，进一步催生了强调观念因素对后期制度发展具有"某种独立的路径依赖效果"的建构制度主义。④ 在未来，历史制度主义的完善发展有赖于对制度、时间性概念等理论内容的重新思考，这也意味着在历史制度主义与历史政治学之间存在一定的交流、对话空间，以将二者间的关系由单向度关系转化为相辅相成的关系为幸事。

---

① 杨光斌.什么是历史政治学？[J].中国政治学，2019(2).
② 释启鹏.历史政治学的方法论基础[J].中国政治学，2019(2).
③ 杨光斌.历史政治学视野下的当代中国政治发展[J].政治学研究，2019(5).
④ 科林·海伊，马雪松.建构制度主义：起源、特点及应用[J].上海行政学院学报，2017(1).

　　需要指出的是，与处于理论成熟期的历史制度主义不同，历史政治学尚处于起步阶段，拥有巨大的成长空间。历史政治学不仅致力于扩大政治学研究的时间跨度和议题范围，还试图建立历史与现实之间的直接关联，从根本上丰富政治学研究的历史维度。只是，当下的历史政治学主要聚焦于对中国政治现实的分析，以及对中国重要的政治结构发展进行历时性回溯和规律总结，尚未形成一套全面、系统的研究思路和分析框架。进而言之，作为中国政治学自主创新的产物，历史政治学与历史制度主义、历史社会学等西方政治学研究路径之间的根本性差异仍不够明晰，距离成为具有国际视野、能够推动历史转向的中国政治学话语体系，尚有较长的路要走。

　　有鉴于此，历史政治学体系建构可以从以下三方面予以推进。第一，研究案例的选择与优化。历史政治学要求构建一种"既见树木、又见森林"的整体性视角，这意味着历史政治学不能仅仅停留于对中国场域内部的个别案例进行分析，而是要在贯彻"控制性比较原则"的前提下对多个案例进行谨慎筛选和纳入，厘清不同时间阶段中关键变量的变化程度，排除分析过程中可能存在的干扰变量，为相关实证研究结论赋予一定范围内的普遍意义和可证伪性。第二，研究概念的深化与区分。例如，作为历史政治学研究中的关键概念，"时间性要素"具有多重内在维度；但是在实际运用中，历史政治学主要基于时间序列和时机两种时间性概念进行结构性分析，对其他维度的时间性概念内涵挖掘不够充分。未来可以进一步挖掘时间性概念中诸如持续时间、节奏、加速度等成分，[①] 区分不同类型的时间性概念对政治结果的影响程度。第三，理论预测能力的发掘和提升。与历史制度主义类似，当前的历史政治学也是一门"向后看"的学问，历史政治学的一项主要功能就是对差异化政治结果的根源和发生过程进行历时性因果解释，但是其在提出针对性的预测性假设方面仍存在一定理论空白。如何强化历史政治学的理论预测能力，也将成为检验历史政治学是否实现对历史制度主义超越性发展的重要环节。

---

　　① Anna Grzymala-Busse. Time Will Tell? Temporality and the Analysis of Causal Mechanisms and Processes[J]. Comparative Palitical Studies，2011(44).

第三节　论量化历史对历史政治学的价值与风险

　　研究历史是构建中国特色哲学社会科学的关键思路，也是中国政治学学科发展的重要进路。在庆祝中国共产党成立 100 周年大会上，习近平总书记发表重要讲话，强调要"以史为鉴、开创未来"，充分表明了我国国家领导人对历史知识的高度重视。作为研究中国政治理论和治国理政经验的社会科学，中国政治学的学科发展同样需要从历史中汲取养分，追本溯源，为当前和未来所面临的一些政治问题探寻"中国方案"。以 2019 年 5 月中国人民大学历史政治学研究中心的成立为标志，历史政治学正式提出至今已历四年，政治学界也对这条史学转向的路径给予了高度关注。可以说，历史政治学不仅是在"百年未有之大变局"中实现政治学学科之"变"的重要方式，同时也是理解当代中国和世界现实巨变的关键路径。

　　就已有成果而言，其多是聚焦于历史政治学研究范式、重要政治制度的历史延续性等方面，其中包含的历史知识大多是基于学者自身的史料阅读和梳理而产生的"历史感觉"。问题在于，当我们置身于历史政治学所强调的"大历史"情境中，历史政治学研究者在史料搜集、解读和分析等方面存在的相对局限性便显露出来，其所产生的"历史感觉"可能是被片面"经验"所蒙蔽的结果。那么，历史政治学研究者应如何在走进历史的过程中，实现对历史经验和既有理论的超越呢？在这个过程中，量化历史能够为历史政治学带来什么，我们又需要注意和避免哪些风险？我们认为，解决问题的关键在于：历史政治学在方法论层面上要超越人文学科的"感觉"领域，在中国主体性的基础上与社会科学研究方法接轨，才能为历史政治学基本理论贡献兼具中国特色和科学性的知识增量。量化历史通过把历史数据和量化分析模型带入历史分析的过程之中，有助于研究者在茫茫史料之海更准确和高效地把握因果脉络，恰如打破"感觉"迷雾的一柄利刃。有鉴于此，本节对历史政治学和量化历史的研究取向进行辨析，分析量化历史对历史政治学研究存在的价值和风险，为历史政治学研究路径的多样化提供思路，以促进历史视野下中国政治学研究的进一步发展。

一、历史政治学：中国政治学的"求治"新路径

"历史地看问题"是浸透于中国人血液中的思维方式,① 历史也一直是中国政治学研究的重要视角和理论资源。无论是在改革开放之初占核心地位的历史唯物主义研究取向，还是之后由西方学界引入的历史制度主义视角，都对中国政治学的发展产生了重要的影响。2016 年，"构建中国特色哲学社会科学"概念的提出，对新时代中国政治学的发展赋予了更重要的使命，历史政治学在对理性选择主义的反思中逐渐兴起，并初步形成了一些研究成果。在历史政治学的基本理论和研究取向方面，杨光斌、徐勇、任锋等学者分别就历史政治学的政治价值和功能、历史视角对政治学研究的重要性以及历史政治学的学术起源等问题进行了一系列的讨论和对话。② 除此之外，也有一批学者基于历史政治学研究范式，对中国政治学中一些重要的制度问题进行了研究。例如，汪仕凯通过对中国共产党领导制度进行历史政治学分析，发现中国共产党创造最高政治权威过程的根本是将中国广大民众凝聚成整体政治力量，并以其作为最高政治权威的根基，在这个过程中也创造了新的政治大一统；③ 姚中秋基于对"士大夫"这一古代官僚角色的历史政治学分析，发现士大夫是与韦伯式官僚不同的领导性治理者，与当代中国干部的角色存在构成上的传承性；④ 马雪松则致力于审视中国传统政治帝谥制度的类型特点、历史脉络及政治意蕴，认为文皇帝谥号反映了文武关系中的功德观念与内在张力，体现了尊号、专制的政治意蕴。⑤ 此外，姚中秋、赵鼎新、郭台辉等都曾将历史政治学与历史社会学、比较历史、历史制度主义等学界流行的研究路径

① 杨光斌. 历史政治学视野下的当代中国政治发展[J]. 政治学研究，2019(5).

② 杨光斌. "以史为鉴"：历史政治学之功能[J]. 中国社会主义学院学报，2021(5)；杨光斌. 什么是历史政治学? [J]. 中国政治学，2019(2)；徐勇. 从历史变迁的视野研究政治学[J]. 中国政治学，2020(1)；任锋. 中国政治传统研究与历史政治学的可能性[J]. 学术月刊，2020(1).

③ 汪仕凯. 中国共产党领导制度的历史政治学分析[J]. 中国人民大学学报，2020(1).

④ 姚中秋. 领导性治理者：对士大夫的历史政治学研究[J]. 江苏行政学院学报，2021(2).

⑤ 马雪松. 历史政治学视野下的文皇帝谥号[J]. 江苏社会科学，2022(1).

进行对话，从而进一步探讨历史政治学所具有的功能和属性。① 这些成果也让学界在历史政治学的内涵、特点和研究取向上达成了一定的共识，即历史政治学是以对中国历史中所蕴含的独特文明内核的承认为出发点，在一种动态的、长时段的分析视角之下，从历史中探寻政治发展的轨迹、制度变迁的脉络、政治文明的内涵等"地方性知识"，并与当下的政治制度、政治行为和政治观念进行比较，寻找其中的关系，即"由当下反观历史，以历史理解当下"，在此基础上，再进一步提出和发展蕴含中国经验、具有中国特色的政治学理论和概念，从而为国家治理体系的完善提供更充分的合法性论证。

　　历史政治学以"求中国之治"为目标，不仅是中国政治学理论发展的需要，同时也是其作为历史学和政治学交融的产物所具有的知识属性。具体而言，主要源于以下两个方面：一方面，政治学的国家性决定了无论在历史中的哪个时代，其关注的核心问题都是由那个时代最强大的国家提供的。② 对于某个国家的政治学主流研究而言，其更能充分体现该国的政治发展取向。例如，美国学界的民主理论和选举制度研究经久不衰，欧洲学界则更为关注福利国家和移民问题等。对于中国政治学而言，由于政治学学科的重建过程受到了西方政治学理论的影响，在此背景下成长起来的一些政治学者习惯用他国的经验来衡量中国的政治变革与发展，得到的结果往往是批判性的而非解释性的，忽视了政治学的正当化功能。③ 也就是说，这实际上是将西方"历史政治学"产出的理论和概念作为中国政治学的研究基础，不可避免地会导致理论与我国实际的冲突，而且使得国家治理过程缺乏适当的理论根基。因此，在中国语境中提出历史政治学，是建构中国政治学学科"国家性"的重要路径，也能为国家治理体系和治理能力现代化的合法

---

① 将历史政治学与其他研究范式对话的研究成果包括：姚中秋. 学科视野中的历史政治学：以历史社会学、政治史、比较政治学为参照[J]. 政治学研究，2020(1)；赵鼎新. 历史社会学对历史政治学的镜鉴[J]. 中国政治学，2020(1)；郭台辉. 历史社会学的知识来源与历史政治学的发展方向[J]. 中国政治学，2020(4)；释启鹏. "丰裕的贫困"——对历史政治学比较方法的反思[J]. 探索与争鸣，2022(7)；彭琪，刘伟. 政治学中的历史之辨——历史制度主义与历史政治学的比较[J]. 文史哲，2022(2).

② 杨光斌. "三大体系"建设：中国政治学这十年[EB/OL]. [2022-08-20]. http://ex.cssn.cn/glx/glx_gggl/202208/t20220809_5470244.shtml.

③ 刘伟. 话语重构与我国政治学研究的转型[J]. 复旦学报(社会科学版)，2018(3).

性提供更符合现实实践的理论依托和知识基础。另一方面，"历史是中国人的宗教"，中国历史天然具有政治属性。从历史连续性的角度来看，中华文明绵延千载，无论是国家的"大一统"形态，还是"水能载舟亦能覆舟"的民本思想，都体现了中华民族政治思维中的历史想象和政治运作中的实践取向，并一以贯之地影响着当代中国的政治实践，这些传承下来的政治制度和政治观念对今天的国家治理具有重要意义。就历史的本体论而言，中国历史与西方历史的属性不同决定了二者所面向的问题和产生的理论也各有侧重。西方历史源于欧洲"多统"的社会史，各民族势力的混乱更迭使其更为关注政权和政治制度的变迁；而中国历史的"大一统"国家观和兼容并包的民族价值观贯穿始终，长期以来较为稳定的官僚体系导致由此形成的政治思想也更多地体现出对良政善治的追求。历史政治学饱含着对中国历史文化和当代政治发展进程的深切关怀，致力于搭建一套具有中国特色的政治学话语体系、理论框架和解释逻辑，最为重要的研究资源来自中国的历史叙事，因此其目标亦在于通过回归本国历史实践中的政治发展、政治变迁等方面之经验，找寻中国的"求治之道"，以经验和历史为基石完成理论和解释路径的创新，在此基础上，通过将其他非西方国家的政治文明和政治实践也纳入研究视野中，由此克服西方政治学理论的地方性局限，形成更具包容性和解释力的政治学理论体系。① 总之，历史政治学的提出，对我国政治学话语重构和政治学学科的"中国化"都具有重要意义，推动历史政治学的多样化发展，也是国内学界实现构建中国特色哲学社会科学目标的重要进路之一。

二、量化历史：历史与数据的相遇

（一）量化历史的缘起与曲折发展

历史研究与数据的初次相遇发生在 20 世纪初，尽管在当时的历史著作中使用大量图表并不常见，但简单的数据统计在历史研究中出现的频率较此前已是大

---

① 姚中秋. 学科视野中的历史政治学：以历史社会学、政治史、比较政治学为参照[J]. 政治学研究，2020(1).

幅增加。① 历史学领域的量化转向起始于社会史，之后向经济史、政治史等学科发展，逐渐在历史研究的方法论层面占据一席之地：康德拉和迈耶于 1958 年发表的论文《南北战争前南部奴隶制经济学》被视为计量经济史的起点；② 新政治史的核心人物本森在 20 世纪 60 年代对传统历史文献的研究方法进行了猛烈的抨击，呼吁对历史进行系统的量化分析，并在选举等常见政治现象的历史研究领域开始尝试量化方法的应用；③ 著名历史社会学家查尔斯·蒂利在 20 世纪 70 年代撰写的《法国罢工(1830—1968)》《反叛的世纪(1830—1930)》等著作，也被视为量化历史研究的代表作。20 世纪 70 年代中后期，随着量化方法的推广，学界对其原理有了更加全面的了解，也开始认识到人文社会科学学科的科学化并不等同于计量化。自 20 世纪 80 年代起，量化历史遭到了保守派历史学家的严厉抨击，甚至一些折中派研究者也开始对使用量化方法进行历史研究的有效性产生怀疑，认为"计量方法会把历史化约为用于验证的数据"④。与此同时，历史学研究领域发生了"文化转向(culture turn)"，主张将文化、意义、行为纳入历史分析的过程中，通过"深描"等人类学方法对历史中的微观事件和人物进行解剖。由此，历史学与"机械又生硬"的数据之间的联系被割裂开，量化历史也快速衰落到了学界边缘。进入 21 世纪后，随着计算机和大数据的不断发展，大量的历史资料被系统整理、录入后，得以以数据化的形式重现在世人眼前。同时，统计方法的发展也极大地提升了量化研究解决复杂问题的能力，量化历史开始逐渐回归研究者的视野。在意识到量化方法能够为历史研究做些什么、不能做些什么之后，量化历史方法发展得更加快速，使用范围开始超越了历史学的范畴，在与社会学、政治学、经济学、人口学等学科的交叉领域中，采用量化历史方法产出的研究成果也在逐年增加。

---

① 斯蒂文·拉格斯，吴剑泽. 量化的复兴：对"旧新史学"的反思[J]. 数字人文研究，2021(3).

② 李伯重. 反思"新经济史"：回顾、分析与展望[M]. 北京：社会科学文献出版社，2018.

③ Benson L. Research Problems in American Political Historiography[J]. Common Frontiers of the Social Sciences，1957(3).

④ 杰拉德·德兰迪，恩靳·伊辛. 历史社会学手册[M]. 李霞，李恭忠，译. 北京：中国人民大学出版社，2009：212-222.

（二）量化历史的研究取向

作为一种被认为是从方法论层面向传统历史研究发起冲击的研究范式，量化历史研究实际上属于一个交叉领域，它将量化分析方法与政治学、经济学、社会学等学科的社会科学理论相结合，对历史中的现象、事件、行为等进行研究，进而发现历史规律，即人类社会和人类行为中的因果关系。① 相较于传统史学研究方法，量化历史研究取向的特点主要体现在以下几个方面：一是资料来源的广泛性。传统史学研究一般基于学者自行收集和梳理的描述性历史材料展开分析，带有较强的个人主观色彩，且能够掌握和运用的资料体量也相对有限；而量化历史的研究资源则来自从史料中提取出的规模宏大的历史数据库，更具有宏观性和客观性。二是研究程序的独特性。传统史学研究强调从经验出发，构筑一套符合历史逻辑的严密理论和史学解释，是一个从具体到抽象的过程；而量化历史则是从社会科学理论出发，通过将其置于大规模、长时段的历史材料中，实现对现有理论的检验和超越，是一个从抽象到具体、最后再回到抽象的过程。三是研究手段的技术性。深度观察历史经验和描述性分析是传统史学研究的主要手段，而量化历史则是借助量化模型，在历史材料的相关数据中探寻需要解释的新趋势。例如，通过构建时间序列模型，我们能够清晰地看到所研究的关键变量随时间变化的状态和程度，从而直观反映历史观察值的变化趋势，并基于对趋势的进一步分析实现历史传统和现实政治需求的有机结合。量化历史在诞生之初一度与传统历史研究"针锋相对"，而在经历了 20 世纪中的几次起伏后，学界也对量化历史方法与传统历史研究之间的关系有了更明晰和客观的认识。作为社会科学方法的量化历史能够扩大历史研究的思考范围，但仅仅依靠量化并不意味着能将历史学变成一门科学。不可否认的是，量化历史研究者同样需要经过中国史学基本作业路径的训练，即通过阅读培养专业素养和问题意识，并以此为基础发现和解决问题。② 总之，量化历史与传统历史研究之间并不是对立的，历史的复杂性和人类

---

① 林展，陈志武. 量化历史与新史学——量化历史研究的步骤和作为新史学的价值[J]. 史学理论研究，2021(1).

② 姜萌. 中国史学在数字化时代的变与不变[J]. 史学月刊，2017(5).

行为的多样性决定了二者在历史研究中是各有所长的，量化历史也需要在和其他研究范式不断对话的过程中，获得进一步的成熟和发展。

（三）量化历史在国内学界的传播

尽管定量方法和量化历史都被国内学界视为"舶来品"，但事实上中国许多历史资料都体现了对数据符号运用的重视。1922 年，梁启超在给东南大学史地学会的演讲中，首次提出了"历史统计学"的概念。① 改革开放后，随着西方的社会科学理论和五花八门的研究方法相继引入国内，学界也对量化研究方法有了更深入的了解。刘文瑞在对系统方法是否适用于历史研究这一问题进行讨论时，便提出"以逻辑模式和数学模式来表达历史规律，以定量研究为更精确的定性研究奠基开道"②。量化方法在国内社会科学领域兴起后，量化历史也开始逐渐进入历史研究者们的视野。2013 年，清华大学举办了第一期量化历史讲习班，量化历史研究开始受到来自国内经济学、政治学、历史学、社会学等学科青年学者的关注。量化历史方法在国内学界的传播，一方面促进了中国历史数据库的收集、整理和录入工作，使上下五千年漫漫历史长河中流传下来的历朝历代海量文字记录能够得到更系统性的保存，另一方面也使历史学及其他一些从历史维度开展研究的社会科学交叉学科开始重视对量化方法的学习和使用。借助历史数据库和量化分析模型，不仅能对既有理论和概念进行检验和辨析，同时也能结合社会科学理论对历史中的人物、事件和现象进行更深入和全面的研究，从而实现对传统历史研究方法的超越性发展。

政治学领域中量化方法的兴起始于 20 世纪 50 年代末的"行为革命（behavior revolution）"，其主张以回归分析等统计学方法探寻相关关系，在此基础上对政治现象进行描述、解释和预测。中国政治学学科在 1980 年恢复重建之初，并没有形成明确的方法论意识。随着大量西方政治学译著的出版，国内学者才开始对政治学研究方法产生多样化的认识，量化方法也逐渐步入政治学研究者的视野。有的学者将量化方法的引入视为国内政治学方法论范式发展的一项重要内容，各类

①　宋学勤. 梁启超对历史统计学的倡导与实践[J]. 史学理论研究，2006(3).
②　刘文瑞. 历史研究方法的变革与系统方法[J]. 江汉论坛，1986(6).

国内政治学期刊中采用量化方法进行研究的文章数量也在逐渐增加。但是，由于中国政治学恢复和发展的特殊历史背景和知识背景，定性研究和规范研究依然处于压倒性地位。① 相较于其他一些社会科学学科中的"定量狂热"，量化研究在中国政治学的审慎发展，恰为量化历史与历史政治学的相遇铺好了道路：一方面，国内许多院校的政治学专业在本科阶段便为学生开设了与统计方法相关的专业课程，许多年轻的政治学研究者可以更加熟练地运用量化方法开展研究，这使得他们在面临具体研究问题时，能够根据情况选择更加合适的研究方法；另一方面，一个好的量化历史研究必然是定性分析与定量分析的结合，② 定性研究传统是我们在庞大的历史数据库中敏锐地发现"真问题"必不可少的基础，也是量化历史与历史政治学研究结合的重要前提。

三、量化历史对历史政治学研究的价值

历史政治学的中国本位立场和以历史为研究基础的特点，都强调通过对历史的重新梳理和再思考实现对社会科学理论中西方中心主义的"除魅"。尽管量化方法在社会科学领域的应用起源于西方学界，但一项研究的好坏并不能和研究方法画等号，定量与定性之争也不应成为中西方政治学研究的壁垒。通过将量化历史方法特有的优势吸纳到历史政治学研究中，实现二者的有机结合，能够在研究方法层面上为政治学理论与历史中政治实践的交融提供一个新的路径。而作为社会科学的历史政治学，也需要通过与不同的现代社会科学研究方法进行联系和碰撞，在中国历史中发掘更多治国理政的知识与经验，从而更好地实现自身的学术和现实价值。

（一）"以历史为用"的严谨性之价值

历史政治学自诞生起便毫不避讳自身的功能主义倾向与"求治之学"的属性，需要回答政治合法性从何而来这一根本性问题。因此，历史政治学研究格外注重"以历史为用"，其产出概念和理论也都势必要接受来自历史学和政治学的双重

---

① 俞可平.中国政治学的进程——一个评论性的观察[J].学术月刊，2007(11).
② 熊金武.量化历史：经济史学新范式[J].求索，2019(3).

检验，而量化历史方法有助于深化研究者对历史材料的洞悉力和把握力，从而提升研究结论的严谨性和可靠性。具体而言，主要包含以下三点：

其一，量化历史研究能够提升研究者使用历史数据库和一手史料的能力。历史社会学家斯考切波提出：即便没有经过一手档案工作，利用二手材料也可以开展研究。① 但这恰恰成为历史社会学研究的"软肋"之一，被一些严谨的历史学家批评为可能赋予原本真实的历史一种"虚假的确定感"。量化历史方法和历史数据库的出现，为许多没有受过专门史料处理训练的政治学研究者应用一手史料提供了一条更为便捷且可行的路径。数据相对于文字材料所具有的易分类、易处理的特性，能够让研究者更加直观地把握历史的全貌及某些时刻或某个事件的特殊性所在，从而更有效地发现历史中的传统治理资源，为现实政治问题的解决提供经验和理论参考。其二，由于研究者所能接触到的史料并非"全样本"，只是全部历史材料中的一部分，即便获得了所谓的"原始史料"，也并不意味着它们是完全真实和可靠的。而量化方法不仅可以在史料辨伪中发挥重要作用，② 同时能够对史料中的不符合实际的数据进行修正，使分析得到的研究结论更加符合经验逻辑。例如，在《清人年寿再探——基于传记数据库的若干考察》一文中，作者便借助截尾效应的极大似然估计法对原始史料进行修正，发现原始史料中存在的清朝人均寿命下降的现象，在修正后由下降转为了上升。③ 其三，量化历史还有助于破除基于西方中心视角或不严谨的历史概括产生的"伪"历史分期。历史分期指的是通过将由时间或知识方面的分隔点嵌入历史记录中，对历史过程进行规范和校准，从而创造出某种秩序的过程。④ 通过给漫长又杂乱的历史进行分期，可以揭示不同时代之间的差异，从而更好地探究变革发生的起源及成因。由于历史分期根植于特定文化之中，并不能真正地成为一个普遍化的知识，因此过往一

---

① 杰拉德·德兰迪，恩靳·伊辛. 历史社会学手册[M]. 李霞，李恭忠，译. 北京：中国人民大学出版社，2009：441.

② 李伯重. 史料与量化：量化方法在史学研究中的运用讨论之一[J]. 清华大学学报（哲学社会科学版），2015(4).

③ 彭凯翔. 清人年寿再探——基于传记数据库的若干考察[J]. 新史学，2020(1).

④ 杰拉德·德兰迪，恩靳·伊辛. 历史社会学手册[M]. 李霞，李恭忠，译. 北京：中国人民大学出版社，2009：374.

些基于他国理论或概念对中国历史进行的分期，大多与中国历史变迁的真实情况并不相符，具有典型的"伪"历史分期特征。例如在新中国成立之初，受斯大林的五种社会形态单线演变模式影响，学界普遍将中国古代历史简单地划分为原始社会、奴隶社会和封建社会；改革开放后，研究者们才对这一问题进行了重新审视，并提出了诸如"洪荒—族邦—封建帝国"①、"氏族封建—宗法封建—地主封建"②、"血缘氏族—封建—州郡—行省"③等从中国文化中生发，更能体现中国历史特点的历史分期，但这些分期也各有侧重，尚未达成相对一致的共识，给基于历史分期开展进一步研究造成了一定的困难。作为实现贯通性研究的方法之一，量化历史可以通过建立结构化的统一数据库，将不同朝代、不同历史时期的同类信息整合到一个框架中进行分析，从而使我们在比较中发现其中的规律与差异，为严谨的历史分期提供更多的直接证据。

（二）找寻历史与现实因果关系的"因"之价值

历史政治学的使命在于探寻、发现和概括具有中国自主性的理论，回答属于当下时代的现实问题，因而需要揭开政治运行过程的黑箱，探究长时段历史原因与当下政治实践中特定政治结果之间的因果关系。④ 当我们置身于长时段的"大历史"之中时，由于大部分历史政治学研究者并非历史专业出身，可能存在被史料中的"经验"蒙蔽的风险。量化历史研究的一个重要特点是其对"一般性"的强调，通过对历史大数据的挖掘，致力于发现并阐释历史的一般规律，以此来打破理论惯性，从历史中汲取应对现实问题的知识，从而证明或证伪现有理论。因此，量化历史恰是一柄打破自以为是经验迷雾的利刃，它在这个过程中的一个重要作用，就在于帮助我们找到历史与现实因果关系中的"因"。由于定量证据可以帮助我们更好地了解历史现象背后的结构性要素，并将历史变化纳入理论的可

---

① 田昌五. 马克思主义与中国历史发展规律[J]. 学术月刊，1997(1).
② 叶文宪. 古史分期新说述评[J]. 中国史动态研究，2000(1).
③ 张明富. 关于中国古代历史分期问题的思考[J]. 西南大学学报(人文社会科学版)，2006(6).
④ 彭琪，刘伟. 政治学中的历史之辨——历史制度主义与历史政治学的比较[J]. 文史哲，2022(2).

能性论证中，因此量化历史研究的优势便在于，相较于"仁者见仁，智者见智"的"历史感觉"，它能够更加精准地在历史现象和历史变化中找到因变量，为因果机制分析奠定基础。如果说历史政治学建构理论的第一步在于回到中国的历史情境之中，那么量化历史分析便是紧随其后的第二步：通过量化历史方法与历史政治学研究的有机结合，研究者可以更有针对性地回答何为历史与现实之间的因果关系，而不是只能讨论二者之间传统意义上的模糊关联性。

（三）回到历史中的"平凡"之价值

历史政治学的学术意义之一在于其研究不仅强调宏观叙事，也包含了对中观和微观问题的关注。历史中的"平凡"指的主要是微观层面上的人民大众的历史，包括民众的政治行为、政治观念及其产生的政治影响。平凡才是历史中的常规情境，正如梁启超所说："欲知历史之真相，绝不能单看台面上几个大人物几桩大事件便算完结……往往有很小的事，平常人绝不注意者，一旦把他同类的全搜集起来，分别部居一研究，便可以发现出极新奇的现象而且发明出极有价值的原则。"①在历史的大部分时期，话语权大多被政治精英所控制，官方史料也都由特定官员整理或书写，加之普通人的受教育程度十分有限，能够留下的书面记录很少，因此许多历史资料和基于此产生的理论实际上都蕴含了精英主义的色彩。以历史中的"平凡"作为切入点，能够打破从历史的"特殊"中概括出的普适概念，总结出更符合现实经验逻辑的地方性知识，这也正是历史政治学的学术追求之一。20世纪60年代，"自下而上的历史革命"便在国外史学界发生，反对精英垄断的政治历史的新社会史学派在美国和英国兴起，印度学界开始掀起"底层研究"的潮流。这些学派都强调通过对普通民众平凡生活的历史研究，管窥当时的历史背景，用以补充传统史学对重要事件和人物的叙述。当研究者要将注意力从关注特殊的某个人转向关注普通人的生活和他们所处的时代时，量化方法是必不可少的。② 随着量化技术的发展，通信簿、税单、契约、出生和死亡记录等过去

---

① 梁启超. 梁启超全集[M]. 北京：北京出版社，1999：4047.

② Robert William Fogel. The Limits of Quantitative Methods in History[J]. The American Historical Review，1975，80(2).

被认为不具有史学意义的档案材料被重新应用于量化分析之中，用以挖掘历史中的普通民众的经历和观念，从而再现其在历史中的角色和面貌。由于这些经历和观念包含着个体或社会群体对许多事件的精神和情感反应，是对历史中的人民大众进行分析的关键要素，因而量化历史在其中所具备的优势和必要性是不容小觑的。对于中国的政治历史而言，人民是当代中国政权得以建立和巩固的关键因素，人民的历史也是历史政治学尤其是在中观和微观视角中的重要议题。遗憾的是，目前国内相关研究成果并不多见。倘若能将历史政治学研究与量化历史方法相结合，则不仅能够让研究者走进历史中的"人"，让历史研究不仅仅是"王侯将相"，同时也能避免新社会史由于忽视政治因素所导致的分析局限，进一步拓宽中国历史政治理论的广度与深度。

四、量化历史对历史政治学研究的适用性风险

在方法论层面上，历史政治学具有更有效地"理解中国"和"解释中国"的地位，其研究方法的取向不仅要契合中国社会和政治架构的基本特质，也要能够把握历史事件中的共同经验事实。① 而量化历史在诞生之初，便自诩具有更加严谨、科学和高效的特征，一度风靡欧美学界，虽然经历了一段时间的低谷期，但随着历史数据库和计量方法在新世纪的发展，量化历史得以缓慢回归。尽管如此，在对社会科学研究方法论认识不断加深的今天，量化历史研究的适用性依然存在诸多争议，也使目前国内学界在量化历史方法上的应用仍主要局限在经济史领域，其他历史研究方向鲜有运用量化历史方法进行分析的成熟作品出现。因此，要实现量化历史方法与历史政治学研究的有机结合，不仅要把握量化方法在历史研究和历史政治学研究中所具备的优势，也要对其适用过程中可能存在的风险进行充分辨析和反思，在此需要重点关注以下三个方面：

（一）"简化历史"的风险

量化历史的主要作用之一在于通过揭示人类社会发展过程中各种"量"与

---

① 张树平. 政治学理论建构中的经验、历史与逻辑——对历史政治学发展的一项阶段性评估[J]. 政治学研究，2022(1).

"量"之间的关系，对历史中从量变到质变的过程进行探索，或是对依据经验判断得到的现有理论进行再检验。正因如此，开展量化历史研究的一个重要步骤是通过将历史文本中相对模糊的、多样化的描述性语言转化为同质化的、可比的数学语言，在难以测量的"软数据"与便于测量的或原始史料中现成的"硬数据"之间搭建桥梁。但在这个过程中，量化历史方法可能对历史的原始面貌进行了双重简化：其一是将研究对象所涉及的不同领域的变量，无论是有关政治、社会还是文化等方面的因素，都通过分类简化到了能够通过数字进行概括的领域；其二是将描述性和解释性的系统简化为严格由现有政治经济学理论所创造的系统。对历史的简化可能导致研究问题的异化——由探寻历史发展规律变成了寻找"可以依赖的硬事实来充当软事实的合格指标"①。例如，阿什顿等经济史学家通过数据分析发现，工业革命使英国经济快速增长和人均 GDP 显著提高，由此便认为圈地运动并不是对农民和手工业者的剥削，相反还促进了劳动力结构的改善。这便是由于在量化分析过程中对历史的简单误读导致分析结论掉入了"破窗谬论"的陷阱。② 对于历史政治学研究而言，本身面对的是极复杂的中国社会、极悠久的中国历史和极多样的治理实践，倘若"为了量化而量化"，反而会被历史数据所蒙蔽，掉入机械化因果关系和扭曲历史的陷阱，这无疑是得不偿失的。因此，首先要充分辨析我们所掌握的研究材料和历史数据能否充分支撑研究，以及能否采用最为恰当的量化模型，而不能为了运用量化历史分析而强行扭曲研究对象在历史语境中的真实面貌。

（二）史料被屏蔽的风险

中国自古以来就有修史的传统，在奴隶制国家建立时，中央政府便设置了官方史官，用以记载史事和编撰史书。史家在历朝历代的体系化传承中，积累了规模宏大的历史数据库，为今天的学术研究提供了丰富的材料。随着计算机技术的发展，大量历史资料以数字化形式出现，如中国地方历史文献数据库中收录了约

---

① 彼得·伯克. 历史学与社会理论[M]. 李康审，译. 上海：上海人民出版社，2019：39.
② 朱富强. 计量重构历史中潜含的历史虚无主义：主流计量史学的逻辑缺陷及其批判[J]. 学术研究，2019(7).

8000 件土地契约及数百种民间文书，中国数字方志库也收录了新中国成立前约
1.2 万种地志类文献等，这些历史资料的流传为研究历代的政治发展、治理模式
演变、政治心态变迁等政治学关键问题提供了宝贵资源。但不可否认的是，就中
国的历史资料的构成属性来看，更多的史料是有关政治制度和政治活动等方面的
内容，带有明显的非数据性特点。① 这些史料当中所包含的一些研究问题，仅凭
量化历史方法是难以形成完善的理论的。此外，由于中国历史拥有漫长的时间跨
度，尽管如今历史资源的数字化在飞速发展，但仍有大量的史料没有被收录到历
史数据库之中；虽然历史资料的数字化能够帮助研究者更便捷地进行研究，但也
可能由于"检索依赖"导致史料类型的被屏蔽。② 历史政治学面对历史数据中较为
琐碎的户籍记录、土地权属和官员遴选记录等材料，如何避免"碎片化"，提炼
出具有政治学品格和宏观站位的重要问题，再借助历史数据库的优势，通过与旧
有历史认识的对话，建立新的更有穿透力的解释，③ 是历史政治学研究者在尝试
量化历史方法前需要仔细考量的。

（三）丢失人文关怀的风险

量化历史所应用的研究领域主要包括三个方面：一是 20 世纪 30 年代年鉴学
派基于时间序列和项目序列的序列史（histoire sereille）研究，主张通过将历史事
实编织成时间序列以衡量一定时间的历史发展变化；二是以"自下而上的研究"
为视角的美国新社会史研究，主张借助历史数据刻画历史中的普通人的形象，从
而打破"精英主义"在传统史学研究中的垄断；三是以诺斯为主的经济史研究，
主张运用经济学理论对历史进行重新阐释和认识，使历史研究包含更多的"经济
性"原则。从既往的研究范畴来看，量化历史更善于从"新视角"发掘问题，但由
于量化历史的分析过程是首先将历史事实转换成"量"，进而以一些基本的理论
作为前提，分析历史发展中的"质"的特征，从而发现历史发展的规律。一味地
从历史数据中"求新"可能导致对政治叙事的抛弃，偏离研究的核心目标，导致

---

① 钱学森，沈大德，吴廷嘉.用系统科学方法使历史科学定量化[J].历史研究，1986(4).
② 姜萌.中国史学在数字化时代的变与不变[J].史学月刊，2017(5).
③ 陈云松.当代社会学定量研究的宏观转向[J].中国社会科学，2022(3).

历史中的政治被简化为具有边际意义的平庸事件。①　另外，原始史料也可能由于种种主观与客观原因，存在不符合历史事实的错漏，并不完全是曾经"现实"的真实客观证据，而应当将其视为"另一重文本"②，由此量化也并不等于完全客观的分析。如果研究者没有对数据背后的价值内涵进行充分辨别，便可能得到一些在他人看来有些"荒谬"的论断。例如前文所提及的为圈地运动"平反"的研究，以及诸如"殖民地化更有利于被殖民地区发展"的论述，都是将历史中的人直接视为冰冷的数据，反而失去了社会科学所应具备的对人和社会的基本关怀。历史政治学一方面具备政治学对"正义"和"善业"的基本追求，同时也兼有历史学作为一门人文学科所包蕴的对国家和社会的关怀，其"求治"的目标最终是指向国家中具体的人的。因此，在将量化历史与历史政治学结合的过程中，不能脱离基本的历史语境，也不能抛弃政治叙事的作用，而要时刻保有对各种政治文明的包容和尊重。只有这样，我们才能穿越庞大的历史数据，找到历史所传承的真正价值。

五、结论与启示

当前，历史政治学正处于蓬勃发展阶段，亟待高质量及多样化的研究成果为其贡献更多的知识增量。正如我们前面所讨论的，量化历史对历史政治学研究范式的发展具有方法论层面上的独特价值，但也存在着一些风险，需要我们在研究过程中予以充分的辨析。历史政治学要想获得进一步的发展和成熟，实现自身的学术抱负和现实追求，理论和研究范式的创新都是必不可少的。因此，要在构建中国特色社会主义话语体系的背景下发展历史政治学，就需要我们从量化历史等不同的研究方法中汲取营养，择善而用，从而促进历史政治学研究路径和方法的多元化。

需要强调的是，将量化历史运用于历史政治学研究并非是对量化技术的盲目

① Tony Judt. A Clown in Regal Purple: Social History and the Historians [J]. History Workshop Journal, 1979, 7(1).
② 小威廉·H. 休厄尔. 历史的逻辑[M]. 朱联璧, 费滢审, 译. 上海: 上海人民出版社, 2012: 46-47.

推崇，也不意味着这能成为一种"万能"的研究范式。量化历史在历史政治学研究中的主要作用仍是揭示关系和检验理论，更适用于中观和微观层面的历史政治学研究，如对群体政治行为的分析和个体特殊性的评估等。而作为以中国历史为根基、以求"中国之治"为目的的历史政治学，本身带有浓厚的本土化色彩，面对当前急剧变化的政治形势和可能存在的政治危机，需要宏大叙事的讨论为政府治理从历史连续性的角度提供合法性，也需要在真实的历史情境中理解这些生发于历史中的现实问题，这也说明了作为一种史学研究方法的量化历史对于作为一种政治学研究范式的历史政治学而言所具有的重要价值。同时，我们也应看到，量化历史固然能为历史政治学，尤其是历史的客观事实分析方面提供研究助力，但历史政治学作为历史与政治学的交汇，其最终仍要回到政治学的解释框架中。基于中国本位的政治学分析是不可或缺的，而这项工作仅凭量化分析是难以完成的。此外，由于量化历史包含了量化方法与传统历史分析方法的交叉，也需要与定性历史研究所获得的"内部历史知识"[①]相辅相成，二者互补以实现研究目标。因此，对于量化历史研究而言，如何对历史中的概念进行清晰的度量，如何对数据中所得到的结果进行分析和解读，解决这些问题的关键仍在于从定性研究出发，基于研究者的理论积累及其对历史资料和政治现象的理解找到答案。但是，学界仍存在一些对量化历史抱有刻板偏见的声音，认为这是西方学界的产物，在研究方法上也强调所谓"中西之别"，这不仅会限制自身的发展，还可能导致反复撕裂学科的风险。著名经济史学家李伯重曾说："对于量化方法，我们应当持有开放的心态，将它视为一种有用的方法，和其他各种有用的方法一起用于史学研究。"[②]事实上，回归历史经验并不等于对量化研究等数字化方法与技术的摒弃，两者对于理解中国政治而言都具有不可替代的作用。我们应当学会利用学科发展过程中获得的"新武器"，在重归历史的过程中提升我们发掘理论和预测未来的能力。

---

① Franck Jovanovic. A Comparison Between Qualitative and Quantitative Histories: The Example of the Efficient Market Hypothesis[J]. Journal of Economic Methodology, 2018, 25(4).

② 李伯重. 史料与量化：量化方法在史学研究中的运用讨论之一[J]. 清华大学学报(哲学社会科学版), 2015(4).

　　总而言之，学术研究的过程并不是一条径直的道路，其中所处的不同阶段和面临的不同问题，不仅需要研究者具备独立思考的能力，也需要借助不同研究方法，不断对假设进行反复的推敲和检验。历史政治学不仅内含"求中国之治"的雄心，同时也被寄予了弥合国内学界定性与定量方法论之争的厚望。① 推动量化历史和历史政治学研究的交流与对话，是历史政治学通过与不同研究方法相结合、最终迈向自身方法自觉的重要进路之一，这一目标的实现也需要不同学科的研究者未来进一步的共同合作和努力。

---

① 张树平. 政治学理论建构中的经验，历史与逻辑——对历史政治学发展的一项阶段性评估[J]. 政治学研究，2022(1).

第六章

结语：话语重构与我国政治学研究的转型

改革开放以来，我国的人文社会科学得到了全面的恢复和发展。与此相伴随的，一是学术主管部门和知识界共同推动的学术规范化，其中以20世纪90年代开始邓正来等人倡导并实践的学术规范化运动为代表；二是由部分研究者倡导并逐渐为学术界所熟知的社会科学本土化进程，该取向与党和国家提倡的哲学社会科学的中国化形成了呼应。从话语的角度看，无论是学术规范化，还是社会科学本土化，都意味着话语呈现方式和话语本身的某种重塑。特别是本土化方面，更能体现学术话语的重构诉求。就政治学而言，诸多学者都认识到了政治学研究本土化的必要性及其面临的问题。可以发现，学术界的这种努力来自学者自发的反思，体现了一定的学术自觉和文化自觉。这种反思和自觉，其实也正是我国提倡的理论研究基本原则。党和国家的官方话语一再强调以马克思主义为指导，用马克思主义的立场、观点和方法来分析并解决中国的现实问题；不是简单地坚持马克思主义的某些教条，而是强调马克思主义的基本原理与中国实际相结合。毛泽东思想、邓小平理论等党和国家的理论结晶，均意味着政治理论的中国化，中国主位和中国的主体性都得到了强调。而党和国家倡导的"洋为中用"的"拿来主义"，以及"古为今用"的现实取向，无不是我国一贯提倡的学术原则。这就是说，不管是党和政府倡导与促进的学术研究基本取向，抑或学术界部分学者的自觉努力，哲学社会科学的本土化一直都在进行当中，哲学社会科学的话语体系也一直在重构当中。

那么，中央近年来为何专门强调哲学社会科学的话语体系问题呢？其中直接针对的问题和最主要的诉求又是什么？梳理习近平总书记的专门讲话，可以发现这其中的考虑，即中央此次强调哲学社会科学的话语体系问题，有着一个非常明确的诉求，即明确宣示哲学社会科学研究和表达中的中国主体性，并强调哲学社会科学为中国的主体性服务。这是一个统摄性的诉求，下面有具体的要求和指向。从政治学的角度仔细分析这种主体性诉求，可以发现，它至少意味着我国的哲学社会科学是以马克思主义为指导的；是中国式的马克思主义，是与中国革命、改革和建设实践相呼应的政治话语；是与中国崛起的现实和大国需要相匹配的学术话语；坚持中国本位的立场而非以"他者"眼光为主，接续中国历史和传统，将中国的政治实践和发展道路更自主、更自信、更充分地向世界表达和呈现。这种对中国主体性的宣示和强调，显然是一个政治导向，具有浓厚的政治意蕴，因为它是追求话语领导权的国家行为，意味着国家对知识和学术的某种再造。中央如此强调这个问题，至少说明两点：一是中央对改革开放近四十年哲学社会科学的研究，尤其是其话语状况有重构的需求；二是中央对哲学社会科学的发展，尤其是其话语体系的创新方向是明确的。对政治学的学术话语来说，这两点的针对性无疑是非常明显的。

一、成为"问题"的政治学话语

正是因为要明确地追求并贯彻中国的主体性，我国当前的政治学学术话语才成为问题，或者说，才是一个急需改观的问题。需要说明的是，为使讨论比较集中，本节只关注政治学学术话语，也就是在政治学界使用和建构起来的话语体系。而就学术话语而言，简单地说，主要包括概念（范畴）、理论（理念、范式）与方法（路径、技术）三大板块。回顾我国政治学恢复并发展的历史，可以发现，我国政治学在概念、理论和方法这三个方面均拥有相当的积累，取得了相当的成绩。但如果以中国主体性这一尺度来审视，我们又不得不承认政治学学术话语存在的问题。

具体到概念，政治学作为一门独立而成熟的社会科学门类，其最经常使用的概念具有鲜明的专业特征和学科特征。一旦一个概念成为政治学的常用概念，它就具有了政治学特有的内涵取向和侧重。因此，政治学本身的知识谱系会产生一些具有政治学学科特色的概念，如权力、国家、政体、自由、民主等；我们也应看到，一些概念虽然来自其他学术范畴，或是借用了其他学科的部分概念，但在政治学的学术使用上已经实现了内涵上的转化，如结构—功能、合法性，等等。在国内出版物中，诸多工具书性质的"百科全书""手册"和政治学著作，对政治学基本概念都予以梳理和解释。显然，这些概念及相关解释，受到欧美学术话语的重大影响，我们很难在国内政治学讨论中看到基于中国历史和现实而原创的核心概念。这与政治学作为现代学术的一个分支产生于西方的事实密切相关，但也与我国学者在锤炼和传播本土概念上的不足有关。

在理论建构上，所谓"理论"，就是基于事实或推演而形成的对事物间关系的一种判断。理论有宏观理论、中观理论和微观理论之别，也有大理论和小理论之别。形成理论、建构理论并让理论为读者和同行所接受，这是学术研究在发现事实之外的更为重要的目标。在每一个学科的发展史上，都会凝练出一些广为人知、影响深远的理论或命题，这些理论或命题由于与该学科所研究的基本问题相关，并深刻揭示了相关问题的内在逻辑和本质，因此成为后来者接受或讨论的焦点话题，对该学科的知识积累和学术成长起到非常关键的作用。关于政治学学科基本的理论和定理，国内外不少著作均已有相应的梳理和总结。同样，这些理论及其建构逻辑，欧美学术话语同样对其影响巨大。我们很少见到中国传统或当代的政治理论作为政治学的主流理论或基本理论而存在，就算我们也有一些努力和贡献，但要么很少体现为大理论或宏观理论上的贡献，要么只是具有地域性（主要是中国国内）影响的微观或中观理论。

在方法或方法论上，似乎不应过于强调国别意义上的主体性，而只有方法或方法论上的成熟与否，以及运用程度上的差异。但实际上，具体的某一或某几种方法同样也会限制我们的研究，甚至会扭曲我们的解释，进而影响我们对政治事实客观全面的把握。政治学研究中存在不同层面和类别的方法。有哲学（认识论）意义上的方法（如形而上学、辩证唯物主义和历史唯物主义），有理论范式意义上的方法（如行为主义、理性选择与新制度主义），有分析路径意义上的方法（如政治系统论与结构—功能路径、国家—社会路径、国家—政党—社会—市场的分析框架），还有研究技术和分析技术意义上的方法（如问卷调查、统计分析、深度访谈、田野观察等）。就中国主体性这个维度看，我国政治学研究方法的问题，至少有以下几点值得提及：部分政治学者对马克思主义的辩证唯物主义和历史唯物主义略有生疏或回避，而直接接轨现代社会科学的研究方法，由此产生对中国具体问题的局部解释，而无法形成对中国政治体系与政治发展道路的纵深洞察和总体判断；在具体的研究方法上，要么方法陈旧老套，无法跟上国内外政治生活的新现实，要么一味追求分析技术上的前沿和新潮，而忽视中国语境下政治事实的本来面目；在研究路径和分析方法上，要么将中国作为一个普通的个案，运用通用方法来验证已有的政治学理论，要么将中国作为一个另类政体，而只倾向于问题化地研究中国政治，进而忽视了研究方法的适切性。

总之，从中国主体性的高度审视，我国政治学学术话语中的概念、理论和方法都存在结构性的缺陷。在我国政治学研究中，自主生产概念、建构理论、创新方法的能力总体上偏弱，而简单采用来自欧美的概念、理论和方法的现象依然严重。问题是现成的政治学概念、理论和方法本来有其独特的存在基础，并不一定能很好地解释中国政治的内在逻辑或运用于对中国政治的分析中，更不能有效地支持中国政治的未来建构，特别是在采用那些明显具有价值偏好或意识形态色彩的概念或理论时，我们在不知不觉中简单采用了"他者"的立场，对中国政治的特殊性未能充分审视，对中国政治的正当性未能充分认知，由此导致了政治学的学术表达与政治现实之间的巨大裂痕：要么无法呈现政治事实，要么片面呈现政治事实，要么虚构了并不存在的政治事实。而在政治学学术话语与中国政治实践和政治经验的关系上，解释性话语明显不及批判性的话语，政治学话语的正当化功能尤显不足。虽然不能否认学者的研究应该独立，并应具有一定的批判性，但批判应该在全面而深入地了解事实之后进行，而不是纯粹从理念或分析框架出发，简单地批判现实并建构中国政治的未来。

不可否认，面对党和国家的急切需要以及国内外政治诸领域的现实变化，我们的政治学学术话语多少显得供给乏力，或是供给错位。现有的政治学话语，对中国政治发展道路的解释力不足，对党和国家政治决策的贡献度有限，对其他社会科学学科的影响力有限，对社会舆论和公众的引导力更是微弱，特别是在某种意义上，政治学学术话语最集中地体现了我国在"挨骂"问题上的被动性。也就

287

是说，本来我们在政治上做对了很多事，但在话语上依然没有对其进行有效的研究和呈现。因此，对党和政府来说，要解决"挨骂"的问题，就有必要倡导重构政治学话语；就政治学界来说，要使研究实现真正的转型与升级，同样需要重构学术话语。

二、当前我国政治学话语之缺陷的三个层面

近些年来，政治学界就话语体系问题召开了多次研讨会，也发表了不少论文。特别是在 2017 年，对政治学话语体系问题的集中探讨更有升温的态势。在这些讨论或争论中，有着不同的视角和观点。但就我国政治学学术话语之缺陷而言，实际上存在三个不同层面的剖析，侧重点各有不同。概括来讲，部分论者侧重的是研究立场或立足点的问题，部分论者看到的是学术发展阶段和学术研究水平，部分论者则看到了政治学的（国际）话语权问题。这三个层面可以构成我们反思政治学概念、理论和方法的基本维度。但现有的讨论大多未能系统地涵盖这三个层面，也未能清晰地阐明这三者之间的关系会如何影响政治学话语的重构。

（一）中国主位意识缺乏

学术话语是学术研究的呈现，学术话语的根本是研究，话语的缺陷归根结底在于研究的缺陷。中国的政治学研究应该立足中国，扎根中国，从中国历史脉络和现实语境出发，坚持从中国看中国，从中国看他国、看世界，基于中国政治历史和现实建构理论并设定未来的政治图景，这就是中国主位意识。就此而言，正是政治学研究的中国主位意识缺乏，导致政治学概念、理论和方法运用上出现了一系列问题。

正是因为中国主位意识缺乏，导致政治学者在研究取向上，致力于用中国的经验和材料来论证欧美现有的政治学理论，而忘记了从中国经验本身建构适切的政治学理论；政治学者总是从国外看中国、从他国（通常是欧美发达国家）眼光看中国，这样看待的结果往往是批判性的甚至是标签式的，而不是解释性的或建构性的，尤其忽视了政治学学术所具有的正当化功能。正因如此，政治学者在研判当代中国政治时忽略了来自中国自古至今的本土资源，也未能深入当代中国政

治内在的复杂机理，或未能看到中国这样一个超大规模的党政主导型现代化社会所具有的独特性；政治学者对当代中国政治发展的历史方位和特殊性缺乏合理认知，包括未能看到当代中国政治发展的独特起点和当代中国政治与社会发展所处的全球体系，等等。

中国主位意识缺乏在政治学概念和理论上表现为：对中国本土政治概念、理论的生疏和回避，主要是忽略了中国自古至今依然有活力、有影响的一些政治概念和理论，中国普通人日常生活中所使用的政治概念和所信奉的政治理论，党和国家路线方针政策和宣传话语中的政治概念与理论，政治实践中形成的一些概念和理论主张，等等；简单借用欧美政治学的基本概念和理论来解释中国政治或建构政治理论，而对这些概念、理论的经验基础和价值取向缺乏基于中国政治事实的反思；基于中国的政治史和丰富的政治实践，原创性地提炼具有学术想象力的政治学概念、理论的自觉性和自信心不足。

中国主位意识缺乏在政治学方法上表现为：单纯地倚重国外新潮的研究方法和分析技术，特别是单向崇拜量化分析方面的研究技术，而忽视了对中国这样一个超大规模的政治体，大历史、大结构、大制度、大理论的研究方法从来都不可或缺；简单推崇量化和大数据研究，而忽视了质性研究对理解中国政治丰富性的不可替代性；忽视对辩证唯物主义和历史唯物主义这一马克思主义基本方法论的有效运用，从而使政治学界的部分讨论与党和国家的相关表述存在严重的隔阂。

（二）研究水平不高

针对我国政治学话语之缺陷，前述中国主位意识之缺乏显然要承担相当责任。但主位意识属于研究立场、心态和取向问题，并不能决定话语的全部，尤其不能决定话语的质量和水平。虽然主位意识对研究水平也会产生影响，但二者毕竟属于不同的范畴。政治学话语质量和水平上的不足，主要还是受制于我国政治学研究水平的不足。而研究水平的不足，不仅归因于我国政治学独特的成长历程，也受制于政治学发展所处的独特阶段。

中国传统社会有着丰富的治国理政经验，也不乏思想家深刻的政治思考，但在政治研究的知识化和体系化方面存在局限。在我国，现代政治学的学术研究是从清末民初才开始的。民国时期的政治学主要效法日本和欧美的话语体系，学术研究的西方化明显，本土化则刚刚起步。1949 年后，随着轰轰烈烈的国家建设需要和向苏联的学习，一方面是政治学研究中意识形态的取向压倒一切，学理和学术的因素受到抑制，学术话语被意识形态所替代；另一方面，1952 年我国根据苏联的高教体制取消了大学中的政治学系科。政治学本身作为一门学科不能稳定而持续地积累，其研究的传承与创新自然受到冲击。直到 1979 年邓小平号召政治学等学科"补课"，中国政治学才得以恢复。自 20 世纪 80 年代起，我国的政治学研究也从早期的编撰教科书开始，逐步转向对经典作品特别是西方政治学经典著作的阅读和引用，进而逐步转向对中国现实政治问题的关注。

从积极面看，我国"政治学研究的学术性大大增强。政治学研究开始用规范的概念和学科语言代替一般的政策性语言，开始用有处可查的资料论证代替想当然的主观分析，开始用理性的理论分析代替简单的理论套用"①。我国政治学至今取得的成绩是不可否认的，但终因其成长过程中经历的多次中断以及学术积累的不足，研究的总体水平尚未达至理想状态。就发展阶段而言，政治学界对欧美政治学研究成果的学习、消化和吸收尚未全面完成，结合中国政治经验所作的本土化研究仍处于起步阶段。这并不是说政治学者不够努力，也不是说政治学者的努力全不得法，而只是说明学术成长有其自身的周期和规律性，需要好几代学者不断地传承和积累（包括本土化也是需要时间和积累的），以及整个学术共同体的规范和成熟。正是学术发展阶段决定的研究水平的不足，导致政治学学术话语之不足。

在概念上，政治学者的概念化能力不强，包括对中国传统政治概念的挖掘和阐释能力不强，从当代中国政治实践中发现并提炼政治学概念的能力不强，对党和国家的政治/政策/宣传话语的学术概念化能力不强，对来自欧美的政治学概念的转化能力不足，等等。众多学者仍处在对现成概念的简单套用阶段，而不能很好地结合对中国政治实践的研究为现有概念注入新的内涵，或原创有概括力和解释力的全新概念。

---

① 王邦佐，潘世伟. 二十世纪中国社会科学：政治学卷[M]. 上海：上海人民出版社，2005：117.

理论与概念的表现相近。政治学研究以在学术对话基础上建立理论、促进学术增量为目标，但研究水平的不足使我国的政治学者在建构理论上鲜有出色表现。这一方面与国内学者不太擅长建构庞大而严密的理论体系的知识传统和思维方式有关，但更多还是与我国政治学的学术积累和所处的发展阶段有关。在宏大理论的建构上，近四十年的国内政治学少有建树。特别是相对于欧美一流政治学作品中的理论建构水平，我国一流的政治学作品中所呈现的理论建构雄心和能力都是不足的。在微观和中观层面，我国的政治学者（以及相关领域的学者）也提出了一些理论，但在开发这些理论的普遍性方面多少又显得底气不足。换言之，基于中国政治事实而建构的微观和中观政治学理论，如果不能上升到一个普遍理论的层面，或者进入更为广阔的比较视野中，其理论说服力依然是有限的，其学术贡献也是有限的。这既说明我们理论建构的水平不足、理论对话的能力不强，更说明我们对相关理论与现实问题的研究深度不够。

学术水平之不足在方法上体现为：一是诸多政治学研究缺乏明确而规范的方法依据，不管是政治哲学研究、政治理论研究还是政治科学研究，都有相应的方法论基础和具体方法准则，但不少政治学研究和写作，并无基本的方法依据，这拉低了政治学学术话语的水平；二是对现有研究方法的简单模仿或运用，而缺乏对每一种研究方法利弊的提醒，更不能结合中国政治实际改进方法运用的具体流程，说到底就是对方法论和具体方法的反思不足，对它们的适用性认识不足。任何一门社会科学学科的研究，只有发展到一定阶段，研究者们才会普遍地在方法和技术上作相应的改进，以更好地服务于研究过程，政治学也不例外。

（三）学术话语权不足

除了主位意识和学术发展阶段，与学术话语特别是其影响力（即话语权）直接相关的，就是学术话语的表达和交流能力。换言之，就算研究做出来了，还有一个能否有力地呈现给外部世界并对外部世界产生影响的问题。这自然包括政治学在国内学术话语圈的影响力，政治学对党和国家政策制定的影响力，政治学对中国普通公众和传媒的影响力，政治学者的国际交流能力，政治学作品的国际影响力，政治学概念、理论和方法被国际学术界及传媒认可的能力，等等。但党和国家更为关切的学术话语权则主要有两个方面：一是马克思主义理论在政治学研究中的话语权，二是我国政治学的国际话语权。部分学者在讨论我国政治学学术话语之不足时，也都看到了这两个方面的紧迫性。考虑到马克思主义在我国意识形态领域一直处于领导地位并得到不断的强调，学术话语权上更为现实的问题则表现在国际话语权层面。

在当今全球化时代，不论是信息的获取、前沿问题的把握、理论范式的运用，还是方法的更新和学者的互动合作，任何一个国家的学术若要获得发展，都需要充分参与国际交流，并使自己的研究成果经受国际学术界的检验。只有遵守国际学术规范的学者，才能有效地参与国际学术同行的对话，听取他们的批评意见，从而改进自己的研究，也只有遵守国际学术规范的研究成果，才能获得国际学术界的认可，并得到应有的评价。否则，学术研究就只能是地域性的或国别性的，不能为人类的知识共同体和学术共同体做出应有的贡献。虽然政治学学科的研究具有一定的国家性和政治性，甚至包含一定的政治价值观和意识形态诉求，但只要遵守现有的国际学术规范，还是有机会将我们的研究成果在国际学术界发表，让国际上的政治学同行听到我们的声音，听懂我们的声音。这不仅对国内政治学研究的视野拓展有帮助，更是国家"文化软实力"的一部分，直接关系到相关讨论和争论中的话语权问题。

关于中国社会科学的国际化，国内有学者认为：近年来，中国社会科学的国际化取得了一定进步，国际影响力有所提升。但国内学术界对"国际化"的认识存在一定偏差，抵制国际化的"学术民族主义"和丧失本土意识的"殖民地学术"都不可取。社会科学的国际化不仅仅意味着英文论文、国际会议和国际期刊，更重要的是采用科学的研究方法，积极参与国际学术对话和竞争，提出有国际影响力的理论范式，与国际同行共同设置研究议程。① 政治学研究国际化的核心在于，按照国际通行的学术规范来开展研究并从事有效的学术对话，语言仅仅是表现形式和基本工具，重要的在于研究中贯彻的科学精神和学术逻辑，而这种科学精神和学术逻辑是能够为国际同行所理解的。这直接关系到国际政治学界如何看

① 熊易寒. 中国社会科学的国际化与母语写作[J]. 复旦学报(社会科学版)，2014(4).

待中国政治学者的努力，更关系到国际社会如何客观全面地认识当代中国政治。

学术话语权之不足，不仅表现在国内学者总体上的对外交流能力上，更体现在政治学的概念、理论和方法上。对外交流方面，由于我国退出了国际政治学会，政治学者只以个人身份参加国际政治学会的活动，这多少影响了我们的学术影响力。虽然国家每年都选派了大量的学者到世界各国进行访学交流，但这并未能改变欧美学界主导政治学话语的局面。虽然关于中国政治的议题在国际学术刊物、国际研讨会和传媒上日渐增多，但主导的范式和倾向依然主要是欧美主位的。归根到底，我国政治学在国际学术界中的相对弱势和在国际政治空间中的失语，除了短期内难以改变的国际学术范式，主要还是受制于我们的研究水平和外语交流水平及频率。

在概念上，学术话语权之不足表现在：我们更多的是概念和理论（范式）的消费者而不是概念或理论（范式）的生产者，或者即使生产了本土概念或理论也无法将其打造成适合国际交流的通用概念或理论，或者无法将国际通用的政治学概念和理论注入中国的理解并将此理解向国际同行讲清楚。在方法上，我们更多的是追随者、研习者和使用者，而不是修正者或创造者。所有这些，导致我们在面向国际政治学界时，处在无法自主说话和充分表达的境地——这显然并非仅仅是语言问题。短期来看，学术话语权特别是国际学术话语权地位的提高，尤其需要学贯中西的学者、杰出的外语人才的大力推广以及发达的交流和传播渠道。伴随着我国硬实力的增强，只要政治学研究真正做好了，相关话语也就更容易获得相应的话语权。

三、基于话语重构，推进我国政治学研究的转型

应该说，反思我国的政治学话语体系，主要包含的就是前面所讲的三个层面。这三个层面之间存在一定的影响，但不能彼此替代。不应强调某一层面而忽略其他层面。也因此，重构我国政治学研究的概念、理论和方法，促进政治学学术话语创新，进而推进我国的政治学研究，也必须从这三个层面具体展开。

（一）概念

在政治学的概念上，现在需要基于中国主位意识，重新思考政治的元问题和

基本问题到底是什么，进而厘定政治学的核心概念和基本概念，反思这些概念的所指与能指，尤其是反思这些概念所产生的经验基础及其携带的意识形态和价值偏向，重新界定政治学相关概念的内涵。特别是要反思欧美通用概念的经验基础与内涵逻辑是否适合中国的本土经验？适合的当然应该继续使用，不适合的或有疑问的则需要推敲。如宪政、合法性、治理、市民社会/公民社会等概念，在学术上究竟如何处理？是谨慎使用还是"旧瓶装新酒"？实际上，这里要解决的是欧美译介话语与中国本土政治学话语之间的关系，这关系到对欧美政治学话语本身的反思、移植、嫁接与转化。相关的基本概念至少还包括政治、权力、权利、自由、民主、平等、正义、现代化、政治发展、政治转型、民主转型、民族国家、国家治理、国家能力、国家自主性、政党，等等。哪些概念需要沿用并尊重既有的学术习惯，哪些概念需要充实其内涵，哪些概念需要改造其内涵，都是需要认真勘定的。

另外，还需要促进中国语境下的常用政治话语进入主流政治学学术讨论空间，包括马克思主义相关理论与政治学学术话语的结合、党和国家路线方针政策的学术化、普通人的日常政治话语进入主流政治学话语空间。这里的关键是，中国本土(官话与大众话语)语境中的常用概念如何学术化？譬如民心、天道、天下、人民民主、人民内部矛盾、群众路线、民主集中制、人民/群众、老百姓、接班人、治国理政、忠诚、贪官/清官、政治风气等概念，都需要学术化。当然，基于中国主位重新审视并厘定政治学的相关概念，以及提炼并吸收中国语境中的诸多概念，都要尊重政治学界的话语习惯和路径依赖。也就是说，要尊重学术发展的规律性。在欧美译介话语影响较大的背景下，追求话语自主性的努力不能操之过急，应该尊重学术规律，相信政治学者的学术自觉。

还有一点，基于中国主位意识审视既有概念并创造新概念，从历史的脉络上需要强调中国政治发展的前因后果，尤其是看到中国政治发展的延续性。这包括，应该看到中国传统政治/治理话语与1949年后至今政治学话语间的关联，这里涉及传统政治概念的激活和再阐释；应该看到近现代政治学话语与当代中国政治学话语之间的联系，在现代性的视野下重新打造政治学概念；应该看到新中国成立后前30年与后30年之间的政治学话语，既看到两个时代之间的差异，又看到其中不变的地方，从而甄别出当前我国政治生活中最基本的概念。

与强化中国主位意识密切相关，政治学概念的进一步成熟和丰富，主要还是依赖于政治学者不断拓展研究深度、提升研究水平。这其中不仅包括对当代中国政治现实问题的研究，也包括对当代中国政治基本理论问题的研究，还包括对政治哲学和政治思想的研究。特别是基于经验研究或理论反思，如何创造概念，这是摆在国内政治学者面前的一个紧迫问题。部分学者已经创造了诸如压力型体制①、差序政府信任②、贤能政治③、治理民主④等概念，这些概念及相关讨论促进了中国政治学的发展。但是，广阔而复杂的中国政治现实仍有大量的概念等待被挖掘。只有研究水平提高到一定程度，学术积累到一定阶段，新概念或老概念的新内涵才能为学界所接受。当然，政治学概念的开拓与创新，还需要充分吸收相邻学科或前沿学科的概念，这里就涉及其他学科的概念能否借用、如何借用和转化问题。政治学的概念一方面固然需要专业边界，另一方面也应保有充分的开放度和灵活性，以使政治学与社会科学其他学科更好地沟通起来。

在追求话语权的征途中，政治学概念对内应该让普通民众能够听懂并运用，并能与党和政府基于共识展开有效沟通，同时也能从政治学特有的立场和视角探讨社会科学中的普遍性问题，更重要的是对外要能够清晰准确地向国际学术界发声，向国际传媒发声，向国外政治空间发声。这从表面上看是语言的使用和翻译问题，但根本还是我们是否有中国主位的扎实研究和深刻理解。面对已经成为国际共识的基本概念，首先要理解并尊重其内涵，并进而表明自己的看法；学者提出新概念，则需要有理有据的详细解释，并在不同的场合重复这些概念，以促进这些概念的传播。话语权属于软实力，软实力的基础是硬实力，但话语本身的思想性、严谨性和逻辑力量也是不可或缺的。从这个意义上，为提升政治学的话语权，学者应该做的还是提炼并打造经得起时间检验的概念体系。

---

① 荣敬本，等. 从压力型体制向民主合作体制的转变：县乡两级政治体制改革[M]. 北京：中央编译出版社，1998：28.
② 李连江. 差序政府信任[J]. 二十一世纪，2012(3).
③ 贝淡宁. 贤能政治[M]. 吴万伟，译. 北京：中信出版社，2016：45.
④ 杨光斌. 超越自由民主："治理民主"通论[J]. 国外社会科学，2013(4).

（二）理论

从中国主位意识的维度看，今后我国政治学的理论建构，至少需要注意以下几个问题：第一，在价值观、理念和学理逻辑上作必要调整。包括理论的主题、分析框架、论证方式、叙事方式等根本性话语，需要作一定的革新，也包括如何剔除现有的政治学理论中隐含的意识形态霸权和知识偏见（如政治现代化理论、民主转型理论、历史终结论等）等。第二，在理论立场上，需要建立理论的参照系，重新定位我们的学术判断。应该由从欧美看世界、从国外看中国，转向从中国看中国、从中国看世界。这就意味着对欧美民主的再审视、对中国政治与民主模式的再思考，以及对现有世界政治体系的再认识。特别是需要进一步审视哪些是"政治学的公理"①，哪些理论其实只是地方性知识（包括欧美的和中国的）。第三，正是因为中国主位，我国政治学的主流理论，对内应该是解释性、建设性和引领性的，对外则主要应该是参照性的和反思性的。特别是中国本土的政治实践如何在理论上得到合理的解释并予以正当化，也就是如何"讲好中国故事"。第四，缩短政治学界的理论储备与我国主流意识形态之间的距离，处理好马克思主义/社会主义政治学话语与政治学学术话语之间的关系。政治学研究不同于宣传，也不同于对策研究，因此需要有独立性和自主性，但中国的政治学研究应该在中国政治框架和语境中展开，这就需要将作为政治指导思想的马克思主义与作为学术研究对象/范式/路径的马克思主义理论作一定区分，并处理好在具体研究过程中马克思主义理论与政治学其他理论之间的关系。

与中国主位意识密切相关，今后我国政治学在理论建构上的成绩，主要还取决于政治学研究水平的提高。即使主位意识确立了，若没有扎实的研究和建构，理论也难以成立并产生说服力和影响力。这就涉及究竟是独立地创造理论还是在对话中产生新理论？学术研究强调在梳理既有理论的基础上，基于对话和反思来建构理论，这应该是学者努力的主要方向。但也不排除随着研究的深入，我们发现了既有理论一直忽略或遮蔽了的政治事实，基于这些事实可以建立自洽的理

---

① 俞可平. 政治学的公理[J]. 江苏社会科学，2003(5).

论，甚至会重构或颠覆既有的理论。抑或是当现有的理论都不能解释中国的实践时，我们则应该基于独立的研究，原创性地建构理论，在任何时候这都是学术进步的重要环节。

就追求话语权而言，今后我国政治学在理论上需要做的，对内应该促进理论走出学术界的小圈子，走进更广阔的话语空间，让哲学社会科学其他学科的人能听懂，让官员能听懂，让普通人也能有所理解。更主要的是对外，一是从过去主要用中国的材料或案例来验证欧美既有的普遍性理论，更多地转向基于中国经验建构能与欧美政治学理论对话的原创性理论，或修正欧美既有的政治学理论；二是学术研究和理论建构应该在现有学术规范的基础上展开，通过语言翻译，能够参与到国际学术界的有效交流中，并让国际同行能够理解并认同其中的理论逻辑；三是加大我国政治学理论的翻译和传播力度，用准确而鲜活的语言，让国外的政要能听懂，国外的传媒能听懂，国外的学者同行也能听懂。

（三）方法

从综合性与专业性的角度看，中外政治学的研究一般都经历了一个转变，即从百科全书式的综合性大学问转向研究具体领域具体问题的专业化学问。早期的政治学研究往往与其他的内容杂糅在一起，之后的政治学研究，其内容边界越发清晰，同时在此基础上又强调交叉研究。与此相伴随的便是政治学方法论的演化，即从逻辑思辨向经验论证转变，从宏观观照向考察中观机制、微观心理与行为转变，从制度分析向过程分析转变，从系统分析转向对具体人物、政策和事件的分析，等等。

从一般意义上讲，研究方法是最具普遍适用性的，因此，不应在方法问题上过于强调中国主位意识。但具体到政治学研究上，却并非完全如此。因为方法背后的方法论，以及对研究方法的选择和侧重，同样具有一定的价值色彩。从中国主位意识的角度看，今后我国的政治学研究，需要认真对待的问题仍有不少：一是需要在方法论上作一定的矫正，包括重新强调历史唯物主义和辩证唯物主义的方法论，对马克思主义基本立场、观点和方法的运用，对历史和逻辑的统一的坚持，等等。二是重新审视方法论上的整体主义与方法论上的个人主义在我国政治学研究中的适用性。不同的研究方法，若从大类上反思，可以归根到个体主义方法论与整体主义方法论的区别上。方法论上的个人主义强调要将分析的立足点放到每一个个体身上，整体的逻辑最终可以从个体的逻辑中寻找到答案。方法论上的个人主义是量化研究的主要设定。方法论上的整体主义强调整体逻辑的相对独立性，整体塑造个体，需要从整体的逻辑理解个体，整体的逻辑无法简单还原为个体的逻辑，如阶级分析法就属于整体主义的方法论。对中国政治学的发展来说，方法论上的整体主义可能需要加强。三是从方法和方法论上，重新审视理论研究——应用研究、规范研究——实证研究、量化方法——质性方法的具体搭配和侧重。近十余年来，我国政治学研究中日益强调应用研究和对策研究而弱化理论研究，或是强调实证研究而淡化理论研究，在经验研究中又偏重量化研究而忽视质性研究，这一格局对我国这样一个复杂的巨型政治体来说，无疑是缺乏学术力度的。

就研究水平来看，自20世纪80年代中后期以来，特别是近十余年来，政治学学科的方法论意识也日益增强，相关的译著和专著先后出版了不少。除此之外，已有不少学者从方法或方法论的角度，对国内的政治学研究作了深入反思和全面总结。在方法运用上，今后我国的政治学研究应该基于不同的研究主题和研究目标，而选择合适的研究方法。不能抽象地讨论哪种研究路径的学术价值，而要看具体的研究问题和研究目标。说到底，方法是为研究目标服务的，方法本身并不构成研究的终极目标。如果要从总体上把握政治和政治演变的逻辑，政治生活的系统分析路径以及历史社会学的比较案例研究路径显然都具有优势。定量研究虽然也可以运用到更多案例的统计上，但具体到政治的过程、机制，特别是背后的"故事"，量化这一路径显然是无能为力的。甚至可以说，在很多情况下，量化研究只能成为政治学研究的辅助方法，而不是框架性的方法。因为量化研究最擅长的，还是对大规模样本诸变量的相关性分析。但相关性不同于因果关系，要探究政治中的因果关系，机制分析、逻辑推演和深度叙事都不可替代，而且，在学术研究的不同阶段，倚重的方法也是不同的。资料获取、材料分析、理论建构所需要的方法都是不同的。只有在不同阶段选择合适的方法，才能提高研究的水平。

　　从话语权的意义上讲，方法论的本土化和方法训练及其运用，都是影响我国政治学话语权的重要因素。一方面，我们对传统思维智慧和方法论的吸收不足，以及对马克思主义方法论的运用不足，影响了政治学著作在学术界之外空间的接受度，进而影响了政治学话语在国内的话语权。因此，需要吸收中国本土的思维方法和马克思主义的方法论，进一步推进政治学研究的本土化。另一方面，由于政治学界在社会科学研究方法的运用上相对落后于社会学、经济学等学科，导致政治学著作在社会科学界的影响力偏低。更重要的是，因为在研究方法特别是方法严谨性和分析技术上的相对落后，影响了国内政治学者的著作进入更广泛的国际学术界，进而成为影响政治学学术话语权的一大短板。因此，需要加强现代社会科学研究方法的基本训练，使政治学者在研究方法和分析技术上与国际同行站在一个起点上。只有这样，才能更坚实地拓展政治学的话语权。

四、结　语

　　当前，在我国的哲学社会科学界，话语体系的创新和重构正在轰轰烈烈地推进着。如本节前面所检视的，我国的政治学话语在主位意识、研究水平和话语权三个层面，均存在亟待反思和正视的问题。因而，需要在政治学话语体系的概念、理论和方法上作相应的改进。只有这样，才能创新政治学话语体系，提升国家的政治话语权。但也要看到，目前追求话语权、促进话语重构的过程，也容易使学术研究具有偏向性和选择性。这样也可能会形成对西方政治世界的新偏见，和对本国政治的封闭的自我认知，这无疑是值得警惕的。同时，在研究的积累性、传承性和学理性不足的情况下，短期内拔苗助长地推动话语体系更新，可能会立不住，沉淀不下来。这里尤其需要尊重学术共同体的自主性和学者的自主性，并对政治学话语体系的创新保持充分的信心和耐心。

　　学术探索有自身的周期和规律，外力的刺激或干预并不能脱离这种周期和规律的制约。社会科学的学术探索既要全面深入地梳理、反思前人的研究成果，又要深入到研究对象本身，作大量的调查研究或文本解读，更需要独立的思考和广阔视野下的比较。只有这样，才有可能发现新的事实，提炼新的概念，构建新的理论。而无论是学术探索的哪一个环节，都需要长期的积累。话语重构若要真正经得起时间和学术共同体的检验，就要有相当的耐心和尊重，特别是对政治学的话语重构和研究转型而言，小到概念和提法上的变化，中到机制分析，大到政治理论的建构，都不能拔苗助长，通过急功近利的各种方式去刺激。实际上，政治学学术共同体若能够基于学术研究自身的规律，不断地探索和积累，基于话语重构的研究转型就会水到渠成。否则，那种通过人为"打造"和"制造"的话语重构，特别是没有相应学术积累的伪研究，将不仅损害政治学者和政治学共同体的良性成长，从长远来看更会损害国家的文化软实力。

附录

政治学本科教学中的话语选择问题

2003 年硕士毕业后，我开始了在大学讲授政治学相关课程的职业生涯。专业课方面，我先后给学生主讲过发展政治学、政治心理学、政治学原理、当代中国政治与政府、地方政府与治理等；通识课方面，我还一直向全校本科生开设不分专业的当代中国政治制度。所授课程中，有必修课，也有选修课。授课对象中有本科生，也有硕士生和博士生。应该说，对于不同类型和内容的政治学专业课，我大都有过相关的教学经历。总结这 17 年来的政治学教学经验和教训，可以谈的方面有很多，但日益让我觉得绕不开的一个紧要问题，便是教学过程中的话语选择问题。对于不同的课程内容，针对不同的授课对象，有效的话语方式其实是不一样的。我将针对本科阶段政治学的专业课教学，从我个人的经验观察和切身体会出发，谈谈这其中的话语选择问题，以供同样从事政治学教学的同行们批评和参考。需要说明的是，此处所讲的话语选择，主要是教学过程中教师进行内容表达以及与学生交流时对相关话语的提取和解释方式。

一、话语选择是政治学本科教学中非常紧要的事

显而易见，在课堂教学中，教师与学生主要是通过话语来交流的。虽然老师所谓的穿着、"颜值"、"气场"甚至"眼神交流"会影响学生对教师和教学内容的关注度，甚至会影响具体课堂的教学效果；虽然信息技术条件下多媒体教学方式得到了广泛使用，授课方式早已不仅仅是老师"满堂灌"，但谁都不能否认，绝大多数课堂教学的最主要工作都是靠老师说话来完成的。学者靠研究和写作确认

自己的身份，从某种意义上说，教师则靠说话确认自己的身份。"语言是存在的家"（海德格尔），说话是老师的存在方式。教学时，老师是在说话，但老师又不能独白或自说自话，陶醉在自己封闭的话语体系中。既然是教学，老师应该是向学生说话，所有说出去的话都应该是一种交流。这里就涉及说什么话，不说什么话，怎么说话，话说得是否合适，话说的效果如何，等等。

一般来说，国内现在的大学老师，基本上都已经博士化了，因此，他们的专业知识和学术素养应该是有基本保证的。但在课堂教学上却存在较大的差别，有的教师授课非常受学生欢迎，既能激发学生兴趣，又能收到教学效果，而有的教师则连学生基本的"抬头率"都实现不了。政治学本科专业课程的讲授也是如此。对本科生来说，他们人生阅历有限，对政治的接触和了解也有限，实际的政治生活离他们往往有一定距离，而政治学的专业课大都比较抽象，有一定的理解难度，但同样的课程，有的老师讲得妙趣横生，有的老师则讲得平淡乏味。排除授课状态和教学技巧的因素，单从话语的角度去反思，则可以看出，有的老师话语干瘪，有的老师话语饱满；有的老师话语动人，有的老师话语枯燥；有的老师话语理性，有的老师话语感性。不同质量和风格的话语自然会影响到教学效果。同样的内容，有不同的话语表达方式；不同的内容，既可以用同样的话语表达方式，也可以用不同的话语表达方式；话语表达的不同选择，决定了学生会听到什么样的内容以及怎样触及相应的内容。从这个意义上，话语选择成为政治学本科教学中非常紧要的事。

二、影响政治学本科教学中话语选择的主要因素

前文已经简单证明了话语选择对政治学本科教学的重要性。但话语选择本身不是任意的，它也是一个比较复杂的问题。一方面，话语选择是教师能动性的范畴，另一方面，话语选择受教学情境的直接制约，也受到教学所处的政治社会语境的深层制约。从主要方面看，有哪些因素会影响政治学本科教学中的话语选择呢？笔者认为，课程的内在属性、教师的阅读积累和学术偏好、政治学本科生的阶段性特质、国内外学术潮流和政治动向是最为主要的四个方面。

首先是课程的内在属性，也就是课程应该涵盖的教学内容的性质。一门课程

有一门课程主要指涉的内容，也就决定了呈现这些内容的主要话语方式。比如，政治学原理、政治哲学或政治思想之类的课程，主要就是逻辑思辨的抽象话语；公共政策分析或社会科学研究方法之类的课程，肯定会涉及相关的案例运用和数据分析；古今中外政治制度方面的课程，需运用繁多而准确的制度话语；国际政治、国际关系或当代中国政治与政府方面的课程，难免会涉及大量的时政话语；政治史或发展政治学方面的课程，会涉及大量的历史叙事甚至是"故事"话语；政治心理学、政治人类学之类的前沿交叉课程，则会涉及大量的推己及人的内隐性感受话语。

其次是教师的阅读积累和学术偏好。教师毕竟是课堂上主要说话的人，他能说出什么样的话，以及怎样说出这些话，主要还是受制于他自身的知识储备和表达技巧。这其中，教师的学术功底是否扎实，影响的是其使用话语的准确性和解读的深度。教师的阅读积累会决定教师可以选择的事实、理论和语词的范围，很难想象一个阅读量有限的老师能使用丰富生动的话语来表达自己的专业思考，也很难想象一个只看政治学专业著作而不看非政治学著作的教师可以一直将政治学类的课程讲得精彩纷呈。教师的学术偏好，影响的是教师会主要选择何种类型的话语，一个偏好社会科学研究路径的政治学教师，他会追求理性而准确的学术话语，一个偏好人文主义研究路径的政治学教师，则可能会更多地使用更为打动人心的人文话语来讲解政治学问题。

再次是政治学本科生的阶段性特质。教学毕竟是面对学生而开讲的，学生是什么样的人，决定了什么样的话语对他们是合适的，因此会影响追求教学效果的教师的话语选择。政治学本科生首先是大学生，因此具有大学生的普遍性特征。其次政治学的专业偏好和相关课程学习，也会塑造政治学本科生的专业特质。就前一方面而言，本科阶段的学生，毕竟是从高中走过来不久，都是 20 岁左右的年轻人。他们既具有一定的理性，也依然相当感性；他们既热情洋溢，也容易灰心失望；他们既对社会充满期望，也容易叛逆反社会而批判现实；他们既对世界充满好奇心，也因人生阅历的有限而有无力之感；等等。这种种矛盾性结合在一起，构成了大学本科阶段学生的普遍特征。而选择政治学专业或经过一定时间的专业课程学习，政治学本科生一般会形成以下几个特征：比较关注国内外的政治大事，关心校内外的公共问题，具有较强的反思精神和批判意识，追求对政治现象比较宏阔或深刻的解释。显然，这也会对教师教学中的话语选择提出需求。

最后是国内外的学术潮流和政治动向。虽然身居大学校园这样的"象牙塔"，但因为信息社会和开放市场早已打破了校园内外的有形边界，不管是教师还是学生，都受到校园内外环境的深刻影响。教师的另一个身份是学者，他一般都会密切关注自己的研究领域或整个学科甚至整个社会科学的学术脉动，因此，国内外的学术前沿或学术热点，会影响他的阅读和思考，也会影响他授课时的内容选择和话语选择。比如，当国内外学术界普遍流行行为主义或科学化研究取向时，作为学者的大学教师一般也会更多地选择科学话语；而当学术界弥漫着人文主义的批判话语时，大学教师也容易变得热衷于使用思想性或人文性的话语，学界潮流对教师的影响是学术共同体对学者的塑造。教师的另一个身份是公民或普通人，他还会受到国内外政治动向的深刻影响。对政治学教师来说，要使讲授的内容具有现实针对性和解释力，就需要关注国内外的政治动向，这不仅影响教学素材，也影响教师的政治判断。政治动向影响教师的话语选择，还有一个重要方面，就是国内的政治导向和教育政策对政治学教学所提的诸多要求。对国内的政治学教师而言，这一点是非常明显的。不管是执政党还是教育主管部门，都三令五申地要求政治学课程要统一使用"马工程"教材并注意授课内容的意识形态属性，这要么使政治学教师保持政治正确的底线并适当地结合主流政治话语，要么使他们倾向于在严格的专业范围内纯学术地讨论相关政治问题。

三、政治学本科教学中的话语选择问题

前面大致分析了影响政治学本科教学中话语选择的主要因素。正是因为这些因素，会对政治学教师在具体授课过程中选择何种话语和如何使用话语带来深刻影响。总而言之，政治学教师一方面要达到授课内容的内在要求，另一方面还会追求有效的高质量课堂，同时还要确保课堂不会逾越相应的政治边界和学术边界，这就使政治学本科教学中的话语选择问题变得比较复杂。但如果从大的方面来看，政治学本科教学中的话语选择主要涉及以下几对关系，如果能处理好这几对关系，则可以使课堂教学达到一个相对理想的状态。

　　其一是中国话语与西方话语。对于政治现象和政治事实，只有适切的话语才能给予有效的呈现，并给予地道的分析。不可否认，不管是在政治学的研究中还是在政治学的教学中，长期以来都存在中国话语与西方话语之间的区分、沟通和互构。基于近代以来西学东渐的话语遗产，加上改革开放以来国内政治学界全面译介国外政治学的经典研究和新近著作，国内政治学教师对翻译而来的西方政治学话语是比较熟悉的。甚至可以说，改革开放以来国内高校的政治学话语中，西方政治学的概念、理论、范式和方法，因其规范性和学术性而形成了某种霸权地位，由此导致国内高校的学者和教师，即使在讲授中国政治问题时也往往采用了西方话语而不是中国自身的话语。这种话语选择容易造成一个想象的"他者"并用"他者"的眼光解读并苛责中国，甚至导致对中国政治的误读和歪曲。另外，中国的政治学研究和教学毕竟有自身的话语资源，这不仅包括中国近代以前的传统政治话语，1949 年以后中国共产党创造的官方政治话语，还有基于社会生活和政治实践而形成的普通人的政治话语，这些话语都产生于中国的政治社会实践，是中国人对自己的政治社会经验的不同话语反映。因此，在政治学的教学中，如果要地道地讲授中国政治历史或现实，充分运用中国自身的话语传统和资源是必要的；同时，如果要基于中国主位的立场来讲授西方政治的历史和现实，就不能只是使用西方话语，要适当使用中国自身的话语传统和资源。当然，政治学中的不少概念、理论和方法已经成为学术界的惯例和共识，对于这些话语没有必要刻意拒绝。在教学中，中国的政治学者和教师可以在这些习以为常的话语中加入中国的经验和理解维度，但需要改进的是，同时也应该基于中国的政治事实更为独立地生产并运用相关的学术话语。只有这样才能一方面不与国际主流政治学界脱轨，另一方面讲好中国故事并保持中国政治学教学的自主性。

　　其二是时政话语与学术话语。不管是政治学的学生还是教师，时政就是正在发生的政治，对时政予以关注既自然也必要。因此，时政相关话题和话语进入课堂既是正常的，也是必要的。问题是，与时政密切相关的主要是传媒话语和政策话语，这与政治学课程所使用的学术话语是存在一定区别的。传媒话语是有待进一步确证并解读的话语，政策话语是短期内有效的官方主流话语，这两种话语都没有经过学术的转化、提炼和沉淀，过度使用容易给学生造成说教或宣传的印象，进而引起他们的抵触甚至反感。学术话语是由学术共同体经由长期的学术规训而形成的话语惯例，具有稳定性和专业性。对政治学教师而言，使用最为频繁也最为熟练的往往是专业学术话语，并不是所有的政治学教师都能熟练地运用国内外的时政话语。一个政治学本科课堂，如果以时政话题为主，教师授课也主要使用时政话语，就会变成时政课，这显然是不合理的。即使是公共政策分析或案例分析，也不能只剩下时政内容并主要使用时政话语。毕竟政治学课程需要运用专业的政治学概念、理论和方法来分析时政问题。就此而言，对大部分政治学专业课来说，教师只应辅助性或穿插性地使用一些时政话语，大多时间应坚持学者的本职取向即运用学术话语。即使是那些时政性很强的课程如国际政治或当代中国政治，对时政问题也应尽量采用学术话语去处理，否则就会失去政治学的专业品格和学术魅力，也可能因为过强的现实倾向而在讲授过程中逾越相关的言论边界。

其三是理论话语与经验话语。理论与经验的关系，在学术上会转化为规范研究与经验研究的区分。按理说，理论从根本上不能脱离经验而自说自话，经验也不能脱离理论而自我呈现。但在政治学教学中，因为不同性质的课程，其主体内容的属性是有差异的，这就决定了有些课程主要就是讲理论，如政治哲学、政治思想、原著选读或方法论之类的课程。在这些课程的讲授中，充分使用理论话语是必要的。但是，为了使理论更具说服力和感染力，在讲授过程中如果能有效运用具象的经验话语去穿插或支撑论证，效果可能会更好。这一方面是因为本科阶段学生的抽象思维和理论思维依然有一定局限，他们更容易对经验性的事实或"故事"发生兴趣。更何况，如果一门课，从头到尾都是理论的堆积，也会影响学生的接受度。因此，即使是纯理论性的课程，也需要巧妙地运用经验话语，包括用经验话语生动地呈现理论逻辑。反之，那些经验性比较强的课程，如政治社会学、政治心理学、政治人类学等，经验话语则会得到频繁的使用，但也不能只有经验话语，否则就会使课程内容陷入碎片化，而无法形成有深度的完整的学术系统。就此而言，经验话语也需要理论话语来统摄。

其四是书面话语与口头话语。当一个人开口说话，我们会发现，有的人说话很正式，有的人说话则很随便；有的人说话给人"端着"的感觉，有的人则嬉笑怒骂、谈笑风生；有的人说话给人超然的"仙气"，有的人说话则给人地道的人间"烟火气"。大学老师都是学者，学者都习惯使用比较书面的语言，即使讲课，也会习惯性地将研究和写作中的话语方式带过来。这种话语具有专业性和规范性的优点。学生到大学课堂是来感受学者风范并接受学术训练的，因此，教师主要使用具有书面特征的话语来授课，既是职业的要求，也会对专业偏好强的"学霸"构成吸引力。但问题也有另外一面，如果教师从头到尾只使用严谨规范的书面话语来授课，则较难长期吸引那些对专业课程学习热情不高的同学，因此，将书面话语作一些口头话语的转化，不仅可以使授课更为轻松活泼，吸引最大多数学生的注意力，也可以拉近教师和学生之间的距离。要知道，即使是最深刻的真理，也可以采用口头话语来表达。当然，这里最难拿捏的是分寸问题。必要的口头话语转化，包括具有教师个人风格的一些口语方式，对政治学教学都有帮助；但如果一门课程的讲授过于口语化，甚至使用过多的流行语和日常生活语言，可能也会有问题，因为学生会怀疑教师的学术训练和专业深度。因此，怎样平衡书面话语和口头话语的选择和搭配，也是一门艺术。

其五是人文主义话语与社会科学话语。虽然从学科本身的发展来看，政治学大体可以划分为政治哲学、政治理论和政治科学几大板块和研究取向，但是政治学作为社会科学的一个主流学科，还是受到整个社会科学研究范式和取向的影响。特别是行为主义革命以来，政治学中政治科学的主导地位越来越强，随着信息技术和分析技术的进步，政治学的科学化趋向越发明显，政治哲学和政治理论受到一定的挤压。在此背景下，受过现代社会科学训练的不少中青年教师在讲授政治学课程时，会更多地选择社会科学的概念、理论和方法，强调价值中立地作因果分析或相关性分析。这种取向对政治学的大部分课程是必要的。因为这可以使学生接受社会科学的规范训练。但是即便如此，也不能丢掉人文主义的关怀，更不能只使用社会科学话语来授课。授课毕竟不同于撰写社会科学论文，本科生毕竟不同于硕士生和博士生。论文是与同行对话，要求专业、准确和严谨；但授课是与尚未完成专业训练的学生沟通，只有社会科学式的话语传播，可能难以打动人心。相反，人文主义的话语，包括哲学的、思想的、历史的或文学艺术的话语，往往要么更能征服学生，要么更能打动学生。毕竟人文主义话语更多地围绕人本身的使命、意义和处境来讨论问题，而不只是置身事外地解剖作为研究对象的政治问题。就此而言，政治学本科课程的讲授，需要结合人文主义话语和社会科学话语。政治史或政治哲学之类的课程，本身就会使用大量的人文主义话语，可以适当加入一定的社会科学话语以提升其解释力；而其他的政治学课程，大部分都以社会科学话语为主导，需要以人文主义关怀为统领并适当加入人文主义的话语和表达方式。只有这样，才能更好地讲到大学生心里去，而不只是在课堂上对他们进行格式化的"科学规训"。以我多年讲授政治心理学的经验来说，鲜活、生动的故事和政治人的生命历程更能吸引他们的阅读和思考兴趣，而纯科学化的心理学模型往往只是变成死记硬背的东西。

四、结语：理想的教学效果需要有效选择适切的话语

对教师来说，没有完美的教学，只有对教学过程的不断改进。政治学本科教学中的话语选择也是如此，没有最完美或最理想的话语选择和话语搭配，只有适合每一位教师的不断优化的话语选择和话语搭配，这需要政治学教师在既有的情境约束下，根据课程的需要，结合自身的实际情况发挥能动性而不断探索。如前所述，政治学本科教学中的话语选择，受到课程的内在属性、教师的阅读积累与学术偏好、政治学本科生的阶段性特质以及国内外学术潮流与政治动向等因素的制约和影响，但也正如前文所分析的，政治学教师在本科教学时，需要处理好中国话语与西方话语、时政话语与学术话语、理论话语与经验话语、书面话语与口头话语、人文主义话语与社会科学话语之间的关系，只有合理选择并搭配运用不同类型的话语，才能使政治学教学既保持学术性和严谨性，又保持生动性和吸引力。也只有这样，才能逐步接近政治学教学的理想教学效果。

后　记

到了为这本书作交代的时候了。

对书稿中相关议题的思考，是早就有的。自研习政治学以来，话语便是绕不过的问题。要么能直觉地意识到部分翻译概念和理论的"不地道"，要么感觉到主流政治话语与日常生活的距离。在撰写硕士论文和博士论文的过程中，我也深切地感受到解释中国历史和现实经验时学界现有政治学话语的捉襟见肘。当然，真正开始作系统的反思和梳理，还需要追溯到 2016 年我开始酝酿并写作《政治学学术规范与方法论研究》一书。因为那套丛书要求每位作者对本学科最基本的概念、理论和方法做出精要式梳理，我才开始系统总结和反思政治学学科的话语问题。

而直接以"政治学话语体系建设"作为研究主题，则是因为 2017 年沈壮海教授的组织和推动。沈壮海教授承担了教育部哲学社会科学重大委托项目"中国特色哲学社会科学话语体系与国家文化软实力"的研究，作为团队成员，我负责政治学学科的话语体系研究，完成了《话语重构与我国政治学研究的转型》一文，该文精简版首发于《复旦学报》2018 年第 3 期。该文的详细版，作为一章被收入《学术话语体系建设的理与路———一项分科的研究》一书（人民出版社 2019 年版），算是完成了个人在这一项目中的研究任务。也正是从这次研究开始，武汉大学人文社会科学研究院有意推动各学科学者深化分学科的专项研究，争取在未来成熟的时候出版一套话语体系的丛书，并在这一推动过程中先后申请到了湖北省社科联思想库建设项目和国家出版基金项目。也就是说，从 2017 年开始，这一主题的研究、思考和写作就没有中断过。

而更为幸运的是，在《话语重构与我国政治学研究的转型》一文发表后，我国政治学界的权威学者、北京大学政府管理学院的王浦劬教授邀我参加他主持的国家社会科学基金重大研究专项"新时代中国特色政治学基本理论问题研究"，并负责该项目的子项目"政治学话语体系建设"。王老师除了对课题的内容作宏观指导和建议，还给予我充分的信任和自由。由于需要系统研究政治学学科的话语体系建设问题，我组织了一个学者团队，也将我指导的硕、博士生全部动员起来，加入到这一课题的研究中。整个研究正处于三年疫情期间，我们组织了多次深入的线上讨论，厘清了研究的思路和任务后，各位学者和研究生分头展开了写作。大部分稿子在打磨成熟后得以在核心期刊上正式发表，多篇被各大文摘或专业公众号全文转载，产生了一定的关注度和影响力。我本人也就话语体系建设的若干问题，参加了国内政治学界的多场研讨会并作发言，这当中也收到了同行们的鼓励和建议，在此表示感谢！

截止到目前，相关的研究已基本完成，内容已基本成型。作为一个阶段性的研究总结，也作为国家社会科学基金重大研究专项"新时代中国特色政治学基本理论问题研究"的阶段性成果集，我将已经完成的内容按照相应的逻辑予以编排。现将各章节内容的贡献者以及部分章节的首发和转载信息予以说明，以尊重知识产权的相关规定。

第一章，共五节，完成人为武汉大学刘伟。李梦真同学参与了这一章相关资料的搜集和初步整理工作。其中，第二节"政治学话语体系建设中的概念重构"，载于《中国社会科学评价》2022年第4期；第五节"政治学话语体系建设中的知识鉴别"，载于《学海》2022年第3期，《社会科学文摘》2022年第10期全文转载，《中国社会科学文摘》2022年第10期全文转载。

第二章，第一节，"重温中国传统与现代政治学话语体系的构建"，完成人为中南财经政法大学罗雪飞，载于《湖南师范大学社会科学学报》2021年第6期，人大复印资料《政治学》2022年第4期全文转载；第二节，"从'回应'到'竞争'：新时代中西政治学话语的探索与争鸣"，完成人为中南财经政法大学张敏，载于《学习与实践》2020年第11期。

第三章，第一节，"当代西方学界的脆弱国家政治话语纷争及其启示"，完成人为三峡大学刘天旭，载于《江汉论坛》2021 年第 12 期；第二节，"中国治理场景中的合法性话语：反思与重构"，完成人为武汉大学刘伟、黄佳琦，载于《北大政治学评论》第十辑，人大复印资料《政治学》2022 年第 5 期全文转载；第三节，"合法性构建的政治符号之维——基于结构-功能主义的分析框架"，完成人为中南财经政法大学张敏，载于《学海》2021 年第 2 期；第四节，完成人为武汉大学刘伟、彭琪，修改稿以《中国文化领导权话语再阐释及其治理逻辑》为题，载于《湖南师范大学社会科学学报》2021 年第 6 期。

第四章，第一节，"中国政治学话语体系的创新路径探析——以国家-社会关系理论为例"，完成人为南昌大学卢艳齐，载于《湖南师范大学社会科学学报》2021 年第 6 期；第二节，完成人为武汉大学刘伟、刘林涵；第三节，"国内学界的网格化管理研究：回顾、反思与展望"，完成人为武汉大学刘伟、王柏秀，载于《公共管理与政策评论》2022 年第 1 期；第四节，"'社会治理共同体'话语的生成脉络与演化逻辑"，完成人为武汉大学刘伟、翁俊芳，载于《浙江学刊》2022 年第 2 期；第五节，"近年来城乡基层'治理重心下沉'话语的再审视"，完成人为武汉大学刘伟、刘远雯，将载于《贵州大学学报》2023 年第 5 期。

第五章，第一节，"作为政治学方法论的理性选择制度主义"，完成人为武汉大学刘伟、翁俊芳，载于《学习与实践》2021 年第 2 期，人大复印资料《政治学》2021 年第 5 期全文转载；第二节，完成人为武汉大学彭琪、刘伟，以《政治学中的历史之辨——历史制度主义与历史政治学的比较》为题，载于《文史哲》2022 年第 2 期，人大复印资料《政治学》2022 年第 6 期全文转载；第三节，"论量化历史对历史政治学的价值与风险"，完成人为武汉大学刘伟、何顿，载于《复旦学报》2022 年第 6 期，人大复印资料《政治学》2023 年第 3 期全文转载。这里需要补充的是，随着研究的推进，诸多团队成员也经历着成长和"变化"：张敏老师和罗雪飞老师顺利晋升了高级职称；李梦真同学已于今年上半年硕士毕业；翁俊芳同学于去年上半年博士毕业，现在华中科技大学任教；彭琪同学于去年上半年博士毕业，现在湖北省社科院从事研究工作；黄佳琦同学已于前年上半年硕士毕业，现在"极目新闻"就职；刘远雯同学已于前年上半年硕士毕业，现在复旦大学攻读政治学博士学位；刘林涵同学已于去年上半年硕士毕业，现在北京大学攻读政治学博士学位。

第六章，完成人为武汉大学刘伟，载于《复旦学报》2018 年第 3 期，《社会科学文摘》2018 年第 6 期全文转载，人大复印资料《政治学》2018 年第 8 期全文转载，《新华文摘》（数字版）2018 年第 15 期全文转载，并获评中国政治学会 2018 年年会优秀论文，入选教育部 2019 年"教育出版优秀图书、优秀文章"（2021）。

附录，完成人为武汉大学刘伟，载于《笃行拓新：北外—武大政治学类本科教学论文集》（世界知识出版社 2020 年版）。

全书的思路和内容是在王浦劬教授的指导下完成的。除了核心章节的写作，我按照课题的研究目标选择了研究团队的部分成果并予以章节编排，同时也对最终书稿作了统稿和核校。限于内容契合度以及书稿篇幅，团队在研究过程中发表的部分成果未能收入最终的书稿，对此只能表示遗憾。

书稿最终能呈现出目前的状态，离不开武汉大学出版社编辑团队的辛勤耕耘，特别是黄金涛老师和聂勇军老师的耐心工作。为了能在武汉大学 130 周年校庆之前完成此书的编辑出版，他们冒着武汉特有的酷暑赶进度。作为作者，在此向他们表达敬意和感谢。田可博士和博士生何顿协助审校了部分书稿，在此一并感谢。

从 2017 年开始聚焦政治学话语体系建设方面的研究议题，一晃六年过去了。这期间因为教学、其他研究任务以及行政事务，对诸多议题的挖掘远未达到预期的深度和系统性。学术研究无止境，本书只是我们研究团队这一阶段努力的总结，希望她能成为我们继续努力的起点。虽然本书是国内少有的专门讨论政治学话语体系建设的著作，但无论从哪个角度看，都只是很初浅的探讨，恳请学界同仁和读者对本书提出批评，以便我们后续的改进。

刘伟

2023 年 8 月 31 日于珞珈山